"十三五"国家重点出版物出版规划项目

诺贝尔经济学奖获得者丛书
Library of Nobel Laureates in Economic Sciences

拍卖理论与实务

Putting Auction Theory to Work

保罗·米尔格罗姆(Paul Milgrom) 著
杜 黎 胡奇英 译

中国人民大学出版社
·北京·

序

保罗·米尔格罗姆（Paul Milgrom）对拍卖理论最为重要的新应用有着巨大的影响，这大概也是你想要阅读本书的原因——本书思路清晰、表达准确。1993年8月，克林顿总统签署法令授权联邦通信委员会（FCC）拍卖频谱许可证，并要求拍卖在一年之内举行。在没有拍卖经验和时间紧迫的情况下，政府一贯的做法是采用一个已经被实践证明是可靠的拍卖设计方案。然而，在1993年时还没有这样的拍卖设计，因为在一次拍卖中需要拍卖多个频谱许可证，且竞价人对它们的估价具有高度相关性。我从1983年加入FCC计划与政策办公室（Office of Plans and Policy，OPP）起，就提议用拍卖的方式去分配FCC的频谱许可证。于是，在立法通过拍卖后，我就承担起了设计拍卖方案的任务。

FCC频谱拍卖设计中要考虑的第一个问题是：采用向上叫价机制还是采用单轮密封投标。联邦政府通常都采用密封投标拍卖，特别是在拍卖具有很高价值时，例如海上石油和天然气的开采权拍卖。起初，FCC认为应当先采用密封投标拍卖，然后同时公开所有报价，并选择其中的最高报价，这样可以保证投标的安全性。但问题是：我们是否可以将拍卖方式做得更复杂一些？最后，FCC选择向上叫价机制，主要是因为我们相信，如Milgrom和Weber（1982a）所证明的，提供给竞价人更多的信息可能会提高拍卖效率，并减轻赢者诅咒的程度。

1993年9月，FCC提出了第一个设计方案，它混合了向上叫价投标和一级价格密封投标两种方式。其目的是解决一个有争议的政策性问题：如何确定提供宽带私人通信服务（personal communications services，PCS）许可证的适用地域范围。一些公司认为，FCC应该提供全国许可证。而另一些公司，特别是被禁止在同一地区同时持有无线网络许可和PCS许可的无线网络供应商，都主张提供区域许可证。对于两个全国范围的频谱段中任何一个的拍卖，FCC提议先将51个许可证视为一组并采用单轮密封投标方式进行拍卖，然后再采用公开叫价方式分别拍卖这 51 个许可证。公开叫价拍卖结束后，再打开密封拍卖的投标值。只有当密封拍卖中的最高报价高于单次拍卖中的成交价总和时，才将这 51 个频谱许可证一同授予密封拍卖中的最高报价者。

在 FCC 最初的这个方案中，也讨论了同时拍卖机制的可能性。但是，大型无线网络运营商 Had AirTouch 不同意这一拍卖机制。这在 FCC 9 月的《提案规则公告》（Notice of Proposed Rule Making）里可能没有提及。Had AirTouch 在和我的会面中提到，我和 Lex Felker 在 1985 年的 FCC 工作报告中提出过一个同时叫价投标的简化系统，其中竞价人可以同时对多个许可证独立报价。

事实上，1985 年时我并不知道应该如何举办这样的一场同时叫价拍卖；到 1993 年时，我仍然对总统签署的法令规定在一年内设计出可行的同时叫价拍卖方式并用于 FCC 频谱拍卖的可能性表示怀疑。但是，Paul Milgrom、Bob Wilson（Pacific Bell 的职员）和 Preston McAfee（Had AirTouch 的职员）彻底改变了我的想法。Milgrom-Wilson 和 McAfee 的方案都考虑到了 FCC 采用任一复杂方案的局限性。他们都建议使用多轮同时向上叫价拍卖，这种方法同时具有密封拍卖的操作简单性和向上叫价拍卖的经济有效性这两个特点。

1993 年的总统法令要求 FCC 在 7 个月内设计出拍卖规则，并且在随后的 4 个月内开始按照规则举办拍卖。FCC 只要采用密封拍卖或公开叫价拍卖，就肯定可以完成法令规定的任务。那么，为什么在法令规定的期限内将同时拍卖作为重要的考虑呢？我认为，无论 FCC 第一场拍卖采用何种拍卖方式，如果成功的话，那么未来所有拍卖都将会采用这种方式，包括宽带 PCS 拍卖。所以，为了让 FCC 在第一场拍卖中采用同时多轮拍卖并获得成功，我花了大量的时间和精力为这场拍卖挑选许可证。我向 FCC 高层建议，我们仅拍卖 10 个窄带 PCS 许可证。这是一个足够小的拍卖数量，它让我们能够有效实施同时拍卖。一方面，这些许可证要有一定的价值，让大家重视拍卖成功的重要性；另一方面，它们的价值也不能很大，万一拍卖失败，其带来的损失也要可以承受。

结束规则是同时拍卖中的重要设计问题之一。McAfee 建议使用市场结束规则，即通过调整投标增量促使各场拍卖几乎在同一时间结束。而 Milgrom 和 Wilson 建议使用同时结束规则，即只有当所有的许可证都没有竞价人愿意再投标时，所有拍卖才同时结束，而在此之前，对任一许可证的投标都是允许的。McAfee 提出的市场结束规则在操作上比较简单。FCC 确信有能力同时分开举办多场向上叫价拍卖。然而，Milgrom 认为，市场结束规则会妨碍竞价人使用有效的备用策略。例如，假设在几轮投标后你是某一个许可证的最高报价者，这时，你的一个备选许可证（即能代替你正在拍卖的许可证的另一个许可证）的拍卖结束了。如果你的报价被后来的竞价人超过，那么你将没有机会再在备选许可证上投标。Milgrom 的这个观点被广泛认同，于是 FCC 采纳了同时结束规则，但是不久就又提出了一个相近的问题。

若采用 Milgrom 和 Wilson 的同时结束规则，那么拍卖能结束吗？这是我和 Paul Milgrom 第一次会面时最令我困惑的一个问题。他向 FCC 解释了他们的拍卖设计方案。我感到，同时结束规则下的同时多轮拍卖应该是我曾见过的、拍卖多个具有替代性和互补性的许可证的最好做法了。但是，当竞价人观察到其他人的投标时，他是否会倾向于保持沉默，以及如果是，FCC 如何确保拍卖会适时结束？我问了 Milgrom 这个问题。显然，他已经考虑过这个问题了。他明确地回答我说，为了提高拍卖的效率，应该要求每个竞价人在每轮拍卖中都至少对一个许可证投标。这样，每个竞价人都必须给出一个合适的报价，或者给出一个被接受的新报价。在评审和回答评审的 20 天期限之内，Milgrom 和 Wilson 进一步将他们的想法落实成一个可执行的报价规则，以用于 FCC 举办的同时多轮拍卖中。他们的报价规则可以很好解决现实拍卖设计中的这个难题，即通过将竞价人在该轮拍卖中的行动和他是否具有参与随后几轮拍卖的资格联系在一起，给竞价人保持沉默强加了成本。如果具有投标资格的竞价人没有给频谱段中的最小部分投标，那么他将永远失去投标资格。这样一来，这个报价规则就能有效阻止竞价人“躲在屏风后面观望”，或者为了合谋瓜分市场而保持沉默的行为。

这个报价规则对于 FCC 接受 Milgrom-Wilson 拍卖设计方案至关重要。FCC 不愿承担无人投标而拍卖无限期延续的风险。这个规则对投标提出了要求，也保证拍卖有一个合理的投标速度；当竞价人仍然希望继续投标时，不会让他们承受意外结束的风险。如果没有这个要求，竞价人将会不知道拍卖什么时候结束，也不可能在一个许可证的拍卖结束后，继续参与另一个备选许可证的投标。如果没有这个规则，宽带 PCS 拍卖很可能就在 12 轮拍卖后以仅有实际总收益的 12%的结果结束。由于报价规则所要求的初始水平低于具有投标资格的竞价人的预期投标，所以对于大部分许可证而言，一旦有人投标，这个初始水平就几乎不给竞价人报价带来任何压力了。投标在进行 10 轮后几乎都要结束了，但是，当 FCC 在第 12 轮拍卖中提高了要求后，报价急剧上升。

虽然这个设计方案已经很完美了，也保持了连贯性，但想说服FCC采纳它的理由仍然不够充分。许多职员都没有兴趣去冒险尝试一个从未使用过而且比他们听说过的拍卖方式都要复杂很多的拍卖方案。Reed Hundt主席的法律顾问Diane Cornell认为这个方案，特别是其中的报价规则，对竞价人来说过于复杂，简直无法理解。我向她保证，我们将会开发一个投标软件来自动计算报价要求，让竞价人方便参与。可是，那时还没有这样一个软件。幸运的是，我们为第一场拍卖及时地开发出了用户界面友好的报价软件。但是，另一个更为严重的问题是，拍卖可能会在操作上失败。如果失败，那么在议会听证会上，这个设计方案无论从理论上看有多么完美，都终将不会得到太多重视。我的老板十分坦白地告诉我，他不想让FCC成为这个新型拍卖方式的试验地。

尽管有着这么多疑虑，为什么FCC最终还是采用了Milgrom-Wilson拍卖设计方案呢？首先，它的确是一个十分优秀的设计方案。它不仅提供给竞价人充分的信息和采用备份策略的灵活性以合理有效地分配频谱许可证，而且它也并不是非常复杂而使得FCC无法操作、竞价人无法理解。可是，一个方案能够被采用，仅仅有好的想法还是不够的，还需要有人进行解释和大力宣传。当然，没有人比Paul Milgrom更适合做这个事情了。Milgrom具有敏锐的洞察力，措辞清楚、简练，能够正确领会并满足FCC的要求，正直，以及具有正确处理事情的热情。他能将自己的理论观点转化成一个个条理清楚的实用的提案，并用简单的语言解释是如何综合考虑并运用这些提案的。他花了许多时间学习和聆听体制上的一些相关规定。他愿意且有能力根据FCC所担忧的关于拍卖持续时间和破坏性策略行为的问题去修改他的提案。他既不会强行推销也不会过分吹嘘他的提案，正因为如此，他得到了FCC工作人员的信任。他总是十分迅速地对事情做出回应，尽管FCC的工作方式本身也要求要非常迅捷。即使在他休假时，他也愿意讨论拍卖规则的问题，他常和FCC的工作人员通话直到深夜，尤其是在开始设计拍卖方案的第一年，有时因为FCC的紧急要求而专程赶到FCC。

尽管Milgrom很有说服力，但是如果没有其他支持者，FCC还是不会冒险采纳这个新奇的拍卖设计方案。它的支持者之一是FCC自己雇用的顾问，John McMillan，他对可供选择的拍卖设计方案进行了独立的分析。在递交给FCC的报告（修改后发表在《经济展望杂志》（*Journal of Economic Perspectives*，1994）上）中，McMillan强烈支持Milgrom-Wilson拍卖设计方案。他那冷静的态度以及详细的解释也让 FCC 的工作人员再次确信我们正在朝着正确的方向前进。

另一位支持者是 Preston McAfee，他也给予了 Milgrom-Wilson 设计坚定的支持。他认为，与他以前设计的规则简单一些的同时拍卖方式相比，他偏好这个设计方案，那时他低估了除最简单的拍卖设计方案之外 FCC 实施其他方案的能力。更重要的是，他建议修改 Milgrom-Wilson 提案：允许竞价人收回自己的投标，但是要支付罚款。1994 年 1 月，为帮助 FCC 挑选出拍卖设计方案，Barry Nalebuff 组织了一次会议。在大会上，McAfee 提出了一种简单的方法，降低竞价人在对具有很强互补性的频谱许可证投标时所面临的风险。为了阻止竞价人策略性地假投标，Milgrom-Wilson 设计方案不允许竞价人收回投标。然而，当一组许可证的价值高于该组单个许可证价值的总和时，如果这组许可证的其余部分被其他竞价人赢得，那么竞价人就可能面临为自己赢得的这部分许可证支付过多的风险。负责向白宫提出电信方面政策建议的国家电信与信息管理局（National Telecommunications and Information Administration，NTIA）建议采用组合拍卖机制。但基于 Banks、Ledyard 和 Porter（1989）的工作以及 Mark Bykowsky 和 Robert Cull 的 NTIA 工作日志，这个组合拍卖机制对于 FCC 来说过于复杂而无法实施。作为备选考虑，McAfee 提议允许竞价人收回投标，但需要支付一定的违约金，其金额等于自己的投标值与下一个投标值之间的差。

虽然 FCC 没有接受 NTIA 的建议，但 NTIA 建议使用同时拍卖设计的观点对于 Milgrom-Wilson 设计方案获得通过提供了有效的帮助。它使这个设计方案看起来似乎是序贯向上叫价拍卖和包含组合投标的同时向上叫价拍卖的一个合理折中。除了书面建议之外，NTIA 和 Caltech 于 1994 年 1 月联合资助召开了 PCS 拍卖设计会议。会议邀请了 FCC 的工作人员、实验学者以及博弈论方面的学者共同参加。Mark Bykowsky 和 John Ledyard 提议并组织召开的这次会议，为同时拍卖机制的采纳提供了进一步的支持。David Porter 演示了 NTIA 提议的组合拍卖机制，说明了某些同时叫价电子拍卖是可行的。最为重要的或许是 Charles Plott 关于序贯拍卖、同时叫价拍卖以及组合拍卖这三种拍卖方式相关性能的实验结论的报告。这项研究由 PacTel 在 Paul Milgrom 的建议下赞助，实验结果表明：当物品之间具有很强的协同作用时，同时叫价拍卖优于序贯拍卖，而组合拍卖优于前两者。根据理论研究以及实验的结果，Ledyard 指出，虽然 FCC 采用他曾参与设计的组合拍卖机制将会是很好的，但事实上，采用规则更为简单的 Milgrom 和 Wilson 的同时叫价拍卖会使 FCC 获得最大的收益。

经济学家和 FCC 合作设计频谱拍卖之所以获得了成功，部分原因在于设计从一开始就由 FCC 计划与政策办公室（OPP）负责。该办公室具有运用应用经济学知识来制定公共政策的惯例，并且与其他运行部门相比，它更乐于接受新的方法。早在拍卖法令通过的十年之前，OPP 就开始提议使用拍卖方式。因此，在整个机构里挑选 OPP 中的一组人来实施是合乎逻辑的。

拍卖项目负责人 Karen Wrege 是这个组的核心成员之一，他是 FCC 从 Resolution Trust 公司聘请来的。1993 年，让 FCC 主席 Reed Hundt 信服“同时多轮拍卖是最优拍卖设计”是不够的。但他确信，议会会要求 FCC 在一年内举办拍卖。Karen 能够想象拍卖是如何进行的，他有能力说服 Hundt 手下的员工 Don Gips 拍卖是可行的，并且作为 FCC 小组的一员，他也能够让拍卖运作起来。Jerry Vaughan 凭借不屈不挠的精神带领着小组度过了许多痛苦的时刻，比如在 FCC＃3 拍卖即将举办的前一个晚上，整个系统崩溃了。这个小组里值得赞扬的人太多了，这里我无法一一指出，但是有一些人还是需要提到的，特别是为将 Milgrom-Wilson 设计方案从提案变成现实做出贡献的人，他们是 Kent Nakamura 律师、Jonathan Cohen 律师、Jackie Chorney 律师、信息技术专家 John Giuli、签约官员 Mark Oakey 和经济学家 Greg Rosston。

此外，还需要感谢完成 FCC 拍卖设计的那些承包人和顾问。电子拍卖系统的大部分程序都是通过签约由外部人员完成的。第一次拍卖结束后，FCC 聘请了第二位经济学家 Peter Cramton。他简化了拍卖设计，并开发了帮助竞价人和 FCC 跟踪拍卖进展的一个工具。我们也和来自 Caltech 的一组实验经济学家签订了合约：Charlie Plott、John Ledyard 和 Dave Porter。没有 Plott 和一年级研究生 Antonio Rangel 的帮助，为 FCC 的第一场拍卖编程的工作人员可能就无法成功地将 FCC 拍卖规则转化为软件代码。Caltech 还测试了分别用于第一场和第二场 FCC 窄带 PCS 拍卖的软件。测试软件的过程十分枯燥，作为补偿，如果实验参与者发现了软件里的错误，他们能得到一些奖金。Caltech 发明了一种很好的方法，可以在 FCC 第一场拍卖期间手动检查所有计算结果。另外，Rangel 运行的程序与电子拍卖系统并行运行，它能够提供一个手动备份，如果电子系统出现故障，它能马上开始运行。但幸运的是，它最后没有运行。

1994 年 7 月 25 日，第一场 FCC 同时多轮拍卖在华盛顿 Omni

Shoreham 宾馆的蓝色房间里如期举行。投标在电子系统中进行。尽管软件已经经过测试，但是，对于它是否能正常运行大家还是有点儿担心，特别是报价规则中第二阶段的那段程序。开发软件并在拍卖过程中操作它的首席程序员说，“我完全相信我的软件在第二阶段不会出错，但是我没有测试。”我们也没有测试，因为拍卖在第一阶段就成功地结束了。在每一轮拍卖中，FCC 都需要确定每一个许可证的投标增量。我们有一个由三名顾问组成的委员会，他们随时向我们提出建议，他们是理论学者 John McMillan、实验学者 Charlie Plott 以及拍卖者 Bill Stevenson。我们有 5 天的时间来执行这次拍卖，随后我们必须离开，因为这个房间将要用于举办一场婚礼。关于投标增量应设置多大，每轮拍卖的持续时间应为多长，是否使用报价规则的第二阶段等问题，我们都进行了激烈的讨论。结果是，拍卖在经过了整整 5 天的时间、47 轮之后全部结束，经过来自网上的竞价人之间异常激烈的竞争，5 个许可证各有所属。当然，在蓝色房间里的婚礼也如约举行。

在将拍卖理论应用于实践的整个过程之中，最伟大的英雄或许是 Reed Hundt 主席，因为他抛弃了政府官员的一贯做法——按部就班，做安全的事，虽然不是最好的。他总是想知道：“经济学理论能告诉我们什么?”并总是将他的格言付诸行动，“做正确的事。”但是，如果没有像 Paul Milgrom 这样的经济学家，他也不可能知道正确的事是什么。

埃文·克维尔（Evan Kwerel）

2003 年 1 月

前　言

本书总结了我这些年在拍卖设计方面进行教学、科研以及咨询活动时所取得的主要成果。长期以来我在这三个方面的工作是同时进行、相互促进的。在 Robert Wilson 的指导下，我完成了拍卖理论方面的博士学位论文。Wilson 一直从事竞价人如何投标、政府如何设计拍卖机制等方面的工作。在我获得博士学位 15 年之后，Wilson 和我一同给美国联邦通信委员会（FCC）提议的拍卖设计成为 FCC 频谱拍卖设计的基础。频谱拍卖是 20 世纪最有影响力的新拍卖设计。随后，FCC 设计被六大洲的各个地区采用，在进行了一些修改之后成为当地频谱拍卖的主要形式。在随后的几年里，我常常讲授拍卖理论，虽然那时它还没有成为一门实用的学科。

我于 1995 年春开始撰写本书，那时我正在剑桥大学做丘吉尔（Churchill）报告。那些报告不仅介绍了 FCC 于 1994 年开始举办频谱拍卖的一些历史背景以及拍卖设计方面的一些知识，而且强调了竞价人的拍卖经验。Wilson 和我只有几周的时间完成我们的设计和提议，之后我的“丘吉尔项目”还需要完成关于这些提议的分析，证明在多种环境下我们的设计都很可能是有效的。这些事情使得该项目推迟了，但是当 1996 年和 2000 年我在斯坦福大学、1997 年在耶路撒冷、2001 年和 2003 年在哈佛大学和麻省理工学院做关于拍卖理论的报告时，这个项目引起了人们极大的兴趣并发生了意想不到的变化。

1978 年，我在博士学位论文中给出了拍卖理论的七个主要结论。20 年后，有越来越多的观点提到什么是最重要的以及如何才能最好地综合这个异常美妙的理论。相比已有的那些观点，本书所包含的内容更多、更实用，其特点在于它是以传统需求理论和实际经验为基础的。[①] 我用一

① 在 FCC 举行首次拍卖之后的几年中，我一直在美国、德国、澳大利亚和加拿大致力于频谱拍卖的设计工作，在新泽西州和得克萨斯州致力于电子拍卖的设计，在美国和墨西哥从事不动产拍卖，以及网上采购拍卖。我的提议也是 FCC＃31 拍卖设计——第一个组合拍卖设计——的主要基础。

些熟悉的方法和概念将拍卖理论和需求理论结合在一起，这些方法和概念包括包络定理、比较静态方法以及需求理论中的替代性和互补性等概念。

关于拍卖理论，我和目前其他一些学者在研究重点和方法上有所不同。在第 1 章，我叙述了如何在实际拍卖设计中应用拍卖理论中的研究成果。第 2 章主要介绍我对维克理（Vickrey）拍卖的一些独特看法，并解释了 Vickrey 拍卖的理论优势是如何被其劣势抵消的，而这一点却常常被人们忽视了。

第 3 章和第 4 章运用一般需求理论中的方法，如包络定理和比较静态方法，对拍卖理论的经典结论作了更深一层的探讨。这种研究方法与研究生用微观经济学教科书中强调的将“显示原理”（revelation principle）作为机制设计理论的基本工具（Mas Colell，Whinston，and Green，1995）形成了鲜明的对比，后者与需求理论没有相关性。

在第 5 章里，我用我的术语重述了当竞价人之间的估价相关、拥有的私人信息相关时的拍卖模型。这些新的研究方法使得拍卖理论里原本看起来很难的一部分内容变得很容易处理了。

从事拍卖咨询工作的经验告诉我，好的机制设计仅仅是使拍卖成功的重要因素之一。更常见的因素是，保证竞价人的投标成本很低，鼓励合适的竞价人参与投标，确保拍卖过程的公正，以及中标者能够如事先承诺的那样支付或者递送商品。第 6 章主要讨论这些影响因素。我将特别强调免费参与投标的后果以及机制设计者可以采用的一些激励竞价人参与拍卖的方式。

在第 7 章和第 8 章涉及的拍卖设计领域中，一些学术性问题是非常有价值的。这个领域就是多物品拍卖领域。这类拍卖已被用于无线电频谱（radio spectrum）、电力、短期国库券等的拍卖。这些拍卖的设计问题不仅包括通常的关于激励和分配权的问题，还要求限制机制的复杂程度，以确保竞价人的投标成本不至于太高，同时保证系统的可靠性。在单物品拍卖中，拍卖效率和收益这两个目标常常是保持一致的，而在多物品拍卖中，需要综合考虑这两个目标。第 8 章主要介绍对这两个目标进行权衡，并解释如何在实践中运用新的 Ausubel-Milgrom 设计进行权衡。

在此我要向许多人表示感谢，他们的帮助不但使我完成了本书，而且使我加深了对拍卖的理解。在我的研究生阶段，Robert Wilson 将我引入拍卖理论的研究领域，指导我的博士研究工作，并与我一起参与为

Pacific Bell 设计 FCC 拍卖的工作。我谨将此书献给他。Pacific Bell 的同事们特别是 James Tuthill 的耐心和勇气支撑着我的应用研究并帮助我向 FCC 提出我的倡议。Evan Kwerel 和 FCC 工作小组施展了改革家所拥有的魄力，不断实验我们的新想法。在拍卖设计方面，我曾咨询过我的同事 Larry Ausubel、Peter Cramton、Preston McAfee、John McMillan、Charles Plott 和 Robert Wilson，他们不断用他们的观念、热情和灵感鼓舞着我。

此外，许多人直接帮助我完成了本书的撰写工作。我要特别感谢五位学生以及我的同事们，他们读了本书的原稿并提出了许多很有价值的意见。Valter Sorana 教授详细且深思熟虑的评论贯穿全书。我的研究助理 Hui Li 常常和我一起坐在计算机旁，坚持某些段落或论点需要更详细的说明，就如她常说的："要让我阅读起来足够简单明了"。哈佛大学的研究生 Parag Pathak 和 Siva Anantham，以及斯坦福大学的研究生 Paul Riskind，都阅读了本书的原稿并给出了成百条建议。本科生 Dan Kinnamon 阅读了部分原稿并提出了建议，他为第 6 章的一口价模型作了一些辅助性的研究。与我就某一部分进行了很有价值讨论的同事们还有：Susan Athey，Larry Ausubel，Jeremy Bulow，Peter Cramton，Paul Klemperer，Evan Kwerel，Benny Moldovanu，Noam Nisan，Motty Perry，Leo Rezende，John Roberts，Al Roth，David Salant，Ilya Segal，Padmanhabhan Srinagesh，Steve Tadelis，Bob Wilson，Lixin Ye，以及 Charles Zheng。

从开始撰写本书直到本书付梓这段时间，无论是对于我个人，还是对于我的家人，都是一个特别艰难的时期，我要向我的妻子 Eva Meyersson Milgrom 以及我的孩子 Joshua 和 Elana 表示感谢。没有他们的爱和支持，我就无法完成本书的撰写工作。

目　录

第二部分 多物品拍卖

第1章　开始应用

随着1993—1994年美国无线电频谱拍卖的设计和实施，将拍卖理论应用于实际工作的时代来临了。虽然早在20世纪60年代拍卖理论就已崭露头角了，但早期的理论研究对实际应用几乎没有产生任何影响。自1994年起，研究拍卖理论的学者已经为六大洲的许多国家设计了频谱销售方案，为美国和欧洲国家设计了电力拍卖，以及二氧化碳减排量拍卖、木材拍卖和各种不动产拍卖。拍卖理论表现出来的强盛影响力，使得1996年的诺贝尔经济学奖被授予了拍卖理论的奠基人 William Vickrey。2000年，美国国家科学基金会在其五十周年庆典上肯定了美国频谱拍卖取得的成功，并表示继续支持博弈论等学科的基础研究。到2001年年末，即第一场大型现代拍卖举办后的第七年，理论家们的设计在全球所产生的总销售额已经超过1 000亿美元。美国早期的频谱拍卖已经成为一个全球化标准，在所有新的拍卖设计方案中都可以捕捉到它的主要特征。

毫不夸张地说，在1993年是不可能预测到这些发展前景的。事实上，直到现在，博弈论在经济学中的地位都还是一个争论很激烈的话题。由于拍卖理论的主要结果是在将拍卖视作博弈的条件下得到的，因而对于拍卖理论本身也存在着这个争议。在1985年举行的计量经济学会世界大会上，研究谈判的学者和研究拍卖、工业组织的学者之间爆发了一场争论。研究谈判的学者认为，他们对于博弈论是否能够很好地解释谈判行为，或者是否有助于改进谈判机制表示怀疑；而研究拍卖和工业组织的学者则相信，博弈论为他们的研究指明了道路。尽管博弈论在20世纪80年代得到了显著发展，在90年代初期开始进入研究生教材，但是直到1994年，即联邦通信委员会（FCC）举办的第一场新的频谱拍卖的那一年，关于博弈论的实用性也还没有达成共识。

博弈论的传统理论生硬地假设了参与人（又称参与者）的理性以及他们期望的正确性，而这些假设很难与现实情况完全一致。但是，现场数据和实验数据都表明了拍卖理论的贡献毋庸置疑。运用拍卖理论做出的定性预测与石油和天然气拍卖①中的竞价人投标行为有着惊人的相似，并且这些预测与其他经实验研究得到的结论也相吻合。经济学实验室对拍卖理论所作实验验证的结果发现大部分详尽的理论里都有许多地方是不成立的，但是拍卖理论预测的几个主要趋势都得到了充分的实验证明。② 总的来说，通过实验得到的这些结论表明，尽管现有理论需要改进，但这些理论还是描述了实际投标行为的主要特征。对于实际拍卖设计者来说，理论知识肯定是有用的，但还需要一些辅助工具作为补充，包括通过实验验证理论中主要命题的适用性、结合实际情况以及亲身经历进行判断。

无论学术界对于博弈论的不完美性有着怎样的质疑，新型拍卖的戏剧性成功还是紧紧地抓住了公众的目光。1995 年《纽约时报》上的一篇文章将美国首次频谱拍卖之一③形容为“历史上最伟大的拍卖”④。2000 年举行的英国频谱拍卖获得了大约 340 亿美元的收益，它的设计者之一⑤获得了英国女王颁发的嘉奖以及“大英帝国爵士”的头衔。同一时期，博弈论的理论研究者也在不断尝试将研究成果应用于其他重要领域。1998 年，在经济学家和博弈论学者 Alvin Roth 的协助下，新的全国住院匹配方案开始实施——每年将 2 万名内科医生编入医院住院计划。到 20 世纪 90 年代中期，进行了长达 35 年的关于市场设计细则的理论经济学研究也突然取得了丰硕的实用成果。

1.1 背景

大部分电信业评论员都一再强调美国频谱拍卖最重要的价值是使用

① 见 Hendricks、Porter 和 Wilson（1994）。

② 见 Kagel（1995）。

③ 基于 Preston McAfee、Paul Milgrom 和 Robert Wilson 的建议所做的设计方案。

④ William Safire，“The Greatest Auction Ever”，*New York Times*，March 16，1995，page A17，commenting on FCC auction ＃4.

⑤ 主要设计者是 Ken Binmore 教授和 Paul Klemperer 教授。他们的设计可见论文 Binmore 和 Klemperer（2002）。Binmore 教授获得了英国女王授予的头衔。

了市场机制。在相当长的时间里，美国和其他许多国家一样都是通过听证会来分配频谱权（许可证）的。在听证会上，管理机构先是比较所有申请人的申请，然后决定哪一个申请人能最好地使用频谱。显然，这种分配方式很难做到客观、公正：其中会卷入一些律师和游说团，他们针对价值昂贵但又免费的政府许可证①，强烈鼓吹他们自己的计划或者委托人是最合适的。在正常的程序和诉求情况下，一场听证会需要花费几年的时间。直到 1982 年，美国市场上需要分配的无线电话许可证太多，这给管理结构带来了巨大的工作压力，使得议会被迫同意使用抓阄的办法在所有申请人中间随机分配许可证。

抓阄的办法加快了许可证的批准过程，但也随之产生了一些新的问题。由于允许抓阄中彩者自由出售自己的许可证，许可证的申请人激增到数千名，而价值几百万美元的许可证却被随机地分配给了其中的一些人。抓阄的中彩者常常是一些单纯的投机者，他们没有从事电话行业的经验，也不准备开办电话业务。这造成了经济资源的极大浪费。一方面，管理机构需要处理成百上千的申请；另一方面，真正需要许可证的无线网络运营商随后还需要和那些中彩的投机者进行协商，以便从他们手中购买许可证。另外，通过抓阄分配小许可证的这一方式导致按照地域对移动电话业进行划分，使之碎片化，严重阻碍了美国国内移动电话服务的发展。

于是，需要有更好的解决办法。1993 年，议会立法将拍卖作为解决方案，而如何设计频谱拍卖的问题则被交给了联邦通信委员会。

1.2　多目标设计

议会向监管新型频谱拍卖的 FCC 提出了一些要求。第一个要求是 FCC 必须在 1994 年 7 月开始举办第一场拍卖；第二个要求是推广拍卖方式以促进这个新兴行业内的广泛参与。对第二个要求，FCC 最初打算引入投标信用度，或向小公司以及由女性领导的公司、由少数族裔领导的公司提供有利的资金条款，以降低这些公司获得许可证所需要的成本。议会立法还明确指出，拍卖过程应当推动频谱的有效、集中使用，以避免抓阄分配许可证所导致的频谱的分散使用。起初，“有效使用”

---

① 一位 FCC 委员曾将之形容为“FCC 的中世纪式神裁”［引自 Kwerel 和 Felker（1985）］。

这个词的含义备受争议，最终用经济学观点加以定义，用 Albert Gore 副总统的话说就是，“将许可证分配给认为其价值最大的人。”[①]

经济学里有一个很有影响力的传统观点：如果允许个人和公司参与人在合理、合法的框架内自由选择，那么他们会主动进行有效分配。也就是说，如果资源没有得到有效配置，参与人可能会聚集在一起重新进行分配，以让每个参与人都得到更好的资源配置。因此，参与人会根据他们的共同利益尽可能地消除无效性。如果参与人都清楚地知道自己需要什么、在协商如何分配合约所产生的利润时不产生分歧，那么，经济学中的这个传统观点就是最起作用的。频谱的出售中包含着上千个许可证和成百的申请人，仅仅计算其中的一个有效分配都是难以完成的事情，何况在进行这个计算时，需要所有参与人都公开他们关于许可证价值的私有信息，而这几乎不可能。与欧洲移动电话通用标准（GSM）的发展相比，美国频谱的分散布局突出了由于使用抓阄办法而无法产生有效的频谱分配这一结果。随着越来越多的参与人和经济利益的卷入，美国频谱市场耗时多年才从最初的分散布局中收回频谱所有权。在这期间，投资被延迟，客户的服务也被降级。因此，一开始就进行正确的分配是十分重要的。用拍卖方式达到这个目标是一个全新的且有创新性的方法。

议会要求 FCC 承担设计和举办频谱拍卖的一切事务，而在此之前 FCC 并没有举办拍卖的经验。之后，FCC 将此重任交给了由 Evan Kwerel 博士领导的一个工作小组。Kwerel 博士是一位经济学家，多年来他一直倡议用拍卖方式来分配频谱许可证。[②]

像 FCC 的其他重要决策一样，拍卖设计的最终决定还需要得到足够多的公众认可——这意味着 FCC 在方案获准前必须经历一系列的步骤。首先，由 FCC 提出并提交一个关于拍卖规则的提议书；随后，留一段时间接受大众对此提议进行评论，并回复评论意见；接着，FCC 与利益相关者讨论并处理提议中意见不一致的地方；然后，确定最终的拍卖规则；同时还需要考虑对拍卖结果进行上诉的问题；最后，举办拍卖。显然，这些烦冗的步骤会严重抑制设计的创新性，但庆幸的是，这种情况并没有发生。Kwerel 博士对众多备选方案进行了自主评价——不受政府引导，没有同行游说，也不受电信公司影响。

---

① 摘自 Gore 副总统在 FCC＃4 拍卖开始前的演讲。

② 见 Kwerel 和 Felker（1985），里面详细说明了 Kwerel 最初的建议。

Kwerel 博士草拟了一份通告，其中提出了一种复杂的拍卖规则。通告一公布，业界就被这一新奇的提议震惊了。由于缺乏这方面的经验和专业知识，他们开始向学术顾问请教。学术顾问们提出了大量建议，FCC 也聘请了 John McMillan 作为自己的学术顾问，以帮助其评审所提交的各种设计方案。最终，Kwerel 博士倾向于使用同时向上叫价拍卖，它主要基于 Robert Wilson 和我提出的一份建议，以及 Preston McAfee 的一份建议。McAfee 的设计与我们的极为相似。这种多轮同时向上叫价拍卖被称为 Milgrom-Wilson-McAfee 拍卖规则。[①] 这是一种多物品拍卖，其中的报价进行多轮。在每轮拍卖中，竞价人都为自己想要购买的频谱许可证（可以是多个）分别报价，报价是秘密的、不公开。每轮拍卖结束时，公布每个频谱许可证的最高报价，并基于此确定下一轮拍卖中每个频谱许可证的起始价。许可证在下一轮拍卖中的起始价往往是上一轮拍卖结束时的最高报价加上一个事先确定的投标增量，例如，这个增量等于上轮最高报价的 5%或 10%。下一轮拍卖开始后，上一轮拍卖的最高报价仍保留着，直到被新的最高报价取代，或者其报价者撤销了自己的这个报价。[②] 行动规则限制竞价人在拍卖进行到后期时行动的可能性，因而也就间接提高了竞价人在拍卖前期报价的积极性。例如，一个已经为十个许可证投标的竞价人就不太可能在拍卖后期再为第十一个许可证投标。

同时向上叫价拍卖理论非常适合于被拍卖的许可证具有替代性的情形。在拍卖期间，随着价格的上升，出价已被别人超过的竞价人可能转而向其他一些当前价格比较低的许可证投标。这时，在具有替代性的许可证之间可能发生有效套利。通过这些拍卖所发现的最显而易见的结论之一是，替代性越显著的许可证，其拍卖价格就越接近——而这个结论在以前的传统拍卖方式中未能体现。

最初同意采纳 Kwerel 博士建议的决策令 FCC 十分担心并遭到了质疑。推荐使用的拍卖方式异常复杂，FCC 主席 Reed Hundt 向 FCC 其

---

① 两者的本质区别在于：Milgrom-Wilson 设计提出了统一的结束规则，即在 Milgrom 行动规则的保证下，直到拍卖结束，才停止对所有许可证的投标。而 McAfee 设计方案中没有行动规则，其中每个许可证的拍卖都是分别结束的。如果在事先确定的一段时间内都没有接收到新的报价，那么对该许可证的拍卖结束。

② 竞价人撤销报价时，如果他撤销的报价高于许可证的最终拍卖价格，那么他需要支付赔偿金，其数额等于这两个价格之间的差值；如果最终拍卖价格超过了其报价，那么撤销者就不用支付赔偿金了。

他职员征求意见。他询问经济学方面的职员："如果由你挑选你想要的方案，你会挑选这一个吗?"他还向未来可能执行此拍卖的职员咨询："这个设计方案是否真的可行？能在短时间内实施吗?"在获得职员们的认可之后，Hundt 主席决定冒险采用这一新的拍卖设计方案。

1.2.1 替代性和互补性

拍卖是在竞价人之间进行资源分配的过程。所以，只有充分了解拍卖参与人的需求，才能很好地进行拍卖设计。在最初的私人通信服务（PCS）拍卖中，有三类潜在竞价人。第一类竞价人是已有长途电话业务但还没有进行无线业务的公司。这类公司，如 MCI 和 Sprint，正在筹划开拓全国无线业务，因此希望得到能够覆盖全美国的一个或多个频谱许可证，这样就可以让它们的服务遍及全美各个角落，并将它们的长途电话业务和无线业务整合在一起，以向用户提供更具吸引力和更有利的"服务套餐"。

第二类竞价人是已有无线业务的公司，如 AT&T，以及 Bell 的地区分公司和其他一些公司。这些公司都已经具有或控制了一些能够向部分地区提供无线服务的频谱许可证。它们参与拍卖的目的主要是得到能够填补自己已覆盖区域之间空缺的频谱，或者增加一些新的覆盖区域，或者得到覆盖全国的频谱许可证。这些公司对 FCC 的监管提出了质疑。虽然 FCC 同意满足它们合法的商业需求，但不允许它们控制足够数量的频谱以操纵市场的频谱价格。为避免这种情况的发生，FCC 对每个公司在每个地区能够控制的频谱数量做出了限制。已有无线业务的运营商无权参与已获得欧洲国家授权的全国 PCS 许可证的投标。根据 MCI 的观点，这意味着全国范围的许可证可能会以较低的拍卖价格成交。由于这个原因，FCC 决定重新设计许可证。

最后一类竞价人是没有无线业务但准备进入的公司。在这类公司中，有一些公司的规模相当大，例如加利福尼亚州的 Pacific Bell。它们主要想得到频谱覆盖面积较大的许可证或许可证组合，但是它们并不打算要覆盖全国的许可证。

从以上的描述中我们可以看到，早在拍卖举办之前，拍卖博弈就已经开始了。频谱许可证的覆盖范围以及条件甚至比确定分配方案的拍卖规则还要重要，这是因为同一个许可证对某些竞价人来说可能正好满足其需求，而对其他竞价人来说则可能一点用途都没有。在现实的 PCS 拍卖中，一个许可证授予它的所有者在某一特定地区传送和接收某一特定无线电频段中适于提供移动电话服务的无线电信号的权利。许可证说明书会限制可能出现的频谱分配方案。例如，有三个独立的许可证需要出售，它们的覆盖地区分别为A、B和C。如果一个竞价人想要得到覆盖A全部地区、同时覆盖B一半地区的许可证，而另一个竞价人想要得到覆盖C全部地区、同时覆盖B一半地区的许可证，那么许可证说明书会使得每个竞价人都得不到他们想要的最优分配。因此，拍卖设计师的任务之一是，在许可证说明书的约束下设计出可能的最优分配。

进行有效的分配必须处理一些很复杂的事情。首先，同样一个许可证，对于某个竞价人来说，它的价值在于能够帮助他排挤竞争对手、增强垄断权；而对于另一个竞价人来说，它的价值可能在于帮助他提供更优质的服务。对这两种情形进行比较后不难看出，只有第二种情形才应该考虑。但是竞价人在投标时是不考虑这些差别的。其次，某许可证对于竞价人的价值不仅仅在于该许可证本身，还依赖于其他许可证的特性以及竞价人所拥有的技术。例如，许可证的特性会影响竞价人之间的"漫游协议"——当其用户步入其他公司获得的频谱许可证覆盖的地区时，允许他们使用其他公司所提供的服务。第三个复杂的事情是要求竞价人共享他们所拥有的不同私有信息，例如，关于已有技术的信息或关于用户潜在需求的预测信息，以确定不同方案下自己可能获得的利润。

但是，影响效率的根本因素，也是FCC拍卖设计者们讨论最多的话题，是所谓的组合问题。一个许可证对某个竞价人的价值是不确定的，通常与该竞价人得到的其他许可证有关。假设有一个包含多个许可证的组合，比如说，含有五个或者六个许可证，竞价人可能会为得到这个组合而愿意为每一个许可证支付比其他小组合或大组合更高的价格。① 所以，很难单独确定某一个许可证的价值，除非竞价人知道了他将持有的所有许可证。

考虑仅有两个许可证的情景。如果某竞价人得到一个许可证之后，他为得到另一个许可证所愿意支付的费用降低了，那么就称这两个许可证是可替代的；相反，如果该竞价人所愿意支付的费用升高了，那么就

---

① 这种情况发生在1998年荷兰频谱拍卖中，当时进行拍卖的大部分许可证都是小的带宽。据估算，首次进入这个市场的公司需要五六个许可证，这样才能形成有效规模，使得进入市场是有价值的。

称这两个许可证是互补的。当包含的许可证多于两个时，还可能会出现其他极为重要的情况，这使分析实际问题变得相当复杂。例如，有三个许可证——A、B 和 C，竞价人为开展自己的业务，预计仅需要这三个许可证中的任意两个。如果他无法得到许可证 C，那么许可证 A 和 B 之间具有互补性；如果他已经得到了 C，那么 A 和 B 之间将成为替代关系。目前，关于拍卖设计的大部分经济学研究都只考虑两个许可证的情况。

近年来，经济学者在设计拍卖规则时已不同于以前的学者，他们开始考虑解决具有替代性和互补性的问题。我们后面的分析将会说明，一些新的设计方案能够有效地解决许可证之间具有替代性时的情况；但是，当许可证之间或者具有替代性或者具有互补性时，所有拍卖设计都不尽如人意。这表现在不同方面，包括拍卖结果的效率降低、卖方的收益非竞争性地降低、易于合谋、竞价人难以确定其报价策略、拍卖持续时间变长，等等。

为了更好地说明价值相关性对拍卖设计的影响，在下一小节里我们讨论一个未曾受到过足够重视的案例。

1.2.2 新西兰频谱使用权拍卖

1990 年，新西兰举办了第一场频谱使用权拍卖。在拍卖的权利中，一部分是传统的许可权，即有权使用频谱以提供某一特定服务，例如，利用这些频率传送电视信号；另一部分是频谱管理权拍卖，即由买方决定如何使用获得的频谱，例如，传送电视信号、开展无线电话业务、分页或提供其他服务。理论上，当频谱管理权售出后，在私人利益的驱动下，竞价人会以利润最大化为目标确定频谱的用途。但是，如何协调许可证所有者对频谱的应用成为新的很复杂的问题。

根据咨询公司 NERA 的建议，新西兰政府决定最初的四场拍卖均采用二级价格密封拍卖，其规则与 Vickrey（1961）最早所描述的一样：每个竞价人都以密封的形式递交自己的报价，然后，将许可证分配给报价最高的竞价人，他的支付价格等于递交的所有报价中的次高报价，如果只有一个报价满足要求，那么支付价格就等于保留价。这种拍卖方式正是因为由次高报价确定成交价格而得名的。

许多人初次听到二级价格密封拍卖规则时往往会感到很新奇，但经过严谨的分析后，他们就会发现这种方式其实一点也不奇怪。事实上，它是向上叫价拍卖（英式拍卖）[①] 的另一种形式，与Amazon使用的极为相似。[②]

在向上叫价拍卖里，如果竞价人对物品的价值有着明确的认识，那么他就会事先确定报多高的价，我们称之为竞价人的保留价。在一些拍卖网站里，比如eBay和Amazon，竞价人可以请投标代理帮助自己实行保留价策略：只要物品的当前最高报价低于竞价人事先确定的保留价，投标代理就自动代替竞价人报价以超过当前最高报价。如果每个竞价人都按这样的策略报价，那么结果将是当物品价格升至次高保留价时（由于最小投标增量，这个值与次高保留价有时会有一点点差别），拍卖结束。所以，若每个竞价人都采用保留价策略，向上叫价拍卖与二级价格密封拍卖几乎是一样的。

二级价格密封拍卖里的报价策略比较简单：每个竞价人都应该将自己对物品的估价设置为保留价。如果其他所有竞价人中的最高报价高于这个值，那么竞价人也应该将保留价作为报价，因为没有哪个报价会使自己赢得拍卖后还有利可图。相反，如果其他所有竞价人中的最高报价低于他的保留价，那么他赢得拍卖，其成交价格等于其他所有竞价人中的最高报价。这是竞价人采用所有可能报价产生的最好结果。因此，无论其他竞价人的报价是多少，竞价人将自己的真实估价作为保留价所能得到的利润至少与设置其他保留价得到的一样多。

与其他拍卖方式相比，二级价格密封拍卖具有两个优点。首先，它产生的结果与含投标增量的向上叫价拍卖产生的结果接近，但是不需要将竞价人聚集在一起或者让竞价人聘请代理专门替他们出席拍卖会。第二，它使得每个竞价人的报价策略都变得十分简单：每个竞价人都仅需要确定自己的保留价，然后将这个值作为报价就可以了。这也意味着竞价人不再需要对参与拍卖的总人数以及其他竞价人的估价进行估算，因为这些都与他的最优报价无关。

二级价格密封拍卖可以推广到多件相同物品的拍卖中，这也是受向上叫价拍卖方式启发而产生的。例如，有7件相同物品准备拍卖。根据向上叫价拍卖规则，这7件物品最终被分配给报价最高的前7个竞价

---

① 向上叫价拍卖（英式拍卖）中最常见的方式是：拍卖者逐步升高物品价格，同时，不愿支付比当前价格更高的竞价人就退出拍卖。当只剩下一个竞价人时，拍卖结束。赢者根据当前最高价格支付，所以对于每一竞价人的最优策略都是：一直参与报价，直到物品的当前价格等于自己的估价（保留价）时，才退出拍卖，并不再重新报价。

② eBay采用的也是类似的拍卖规则，但是eBay采用的固定结束规则会导致其他一些博弈问题，见Roth和Ockenfels（2000）。

人。这里，竞价人可能也会很明智地采用保留价策略，即一直参与报价并竭力成为报价最高的前 7 个竞价人，但是一旦当前所要求的报价超过自己的估价，他就会立即退出拍卖。与前面的分析相似，拍卖结果是，物品由估价最高的前 7 个竞价人获得，成交价格近似等于估价最高的第 8 个竞价人的估价。为了与密封拍卖保持一致，规定所有赢者按统一价格成交，其价格等于被拒绝的最高报价。在这样的规则下，给竞价人的一个正确且简单的建议是："将你愿意支付的最高价格作为你的报价！"美国出售国库券曾经使用过类似的统一价格拍卖规则。①

在新西兰政府的拍卖中，即将出售的传送电视信号的多个许可证是相同的。根据顾问的建议，政府决定不采用上面所描述的物品成交价格等于被拒绝的最高报价的规则，而是对每一个许可证都采用同时叫价二级价格密封拍卖。但是，新西兰的二级价格密封拍卖只有在一种情况下才是有效的：当物品价值相互独立时，也就是说，物品之间既不具有替代性，也不具有互补性。而对于新西兰政府所决定的拍卖，很难给竞价人提出好的建议。例如，竞价人是否应该只投标一个许可证？如果是，那么向哪一个许可证投标？如果所有竞价人都只向一个许可证投标，并且从所提供的许可证中随机选择任意一个，那么可能会发生某个许可证没有一个竞价人投标的情况。面对这种情况，或许竞价人向每一个许可证都投标一个小的值可能是很好的报价策略。然而，如果所有竞价人都这么做，那么仅投标一个许可证且报价适中就有比较大的机会获得成功。对相互之间具有替代性或互补性的许可证分别进行独立拍卖，难免会引来竞价人的推测，从而影响分配的有效性。

表 1.1 列出了新西兰第一场拍卖的实际结果。竞价人 Sky Network TV 的报价都很高，为获得的许可证支付的价格比其他竞价人要高许多。竞价人 Totalisator Agency Board 向六个许可证投标，对每个许可证的报价都为 401 000 新西兰元，但它最终只得到了一个许可证，成交价格为 100 000 新西兰元。竞价人 BCL 只向一个许可证投标，报价为 255 124 新西兰元，它最终以 200 000 新西兰元获得了该许可证。由于不知道不同数量的许可证对于竞价人的价值，也不可能确定许可证的最终分配是否有效。但是，结果确实证明了竞价人无法推测其他竞价人的投标行为。如果 Sky Network、BCL 或者 United Christian Broadcast 能够推测出其他竞价人报价的特点，那么它们肯定会改变自己投标的许可

① 美国国库券拍卖规定统一成交价格等于所接受的最低报价。

证。这些数据还表明，竞价人对许可证的需求、它们想要得到的许可证数量以及它们最终支付的交易价格这三者之间几乎没有关系，这也说明拍卖结果是无效率的。

表1.1　超高频频谱拍卖的赢者：8兆赫兹的许可证

编号	赢者	最高报价（新西兰元）	次高报价（新西兰元）
1	Sky Network TV	2 371 000	401 000
2	Sky Network TV	2 273 000	401 000
3	Sky Network TV	2 273 000	401 000
4	BCL	255 124	200 000
5	Sky Network TV	1 121 000	401 000
6	Totalisator Agency Board	401 000	100 000
7	United Christian Broadcast	685 200	401 000

资料来源：Hazlett（1998）.

第二个问题令新西兰政府官员更加不安。① McMillan（1994）曾这样描述："一种极端情况是，公司报价为100 000新西兰元，但最终以次高报价6新西兰元成交。另一种极端的情况是，最高报价是700万新西兰元，次高报价是5 000新西兰元。"政府的咨询顾问预计通过拍卖获得的总收入会达到2.5亿新西兰元，但事实上仅获得了3 600万新西兰元。二级价格规则能够让公众很好地估算中标者获得的利润，有时产生的利润会高于成交价格许多倍。为了解决这个问题，政府决定不再采用二级价格密封投标，而采用标准的一级价格密封投标，即最高报价者支付的价格等于自己的报价。如我们将在本书后面的篇章里看到的，这种方式也并不能保证产生较高的成交价格。然而，这却能在公众的好奇心中隐藏竞价人获得的利润。

拍卖规则的变化依然未能解决拍卖设计中最严重的问题。对具有替代性或互补性的多个许可证分别进行拍卖会迫使竞价人在面临获取的许可证过多和过少的两种风险之间做出抉择。于是，留给了竞价人一个猜谜博弈，而让运气起很大的作用。最终的分配未必是随机的，但许可证仍不太可能分配给对它估价最高的竞价人。

1.2.3　更好的拍卖设计

在新西兰拍卖这个例子中，其实存在着其他更好的拍卖设计。例

① 更详细的说明请参考Mueller（1993）。

如，政府可以模仿荷兰式鲜花拍卖。第一轮拍卖的赢者首先以获胜价格确定他想要的花束数量之后，立即开始下一轮拍卖，其中依然由赢者决定成交数量，如此进行下去。如果采用这种拍卖方式，竞价人就不需要去猜测自己应该选择哪一个许可证投标。他能够确定，如果获胜，他将能按照他所选择的报价得到其商业计划所期望的鲜花或许可证数量。

还有其他一些拍卖方式也可以解决竞价人所面临的猜谜问题。美国的网上拍卖普遍使用的一种方式是，竞价人在报价的同时，还需要报出所需要的物品数量。最高报价者的需求全部都能得到满足，只有最后一个赢者的需求量可能只能得到部分满足。此时，最高报价者可能不止一个，当他们的需求不能得到全部满足时，则先满足报价早的竞价人的需求。和荷兰式鲜花拍卖一样，这种拍卖方式的效率也提高了，因为竞价人不用再考虑向哪一个许可证投标的问题。此外，这种规则也降低了竞价人需要承担的以亏本价得到许可证的风险，例如，竞价人可能因为获得的许可证太少而无法建立一个有效率的、有规模的系统。

1.2.4 FCC 设计及其衍生设计

显然，在 FCC 的大型 PCS 拍卖里，出售的许可证肯定具有替代性。例如，两个同时向旧金山地区提供 PCS 服务的许可证。因为这两个许可证具有几乎相同的技术特征，并鉴于反托拉斯的原因，不允许任何一个竞价人同时得到这两个许可证，所以这两个许可证具有替代性。对于相互之间具有互补性的许可证，偶尔也会发生类似的争论。但是，通过扩大许可证的地区覆盖范围可以削弱这类问题的重要性。①

与在新西兰拍卖设计中一样，主要的设计工作是最小化竞价人的猜测程度，允许竞价人根据相对价格在可替代的许可证间做出选择。如果这些可替代的许可证依次出售，那么无论是通过密封投标出售，还是通过向上叫价拍卖出售，当为第一件物品投标时，竞价人必定会猜测如果自己是购买之后拍卖的第二件、第三件或第四件物品的话，成交价格将会是多少。错误的猜测将会造成估价相对较低的竞价人赢得第一件物

① 美国国家电信与信息管理局（National Telecommunications and Information Administration，NTIA）的 Mark Bykowsky 博士认为许可证间肯定具有互补性，为此他提出了一种复杂的组合拍卖设计方案。他的设计方案是在互补性很强的条件下建立起来的，这对于以后进行的小许可证拍卖很有说服力。但是，由于要求在短时间内举办第一场拍卖，所以大多数人的意见是不予采纳它，其理由是这个组合拍卖设计方案中没有明确说明的细节并且无法解决的不确定性太多，这使得无法立即估算其拍卖效率。

品，这导致无效率的分配。考虑到这一点，最终决定采用单轮公开向上叫价同时拍卖所有的许可证。在拍卖期间，竞价人可以观察所有许可证的投标情况，并向任意一个或多个许可证投标。拍卖过程的公开化可以让竞价人在可替代的许可证间随意选择，这不仅消除了竞价人对许可证价格的猜测，并使得那些完全可替代的许可证最终具有相同的成交价格。

为了让拍卖按以上的理想化方式进行，所有许可证的投标活动都应该一直开放，直到没有竞价人对其中的任意一个许可证进行投标。但是，随之也产生了一个新的问题。最糟的一种情况是，拍卖可能会无限期拖延，因为每个竞价人可能每次都仅向一个许可证投标，即使他需要购买许多个许可证，比如说，100 个。为了降低这种可能性，FCC 采纳了我提出的行动规则，它主要包括两个关键的概念：竞价人具有的投标资格和他的行动状态。竞价人在每一轮的行动状态都可用一个数量来表示，此数量等于他在该轮拍卖里投标的许可证数量，加上他在上轮拍卖结束时作为最高报价者的许可证数量。在上面引用的这个例子里，这个量等于竞价人投标的许可证数量。有时也用其他的数量准则，如竞价人投标的许可证的总带宽、覆盖人群与带宽的乘积等。拍卖规则还明确规定了，竞价人在每轮拍卖里所持有的许可证数量不得超过他具有的投标资格。竞价人的初始投标资格，即参与首轮拍卖时所具有的投标资格，是在投标开始前通过填写申请书并交纳一定的保证金之后才被赋予的。在随后进行的每轮拍卖里，竞价人具有的投标资格都取决于他之前的投标行为。一个简单的定义是，在首轮拍卖后的任意一轮拍卖里，竞价人具有的投标资格都等于他在前一轮拍卖里的行动状态。因此，如果竞价人在某一轮拍卖里没有行动，那么他就会失去参与随后一轮拍卖的资格。这个规则能提高拍卖速度，并帮助竞价人对当前价格下的剩余需求做出合理可靠的推测。

自从 1994 年的初始设计之后，FCC 规则有了很多变化，但主要的变化是为了将同时向上叫价拍卖应用于其他领域。其中之一是应用于销售多件同类物品，例如电力合约拍卖。在这些拍卖里，每一件物品的当前价格都用一个时钟显示，所有竞价人都能看到这个时钟。每个竞价人都根据时钟上显示的当前价格报出自己需要的物品数量。时钟显示的起始价都比较低，但当所有竞价人对该物品的总需求超过其供应量时，时钟显示的价格就上升。当竞价人的总需求量等于物品的供应量时，拍卖结束。不同物品的当前价格用不同的时钟显示，这些时钟的变化快慢决定着拍卖的进程。2002 年 3 月，英国政府根据本国企业的建议使用类似的时钟拍卖购买了 400 亿吨的二氧化碳减排量。

时钟拍卖具有 FCC 拍卖规则的几个重要特征。所有物品的投标都是同时进行的，所以竞价人可以根据物品间相对价格的变化进行报价。报价的单调上升保证了拍卖以有序、可预测的方式进行。竞价人经过认真考虑后投标，他们对自己的报价负责。行动规则可以阻止买方因物品价格上升而增加对所有物品的需求量。最后，所有物品的拍卖同时结束，这使得在拍卖期间物品都具有替代性，直到所有物品的成交价格均被确定。

为解决范围更广的经济问题，基于同一原理，不断有新的拍卖规则产生。例如，2001 年法国电力公司（Electricité de France，EDF）就使用了一种非常有趣的拍卖来销售电力合约。此次拍卖的电力合约具有不同的期限，从三个月到两年不等，但所有合约中的电力都在同一时间（2002 年 1 月）开始销售。因为不同的买方想要不同期限的合约，而所有合约都包含 2002 年第一季度，所以 EDF 认为这些不同类型的合约具有替代性。

Lawrence Ausubel 和 Peter Cramton 负责这次拍卖的设计工作。他们要做的第一步工作是帮助 EDF 为不同期限的合约设计一个报价评分标准。这里，竞价人的报价是为获得电力使用权而支付给电力公司的每月每瓦特价格。EDF 在第一场拍卖里就明确规定，期限为 3 个月的基本负荷型电力合约的价格要比期限为 6 个月的合约的价格高出 2 139 欧元。类似地，EDF 也明确规定了期限为 3 个月的合约的价格与期限分别为 10 个月、12 个月、24 个月以及 36 个月的合约的价格差。在整个拍卖期间，通过价格时钟保证这些不同期限合约间的价格关系，例如，期限为 3 个月的合约的价格始终比期限为 6 个月的合约的价格高 2 139 欧元。所有期限合约的价格都不断上升，直到剩下的总需求等于初始 3 个月的电力总供给量时，拍卖才结束。① 这样的拍卖能够引发竞价人对不同期限合约的竞争，从而提高了拍卖效率，而且与传统拍卖方式相比，还增加了卖方收益。最近，EDF 拍卖作了进一步的修改，以适应“供给曲线”的情形，这使得销售出的总电量根据价格而定。

---

① 例如，对于 2002 年 1 月开始的电力销售，当总需求超过 2002 年第一季度的电力供给量时，拍卖结束。剩余的电力，例如未售出的 2002 年第二季度的电力，将留待以后的拍卖中销售。

1.3　卖方收益的比较

拍卖设计师经常面对的问题是：采用哪种拍卖方式能使卖方获得的收益最高？当然，问题的答案要根据特定环境而定，但是本质上的结果令人吃惊：无论是密封拍卖还是公开叫价拍卖都不具有系统优势。

这个结论有一个正式的名称，称为“收益等价定理”（payoff equivalence theorem）。在给定条件下，对一类重要的拍卖而言，采用其中的任意一种拍卖所产生的平均收益以及竞价人的平均收益都相同。我们下面用一个例子来说明这个观点。假设你要拍卖一件物品，竞价人 A 对该物品的估价为 10 美元，竞价人 B 对该物品的估价为 15 美元。如果你向这两个竞价人采用向上叫价拍卖出售物品，那么竞价人 A 会在叫价接近 10 美元时退出竞价，这时竞价人 B 则以当前叫价获得物品。如果你采用密封拍卖并将物品分配给报价最高的竞价人，那么拍卖结果与竞价人投标时他所具有的私人信息有关。如果所有竞价人都知道自己以及其竞争对手的估价，理论上竞价人 B 会让自己的报价足够高以确保自己能够赢得拍卖。例如，由于竞价人 A 的报价可能接近 10 美元，所以竞价人 B 的报价可以选择 10 美元或 10.01 美元。如果他们都这么投标，那么最终产生的成交价格则与采用向上叫价拍卖时产生的一样。

Joseph Bertrand（1883）首次提出收益等价定理。大约在一个世纪之后，William Vickrey 发现，在更接近实际情况的条件下，对于一类范围更广的拍卖规则，类似的结论在平均的含义下仍成立。这说明了在标准的拍卖的范围内，平均收益与采用的拍卖方式无关。

有经验的拍卖者常常对这个“拍卖方式与卖方获得的平均收益无关”的结论提出异议。他们建议使用向上叫价拍卖，认为与密封拍卖相比，向上叫价拍卖能令竞价人之间的竞争更为激烈。他们声称，没有哪个竞价人会主动将自己的报价接近于估价，除非在向上叫价、公开竞争的推动下。然而，支持密封拍卖的人则认为向上叫价拍卖不能刺激竞价，它所产生的成交价格决不会比为赢得拍卖而必须支付的价格高；也就是说，没有赌注会“留在赌桌上”。但是，采用密封拍卖常常会有许多赌注留在赌桌上。例如，1997 年 12 月，巴西举办了一场无线电话服务许可证的拍卖，包括 Bellsouth 公司和 Splice 公司都来参加，一个覆盖圣保罗地区的许可证的成交价是 24.5 亿美元，这个报价比次高报价高出了大约60%。这意味着，报价的40%即大约10亿美元都留在了赌桌上。[①]

从事拍卖活动的人员之间也经常发生类似的争论，有时他们的争论会有所不同。例如，美国财政部会定期出售国库券，其工作人员总是为两种拍卖方案的优缺点进行争论。在一种方案里，每个竞价人都按照自己的报价购买国库券；而在另一种方案里，所有竞价人都支付统一的市场出清价格（market-clearing price），即被接受的最低报价。赞同第一种方案（“每个竞价人都按照自己的报价支付”）的人认为，根据规则可知，赢者都是确定的人，他们购买国库券所支付的价格肯定比市场出清价格高，所以政府能获得更多收益。而赞同第二种方案（“统一价格”）的人则反对这种观点。他们认为，在每一种方案里，竞价人都知道自己在赢得购买权后所要支付的成交价格就是他们自己的报价，所以，他们会很自然地降低报价，从而降低统一的市场出清价格并导致更低的收益。

像这样的争论说明了这个问题很复杂，可是他们无法解决这个问题。本书第3章中将要进行正式分析的收益等价定理则能够帮助我们从这种困惑中走出来。在一定的理想条件下，如果在两种不同的设计下物品在竞价人中的分配是一样的，那么所有参与人的平均收益，包括卖方获得的平均支付价格，肯定也是完全一样的。如果不研究拍卖设计如何影响物品在赢者之间的分配，那么就无法对平均价格进行有意义的分析。

收益等价定理的实际应用与财务经济学中的Modigliani-Miller定理、合约理论中的Coase定理、宏观经济学中的货币中性定理的应用相似。所有这些定理都说明了，在理想条件下，产生某些结果的原因并非都是显而易见的。[②] 例如，根据Modigliani-Miller定理，如果公司在资产负债率和红利分配方面的政策不影响公司运作，只不过是在公司所有

---

① 虽然最高报价高出次高报价60%的这个例子是一个特例，但事实上，留在赌桌上的赌注还是令人印象深刻的。例如，在巴西宽带A私有化拍卖中，最高报价高出次高报价的中位数为27%。也就是说，在一半的许可证拍卖里，赢家的报价都超过次高报价至少27%。

② 根据Modigliani-Miller定理，在市场无摩擦的理想条件下，公司的财务结构和红利政策不能影响它的市场价值。根据Coase定理，在其他的理想条件下，所有权的初始分配无法改变最终分配的效率。货币中性定理是指，在一定的理想条件下，货币政策不能改变经济中的实际结果。而收益等价定理是说，在给定的理想条件下，改变支付规则不会影响参与人的最终支付。

者之间对产生的总利润进行分配，那么这些决策就不会影响到公司的市场价值。因此，现在的财务经济学家们通过分析财务决策——税金、破产成本、管理激励——如何影响公司运作来解释说明这些财务决策。类似地，根据Coase定理，如果没有交易成本和交易壁垒，合法资产的所有权不影响资产的价值。如今，经济学家们用交易成本和交易壁垒的观点来阐释组织特征，包括不完全信息和不完全合约的情形。收益等价定理也是相似的：拍卖规则里的支付方式无法影响卖方获得的总收益，除非它们能改变物品的分配。当前，分析都集中在什么情况下定理中的假设不成立以及假设不成立时所导致的后果是怎样的问题上，而政府官员都在考虑应如何解决分配和收益目标之间的平衡问题。

收益等价定理在实际中的应用可用2002年得克萨斯州电力销售方案的策划来说明。根据事先设计好的拍卖规则，拍卖者逐步提高需求量超过供给量的那些物品的价格，并接受竞价人报出的需求量，就如Leon Walras所描述的那样。拍卖者不公开其他竞价人的需求量。规则要求，当某一物品的总需求量降到低于其供给水平时，拍卖者就停止升高物品价格。得克萨斯州纳税人从此次电力销售收入中获得了许多好处。他们提出，拍卖者应该继续提升价格，直到总需求量确实低于供给量时才停止，这时拍卖者再将物品成交价格降低一个增量。这是将最高市场出清价格而不是最低市场清算价格作为电力销售的成交价格。但由于拍卖细则上的众多原因，这个规则存在很多问题。设计小组引用收益等价定理向他们解释，没有理由期望采用另一种方式能够产生更高的平均成交价格，这是因为一旦改变支付规则，竞价人的报价也会随之发生变化。假若竞价人知道取消自己已经报过的（部分）需求量之后，他将有可能以更低的价格得到电力，那么他很可能会选择这么做；相反，如果竞价人知道自己的报价不能让价格回落，那么他就不太可能这么做了。这样一来，很难预测它对收益的影响，因为这取决于新规则如何改变分配结果。最终，纳税人同意不再反对这个拍卖设计。

1.4　学术评论

将拍卖理论应用到实际中的经济学家面临着一系列问题，从观念上的到理论方面的再到实际应用中的。由于这些问题十分复杂且要求在短时间内解决，在拍卖的工程设计工作中有时就只有通过猜测与估计来做出一些决策，因为单纯用经济学的分析方法无法完全解释这些决策。所以，拍卖设计者从理论中产生想法并在可能的时候对这些想法进行实验验证，在了解这些想法的局限性的同时来实现它们，对最坏的情况进行分析等。

经济学理论学者将拍卖理论和实践结合起来是有益的，但是这些想法还是引来了一些经济学家的争议。我将比较普遍的一些争议以及我个人对这些争议的观点陈列如下。

1.4.1 转售和 Coase 定理

关于现代拍卖设计的最流行、最误导人的一种批评认为，根本不需要进行拍卖设计。这一批评观点认为，一旦许可证被拿出来出售，大家自然会去购买、出售，或者相互进行交换，以改变初始分配中的无效性。无论最初许可权是如何分配的，最终分配都自行完成。根据此观点，还有一些人指出，政府的目标实际只有一个，就是在出售许可证时尽可能地抬高成交价格，因为它不应该并且也无法控制最终分配。

为了证明他们的观点是正确的，这些评论者引用了 Coase 定理，他们认为如果拍卖后的交易成本等于零，那么产权的初始分配不会影响最终分配，这说明它是有效率的。Coase 定理表明，只要分配是无效率的，参与人就会根据自己的利益继续进行购买、出售、交换以消除分配的这种无效性。①

“零交易成本”（zero transaction cost）的假设建立在 Coase 定理证明的基础上，但这并不是说 Coase 赞同将零交易成本作为现实生活的一种描述。确切地说，这个假设作为思维实验的一部分具有超前性，它是为了强调理解实际交易成本的重要性。如果实际交易成本不等于零，但假设其等于零，那么将会导致结论出现严重错误。美国无线电话服务发展史就是这样一个很好的例子。许可权的初始分配零散、没有效率，但并没有通过市场交易得到很快的调整。尽管有全国性网络的用户需求，在欧洲也有相似网络获得成功的范例，但是这样的网络在美国的发展速度曾经是十分缓慢的。

---

① Coase 定理中包含了许多在这里所讨论的情况中可能不成立的假设。例如，假定参与人的估价反映社会价值，而不是市场的支配力；再比如，假设参与人没有预算约束，所以他在频谱许可权上的支出不会削弱对其他基础设施的投资；另外，关于产权没有外生因素的假设，这意味着，竞价人不用关心其他人得到了哪一个许可权。Jehiel 和 Moldovanu（1999）对最后一个假设的重要性进行了分析。

正如我在 FCC 的审议过程中所指出的，初始分配肯定会影响最终分配。这个结论来自经济学理论中的两个重要命题。[①] 第一个命题是说，如果政府从一开始就采用拍卖的方式出售许可证，那么对于任何数量的许可证来说，都存在能够进行有效分配的拍卖机制。我们在第 2 章将详细说明这个命题。当销售一件物品时，英式拍卖（English auction）就是这样的一个有效机制。而第 2 章将要介绍的广义 Vickrey 拍卖（generalized Vickrey auction）适用于多件物品的情况。第二个命题是说，即使在最简单的情况下——仅拍卖一件物品——也没有一种机制能够解决初始分配中分配不当的问题。直观上，在一个买方和一个卖方之间进行的双边谈判中，卖方肯定会有意夸大物品的价值，而买方则会故意假装自己的估价比较低。这些错误信息都会拖延甚至中止交易。根据机制设计理论中的一个著名结论——Myerson-Satterthwaite 定理，无法设计出一个谈判协议来避免这个问题的发生：如果物品一开始就落在错误的一方手中，那么在这场私人谈判里，拖延谈判时间或谈判最终失败都是不可避免的。

1.4.2　机制设计理论

第二种批评来自博弈论中的被称为机制设计理论（mechanism design theory）的部分。所谓机制，是指为控制参与人之间的相互作用而设置的一套规则。例如，它要求明确说明一场拍卖的规则：是密封拍卖还是向上叫价拍卖？如果是密封拍卖，那么如何确定赢者以及成交价格？等等。

机制的规则和设计者的目标确定好之后，设计者就开始应用某种性能准则或解的概念（solution concept）来预测结果，并根据目标对结果进行评价。其目的在于，用理论的最纯粹、最完美的方式来确定一个能够根据已确定的目标使性能达到最大的机制。例如，确定一种拍卖规则使期望成交价格最大化或使结果的期望效率最大化。在本书的后面我们将详细介绍这个理论的部分内容。

机制设计理论向拍卖设计者提出了一些问题。例如，如果不使用机制设计的方法，如何在你的设计中应用这个理论？如果你相信这个理论能够准确描述参与人的行为，那么你就应该用这一理论来优化机制的

① 这里叙述的理论适用于私有价值模型，即竞价人为任一物品或物品组合愿意支付的最高价格独立于其他人拥有的关于此物品的私有信息。

性能。

财务经济学里有一个关于套利理论的经典笑话，它也适用于机制设计理论。一天，有两个人在路上散步时，看到地上有一张 100 美元的现钞。一个人说，“我们去把它捡起来吧!”“何必自找麻烦呢?”另一个人说，“如果它是真的，早就有人把它捡走了!”

博弈论的均衡分析也像套利理论一样，建立在一个明显概念的抽象之上。正如套利理论中所指出的，没有人会留一张真的 100 美元现钞在路上，均衡理论也指出，博弈里的所有参与人都不会忽视增加自己所得利润的方法。这两个理论十分有用，都是理想化的——没有理由在路上留一张 100 美元现钞。像这样的理论是建立在普遍意识和完全理性计算的基础上的。显然，它们对实际行为的描述是不严格的，因此，应用这些理论去解决复杂、困难的选择时应该特别小心，即使所有参与人都聪明而富有经验。在实际的拍卖里，有一部分竞价人会缺乏经验、缺少时间或者缺少其他一些有助于做出有效决策的信息，这时，均衡理论就更加不可靠了。

尽管存在诸多缺点，均衡模型对实际问题的机制设计者来说还是非常有价值的。比如，机械工程师建立数学模型时常假设物体表面是光滑、无摩擦的，因而他们的计算值在实际应用中是不精确的。而对于经济问题的设计者来说，他们的模型需要假设所有参与人都会采纳均衡策略。因此，基于他们的模型所作的预测也能作为近似的结论。正如机械工程师十分留意增加摩擦的因素并在建立时注意冗余和安全的界面那样，机制设计者需要特别注意时间的选择和用户界面，以让竞价人能轻松地做出理性决策。不仅如此，设计者还要令设计能够适应最糟的情形，以防竞价人做出错误决策或者他们的行为与期望相悖时。

目前的机制设计理论建立在过于严格且不实的假设之上，以得到一些理论结果。因此这些理论结果往往也是不成立的。这些不实的假设包括：(i) 以概率的形式描述竞价人的信念，(ii) 竞价人信念之间的差别反映他们之间拥有的信息差别，(iii) 竞价人采取的决策不仅最大化自己所得的利润，而且他们相信其他竞价人所作的决策也都是最大化自己所得的利润。这些假设是很严格的，事实上，它们还包含了另外一些简化了的假设。显然，当这些假设成立时，最优的机制能够使系统性能达到最佳状态；但是这些假设在更多情况下是不成立的，此时机制的运行结果可能会很糟。在现实中有用的机制应具有鲁棒性。我们应该抛掉那些不可靠的机制，而放心地使用具有鲁棒性的机制，即使按照机制设计的理论来说，这个机制还没有被证明是最优的。[①]

除了具有理论机制设计方法特征的、过于严格的行为假设之外，机制设计理论的现有模型也仅能解决和分析拍卖者所面临的一小部分问题。下面列出了一些机制设计模型所忽略的重要问题。虽然原则上讲，这些问题中没有一个和机制设计理论冲突，但是若想在一个优化模型里解决所有这些问题，以现在的情形来看几乎是做不到的。

● 卖什么？如果一个农夫死了，他的整个农场是应该作为一个整体出售，还是应将其田地分成小块出售给不同的邻居，而将他的房屋和畜棚作为假日和周末度假设施使用？FCC 应该如何划分频谱？电力供应商都必须捆绑服务，还是应对它们分别定价？

● 卖给谁？什么时候卖？营销是通往销售成功的关键要素。竞价人需要分析自己的机会并考虑合伙人、融资、监管部门批准等。环境因素会发生变化：某些时候的融资比其他时候的融资会更容易一些；技术或需求的不确定性得到了部分解决；等等。为了自己能以一个满意的成交价格赢得拍卖，竞价人可能会主动采取一些措施阻止其他人参与投标。[②] 拍卖者可能会招揽并鼓励那些最有资格的竞价人参与投标；或者资助某些参与人，以增加他们之间的竞争。

● 如何交易？例如，如果交易很复杂，和各个竞价人进行交易都互不相同，那么卖方可能更愿意选择和每人协商的方式来完成交易，以降低成本。如果采用拍卖方式出售物品，正如我们已经看到的，正确的拍卖方式取决于物品间是可替代的还是互补的。

● 交互影响？以上这些关于卖什么、卖给谁、什么时候卖以及如何交易等决策都不是相互独立的。卖什么取决于竞价人想要什么，竞价人想要什么又根据谁参与投标而定，而这又可能与拍卖如何进行、什么时候举办有关。

● 联盟和合谋？2000 年欧洲频谱拍卖就是一个很好的例子，拍卖品具有相当高的价值，但是竞价人在拍卖开始前就进行了合谋，最终减弱了彼此间的竞争。在瑞士，距拍卖结束还剩一分钟时，潜在竞价人开

---

① 这里所表达的观点是 Wilson 学说的一个变形，实际应用的机制应该很简单，设计者无须十分了解机制运行的经济环境。我们进一步强调，即使能非常完整地描述出经济环境，竞价人的行为仍然是不可能完美预测的。

② 在 FCC PCS 频谱＃4 拍卖开始之际，作者代表 Pacific Bell 电话公司在电视上做了一次公开露面，表示将要力争赢得洛杉矶地区的电话许可证。这一次公开露面成功阻挡了许多潜在竞争者对这一许可证的投标。

始联盟，其结果是仅有四个人向四个频谱许可证投标。最后，这场拍卖不得不延期举办，但最终的结果依然是许可证以政府设置的最低价被拍卖出去。像这样“很有价值的频谱许可证的拍卖，却几乎没有人愿意投标，最终使得成交价格接近底价”的类似问题在德国、意大利、以色列也都出现过。

- 转卖？大部分的机制设计理论都给定了一个竞价人集合，他们持有在拍卖中购买到的物品。转卖的可能不仅会影响拍卖策略，还会吸引一部分投机商，他们购买的目的就是为了转卖。卖方是否应该鼓励投机商投标？因为额外的参与人能够刺激竞价人之间的竞争。或者是，卖方应该阻止他们参与？因为投机商追求的价值来自其他人的支付，也可能是卖方自己的。

纯理论方面的机制设计观点认为，只有用一致的方法才能开发出理论上“最优”的机制，但这在实践中几乎是没有用的。即使我们考虑了上面描述的全部问题，基于竞价人行为建立的模型在进行优化设计时也无法达到足够准确。人的行为随时间而变化，而且不同人的行为不可能相同，更何况即使对于任意一个人来说，我们也不可能准确预测出他的行为。若要进行有用的分析，都必须清楚这一点。

尽管有这些局限性，本书的大部分内容还是集中在机制设计及其相关分析上。运用这一理论来分析实际问题及现象是特别有用的。它能够解释许多现有的决策，比如，信息策略（information policy，应该向竞价人公开什么信息），如何拟定分配规则（split awards，采购拍卖中买方在两个或多个供应商之间如何分配自己的需求量），如何构建评分规则（scoring rules，除价格之外，还需要对投标内容进行多维评估），什么时候以及如何设置不利条件（handicapping，为了产生更有效率的竞争，拍卖者会不公正地对待投标，例如，鼓励小公司或由女性和少数族裔经营的公司参与）。机制设计方法还有助于回答什么时候采用拍卖这样重要的问题。有时，采购经理就会提出：“这个物品或者这种服务适合拍卖吗?”也就是说，最有效的采购途径是举办一场正式投标活动吗?

1.4.3 理论与实验

与纯理论的机制设计者形成鲜明对比的是，一些经济学实验者提出了相反的意见：既然我们能够在经济学实验室中对不同的拍卖设计进行实验，那么我们为什么还要研究拍卖理论呢？在有些情况下，理论不成立；在其他情况下，理论也只能解释一部分实际数据。那么，我们为什么还要依赖理论呢?

确实，实验测试的潜在价值已经从根本上动摇了拍卖设计的方式。FCC 拍卖设计就是 Charles Plott 在加利福尼亚工学院实验室进行的成功实验，说服了 FCC 接受纯理论性的 Milgrom-Wilson 设计。演示设计的操作软件是另一个重要因素。[①] 然而，实验数据还远远不足以模拟拍卖昂贵物品的实际环境。

事实上，在一个完全真实的拍卖环境下测试这些提议是不可能做到的。在实验室里，投标值被设置得较小，竞价人的准备时间通常也很短。由于实验环境不同于模拟的实际环境，因此理论的作用不可忽视。理论指导实验设计，能够指出实验结果中的哪一部分结论可以进行推广，还可以解释起作用的经济原则，并对初始设计作进一步的预测和改进。

当哲学家 Alfred North Whitehead 被问及理论和现实哪个更为重要时，他是这么回答的："理论是关于现实的。"确实，与现实矛盾的理论是没有一点用处的，但是如果不将问题抽象为一个概念化的模型，那么就不会有实验设计，更何谈关于实验结果的报告。理论总是在解决实际问题中扮演着重要的角色，这其中也包括拍卖设计。

1.4.4　实际问题

最后一种观点认为，在现实世界中，整个机制设计方法不是那么重要，其原因如下。首先，拍卖规则本身是可以讨价还价的，因为机制设计者不止一个。其次，在设计和举办一场复杂的拍卖时，规则本身很少是被关心的对象。此外，还有以下一些更为重要的问题。

第一个问题就是市场营销：没有竞价人参与的拍卖注定是会失败的。由此，我们立即推得：竞价人会拒绝参加他们认为奇怪或不公正的设计。[②] 这也说明了好的设计是吸引更多的、更好的参与人的正确途径。

---

① 演示新设计方案可行性的操作软件是另一个重要因素。操作问题也是争论的一大焦点。1994 年，关于在计算机上进行同时拍卖是否可能的问题招致了很多批评意见。为了反驳这些看法，我的助手 Zoran Crnja 在 linked Excel spreadsheets 环境下编写了这个软件的一个完美的小型版本。这个软件让 FCC 相信，即使在给定的很短时间内，也可以用我们提出的规则建立一个可靠系统。

② 我为 Perfect Commerce，Inc. 设计采购拍卖系统的经验可以说明，关注这个问题是绝对有必要的。卖方的确经常拒绝参与他们不喜欢的拍卖。

有许多拍卖的和其他竞争方面的例子说明了，由于规则偏向于某些人而阻碍了其他人的参与，最终的结果很糟糕。前面就提到过这样的例子，MCI试图将一个全国范围的许可证作为一件拍卖品，以这样对自己有利的方式来控制美国频谱拍卖。当不同的竞价人想要不同类型的物品时，诸如在出售破产者的资产时常常使用的组合拍卖设计或许能够吸引更多竞价人的参与。

另一个例子是新公司首次公开发售（initial public offering，IPO）股票。以往，组织IPO的投资银行常常会将“热销的”股票留给银行最大和最好的顾客。无疑，这种行为严重阻碍了小投资者的参股。为了遏制这种阻碍，投资银行WR Hambrecht开发了一种被称为Open IPO的产品，这是一场不区分投资者大小并需要他们遵守共同拍卖规则的统一价格拍卖。这家银行积极吸引小投资者以增加他们对股票的需求，并且建立了一个可取代现有拍卖系统的新系统，尽管它的成功还依赖于吸引大投资者的参与。现在，也有一些公司愿意尝试这个新系统了。

第二个重要的实际问题是产权的分配。例如，采用拍卖方式来对飞机在一家拥挤的机场的起飞权和降落权进行分配，那么需要对这些权利进行详细定义。如果一架飞机由于机械原因不能在事先规定的时刻起飞，那么将如何处理这件事情？如果天气原因使得机场容量减少，那么各航空公司又都享有什么样的权利？如果不解决这些实际问题，即使经过精心设计的拍卖规则也不可能产生好的结果。如果一个拍卖系统无法协调航空公司需要的各种资源——起飞时刻、着陆时刻、途中遇到瓶颈问题时的优先权问题、旅客出入通道等等，这些使用权定义得再好，这个拍卖系统也不可能获得成功。解决实际问题需要综合考虑各个方面，拍卖规则仅是解决途径之一，根据应用的不同，它的重要性也是不同的。

在电子拍卖中，一个重要的细节问题是用户界面。FCC最初使用的拍卖软件很容易令竞价人出错。有好几次，竞价人都犯了“报价时敲错键盘的错误”。例如，竞价人的报价是1 000 000美元，但他可能错输成了10 000 000美元——这个错误是由于早期的用户界面不接受竞价人报价中的逗号而引起的。

然而，对于这个问题的解决方案，FCC考虑更多的并不是仅仅让竞价人方便地报价。在FCC的初始规则下，竞价人彼此之间可以通过各自的报价很容易地交换信息，包括在拍卖过程中传递威胁的信息。例如，假定竞价人A想阻止竞价人B在某个许可证上的投标，比如

＃147。如果 B 在这个许可证上投标，那么 A 可能会在 B 是当前最高报价者的另一个许可证上抬高报价来暗示 B，例如，B 的当前报价是 9 000 000 美元，那么 A 的出价是 10 000 147 美元，其中的最后三位数字就传达了 A 的暗示信息（你不要在＃147 上报价了，要不然我会在这个许可证上与你过不去）。在早期的 FCC 拍卖里，经常会发现这样的报价。

当 FCC 改变了拍卖界面，并要求竞价人根据报价屏幕上显示的报价菜单从中选择报价时，“敲错键盘”以及信号传递的问题就都迎刃而解了。屏幕上显示的所有报价都用整数，即最低报价加上一个或多个投标增量。这个系统解决了多输入一个或多个数字的打字问题，同时也解决了竞价人在报价中传递暗示信息的问题。

一些观点刚好是对这样的趣事的回应。虽然持这些观点的人确实表明了规则的重要性，但他们担心的主要是电子拍卖或使用新规则的拍卖里存在的危险。然而，即使是十分常用的、技术含量很低的拍卖，由于使用存在问题的规则，它产生的结果也可能很差。1998 年，在伊利诺伊州的库克郡，税务员举办了一场传统公开叫价拍卖，以征收某些逾期两年都没有交纳的 1996 年房产税。在那场 1996 年税务出售拍卖里，竞价人的报价是除应付税金之外赢者索要的惩罚税率（penalty rate），以此作为征收服务的补助。拍卖在一间普通的会议室里进行，拍卖者坐在最前面。在拍卖者报出财产号之后，投标立即开始，竞价人大声报出自己索要的惩罚税率。最高的公开报价是 18%，之后逐渐下降，直到确定一个索要的惩罚税率最低的竞价人作为赢者。

如果几个竞价人的投标同时是最高报价，这时麻烦就来了。那一年库克郡规定，如果出现这种情况，拍卖者在这些竞价人之间随机分配。假设现在有一个竞价人和其他五个竞价人的报价都为 18%，他们打成了平手，这时他面临一个简单的选择。他可以选择压低报价，比 18% 低，那么他有六分之一的机会以低于 18%的惩罚税率赢得拍卖。或者，他什么都不做，那么他依然有六分之一的机会赢得拍卖，但这时，如果他赢得拍卖，那么他得到的惩罚税率将是 18%。结果，大部分竞价人都选择了后一种策略——静坐观望，约 80%的财产以 18%的最高惩罚税率出售。

问题是我们如何确定造成这种结果的原因：是因为竞价人都采用了这种策略，还是因为竞价人（超过 12 人）间的合谋策略？拍卖开始几天后，郡拍卖者宣布规则稍有变动，变动后的规则为：如果所有竞价人的投标都是18%，那么取消该项拍卖。这一变动一公布，惩罚税率很快就降到了一个较低的水平，这说明变动还是奏效的。但很快就有竞价人向法院上诉，不同意拍卖者在拍卖进行过程中擅自改变拍卖规则。上诉成功了，法院颁发了通告，命令依旧采用最初的拍卖规则，这时成交价格很快就回升到了18%。

理解拍卖理论十分有用，其作用不仅仅在于避免糟糕的设计。采用设计很好的拍卖分配资源所产生的结果远远优于采用传统拍卖所产生的结果。如前面所描述的新西兰拍卖的例子，如果采用传统一级价格拍卖而不是新的二级价格拍卖，任何一个同时密封拍卖都容易导致分配不当的错误结果，这是因为竞价人仍然需要猜测向哪一个电视许可证投标。可计算的实验说明，由于资源分配没能得到很好的协调，有25%～50%的价值丢失了。在相似的环境下，规定现今频谱拍卖的国际标准为同时向上叫价拍卖，从理论上讲，这种拍卖方式能产生更有效的分配结果以及更高的收益。

同时向上叫价拍卖也存在许多局限性。当不同竞价人希望以不同方式组合物品，或者对可接受的报价集合有许多复杂的规定时，这些局限性就显得特别重要了。在这种情况下，组合拍卖设计可以吸引更多的竞价人参与，还能通过拍卖达到物品的正确组合。尽管如此，这些拍卖的设计还是存在许多缺点，我们将在本书的第二部分中再来讨论这些缺点。

有许多例子说明拍卖规则里的细节问题也是非常重要的。例如，墨西哥为道路建设合约举办的密封投标拍卖中，要求竞价人递交一个总报价，并将这个总报价分为三个部分，以防工程的某部分被延误或被取消时使用。虽然每个竞价人都要递交四个报价（一个总报价和三个部分报价），但依然是根据总报价最低来确定此项工程的承包者。此次拍卖的赢者所递交的总报价低于三个部分报价的总和。此事被发现时，他的三个部分报价之和也足够低，所以他仍能赢得拍卖。赢者声称，他犯了一个“算术错误”，总价格当然是三个部分报价的总和。看起来这种策略好像是允许递交两个报价，如果用较高的报价能赢得拍卖，那么竞价人可以收回较低的报价。在竞争环境中，这肯定是一种很有用的选择。如果竞价人合谋，那么这种方式就会更有用，因为低的总报价会阻止有人偏离合谋协议上所定的价格并递交一个更低的报价。的确，如果在投标时拍卖者纵容这种合谋行为，那么这将是一个十分有效的设计！

另一个关于拍卖规则里细节问题的例子来自德国1999年举办的频

谱拍卖。在那场拍卖里，没有激烈的价格竞争，结果是 Mannesmann 和 T-Mobil 两家公司成功地平分整个市场。当时，拍卖者提供了 10 个许可证，投标增量是价格的 10%。Mannesmann 首先报价，它对 5 个许可证的报价为 2 000 万马克，对另外 5 个的报价为 1 818 万马克。这就向 T-Mobil 暗示，10 个许可证分成两部分，各自投得 5 个，每个的价格为 2 000 万马克。于是，T-Mobil 向当前报价为 1 818 万马克的那 5 个许可证投标，其报价为 2 000 万马克。然后，拍卖结束。因为平分市场是可能的，竞价人也能够这样报价，所以，这些能够影响拍卖结果的因素都是设计时需要考虑的。这些风险是可预料的。实际上，美国频谱授权机构 1997 年颁布的报告中就明确指出了这种规则所可能造成的危害。①

在美国的电力市场中，由于考虑不充分的市场规则，电力供应商可以很容易地控制这个系统，而导致价格偏高。这里有一个著名的例子，Enron 公司的电力供应商通过自行制定在拥挤线路上的传送计划，其传送量远远超出了 Enron 实际计划的传送量，最终控制了整个加利福尼亚州电力市场。这让加利福尼亚州电力交易中心不得不通过给这家公司一些好处，以降低它们的传送量，减轻拥挤问题，结果是这家公司赚得了可观的利润。只有在屡次失败后，这些设计才能逐渐完善，从而产生更合理的结果。然而，如果用博弈论方法对这些市场设计进行简单分析，就可以预见到所有这些不完善之处。

证明设计的重要性的详细统计数据本质上不是来自拍卖市场本身，而是来自联系十分密切的匹配市场，例如，美国大部分的新医生都需要与医院住院计划相匹配。Roth（1991）提出的证据表明，匹配规则的一个特殊性质——无论该规则是否能够产生一个稳定匹配——是判别有组织的市场是否能在长时间内成功吸引参与人，这是系统成功的一个重要决定因素。如果没有一个医科学生愿意脱离他当前已经匹配的这个计划，而去和另一个计划匹配，那么就称该匹配是稳定的；同时，对于其他计划来说也是如此，即与该医科学生匹配的计划也更愿意与该学生匹配，而不是与其他已经匹配好的学生匹配。对于拍卖也有类似的准则，也就是说，没有一个竞价人在拒绝拍卖结果并进行单方面的交易后能够获得更多的利润。不具有这个性质的拍卖在实际应用中很有可能出现问题，因为一些参与人会试图放弃拍卖结果并在他们之间达成一个更好的交易结果。

---

① 见 Cramton、McMillan、Milgrom、Miller、Mitchell、Vincent 和 Wilson（1997）。

一个成功的拍卖计划需要在所有重要环节都进行精心设计，其中也包括拍卖规则。在许多方面运用拍卖理论都非常有用。首先，它能够指导拍卖者避免许多错误，例如，在 1993 年新西兰频谱拍卖、1996 年库克郡的税务拍卖、加利福尼亚州电力市场以及 1999 年德国频谱拍卖中曾出现过的那些错误。其次，它还可以帮助拍卖者实现多个目标，例如促进少数人的参与、鼓励其他供应商、增加具有不同优势的竞价人之间的竞争。最后，拍卖规则还可设计成能够适应竞价人和拍卖者的复杂偏好和约束。我们将在本书后面看到几个这方面的例子。

1.5 本书的计划

本书分为两个主要部分。第一部分介绍传统拍卖理论，这部分内容主要是我这些年在斯坦福、耶路撒冷、哈佛以及麻省理工学院的课程讲授的内容。传统拍卖理论的大部分内容是在机制设计理论的基础上建立起来的，所以第一部分各章节的安排也遵循这个理论的特定原则。这里主要介绍每个买方都只想要一件物品的单物品拍卖——这个条件被称为单需求（singleton demand）。

关于这部分内容，本书的侧重点不同于其他书，这主要表现在两个方面。第一，我尽可能地强调实际应用，并聚焦实际应用中最重要的问题。第二，这种描述方法也体现了我个人的一个观点，激励理论不是经济学中的一个全新部分，最好将其视为传统需求理论的演化发展。我没有从专业化的角度描述这部分内容，这容易混淆与旧理论之间的关系，我是从一般性的观点出发、用普通的方法进行描述的，不仅综合了这些理论，还缩减了激励理论里面冗长、复杂的证明过程，使之更简练、更直观，以此来证明它们的价值。

无论是从问题方面，还是从方法方面，本书第二部分的内容都不同于第一部分的内容。这部分所讨论的问题主要是存在多件不同物品时的拍卖设计。从本质上讲，这比单需求时的情况要复杂得多。第一，所有可能的分配结果的数量呈指数增长，这导致拍卖算法的实际可行性和竞价人策略出现了严重的问题。例如，假定有一场单物品拍卖，有五个竞价人参与。从理论上讲，每个竞价人都仅能向这唯一的一件物品投标，物品所有可能的分配结果只能有五种。但是，当拍卖物品增至五件时，情况就大不相同了。这时，所有可能的分配结果共有 $5^5=3\ 125$ 种。第二，单需求作为多物品需求的一个特例，能够平衡促进有效分配和保证卖方竞争收益之间的矛盾。第二部分主要讨论了销售多件不同物品且物品间具有互补性时的情形。这时，这种矛盾表现得十分明显。例如，尽管 Vickrey 拍卖能够促进有效结果的产生，但是在有关的例子中它还是导致了零收益或低收益的结果。第三个不同点是价值发现（value discovery）。当竞价人具有单需求时，他只需对一种分配进行评估；但是，在多物品拍卖中，分配结果数量呈指数增长，这会迫使竞价人减少他的价值评估行为，也就限制了拍卖效率以及价格竞争。

由于 Vickrey 机制在本书的两个部分中都扮演着重要的角色，因而我们在下一章从研究该机制入手。

拍卖理论的研究已经发展成一个很广泛的研究领域，本书仅介绍理论研究已经解决的一部分内容，并且以我的观点来看，这部分内容也能对拍卖设计者有所帮助。依照这些标准，当竞价人非常多时①，我只是简单分析了拍卖运行情况及相关的一些问题。最近也有一些类似主题的论文正在讨论这些问题：关联价值拍卖、竞价人之间的合谋、拍卖者的舞弊行为、为转卖而进行的购买、拍卖过程中的信息处理。希望了解拍卖理论前沿知识的读者们应当去阅读新的拍卖文献中相关主题的论文。

参考文献

Bertrand, Joseph (1883). "Theorie Mathematique de la Richesse Sociale." *Journal des Savants* 69: 499 - 508.

Binmore, Ken and Paul Klemperer (2002). "The Biggest Auction Ever: The Sale of the British 3G Telecom License." *Economic Journal* 112: C74 - C96.

Cramton, Peter, John McMillan, Paul Milgrom, Brad Miller, Bridger Mitchell, Daniel Vincent, and Robert Wilson (1997). "Auction Design Enhancements for Non-Combinatorial Auctions." Report 1a: Market Design, Inc. and Charles River Associates, www.market-design.com/files/97cra-auction-design-enhancements-for-non-combinatorial-auctions.pdf.

Cremer, Jacques and Richard P. McLean (1985). "Optimal Sell-

① 这类研究最早见于 Wilson (1977)，包括 Milgrom (1979)、Pesendorfer 和 Swinkels (1997, 2000) 以及 Swinkels (2001) 得到了特别漂亮的结果。

ing Strategies under Uncertainty for a Discriminating Monopolists When Demands Are Independent." *Economics* 95: 345 - 361.

Dasgupta, Partha and Eric Maskin (2000). "Efficient Auctions." *Quarterly Journal of Economics* 95: 341 - 388.

Hazlett, Tomas (1988). "Assigning Property Rights to Radio Spectrum Users: Why Did FCC License Auctions Take 67 Years?" *Journal of Law and Economics* XLI (2, pt2): 529 - 575.

Hendricks, Kenneth, Robert Porter, and Charles Wilson (1994). "Auctions for Oil and Gas Leases with an Informed Bidder and a Random Reservation Price." *Econometrica* 63 (1): 1 - 27.

Jehiel, Philippe and Benny Moldovanu (1999). "Resale Markets and Assignment of Property Rights." *Review of Economic Studies* 64 (4): 971 - 991.

Kagel, John H. (1995). Auctions: A Survey of Experimental Research. *The Handbook of Experimental Economics*. J. H. Kagel and A. E. Roth. Princeton, Princeton University Press. Chapter 7: 501 - 585.

Kwerel, Evan and Alex Felker (1985). "Using Auctions to Select FCC Licenses." Federal Communications Commission Working Paper 16.

McMillan, John (1994). "Selling Spectrum Rights." *Journal of Economics Perspectives* 8: 145 - 162.

Milgrom, Paul (1979). "A Convergence Theorem for Competitive Bidding with Differential Information." *Econometrica* 47: 670 - 688.

Mueller, Milton (1993). "New Zealand's Revolution in Spectrum Management." *Information Economics and Policy* 5: 159 - 177.

Perry, Motty and Philip Reny (2002). "An Efficient Auction." *Econometrica* 70 (3): 1199 - 1212.

Pesendorder, Wolfgang and Jeroen Swinkels (1997). "The Loser's Curse and Information Aggregation in Common Value Auctions." *Econometrica* 65: 1247 - 1281.

Pesendorder, Wolfgang and Jeroen Swinkels (2000). "Efficiency and Information Aggregation in Auctions." *American Economics Review* 90 (3): 499 - 525.

Roth, Alvin E. (1991). "A Natural Experiment in the Organization of Entry-Level Labor Markets: Regional Markets for New Physicians and Surgeons in the United Kingdom." *American Economics Review* 81 (3): 415-440.

Roth, Alvin E. and Axel Ockenfels (2000). "Last Minute Bidding and the Rules for Ending Second-Price Auctions: Theory and Evidence from a Natural Experiment on the Internet." NBER Working Paper: 7299.

Swinkels, Jeroen (2001). "Efficiency of Large Private Value Auctions." *Econometrica* 69 (1): 37-68.

Vickrey, William (1961). "Counterspeculation, Auctions, and Competitive Sealed Tenders." *Journal of Finance* XVI: 8-37.

Wilson, Robert (1977). "A Bidding Model of Perfect Competition." *Review of Economics Studies* 44: 511-518.

第一部分　机制设计方法

本部分从第 2 章到第 6 章共五章，讨论机制设计理论和相关方法在拍卖设计问题中的应用。首先，我们对机制设计理论的主要概念进行大致的描述。虽然这样的描述与正式的定义是一致的，但偶尔还是省略掉了一些数学上的细节。所以说，数学的发展对于全面理解这一理论至关重要。

机制设计理论严格区分设计者能够控制的部分和设计者无法控制的部分。我们称前者为机制（mechanism），称后者为环境（environment）。一种机制由一些规则组成，这些规则规定参与人能做什么，以及他们的行动如何决定结果（outcomes）。而环境包括三种情况：参与人或潜在参与人，可能的结果，以及参与人可能的类型（types），类型包括他们的能力、偏好、信息和信念等。

在政治机制模型中，参与人可能是立法者，而结果可能是所颁布的法案。或者，参与人是投票者，而结果是选出的官员。机制分析者则可能会研究某一特定立法程序陷入僵局的可能性，或者选举系统中想改选的政客是如何扭曲选举结果的。在经济机制模型中，参与人可能是工人、家庭成员或部门经理。而分析者可能会就以下问题进行建模研究：机制如何决定工作分派，如何进行家务分摊或做家庭预算，或者如何分配企业内各部门的预算。实际上，经济学中最常被提及的机制是资源分配机制（resource allocation mechanism），其结果是资源分配方案。

机制理论对各种设计方案进行性能评估。形式上，性能（performance）是从环境映射到结果的函数。“阴分雨伞，晴分泳衣”要比相反的分配方案具有更好的性能。

机制设计分析的目的是决定什么样的性能是可能的，以及如何设计机制以最好地达到设计者的目标。在机制设计中有以下三个常见的问题：是否可能达到某一特定的性能，例如，对某一类环境而言均是有效的分配？[①] 可由某一机制实现的性能函数的完备集合是什么？使某一性能达到最优的机制是什么（基于机制设计者的性能标准）？

机制设计理论是结果导向型的，其主要的假设是：人们只关心结果，而不关心实现结果的途径是什么。在现实中，过程有时会成功，有时会失败。这有赖于它们是否被认为是公平的、简单的或开放的——而这些特征很难在正式模型中进行评估。忽略这些因素有利于进行分析，但会使得分析不够全面。分析完成后，就可以检验这些被忽略的事项和标准。

有两类问题困扰着机制设计者。第一类问题是信息问题（information problem）。考虑一个繁忙机场的航空调度机构，它可能需要延迟或取消某些航班以应对机场上空的恶劣天气。那么延迟或取消哪些航班呢？航空调度机构可能会请求与某个航空公司合作，确定哪些航班能够取消以对乘客和航班时刻表只造成较小的影响。不过，诚实报告这些航班的航空公司接下来将要承担由于取消航班而导致的大部分成本。取消航班甚至可能使得客户服务问题变得更糟。例如，当一个大客机航班被取消或延迟时，富有的乘客可能会租用私人飞机，以致同样的跑道容量仅为较少的乘客服务。对此情形，调度机构或许能够通过下述方式弱化信息问题：对自愿放弃一个跑道时段（起飞或降落一次）的航空公司给予补贴而对寻求额外跑道时段的航空公司收取额外的费用。实际上，现金补偿不一定允许。那么结果会怎样呢？如果可以进行现金支付的话，又可能会有什么样的结果呢？

信息不充分导致的问题在经济领域中处处可见。要求使用一定质量原材料的建筑师可能并不知道建筑工人实际上已经使用了成本较低或不太耐用的替代品。隐瞒交易的黑市商人或谎报收入的人们可能会有损政府的税收系统。商业经理可能发现，不精确的或蓄意歪曲的绩效度量方法会阻碍与绩效相关的支付系统的运行。

机制设计者面临的第二类问题是委托问题（commitment problem），

---

① 在将理论应用于实际问题时，需要注意理论中“效率”的定义。这些公式仅关心 N 中参与人的支付或收益。如果某个结果对参与人是有价值的，是因为这个结果可以让参与人利用垄断力量获取租金，那么从经济学中常见的 Pareto 最优性的意义上来说，此分配通常是无效率的。

即参与人不信任设计者的问题。例如，某工厂对工人的工资实行计件工资制，即每生产一件产品即获得一定的工资，其值叫做计件工资。工厂经理承诺，无论工人们挣多少，他都不会改变这个计件工资。假设工人们相信了经理，并且增加了产量。结果是，一些工人的工资高出其他人许多，只要容许他们挣得更多。这时，经理的上级以及所挣工资相对较低的工人们可能会向经理施压，要求降低较高工资者的工资，而增加较低工资者的工资。若是工作轻松而挣得多的那些工人能够预料到这种反应，他们可能会通过限制自己的产量，尽力使自己的工作看起来难一些，从而避免降低计件工资。在此例中可以看到，因为经理无力按照事前承诺实施不变的计件工资，所以会导致工厂产量下降。

在机制设计理论及其在契约经济理论（economic theory of contracts）的应用中，以上两类问题都起作用。但我们将重点关注信息问题，因为这类问题与拍卖理论最相关，其原因很简单：竞价人比拍卖者知道更多关于自身估价的信息。

拍卖是指在一组竞价人中进行资源分配的一种机制。一个拍卖模型包括三个主要部分：对潜在竞价人（以及一个或多个卖方）的描述，可能的资源分配集（每一类物品的数量，物品是否可分，在如何分配物品方面是否有法律约束或其他约束），以及不同的资源分配对每个参与人的价值。

估价可用很微妙的方式确定。例如，拍卖一瓶名酒时，赢者的收益可能依赖于她对此佳酿的喜爱程度、对赢得此酒带来的名誉的热爱程度或者对阻止对手收集到此酒的满足程度。同时，失标者也可能关心结果，例如，如果是某位朋友赢得此酒，他们指望在未来的品酒聚会上能够享用。机制设计者的问题是选择拍卖的规则——允许哪些报价，资源如何分配，以及价格如何确定——以达到某种目标，例如最大化卖方收益。

机制设计早期的三个重要内容值得特别关注。下章回顾其中的第一个重要内容，即 William Vickrey 的拍卖设计，它在大多数情况下都能有效地分配资源。

第二个重要内容是 Vickrey-Mirrlees 设计，它是关于给定效用目标下的最优所得税与福利系统的。Vickrey 首先建立了一个基本模型，其中给出了解决问题的结构。模型综合了几种思想：个人效用依赖于收入和空闲；不同的人具有不同的机会以利用他们的空闲来创造收入；征税机构只能观察到总收入；税收系统影响劳动力供给。问题是设计一个税收-转移系统以最大化社会中个人效用的总和。效用最优的方案是对高收入人群征税并向低收入人群支付转移，但这会受到激励问题的限制。后来，James Mirrlees 重新研究并解决了 Vickrey 模型中的优化问题。后来的研究者经常使用 Mirrlees 的方法。由于对有效拍卖和最优征税理论的贡献，Vickrey 和 Mirrlees 共同获得了 1996 年度的诺贝尔经济学奖。

第三个重要内容是关于公共物品最优供应的 Clarke-Groves 分析。例如，共管协会可能需要决定是否改善其公共区域，如在建筑物内安装更快的电梯、重新粉刷外墙、建造儿童游乐场等。这些改善都是需要费用的，费用从协会的基金中支出，同时，也需要得到协会委员的评估与同意。在这里，委员们可能想知道这些改善方案对他们的协会成员来说有多大的价值。根据信息的实际使用方式和成本的分摊方式，协会成员可能不会真实报告他们的偏好。Clarke 和 Groves 分析了如何安排各项事务以使得成员的报告与他们的个人利益一致。他们的方法和结论与 Vickrey 的非常相似，我们将在第 2 章一起讨论。

在机制设计取得这三个重要进展之后，机制设计被应用于解决公共部门和私人部门中所遇到的一些问题。例如，公共部门中最大化消费者福利的最优的公用事业规制，以及私人部门中使签约各方福利最大的最优契约设计。将机制设计首次用于拍卖理论的是 Roger Myerson 以收益最大化为目标而进行的拍卖设计工作。①

机制设计模型②

我们将要研究的机制设计模型包括两部分：环境和机制。在最简单的情形下，环境可用一个三重组（N，Ω，Θ）来表示。其中的第一个元素 $N=\{1，\cdots，n\}$ 是参与人（participants）（或潜在参与人）集合。当需要将机制设计者包括在其中时，我们记 $N=\{0，\cdots，n\}$，这里我们用 0 来表示机制设计者。第二个元素 Ω 是指可能的结果集，参与人和机制设计者对不同的结果会具有不同的偏好。第三个元素 $\Theta=\Theta^1\times\cdots\times\Theta^N$ 是最抽象的，它是类型组合（type profiles）$\vec{t}=(t^1，\cdots，t^N)$ 的集合，其中每个参与人都有一种类型，参与人 i 的类型（t^i）标识了参与人的信息、信念和偏好。例如，如果待售物品对竞价人 1 来说价值 100

① 见 Myerson（1981）。

② 第一个广义的机制设计模型由 Hurwicz（1973）所提出。

美元，而他认为该物品对竞价人 2 来说价值 150 美元，称其属于类型 A；如果待售物品对竞价人 1 来说价值 200 美元，而他认为该物品对竞价人 2 来说价值 175 美元，称其属于类型 B。类型集合给出了建模者所能考虑到的所有可能性。

类型组合和结果共同决定了个人收益：u^i：$\Omega\times\Theta\rightarrow R$。因此，$u^i(\xi, \vec{t})$ 代表当结果是 $\xi\in\Omega$ 且类型组合是$\vec{t}$时参与人 i 所得到的收益或效用。

在经济学理论中，一般假定参与人的收益仅仅依赖于结果和他自己的类型，但在广义的情形下容许参与人的收益也依赖于更多因素。这方面的一个例子是，分享 2001 年诺贝尔经济学奖的 George Akerlof 考虑了收益依赖于其他参与人类型的情形。在他著名的二手车市场柠檬（lemons）模型中①，有两类参与人：买方和卖方。卖方的类型描述了车况，这仅有卖方自己知道；而买方的效用则取决于他自己的品味和车况这两种因素。如果有些参与人拥有能影响其他参与人收益的高质量信息，则将这种市场模型称作逆向选择（adverse selection）模型。名称已经指出了其意思：在本模型中，将要售出的车辆并不是在所有车辆中随机选出的，而是车况不好的车辆售出的比例很大，因为劣质汽车的主人更希望出手。

尽管在拍卖模型中早就有关于逆向选择的研究了②，但是拍卖理论方面的主要研究内容并不是逆向选择而是在私有价值（private-values），其中假定每个参与人的效用都仅仅依赖于其自身的类型：$u^i(\xi, \vec{t})=u^i(\xi, t^i)$。此时，一个参与人对 Ω 中结果的偏好不受其他参与人信息的影响。除非特别指出，本书中的所有模型都是关于私有价值的。

大多数机制模型假定参与人并不确定其他参与人知道什么。在贝叶斯（Bayesian）模型中，条件概率分布 $\pi^i(\vec{t}\mid t^i)$ 描述了参与人的信念，这些信念依赖于参与人自身的类型。在本书的大部分内容里，我们采用海萨尼理论（Harsanyi doctrine），即信念由一个共同的先验分布 π 导出。③ 尽管该理论具有一定的局限性并且排除了某些有趣的实际现象，但是它仍然具有重要的优势。它排除了一类反常赌博现象：参与人能够

① Akerlof (1970).

② 在 Akerlof (1970) 的开创性工作之前，已有考虑逆向选择的拍卖模型，见 Ortega-Reichert (1968) 和 Wilson (1969)。

③ Harsanyi (1967 - 1968).

简单地利用基于信念差异的对赌而使自己更有利。[①] Harsanyi 理论在机制设计模型中非常常见，因为它排除了这样的赌博现象而关注设计问题的其他方面。

为方便起见，我们将类型组合记为$\vec{t}=(t^i, t^{-i})$，其中 t^{-i}表示非 i 的其他参与人的类型。一个（策略式）机制（（strategic form）mechanism）是指（S，ω），其中 $S=S^1\times\cdots\times S^N$ 是所有可能的策略组合的集合（S^j 是参与人 j 的可能策略集合），ω：$S\rightarrow\Omega$ 则将策略组合映射到结果上。[②]

对每一种机制及类型向量的任何一个实现$\vec{t}$，我们定义一个对应的策略式博弈（N，S，U（$\cdot\mid\vec{t}$）），它是由一个参与人集、策略组合集和收益函数 U 所组成的三重组，其中收益函数是从策略组合到收益的映射。收益函数的自变量是策略，不过，对参与人来说，这些策略仅在它们决定了参与人所关心的结果时才显得重要：$U^i(\sigma^1, \cdots, \sigma^n, \vec{t})=u^i(\omega(\sigma^1, \cdots, \sigma^n), \vec{t})$。如果参与人具有 Bayesian 分析能力，加上以上所描述的信念，就完成了对一个 Bayesian 博弈的描述。

给定一个机制（S，ω），如果博弈理论解的概念能够预测到将会执行某一策略组合 $\sigma=(\sigma^1(t^1), \cdots, \sigma^n(t^n))$，则可以利用此组合来预测和评价该机制的性能，而预测到的结果将是 $\xi(\vec{t})=\omega(\sigma^1(t^1), \cdots, \sigma^n(t^n))$。将类型组合映射为结果的函数 $\xi(\cdot)$ 是机制（S，ω）的性能函数。很多博弈理论解并不是单值的，例如，很多博弈具有多个纳什（Nash）均衡。尽管有多种方式来处理多个均衡的情形，但在本书的第一部分中我们只讨论以下方式。当一个博弈具有多个解时，我们定义扩

---

① 据说赌博中的反常现象是在斯坦福大学经济系的咖啡室内首次出现的，当时 Joseph Stiglitz 教授和 Robert Wilson 教授就一个不舒服的坐垫内填充的是泡沫还是羽毛发生了争论。他们决定打赌 10 美元打开坐垫，同时输者负责买一个新的。但系里的行政管理员 Alas 阻止了他们。反常现象就是指这种协定，两个参与人都期望从中受益，但要破坏现有资源。当然可以不破坏旧的而买一个新的，但是这样就不容许教授们从打赌中受益。当 Harsanyi 理论不成立而且具有相同信息的团体仍具有不同信念时，像 Wilson 和 Stiglitz 之间的打赌一般是非常有益的。根据无交易定理（Milgrom 和 Stokey（1982）），Harsanyi 理论排除了相互受益的赌博。因此采用该理论会关注机制设计问题中其他更具有经济可行性的方面。然而，这一理论并不太令人满意，因为它与有关人们信念的证据相矛盾。进而，我们稍后将会看到，即使在 Harsanyi 理论下，当参与人类型是统计相关的时赌博仍然会出现在最优机制中（Cremer 和 McLean（1985））。

② 这是机制的策略式描述。也可以用扩展式来描述机制，即描述出所有可能的移动（博弈树）、每个参与人在移动时的可用信息（信息集）以及每一可能移动所导致的结果。当考虑诸如序贯均衡或完美均衡等扩展式解的概念时，策略式与扩展式之间的区别是非常明显的。

展机制（augmented mechanism）(S, ω, σ)，它是原机制加上一个选定的特解。其思想是，这个特解 σ 代表机制设计者向参与人所作的一个推荐。如果此解能够与参与人的激励相一致，则没有参与人会想偏离该解，因而 σ 成为参与人行为的一个合理预测。

当 σ 是依据某些解的概念所定义的一个解时，我们说，机制 (S, ω) 或扩展机制 (S, ω, σ) 实现了性能 $\xi=\omega\circ\sigma$。换句话说，该机制的均衡结果是 ξ，它得自每个参与人根据 σ_i 行动时的结果函数 ω。有时候，我们会给解的概念命名，比如说，一个机制存在占优策略，或者 Bayes-Nash 能够实现某特定性能。

第一部分各章简介

我们分步骤来研究拍卖理论中的机制设计方法。在第 2 章中，我们回顾 Vickrey 对拍卖所作的分析和有关的 Clarke-Groves 公共决策分析。Vickery-Clarke-Groves（VCG）设计为我们提供了一个基准模型，在其后的资源分配机制分析中我们总是与之进行比较。

第 3 章介绍包络定理及其若干重要结论，其中包括 Holmstrom 引理和 Myerson 引理，这两个引理类似于需求理论中著名的 Hoteling 引理和 Shepard 引理，都属于激励理论。利用包络定理可以简化很多著名结果的证明，同时还能解释它们之间的密切关系。它们是：Green-Laffont-Holmstrom 定理，它证明了 VCG 机制是唯一有效的占优策略机制；Myerson-Satterthwaite 定理，它指出了不完全信息下谈判的无效率是不可避免的；Jehiel-Moldovanu 定理，它指出了考虑逆向选择时要实现有效结果是不可能的；著名的收益等价定理；Myerson-Riley-Samuelson 最优拍卖定理；以及 McAfee-McMillan 弱卡特尔定理。

第 4 章介绍单交叉性质、约束简化定理和排序引理。这些内容一起用于标准拍卖设计的分析、可实现性能函数的刻画、不同环境下的一些标准拍卖的比较，以及最优拍卖理论更全面的发展。

第 2～4 章中的模型假设竞价人知道自己的估价但对他人的估价一无所知，这一假设使模型得到简化。在第 5 章中，我们研究这些假设不再成立时的模型，包括竞价人或卖方购买额外信息并隐瞒或披露这些信息时的模型。卖方披露估价信息可以在多个方面受益。这些信息能够避免错误估价所造成的无效率，降低由于竞价人估算不确定资产而导致的风险溢价（risk premia），同时也能降低竞价人的信息租金。所有这些变化都可以增加卖方的期望收益。

第6章在更广的背景下来考虑拍卖，引入了进入决策和拍卖后性能。这些因素在实际中是非常重要的：如果没有竞价人选择是否参与，或者赢者不履行他的义务，那么拍卖几乎不可能是最优的。这些因素也转移了拍卖设计的重点，使得进行拍卖设计时需要考虑几个重要方面。首先，当参与需要成本时，除非有足够的利润等待着竞价人，否则他们不会选择参与，从而影响效率和收益。最大化效率可能会涉及对潜在竞价人的预先细分，因而只有最有资格的竞价人才会去承担了解自己类型和准备投标的成本。预先细分和其他方法会有助于确保被选中的竞价人能够进行投标。当竞价人在资格方面存在差异时，评估报价也变得更加复杂，因为卖方需要权衡是接收一个可能不履行义务的较弱买家的高报价，还是接收一个够资格的买家的低报价。

参考文献

Akerlof, George (1970). "The Market for 'Lemons': Quality Uncertainty and the Market Mechanism." *Quarterly Journal of Economics* 84: 488-500.

Cremer, Jacques and Richard P. McLean (1985). "Optimal Selling Strategies under Uncertainty for a Discriminating Monopolist When Demands Are Independent." *Econometrica* 53 (2): 345-361.

Harsanyi, John (1967-1968). "Games with Incomplete Information Played by Bayesian Players (Parts I-III)." *Management Science* 14: 159-182, 320-334, 486-502.

Hurwicz, Leonid (1973). "The Design of Mechanisms for Resource Allocation." *American Economic Review* 63 (2): 1-30.

Milgrom, Paul and Nancy Stokey (1982). "Information, Trade and Common Knowledge." *Journal of Economic Theory* 26: 17-27.

Myerson, Roger B. (1981). "Optimal Auction Design." *Mathematics of Operations Research* 6 (1): 58-73.

Ortega-Reichert, Armando (1968). *Models for Competitive Bidding under Uncertainty*. Stanford, CA: Standford University.

Wilson, Robert (1969). "Competitive Bidding with Disparate Information." *Management Science* 15 (7): 446-448.

第2章　Vickrey-Clarke-Groves 机制

本章介绍 Vickrey、Clarke 和 Groves（VCG）对机制设计理论的重大贡献。Vickrey（1961）分析了竞价人竞相购买或者出售多件物品的情况。随后，Clarke（1971）和 Groves（1973）研究了公共选择问题，即代理需要决定是否承担一项公共项目，例如桥梁建设或者公路建设项目，其建设成本由代理承担。在形式上，后者的分析包括在一有限集上进行任意选择的情形。特别地，它也包含了用于离散资产时的 Vickrey 分析。本章重点讨论有限选择集的情形，以避免在讨论无穷集选择问题时会碰到的一些方法上的困难，特别是与最优选择的存在相关的问题。

VCG 分析已经成为一种重要的标准。几乎其他所有的机制设计工作及其贡献都以它作为评价标准。正如我们在后面章节中将要看到的，VCG 理论和拍卖理论的许多其他部分之间都有着很深的、令人惊讶的联系。

2.1　模型描述

本节主要介绍机制理论的发展过程，首先引入一些记号并给出直接机制和 VCG 机制的定义。

我们记 $N=\{0, \cdots, n\}$ 表示参与人的集合，其中 0 表示机制的操作者。记 X 表示所有可能决策的集合，其元素用 x 表示。第 2～5 章假设参与人的集合是外生的，并且不对参与人的参与动机进行分析。结果表示为 (x, p)，它包括参与人的决策 x 和参与人的或正或负的支付向

量 $p=(p^0, p^1, \cdots, p^n)$。例如，在一个一级价格密封拍卖中，决策 x 是一个向量，其第 i 个分量 $x^i=1$ 当且仅当代理 i 获得物品时，否则，$x^i=0$。p 表示相应的支付向量，其中，如果代理 i 以报价 b^i 赢得了物品，则 $p^i=b^i=-p^0$，而对于其他竞价人来说，$p^j=0$。

在大多数分析中，我们假定参与人 i 是根据 $u^i((x, p), \vec{t})\equiv v^i(x, t^i)-p^i$ 对结果进行估价的。换句话说，给定结果（x，p），参与人 i 的收益是他对决策 x 的估值再减去他应该承担的支付，其中，参与人 i 对 x 的估值仅仅依赖于他自己的类型 t^i。在本章的分析中，效用函数的这种拟线性（quasi-linear）起着十分重要的作用。这种拟线性假设意味着，竞价人能够按照机制的规定进行现金转移，即存在着一种现金转移使得结果的任何可能的变化都能在个体间进行准确的补偿，而且参与人之间的财富再分配不会改变这种补偿性的转移。在建立模型时，相较于其他假设，这一假设能更好地近似某些情形。例如，如果竞价人都是一些资金流动性很强的公司，这个假设与现实是非常接近的，但是，如果竞价人是一些在商业交易方面具有明显信用约束的消费者，那么这个假设就是不适用的。

请注意，“绩效”是指从环境到结果的一个映射。假定结果由两个部分组成，那么任一机制的绩效都可以用两个部分来描述：决策绩效（decision performance）描述从类型到决策 x 的映射，转移绩效（transfer performance）描述从类型到支付或转移的映射。当物品的分配是根据决策 x 进行时，我们有时也称 x 为分配绩效（allocation performance）。

有时，VCG 分析试图在转移总和为零的约束条件下达到有效的性能。在此假定下，如果 x 是使 $\sum_{i\in N}v^i(x, t^i)$ 值最大化的解，那么决策 x 是有效的。例如，在单物品拍卖中，如果物品被分配给了估价最高的竞价人，那么这个最终分配是有效的。在这里所研究的模型中，通过构造，净支付总是为零，因为卖方（或机制设计者）的收益总等于买方（或竞价人）的支出总和。

根据上述定义，在一些公开拍卖中，设计目标是效率，尽管收益（机制设计者能够从中得到的总收入）可能也是一个重要的目标。但在私人部门拍卖中，收益总是十分重要的，而且经常是唯一的目标。

有时候，设计者希望组织一场 $p^0\equiv 0$ 的拍卖，也就是说，拍卖设计者没有得到任何转移净额。这些预算平衡机制（balanced-budget mechanisms）十分有用，例如，在监管机构无权向被监管方捐款或收款的监管环境中。它们同样出现在公司理论之中，其中机制的操作者也受类似的限制。正如我们在后面将会看到的，在机制设计中，达到有效结果和保证预算平衡之间常会存在一些矛盾。

VCG 机制是激励相容直接机制（incentive-compatible direct mechanism）。这意味着（1）$S=\Theta$，且（2）策略组合（$\sigma^i(t^i)=t^i)_{i\in N}$是一个均衡解。换句话说，第一个条件是指每个参与人都应向机制操作者报告一种可能的类型。我们有时会将直接机制称为成对的（x，p），其策略集是隐含的。第二个条件是激励相容性，它是指根据我们选择的任何一种解的概念，真实地报告自己的类型是一个均衡策略。对于 VCG 机制，我们着重考虑占优策略的实现（dominant strategy implementation），所以相关的解的概念就是所有参与人都采用占优策略。

激励相容直接机制的魅力在于，它们可以使参与人免于进行复杂的、策略性的计算：真实报告可以满足每个参与人的个人利益。如果选择占优策略作为解的概念，那么激励相容直接机制就是这样的一种机制，对于竞争对手所有可能的类型和他们所有可能采取的决策来说，真实报告所产生的收益至少和采用其他策略一样多。例如在第 1 章中所讨论的，在二级价格密封投标的单物品拍卖中，竞价人将他的真实估价作为报价总是最优的。此外，这种真实投标策略是始终保证最优的唯一策略，所以它是占优策略。因此，二级价格拍卖是占优策略的激励相容直接机制。

VCG 机制的操作者根据竞价人报告的类型计算总价值的最大值 $V(X, N, \vec{t})$ 和相应的使总价值达到最大的决策$\hat{x}(X, N, \vec{t})$：

$$V(X,N,\vec{t}) = \max_{x\in X}\sum\nolimits_{j\in N} v^j(x,t^j) \tag{2.1}$$

$$\hat{x}(X,N,\vec{t}) \in \arg\max_{x\in X}\sum\nolimits_{j\in N} v^j(x,t^j) \tag{2.2}$$

有人可能会认为，这么直接的方法注定会失败，因为每个参与人似乎都有动机歪曲自己的偏好，以影响对自己有利的决策。然而，参与人的这种动机不但与决策有关，而且与现金转移有关，这就是 VCG 机制巧妙且令人惊讶的地方。

VCG 机制通过强加给参与人的失实成本，消除了参与人错误传达的动机。在 VCG 机制下，每个参与人 i 的支付都是给定的，因而，他的报告并不影响其他所有参与人的集合 $N-i$ 的总收益。注意到 $0\in N-i$，也就是说，这个集合包含机制设计者，他的收益是机制的净收益。

根据这个原则，我们导出 VCG 支付的一个公式。为了确定参与人 i 的报告对结果所产生的影响，我们作如下被称为空报告（null report）的假设，它对应于参与人 i 的报告：所有可能的决策对他而言是无差别的，他只关心转移。当参与人 i 做出空报告时，VCG 机制的最优选择就是决策 $\hat{x}(X, N-i, t^{-i})$，在这个决策下其他所有参与人的集合 $N-i$ 的总价值是 $V(X, N-i, t^{-i})$。这时，如果机制设计者从参与人 i 处获得的支付是 $h^i(t^{-i})$，那么，当参与人 i 做出了一个空报告时，集合 $N-i$ 中所有参与人的总收益是

$$V(X,N-i,t^{-i})+h^i(t^{-i})$$

在设计上，VCG 机制使得无论参与人 i 报告的是什么，对于其他所有参与人来说他们的总收益都是相同的。因此，当所有参与人报告的类型向量为 $\vec{t}$ 时，参与人 i 的支付值是 $\hat{p}^i(X, N, \vec{t})+h^i(t^{-i})$，其中如果 i 做出的是空报告，则 $\hat{p}^i(X, N, \vec{t})$ 是 i 需要额外支付的值。决策 $\hat{x}(X, N, \vec{t})$ 通常依赖于 i 的报告，其他 $N-i$ 个参与人的总收益是 $\sum_{j\in N-i} v^j(\hat{x}(X, N, \vec{t}), t^j)+\hat{p}^i(X, N, \vec{t})+h^i(t^{-i})$。我们令这个值等于当 i 做出空报告时所对应的总值，即

$$\begin{aligned}&\hat{p}^i(X,N,\vec{t})+h^i(t^{-i})+\sum_{j\in N-i} v^j(\hat{x}(X,N,\vec{t}),t^j)\\&=h^i(t^{-i})+V(X,N-i,t^{-i})\end{aligned}\tag{2.3}$$

利用式（2.1），我们可计算出额外支付值是：

$$\begin{aligned}\hat{p}^i(X,N,\vec{t})&=V(X,N-i,t^{-i})-\sum_{j\in N-i} v^j(\hat{x}(X,N,\vec{t}),t^j)\\&=\sum_{j\in N-i} v^j(\hat{x}(X,N-i,t^{-i}),t^j)\\&\quad-\sum_{j\in N-i} v^j(\hat{x}(X,N,\vec{t}),t^j)\end{aligned}\tag{2.4}$$

根据式（2.4），如果参与人 i 的报告导致决策 $\hat{x}$ 发生变化，那么 i 的额外支付 $\hat{p}^i(X, N, \vec{t})$ 就可用来补偿其他参与人 $N-i$ 由于这种变化而承担的总损失。

现在，我们引入一些概念：

定义

1. 称 Vickrey-Clark-Groves（VCG）机制（Θ，（$\hat{x}$，$\hat{p}+h$））是一个直接机制，其中 $\hat{x}$ 由式（2.2）确定，$\hat{p}$ 由式（2.4）确定（对所有的 N，X，$\vec{t}$ 和 $i\in N$），支付则由 $\hat{p}^i(X, N, \vec{t})+h^i(t^{-i})$ 确定。

2. 称参与人是重要的（pivotal），如果 $\hat{x}(X, N, \vec{t})\neq\hat{x}(X, N-i, t^{-i})$。

3. 称 VCG 机制是重要机制（pivotal mechanism），如果对所有 $i \in N$，$h^i \equiv 0$。

换句话说，相较于将参与人排除在外而不予考虑或者认为他会做出空报告，如果考虑他的报告会改变决策，那么这个参与人就是至关重要的。根据式（2.4），如果参与人 i 不是重要的，则 $\hat{p}^i(X, N, \bar{t})=0$。在重要机制中，只有那些支出非零的或者获得非零支付的参与人才是重要的参与人。

Vickrey 首先在他的一个模型里引入了重要机制，其中的决策 x 是对给定数量的单件可分物品进行的分配。考虑拍卖模型，如果竞价人得到的数量为零，那么他就是不重要的。因此，Vickrey 模型中的重要机制就是失标者既没有支付也没有得到任何收益的拍卖。

2.2　总是最优和弱占优策略

在本节中，我们将要证明 VCG 规则确实能够保证，不管其他参与人的报告是怎样的，对每个参与人来说，如实报告总是最优的。我们还将证明，真实报告是一个占优策略，也即，这是唯一的一个总是最优的策略。

尽管说实话在 VCG 机制里总是最优的，但是在某些情况下它不是占优策略。例如，假设两个人考虑一起租用一条船，其租金为 200 美元。一个人对租船费用的估价或者为 300 美元，或者为 0 美元，于是他报告的估价属于集合 {0，300}。另一个人的估价是 0 美元到 150 美元之间的某个值，那么他报告的估价属于区间 [0，150]。在这个例子中，根据重要机制的规定，当且仅当第一个人的估价为 300 美元时，他们才能租到这条船，这时他的支付为 200 美元。另一个人的支付总是为 0 美元，并且他报告的估价对结果不产生任何影响。从而，另一个人报告的任何估价总是最优的，而对第一个人来说，报价为 200 美元或以上的任何值也总是最优的。

上面构造的例子说明，参与人有时能够预测到某些报告是无关紧要的。实际中，只有在人为干预较少的例子里，如实报告才是占优策略。

我们下面用正式的定义来描述上述这些概念。如果以下的条件（I）成立，则称说实话策略为总是最优（always optimal）策略；进而，如果条件（Ⅱ）也成立，那么称它是占优策略（dominant strategy）。[①]

（Ⅰ）对所有 t^{-i}，$t^i \in \arg\max_{\tilde{\tau}^i}\{v^i(\hat{x}(X, N, \tilde{t}^i, t^{-i}), t^i) - \hat{p}^i(X, N, \tilde{t}^i, t^{-i})\}$。

（Ⅱ）如果 $t^{-i} \neq t^i$，则存在 t^{-i} 使得 $t^{-i} \notin \arg\max_{\tilde{\tau}^i}\{v^i(\hat{x}(X, N, \tilde{t}^i, t^{-i}), t^i) - \hat{p}^i(X, N, \tilde{t}^i, t^{-i})\}$。

为了排除一些像船只租赁这类人为设计的例子，我们引入以下条件。

所有报告都是潜在重要的： 对所有 $i \in N$ 和 t^i，$\tilde{t}^i \in \Theta^i$，存在 $t^{-i} \in \Theta^{-i}$ 使得 $\sum_{j\in N} v^j(\hat{x}(X, N, \tilde{t}^i, t^{-i}), t^j) < V(X, N, \vec{t})$.

这个条件是说，对于竞价人 i 做出的任一错误报告 $\tilde{t}^i$，都有其他所有参与人的某一类型向量 t^{-i}，使得错误报告产生一个次优结果。当这个条件满足时，没有一个参与人能够保证错误报告对自己无害。

定理 2.1 在任何 VCG 机制中，真实报告策略总是最优策略。进而，如果所有的报告都是潜在重要的，那么真实报告策略是占优策略。

证明 为了证明说实话策略总是最优的，首先假定竞价人真实的类型向量为 $\vec{t}$。当竞价人 i 报告自己的类型为 $\tilde{t}^i$ 时，所产生的决策是 $\hat{x}(X, N, \tilde{t}^i, t^{-i})$。所以，给定竞价人 i 的支付公式，我们得到他的收益是 $\Pi^i(\tilde{t}^i \mid \vec{t}) = v^i(\hat{x}(X, N, \tilde{t}^i, t^{-i}), t^i) - \hat{p}^i(X, N, \tilde{t}^i, t^{-i}) - h^i(t^{-i})$。利用式（2.4）可以知道，竞价人 i 从偏离说实话策略中所得到的增益为：

$$\begin{aligned}\Pi^i(\tilde{t}^i \mid \vec{t}) - \Pi^i(t^i \mid \vec{t}) &= [v^i(\hat{x}(X,N,\tilde{t}^i,t^{-i}),t^i) - \hat{p}^i(X,N,\tilde{t}^i,t^{-i}) \\ &\quad - h^i(t^{-i})] - [v^i(\hat{x}(X,N,\vec{t}),t^i) \\ &\quad - \hat{p}^i(X,N,\vec{t}) - h^i(t^{-i})] \\ &= \sum_{j\in N} v^j(\hat{x}(X,N,\tilde{t}^i,t^{-i}),t^j) \\ &\quad - \sum_{j\in N} v^j(\hat{x}(X,N,\vec{t}),t^j) \\ &= \sum_{j\in N} v^j(\hat{x}(X,N,\tilde{t}^i,t^{-i}),t^j) \\ &\quad - V(X,N,\vec{t}) \leqslant 0\end{aligned}$$

这说明了说实话策略为总是最优策略。

若假设所有的报告都是潜在重要的，即对所有 $\tilde{t}^i \neq t^i$，存在 t^{-i} 使得

① 在标准化形式的博弈里，称参与人的策略是占优策略，如果（1）它是对任一其他所有参与人策略组合的最优反应；（2）没有其他策略具有相同的性质。本书中的定义是此定义在我们所研究的直接显示博弈中的应用。

$$\Pi^i(\tilde{t}^i \mid \vec{t}) - \Pi^i(t^i \mid \vec{t}) = \sum_{j \in N} v^j(\hat{x}(X, N, \tilde{t}^i, t^{-i}), t^j) - V(X, N, \vec{t}) < 0$$

因而，由定义可知，说实话策略是占优策略。 ■

由上述证明可以得到下面简单且直观的结论。所定义的 VCG 支付使得 i 的报告不影响其他参与人的总收益。如果参与人 i 说实话，机制会使得总的实际收益达到最大。如果 i 说谎并改变了决策，那么总收益的变化量肯定为负，并且其值等于参与人 i 自身收益的变化量。因此，说实话策略是最优的。此外，在某些情形下，如果每一份虚假报告都是重要的，那么有时它是次优的，因此真实报告仍然是占优策略。

重要机制最著名的例子是二级价格拍卖（second-price auction）。在私人价值拍卖（private-values auction）模型中，竞价人对决策的估价仅依赖于他所获得的物品，而与其他竞价人得到的物品无关：$v^i(x, t^i) = v^i(x^i, t^i)$。其中，如果竞价人 i 得到物品，$x^i = 1$；否则，$x^i = 0$。没有赢得物品的决策的价值标准化为零：$v^i(0, t^i) = 0$。我们将 $v^i(1, t^i)$ 简记作 v^i。

由于失标者是不重要的（因为他们出席拍卖没有影响分配），所以在重要机制中他们的支付为 0。根据式（2.4），这一机制的赢者支付的值等于两个数值的差。第一个数值是当 i 没有参加拍卖时，包括卖方在内的其他参与人的最大总价值，其值为$\max_{j \neq i} v^j$。第二个数值是当 i 赢得拍卖时，其他参与人的总价值，其值等于 0。因此，当竞价人 i 获胜时，他支付的价格为$\max_{j \neq i} v^j$，即次高报价。因为这个原因，称这一用于单物品拍卖的重要机制为二级价格拍卖。

Vickrey 是最先引入二级价格拍卖的学者，并将它作为向上叫价拍卖（ascending auction）的一个模型，现在的拍卖网站上普遍使用的也是这一模型。为了说明这一点，我们需要特别注意的是，许多网站，例如 eBay 和 Amazon，它们都鼓励竞价人使用投标代理（proxy bidding）。竞价人告诉他的代理他愿意支付的最高价格，即他的最高报价（maximum bid）。投标代理替他保守这个秘密，并代替他在向上叫价拍卖中报价。倘若这一报价没有超过别人的报价而成为现价（high bid），则只要不超过竞价人的最高报价，投标代理就将报价提高一个增量。如果每个竞价人都使用投标代理，那么结果就是，最高报价第一高的那个竞价人获得物品，他支付的价格等于所有最高报价中第二高的价格。如果我们用“报价”代替“最高报价”这一术语，那么以上所描述的规则正好与 Vickrey 单物品拍卖的规则相同。用博弈论的术语来说就是，含投标代理的英式拍卖（English auction）和二级价格拍卖是策略等价的：两者的策略集之间存在一一对应关系，使得相对应的策略组合产生同一结果。①

下面，我们用 Vickrey 拍卖（Vickrey auction）特指拍卖环境下的重要机制。由式（2.4）可知，任一参与人 $i\neq 0$ 支付的价格等于参与人 i 根据自己的估价通过调整决策而给其他参与人造成的损失。这一价格总是非负的。可是，在更一般的 VCG 机制中，它可能是负的，因为 h^i 在有些时候是负的。一些参与人有得到负报酬的可能，这就引出了一个问题：$i\neq 0$ 的参与人的支付总和为正、为负还是等于零？

2.3 平衡预算

在公共物品情形中，设计者希望能保证，除机制的操作者之外，所有参与人的总支出和总获得相等，这就是所谓的平衡预算（balancing the budget）。如果机制的设计者是公共机构，这意味着该机构需要制订一个既无盈余又无赤字的计划。这时，机制设计者对决策的估价没有自己独立的值，因而我们在模型的参与人集合里不必再考虑设计者。在下面的模型中，我们记 $N=\{1, \cdots, n\}$。

定义 称一个直接机制（x，p）是预算平衡的（budget balance），如果对所有有限的 Θ 和所有 $\vec{t}\in\Theta$，转移总额为零：

$$\sum_{i\in N}p^i(X,N,\vec{t})=0$$

上式中对所有竞价人的支付求和表明，预算平衡的可能性会隐含对最大值函数的一个约束条件，即：

$$\begin{aligned}0&=\sum_{i\in N}p^i(X,N,\vec{t})=\sum_{i\in N}(\hat{p}^i(X,N,\vec{t})+h^i(t^{-i}))\\&=\sum_{i\in N}(V(X,N-i,t^{-i})+h^i(t^{-i}))\end{aligned}$$

---

① 这一理论性的说明清楚地描述了 Amazon 拍卖，但 eBay 上使用的拍卖规则略有不同。eBay 采用固定结束时间拍卖，即在这个时间之后，不再接受任何报价。在 eBay 拍卖中，报价次序与报价时间都是相关的。事实上，“迟报价”（sniping，离拍卖结束只剩最后几秒钟时才投标）是 eBay 上常见的一种策略，但是在 Amazon 拍卖中，这种策略却很少见。Amazon 上使用的结束规则不同于 eBay 上的固定结束时间，它规定只有在 10 分钟内没有出现新的投标时，拍卖才结束。见 Ockenfels 和 Roth（2002）。

$$
\begin{aligned}
&- \sum_{i\in N} \sum_{j\in N-i} v^j(\hat{x}(X,N,\vec{t}),t^j) \\
&= \sum_{i\in N} (V(X,N-i,t^{-i}) + h^i(t^{-i})) \\
&\quad - \sum_{i\in N} (V(X,N,\vec{t}) - v^i(\hat{x}(X,N,\vec{t}))) \\
&= (n-1)\left(\sum_{i\in N} f^i(t^{-i}) - V(X,N,\vec{t})\right)
\end{aligned}
\tag{2.5}
$$

其中，

$$
f^i(t^{-i}) = \frac{V(X,N-i,t^{-i}) + R^i(t^{-i})}{n-1} \tag{2.6}
$$

所以，预算平衡的必要条件是，存在函数 f^i 使得对所有的$\vec{t}$有

$$
V(X,N,\vec{t}) = \sum_{i\in N} f^i(t^{-i}) \tag{2.7}
$$

Holmstrom（1977）证明了这个条件是存在一个预算平衡的 VCG 机制的充要条件。

定理 2.2 存在一个预算平衡的 VCG 机制，当且仅当存在函数 f^i 使得式（2.7）对所有的$\vec{t}$都成立时。

证明 式（2.7）的必要性在上面已经证明。我们只需证明其充分性。给定函数 f^i，取 $h^i(t^{-i})=(n-1)f^i(t^{-i})-V(X,\ N-i,\ t^{-i})$，易知，它满足式（2.6），从而式（2.5）也成立。 ■

为了说明式（2.7）是有约束的，我们用一个简单的两人拍卖例子来说明。假定 $N=\{1,\ 2\}$，其中不包括机制设计者。我们考虑单物品拍卖，物品对竞价人 1 和 2 的价值分别为 $v^1\in\{1,\ 3\}$ 和 $v^2\in\{2,\ 4\}$。显然，无法将 $\max(v^1,\ v^2)$ 表示成 $f^1(v^2)+f^2(v^1)$ 的形式，所以，对此例，不存在满足预算平衡的 VCG 机制。为了更直接地说明这一点，我们将二者的支付情况制成表格，如表 2.1 所示。

表 2.1 参与人在四种价值组合下的 VCG 支付

	(1，2)	(3，4)	(1，4)	(3，2)
参与人 1	$h^1(2)$	$h^1(4)$	$h^1(4)$	$2+h^1(2)$
参与人 2	$1+h^2(1)$	$3+h^2(3)$	$1+h^2(1)$	$h^2(3)$
合计	$1+h^1(2)$ $+h^2(1)$	$3+h^1(4)$ $+h^2(3)$	$1+h^1(4)$ $+h^2(1)$	$2+h^1(2)$ $+h^2(3)$

从表 2.1 可以看出，不管 h^1 和 h^2 取何值，前两列的支付之和减去后两列的支付之和都等于 1。因此，不会存在一对 h^1 和 h^2 使得所有列的总和等于零，因此，不存在预算平衡的 VCG 机制。

定理 2.2 说明，在某些环境中，VCG 机制总是能够达到预算平衡。

其中的一类重要环境是将机制设计者看作仅有一种类型的参与人。此时，最大值仅依赖于 t^{-0}，因而满足式（2.7）；事实上，此时对所有的 $\bar{t}$，均有 $V(X, N, \bar{t}) \equiv f^0(t^{-0})$。在这种情况下的 VCG 机制中，除参与人 0 之外，其他所有参与人都是重要的，并且参与人 0 获得该机制的净收益，以此实现预算平衡。当机制设计者是监管机构、委员会或者具有决策权的其他实体时，设计者不得利用权力从参与人那里获得好处或者给参与人提供好处。类似这样的限制条件是强制性的，譬如是为了防止腐败事件的发生。这时，预算平衡的条件自然就产生了，同时这也给机制运行施加了限制。

2.4 唯一性

那么，除了 VCG 机制之外，是否还存在其他机制能在占优策略下得到有效率的决策？问题的答案取决于关于环境的其他假设。例如，假设有一个买方和一个卖方，卖方提供的物品的成本是 5，买方对物品的估价集为 {0，10}，那么下面的直接机制在占优策略下能得到有效决策。在这个机制中，每个参与人都必须根据自己可能的类型报告一个值。卖方别无选择，只能报告他的成本 5。如果买方报告的值是 10，那么他们进行交易，其交易价格为 8；否则，他们不进行交易，当然也不会有转移支付。不难验证，双方都报告自己真实的类型是一个占优策略，而且所产生的结果始终是有效率的。参与人不进行交易也没有转移支付的 VCG 机制是一个重要机制。上例中的重要机制设定的成交价格是 5。这说明，上面描述的直接机制不是 VCG 机制。

上例中考虑的是类型空间离散的情形。以下定理则说明，当类型空间光滑连通时，只有 VCG 机制才能够在占优策略下得到有效率的结果。

定理 2.3 假设对每一个 i，$\Theta^i=[0, 1]$（或者简单地说，Θ^i 是光滑连通集①），并且对任一决策结果 x，$v^i(x, t^i)$ 对第二个变量可导，则任一有效的激励相容直接机制是 VCG 机制。

以上定理中所描述的结果首先是由 Holmstrom（1979）证明的，这一结果推广了 Green 和 Laffont（1977）的早期工作，后者对类型空

① 称集合 Θ 是光滑连通的，如果对任意的两点 θ，$\theta' \in \Theta$，均存在一个可微函数 f：$[0, 1] \to \Theta$ 使得 $f(0)=\theta$ 和 $f(1)=\theta'$。

间做了更严格的假设。我们将在下一章中来证明以上定理，并且还会给出其他一些相关分析。

2.5　Vickrey 拍卖的缺点

尽管 Vickrey 拍卖有着明显的优点，但是它也存在一些严重的缺点，这些缺点使得它不适合大多数应用。本节主要讨论 Vickrey 拍卖的这些缺点。我们将在第 8 章中通过与其他的重要拍卖相比较，来详细分析 Vickrey 拍卖的某些缺点。

我们把 Vickrey 拍卖的缺点分为三类：实际应用中的缺点、单调性问题以及投资和合并方面的缺点。

2.5.1　实际应用中的缺点

在本小节中，我们讨论由于实际模型所忽略的一些因素，在现实中实施一场 Vickrey 拍卖会遇到的一些实际困难。

第一个不足之处是，Vickrey 拍卖对竞价人的计算能力提出了过分的要求。例如，考虑用 Vickrey 拍卖出售 20 个频谱许可证。原则上，每个竞价人都需要向他可能获胜的每一个许可证组合递交他的投标，但是这样的组合总数超过了 100 万。即使竞价人对每一个许可证组合进行估价的成本很低，但要对所有许可证组合进行估价，也会很难实现。当然，在某些特殊的情况下，估价成本不是太高。比如，当这些许可证很相近时，竞价人只需简单地考虑不同许可证的数量即可，或者针对许可证之间的差别进行适当的调整。但是，至少在一般情况下，允许竞价人向所有组合投标会导致成本过高，不利于实际应用。

在实际应用中的第二个不足之处是，现实中的竞价人常常会面临严格的预算限制，而 Vickrey 设计却没有考虑这一点。在预算限制下，竞价人在 Vickrey 拍卖中可能没有总是最优策略。例如，考虑一个两件相同物品的拍卖，竞价人对每一件物品的估价都是 20，对物品组合的估价为 40，但是竞价人的总预算只有 10。竞价人在这个拍卖中没有总是最优策略。如果有信用约束或对不履行职责的参与人有严厉处罚的话，就可以不考虑超过竞价人预算的报价。如果竞价人 1 有唯一的竞争者，该竞争者对单件物品的报价为 10，对两件物品的报价为 19，那么竞价人 1 的最好回应是对单件物品的报价为 10（对两件物品的报价也是

10)。然而，如果该竞争者仅对单件物品报价，其价格为 9，那么竞价人 1 的最好回应是对单件物品的报价为 0，对两件物品的报价为 10。

第三个不足之处是，Vickrey 设计可能会迫使获胜的竞价人泄露过多的信息。竞价人可能担心他的估价信息被公开，使得他以后在同拍卖者、其他买方或者其他供应商的谈判中处于劣势（Rothkopf，Teisberg，and Kahn（1990））。

2.5.2 单调性问题

当 Vickrey 拍卖中的支付是由竞价人估价的一个非单调函数来确定时，就会产生与上不同的问题。我们借用 Ausubel 和 Milgrom（2002）里的一些例子来说明这一点。第 8 章将对与这些问题相关的拍卖环境进行正式的分析，并对这些问题与一些多物品拍卖设计的优点进行比较。

这里，我们通过一些例子来说明 Vickrey 拍卖中出现的单调性问题。在 Vickrey 拍卖里，（1）增加竞价人数量会减少均衡收益；（2）即使竞争很激烈，收益也可能为零；（3）即使是失标者，也能够提高报价以赢得物品，同时使成交价格较低；（4）竞价人使用“托”（即伪竞价人）以期增加竞争的激烈程度而实际上产生较低的成交价格，这样做可能是有利可图的。

考虑两个相同频谱许可证的 Vickrey 拍卖。竞价人 1 和 2 都是新的参与人，他们每人都需要有两个许可证，以建立具有经济规模的业务。竞价人 1 为获得这两个许可证愿意支付的价格为 10 亿美元，而竞价人 2 愿意支付的价格为 9 亿美元。如果这场拍卖中只有他们两个，那么采用二级价格拍卖是有效率的。其结果是，竞价人 1 以 9 亿美元获得这两个许可证。

现在，假定 Vickrey 拍卖增加了两个竞价人。竞价人 3 和 4 都是从事无线业务的运营商，他们都只需要一个许可证来扩充自己的网络容量。假设他们为获得一个许可证愿意支付的价格都为 10 亿美元。如果采用 Vickrey 拍卖，并且所有竞价人都采用占优策略，那么竞价人 3 和 4 分别获得一个许可证。因为许可证被分配给了估价最高的竞价人，所以其结果是有效率的，并且许可证的总价值变成了 20 亿美元。

有人可能会认为，增加竞价人的数量和他们对许可证估价的最大值能增加卖方的收益，但事实并非如此，实际上赢者支付的总价格为 0。为了探究其原因，让我们计算竞价人 3 支付的价格。根据式（2.4），竞价人 3 赢得的许可证的价格是其他竞价人的机会成本。确切地说，这个价格是其他三个竞价人对两个许可证估价的最大值，即 10 亿美元，再减去他们对一个许可证估价的最大值，也是 10 亿美元。两者的差值等于零，这就是竞价人 3 所要支付的价格。用同样的方法可以确定竞价人 4 所要支付的价格也是零。

需要注意的是，如果前两个竞价人认为这两个许可证之间具有替代性，那么收益递减问题将会随之消失。例如，假设竞价人 1 和 2 不再是为获得两个许可证出价 10 亿美元，而是竞价人 1 愿意为获得一个许可证支付 5 亿美元，竞价人 2 愿意为获得一个许可证支付 4.5 亿美元。那么，竞价人 3 和 4 每人就需支付 5 亿美元以赢得一个许可证。于是，卖方的收益从 9 亿美元上升至 10 亿美元。

下面两个稍作变动后的例子将要揭示 Vickrey 拍卖的一个特征，即当物品间不具有替代性时，随着报价的增加或者竞价人人数的增加，成交价格可能反而减小。

首先，我们对上一个例子稍作修改。和前面一样，竞价人 1 和 2 都想得到两个许可证，他们愿意支付的价格分别为 10 亿美元和 9 亿美元。但从事无线业务的竞价人 3 和 4 为获得一个许可证所愿意支付的价格均为 4 亿美元。如果竞价人 3 和 4 都采用占优策略，那么他们不能赢得许可证，他们的支付为零。但是，如果他们合谋，都将自己对一个许可证的报价提高到 10 亿美元，那么许可证成交价格就如前例中一样。针对这种情况，我们已经分析过了：竞价人 3 和 4 赢得两个许可证，其总价格为 0。所以说，Vickrey 拍卖为低估价者、失标者之间的合谋行为提供了机会和激励。

下面，我们再考虑另一个变化。在这个例子中只含有 3 个竞价人，竞价人 1 和 2 如前面所述，而竞价人 3 也是一个新的参与人，他也需要两个许可证，但是他的估价低于前两个竞价人。与前两个竞价人愿意支付的价格 9 亿美元和 10 亿美元相比，竞价人 3 为获得两个许可证愿意支付的价格仅为 8 亿美元。尽管如此，竞价人 3 还是可以通过用两个身份参与投标的方式赢得这两个许可证，他的两个身份就分别像前例中的竞价人 3 和 4，并且分别为一个许可证投标，报价为 10 亿美元。其结果和前面的相同，即竞价人 3 和 4 获胜，每人以零价格获得一个许可证。因此，在 Vickrey 拍卖中，如果竞价人的估价很低，在有效率的分配中，他不可能获得任一许可证，但是通过同时采用“托”投标策略和失标者合谋策略，他可以获得两个许可证，并迫使卖方接受零价格。

标准拍卖中就不存在这一困扰 Vickrey 拍卖的单调性问题。例如，如果卖方采用密封投标，并把许可证分配给报价最高的竞价人，其支付价格等于赢者自己的报价。此时，单调性问题就不会发生：增加投标和竞价人数量不会降低成交价格；采用“托”投标策略不会降低任何竞价人的支付价格；失标者也不可能成为赢者，除非他们愿意支付更高的价格。

在实际应用中，这些单调性问题是重大缺陷。在下面的 2.5.3 节中，我们会再次讨论上面这些例子，以分析在某种意义上是否会出现例外的情况，亦即，在实际拍卖中这些单调性问题是否不会发生。相反地，我们发现，只有当物品间可能具有替代性时，单调性问题才可以不予考虑。但是替代性仅是所有可能的情况中一个很小的部分。①

2.5.3 投资和合并方面的缺点

Vickrey 拍卖还具有与上述缺点完全不同的一个重要的缺点。即使当拍卖者的目标是效率而不是收益，且“托”投标行为和合谋行为都不可能发生时，这个问题也会出现。这个问题就是 Vickrey 设计会错误传达竞价人在拍卖开始前的投资和合并动机②，从而导致无效率的结果。③

为了说明这个问题，我们还是回到上一节所讨论的第一个例子，其中竞价人 1 和 2 都需要两个许可证，他们愿意支付的价格分别为 10 亿美元和 9 亿美元。假设在拍卖开始前，竞价人 3 和 4 合并，并通过协调，将两个许可证的总价值提高 25%，即从 20 亿美元升至 25 亿美元。尽管合并能增加最大总价值，但双方并不能够从合并中获利。如果他们不合并，那么两个竞价人的支付价格为 0，共获得 20 亿美元的净利润。然而，如果他们合并，那么他们在 Vickrey 拍卖里一共需要支付 10 亿美元，获得的净利润只有 15 亿美元。

在这个例子中，Vickrey 拍卖降低了合并双方的总利润，从而降低

---

① Daniel Lehmann 在他的一篇没有发表的论文中证明了，对于两件以上的物品，要求物品间具有替代性这一条件在一般情况下是不成立的。这就是说，将估价函数看作一个向量，对物品间具有替代性时的任一估价 v，在 v 的任一邻域内几乎所有估价都不满足替代性。

② 一些作者观察到在单物品拍卖中不存在这种错误传达的现象，并在此基础上，进行了理论分析。给定竞价人的集合，由于任一竞价人的收益都等于他对社会盈余的贡献，所以他对仅影响他个人价值的投资真正有兴趣。这一点也适用于竞价人对于需要获得多少关于个人估价的信息所进行的决策（Bergemann and Valimaki（2002））。

③ 当分析公司合并时，经济学家们特别强调市场力量的作用，其中完全不考虑前面所考虑的因素。正如前面所讨论的，机制设计理论中使用的术语“效率”要比 Pareto 最优的经济含义狭义一些，因为它仅考虑了机制参与人的利益。

了合并的积极性。因此，即使以效率为标准来看，Vickrey 机制也存在明显的缺陷。

分析竞价人的合并动机，与研究合谋行为和“托”投标行为一样，拍卖品是否具有替代性在其中起着很重要的作用。在 Vickrey 拍卖中，如果竞价人认为物品间具有替代性，那么赢者通常可以通过合并来降低价格。因此，当物品间具有替代性时，Vickrey 拍卖往往能促进合并行为。例如，假设有 4 个竞价人参与 3 件相同物品的拍卖，前三个竞价人对每一件物品的估价都为 2，而竞价人 4 对单件物品的估价则为 1。Vickrey 拍卖的结果是，估价最高的三个竞价人以价格 1 各获得一件物品。现在，如果前两个竞价人合并，那么物品的分配结果是相同的：合并之后的竞价人获得两件物品，而竞价人 3 获得一件物品。竞价人 3 的支付价格没有改变，仍是以价格 1 获得一件物品，但是合并之后的竞价人则以总价格 1 获得两件物品，这相当于合并前的双方为每件物品支付的价格仅为 1/2。价格降低是物品间具有替代性时的一个典型特征。

如果政府在某一产业中进行资产拍卖，政府的目的是促进该产业中的竞争，或者鼓励更多的参与人进入该产业，如发电行业，那么，政府可能要尽量避免促进合并和有利于更大的竞价人的行为。

然而，正如我们在上面的例子中所指出的，Vickrey 拍卖并非总能鼓励竞价人的合并。在电信拍卖的例子中，我们发现，合并的公司可能需要支付相对较高的价格，甚至利用“托”投标策略在两个小公司之间分配需求能增加利润。如果实施“托”投标行为是不可能的，那么 Vickrey 拍卖可能会阻碍有利的、能提高社会福利的合并。综上所述，这些不同的例子说明，合并中采用 Vickrey 拍卖有时有利、有时不利。

2.6　结论

VCG（Vickrey-Clark-Groves）理论为机制设计能够实现其目标提供了重要的理论基础。在拟线性偏好的条件下，VCG 机制下每个参与人都有占优策略，即公开自己的真实类型。当竞价人真实地报告自己的类型时，决策的结果是总价值最大化的。此外，VCG 机制是唯一在对竞价人估价的可能集合不作任何假设的情况下具有这两个性质的机制。

VCG 机制的一些问题抵消了它的这些优点。利用 VCG 机制来决定有多少公共利益会产生，将妨碍预算的平衡。然而，预算平衡并没有阻碍使用 VCG 机制进行拍卖，拍卖者非常乐意把 VCG 机制产生的盈余据为己有。

除了预算平衡问题之外，Vickrey 拍卖还存在其他许多缺点。其中一些是实际应用方面的问题，包括拍卖复杂性方面的问题、难以适应预算约束、需要竞价人的私有信息等。另一类问题是单调性问题，这包括以下情况：增加竞价人之间的竞争程度可能降低卖方的收益；即使竞争激烈，卖方的收益也可能很低，甚至为 0；失标者可以通过合谋行为获得利益；竞价人有时通过假装成多个独立竞价人获得利益。第三类问题是在合并和相关投资决策方面错误传达信息的问题。

我们在第 8 章中还将对单调性问题作进一步的分析，我们将会发现，在一大类环境中都存在这类问题。只有当所有竞价人把拍卖的所有物品都视为替代品时，单调性问题才会消失。在第 8 章中，我们还将介绍另外一个机制，当物品间具有替代性时，这个机制不仅具有 Vickrey 设计的优点，而且还避免了 Vickrey 设计的一些缺点。

在这两章中，VCG 机制扮演着完全不同的角色——作为评价其他机制性能的基准。

参考文献

Ausuble，Lawrence and Paul Milgrom（2002）. “Ascending Auctions with Package Bidding.” *Frontiers of Theoretical Economics* 1（1）：Article 1.

Bergemann，Dirk and Juuso Valimaki（2002）. “Information Acquisition and Efficient Mechanism Design.” *Econometrica* 70（3）：1007－1003.

Clarke，E. H.（1971）. “Multipart Pricing of Public Goods.” *Public Choice* XI：17－33.

Green，Jerry and Jean-Jacques Laffont（1997）. “Characterization of Satisfactory Mechanisms for the Revelation of Preferences for Public Goods.” *Econometrica* 45：427－438.

Groves，Theodorw（1973）. “Incentives in Teams.” *Econometrica* 61：617－631.

Holmstrom，Bengt（1977）. *On Incentives and Control in Organizations*：Doctoral Thesis，Stanford University.

Holmstrom，Bengt（1979）. “Groves Schemes on Restricted Domains.” *Econometrica* 47：1137－1144.

Ockenfels, Axel and Alvin E. Roth (2002). "Last Minute Bidding and the Rules for Ending Second-Price Auctions: Evidence from eBay and Amazon Auctions on the Internet." *American Economic Review* 92 (4): 1093 - 1103.

Rothkopf, Michael, Thomas Teisberg, and Edward Kahn (1990). "Why Are Vickrey Auctions Rare?" *Journal of Political Economy* 98: 94 - 109.

Vickrey, William (1961). "Counterspeculation, Auctions, and Competitive Sealed Tenders." *Journal of Finance* XVI: 8 - 37.

第3章　包络定理和收益等价

机制的定义十分笼统，也具有各种各样的形式。这些机制规模和种类之多，似乎难以用于经济分析。但是，现在这种分析已有了常规方法，其主要遵循 Myerson（1981）和 Holmstorm（1979）早期分析中的模式。

Myerson 提出了这样的问题：如果一个卖方可以在所有可能的扩展机制中进行选择，那么他应该使用哪一个机制来出售单件不可分割的物品，以使他的预期收益最大化。这一问题被称为最优拍卖问题。为了解决这个问题，Myerson 提出了一个引理，在 Bayes-Nash 均衡下，其收益公式适用于所有可行的扩展机制，而且也是任一机制的期望收益的上界。他证明了含保留价的标准拍卖设计有时会取到这个上界。[①]

Holmstrom 提出了这样的问题：除了 Vickrey-Clarke-Groves（VCG）机制外，是否还有其他机制可以在占优策略下进行有效的决策。他也得到了一个引理，建立了一个收益公式，适用于在占优策略下的所有可能机制。他还证明了只有 VCG 支付方案下的收益与该收益公式相一致。

这两个收益公式，我们常常称之为 Myerson 引理和 Holmstrom 引理，与需求理论中的 Hotelling 引理和 Shepard 引理非常相似。所有这

① Myerson 的收益公式的推导使用了所谓的显示原理，它是说，任一机制的 Bayes-Nash 均衡实现的性能也一定可以用一种激励相容直接显示机制的 Bayes-Nash 均衡实现。然后，这里多余的结论在拍卖中没有什么用处。在后面我们将会看到，Myerson 引理的收益公式是拍卖理论及其相应推广的核心。

四个引理都是从包络定理推导得出的。每个都可以看成是对导数的约束或者是对积分的约束。

Myerson 在对最优拍卖问题的研究中，使用了单交叉条件（single crossing condition），这在拍卖问题中是自然出现的，但我们并没有必要去推出这一理论的众多主要结果。本章主要探讨包络定理的应用，以及可用于不同激励问题的一些引理，其中不需要单交叉条件。在下一章里，我们将讨论当单交叉条件满足时可以得到的其他结论。

3.1　Hotelling 引理

为了强调激励理论和通常的需求理论之间的紧密联系，我们先来回顾一下 Hotelling 引理。[①] 这个引理讨论了以收益最大化为目标的价格接受公司的供给行为。

令 X 表示公司的可行选择集，$\pi(p)=\max_{x\in X}p\cdot x$ 表示公司的最大利润，它是市场价格 $p\in R_{+}^{L}$ 的函数。通常的教科书中所给出的 Hotelling 引理断言，如果 π 对 p 可微，那么公司对产品 j 的净供给量满足 $x_j^*(p)=\partial\pi/\partial p_j$。[②] 因此，如果公司的选择使利润最大化，那么人们可以从最大化利润函数 π 中发现它的选择。

人们也可以把这个关系反过来，根据它的供给选择写出公司利润的表达式。例如，假设公司生产物品 1，并购买其他物品作为原材料投入。由微积分基本定理可知，当 π 可微时，我们有

$$\begin{aligned}\pi(p)&=\pi(0,p_{-1})+\int_0^{p_1}\pi_1(s,p_{-1})\mathrm{d}s\\&=\pi(0,p_{-1})+\int_0^{p_1}x_1^*(s,p_{-1})\mathrm{d}s\end{aligned}\tag{3.1}$$

这就是我们所熟悉的生产者剩余的概念，可用图 3.1 中供给曲线和纵轴之间的阴影区域来表示。

综合各种形式，我们得到以下引理：

① 一般来说，激励问题与传统的需求理论和公司理论中的不同问题紧密相关。其他例子可见 Bulow 和 Roberts（1989）以及 Klemperer（2002）中所讨论的，他们强调了拍卖理论和垄断定价理论之间的联系。

② 例如，可以参阅 Mas Colell、Whinston 和 Green（1995），Simon 和 Blume（1994），以及 Varian（1992）。

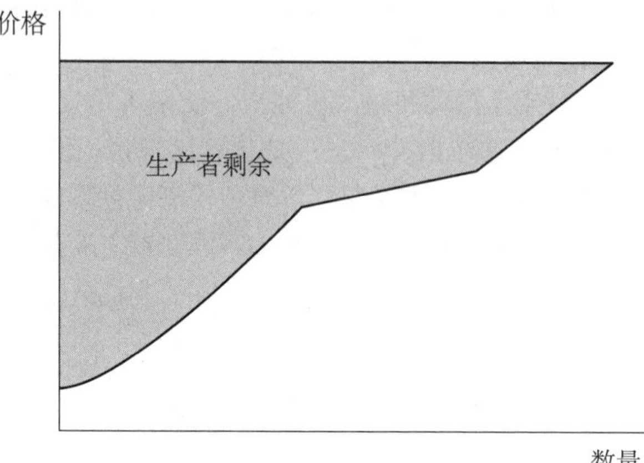

图 3.1　在公司供给曲线和纵轴之间的阴影区域是公司的生产者剩余

Hotelling 引理　如果 π 绝对连续，那么 $\pi(p)=\pi(0,\ p_{-1})+\int_0^{p_1} x_1^*(s,\ p_{-1})\mathrm{d}s$。如果 π 在 p 处可微，那么对于每件产品 j 都有 $x_j^*(p)=\partial\pi/\partial p_j$。

注意到 Hotelling 引理的第一个结论只依赖于 π 是绝对连续的假设，它并不需要生产函数是凸的，或者 x_1^* 可微或连续，甚至它处处存在等假设。下面将给出 π 绝对连续的一个充分条件。

3.2　包络定理的积分形式

类似于 Hotelling 引理的结论在机制设计分析中起着关键的作用。在研究生的经济学教科书中，包络定理传统上是以微分形式给出的，而且依赖于选择集 X 是凸的和具有拓扑结构的假设。此类假设在将包络定理应用于机制设计理论时常常不成立，因为任一个参与人的选择问题可能不具有所需要的结构。例如，参与人需要从一个缺乏良好结构的信息集 X 中选择一个信息以发送给机制操作者。进而，即使 X 的结构不是一个问题，最大估价函数 V 也可能并不是处处可微的。对于我们的应用，需要一个定理来验证式（3.1）这样的公式，而其中对选择集不作任何约束。

我们通过研究关于参数 $t\in[0,\ 1]$ 的一系列最大化问题以及相关函数，得出如下公式：

$$V(t)=\sup_{x\in X} u(x,t) \tag{3.2}$$

$$X^*(t)=\{x\in X\mid u(x,t)=V(t)\} \tag{3.3}$$

$$x^*(t)\in X^*(t)\quad 对于所有满足\ X^*(t)\neq\phi\ 的\ t \tag{3.4}$$

函数V是值函数（value function）。根据它的图形表示，有时它也被称为包络函数。如果对任意的x，$u(x,\ \cdot)$：$[0,\ 1]\to R$，那么称V是这些函数的上包络（upper envelope）。

函数$X^*(t)$是问题（3.2）的最优解所组成的集合。对于某些参数，这个集合可能为空集。称满足式（3.4）的函数x^*：$[0,\ 1]\to X$是X^*中的一个选择（selection）。包络定理在值函数V和X^*中的任一选择x^*之间建立了一种联系。这里所提到的积分形式的包络定理是由Milgrom和Segal（2002）建立的。

定理3.1（包络定理的积分形式）　假设$u(x,\ \cdot)$：$[0,\ 1]\to R$具有以下性质：

1. 存在实值函数$u_2(x,\ t)$使得对于所有的$x\in X$和$[a,\ b]\subset[0,\ 1]$均有$u(x,\ b)-u(x,\ a)=\int_a^b u_2(x,\ s)\mathrm{d}s$；

2. 存在可积函数b：$[0,\ 1]\to R_+$（即$\int_0^1 b(s)\mathrm{d}s<\infty$）使得对于所有的$x\in X$和几乎所有的$t\in[0,\ 1]$均有$|u_2(x,\ t)|\leqslant b(t)$。

进一步假设对所有的$t\in[0,\ 1]$有$X^*(t)\equiv\arg\max_{x\in X}u(x,\ t)\neq\phi$，则对于$X^*(t)$中的任一选择$x^*(t)$均有

$$V(t)=u(x^*(t),t)=u(x^*(0),0)+\int_0^t u_2(x^*(s),s)\mathrm{d}s \tag{3.5}$$

证明　首先，我们证明V绝对连续。记

$$B(t)=\int_0^t b(s)\mathrm{d}s$$

则对任何的t'，$t''\in[0,\ 1]$，满足$t'<t''$，我们有

$$\begin{aligned}|V(t'')-V(t')|&\leqslant\sup_{x\in X}|u(x,t'')-u(x,t')|\\&=\sup_{x\in X}\left|\int_{t'}^{t''}u_2(x,t)\mathrm{d}t\right|\\&\leqslant\int_{t'}^{t''}\sup_{x\in X}|u_2(x,t)\mathrm{d}t\\&\leqslant\int_{t'}^{t''}b(t)\mathrm{d}t=B(t'')-B(t')\end{aligned}$$

不难看出，以上所定义的B是绝对连续的。任取常数$\varepsilon>0$，因为b是可积的，所以有正数M满足$\int_{\{|b(t)|>M\}}|b(t)|\mathrm{d}t<\varepsilon/2$。取$\delta<\varepsilon/2M$，对于

任意不重叠的区间 $[a_i, b_i]$，设 $x_i^* \in X^*(b_i)$，$\tilde{x}_i \in X^*(a_i)$。如果 $V(b_i)-V(a_i) \geqslant 0$，则 $|V(b_i)-V(a_i)| = u(x_i^*, b_i)-u(\tilde{x}_i, a_i) \leqslant u(x_i^*, b_i)-u(x_i^*, a_i)$。类似地，如果 $V(b_i)-V(a_i) \leqslant 0$，则 $|V(b_i)-V(a_i)| = -u(x_i^*, b_i)+u(\tilde{x}_i, a_i) \leqslant -u(\tilde{x}_i, b_i)+u(\tilde{x}_i, a_i)$。因此，如果 $\sum_{i=1}^{k} |b_i - a_i| < \delta$，则

$$\begin{aligned}
\sum_{i=1}^{k} |V(b_i)-V(a_i)| &= \sum_{i=1}^{k} |u(x_i^*, b_i)-u(\tilde{x}_i, a_i)| \\
&\leqslant \sum_{i=1}^{k} \max(|u(x_i^*, b_i)-u(x_i^*, a_i)|, |u(\tilde{x}_i, b_i)-u(\tilde{x}_i, a_i)|) \\
&= \sum_{i=1}^{k} \max\left(\left|\int_{a_i}^{b_i} u_2(x_i^*, t)\mathrm{d}t\right|, \left|\int_{a_i}^{b_i} u_2(\tilde{x}_i, t)\mathrm{d}t\right|\right) \\
&\leqslant \sum_{i=1}^{k} \max\left(\int_{a_i}^{b_i} |u_2(x_i^*, t)| \mathrm{d}t, \int_{a_i}^{b_i} |u_2(\tilde{x}_i, t)| \mathrm{d}t\right) \\
&\leqslant \sum_{i=1}^{k} \int_{a_i}^{b_i} b(t)\mathrm{d}t \\
&< \varepsilon/2 + M\sum_{i=1}^{k} |b_i - a_i| \\
&< \varepsilon
\end{aligned}$$

这就证明了 V 是绝对连续的，从而几乎处处可微。记 t 为一个可微点，则因为 $V(t)=u(x^*(t), t)$，$V(t')\geqslant u(x^*(t), t')$，我们有

$$\frac{V(t')-V(t)}{|t'-t|} \geqslant \frac{u(x^*(t), t')-u(x^*(t), t)}{|t'-t|} \tag{3.6}$$

因为 V 在 t 处可微，令 $t' \downarrow t$ 可以推得 $V'(t)\geqslant u_2(x^*(t), t)$，而令 $t' \uparrow t$ 又可以推得 $V'(t)\leqslant u_2(x^*(t), t)$。因此，$V'(t)=u_2(x^*(t), t)$ 在 V 可微的每一点处都成立。从而，由微积分基本定理可知式（3.5）成立。 ■

积分形式的包络定理适用于目标函数 $f(x, t)$ 是参数化的，但可行策略集 X 的子集不是参数化的问题。在机制设计问题中，如果代理商的决策是传送信息，那么每一个类型 t 都是从相同的可行集中选择的。此时，如果一个扩充的机制设计给定了策略集 S 和结果函数 x：$S\rightarrow\Omega$，那么参与人可以从可行集 $X=x(S)\subset\Omega$ 中有效地选择一个结果以最大化他的收益，这个问题可以应用以上的包络定理。式（3.5）将性能函数 x 限制在 $[0, 1]$ 空间内。

包络定理积分形式的第二个条件是关于可积边界函数 b 的，这是一

个必不可少的条件。[①]

3.3　拟线性收益

在本节中，我们专门讨论应用最广泛的一类机制设计模型，其中参与人的偏好是拟线性的。下面的几个小节分别将 Holmstrom 引理和 Myerson 引理应用到这一类机制设计模型中，并得到了一些结论。这两个引理是包络定理在这一类机制设计模型中的特殊形式。

在本节中，我们假定结果表示为一对 $\omega=(x, p)$，其中 x 表示有限集 $X=\{x_1, \cdots, x_K\}$ 中的决策，$p=(p^1, \cdots, p^N)$ 是参与人给机制操作者的现金支付向量，而任一参与人的收益为：

$$u^i(x,p^i,t^i)=v^i(x,t^i)-p^i \tag{3.7}$$

特别地，每个参与人都只关心他自己的现金支付，而不关心其他参与人的现金支付。为了描述这里的完全性能函数，有时省略结果函数并将 $\omega(\sigma(\vec{t}))=(x(\sigma(\vec{t})), p(\sigma(\vec{t})))$ 简写为 $\omega(\vec{t})=(x(\vec{t}), p(\vec{t}))$。我们会交替使用这两个符号。

结果函数 $\omega=(x, p)$ 包括分配函数 x：$S^1\times\cdots\times S^N\to X$ 和支付函数 p：$S^1\times\cdots\times S^N\to R^N$。如果我们假设 ω 是通过参与人 i 的总是最优策略实现的，那么当其他参与人都采取与他们的真实类型对应的均衡策略时，这个策略是最优的。假设 u_2^i 有包络定理中所要求的可积上界 b，则当代理商 i 的类型为 τ 时，它的最大值是

$$V^i(\tau,t^{-i})=\max_{\sigma^i\in S^i}u^i(\omega(\sigma^i,\sigma^{-i}(t^{-i})),\tau) \tag{3.8}$$

为了简化记号，我们有时用如下的 0－1 向量来描述结果。对每一个可能的结果 $x_k\in\{x_1, \cdots, x_K\}$，我们用一个典型基向量 $z_k\in R^K$ 来表示，它的第 k 个分量为 1，所有其他的分量都为 0。这样，结果集可表示为 0－1 向量集 $Z=\{z_1, \cdots, z_K\}$。基于此，扩充机制的决策性能函

① 我们用一个例子来说明如果上界条件不满足，那么定理的结论并不一定成立。设 $X=(0, 1]$，$f(x, t)=g(t/x)$，其中 g 是连续可微的单峰函数，其最大值为 $g(1)$。在这个例子中，对所有的 $t\in(0, 1]$ 均有 $X^*(t)=\{t\}$，$V(t)=g(1)$。然后，对于 $t=0$，$X^*(t)=(0, 1]$，值 $V(0)=g(0)<g(1)$，所以函数 V 不是绝对连续的，这与定理的结论不同。

为了说明在这个例子中上界条件不成立，定义 $B=\sup_{s>0}sg'(s)$。于是，对应的上确界是 $b(t)=\sup_{x\in(0,1]}g'(t/x)/x=(\sup_{s>0}sg'(s))/t=B/t$，其中我们代入了 $s=t/x$。这个上确界函数 $b(t)=B/t$ 是不可积的。

数（decision performance function）可表示为类型的函数 $z(t)$，即 z：$\Theta \rightarrow Z$。我们用向量 $v^i(t^i)$ 表示单值函数 $v^i(\cdot, t^i)$，其第 k 个分量为 $v_k^i(t^i)=v^i(x_k, t^i)=z_k \cdot v^i(t^i)$。同样，与我们有时写 $x(\vec{t})=x(\sigma(\vec{t}))$ 一样，我们有时也写 $z(\vec{t})=z(\sigma(\vec{t}))$。

3.3.1 Holmstrom 引理

在本小节中，我们使用刚才所引入的记号来推出 Holmstrom 引理，此引理是占优策略机制中的估价和支付公式。

Holmstrom 引理 假设 $v^i(\cdot)$ 连续可微，V^i 表示如式（3.8）所定义的参与人 i 在完全信息下的最大值，则

$$V^i(\tau,t^{-i}) = V^i(0,t^{-i}) + \int_0^\tau \left(z(s,t^{-i}) \cdot \frac{\mathrm{d}v^i}{\mathrm{d}s}\right)\mathrm{d}s \tag{3.9}$$

特别地，如果 V^i 在 τ 处可微，那么 $\frac{\partial}{\partial \tau}V^i(\tau, t^{-i})=z(\tau, t^{-i}) \cdot \mathrm{d}v^i(\tau)/\mathrm{d}\tau$。参与人 i 的支付一定满足

$$p^i(\tau,t^{-i}) = -V^i(0,t^{-i}) + z(\tau,t^{-i}) \cdot v^i(\tau) - \int_0^\tau \left(z(s,t^{-i}) \cdot \frac{\mathrm{d}v^i}{\mathrm{d}s}\right)\mathrm{d}s \tag{3.10}$$

证明 利用式（3.7）给出的拟线性支付，由包络定理和式（3.8）可得

$$\begin{aligned} V^i(\tau,t^{-i}) - V^i(0,t^{-i}) &= \int_0^\tau u_2^i(\omega(\sigma^i(s),\sigma^{-i}(t^{-i})),s)\mathrm{d}s \\ &= \int_0^\tau \left(z(s,t^{-i}) \cdot \frac{\mathrm{d}v^i}{\mathrm{d}s}\right)\mathrm{d}s \end{aligned} \tag{3.11}$$

整理上式即可得到式（3.9）。进而，对 τ 求偏导，可得 $\frac{\partial}{\partial \tau}V^i(\tau, t^{-i})=z(\tau, t^{-i}) \cdot \mathrm{d}v^i(\tau)/\mathrm{d}\tau$。将 $V^i(\tau, t^{-i})=z^i(\tau, t^{-i}) \cdot v^i(\tau)-p^i(\tau, t^{-i})$ 代入式（3.9），整理可得式（3.10）。■

3.3.2 Green-Laffont-Holmstrom 定理

在对占优策略机制的研究中，主要的问题之一是怎样表示满足如下两个条件的所有机制的集合：（1）满足相关激励约束，且（2）实现有效的决策性能。在第 2 章中，我们发现 VCG 机制具有这两个特征。但是否还有其他机制也具备这些特征呢？

Green-Laffont-Holmstrom 定理说明，如果偏好集满足一定的连通

性，那么 VCG 机制是唯一的实现有效结果的占优策略激励相容机制。连通性条件隐含在 Holmstrom 引理中，这里我们假设估价函数 v^i 可微。我们在前面已经看到，式（3.10）对所有使用占优策略实现 z 的机制都成立。由此我们可以得到以下定理。

定理 3.2　假设对于每个 i，Θ^i 是路径光滑相连的[①]，$v^i(t^i)$ 是连续可微的。那么满足下列条件的任何直接机制都是 VCG 机制：

（i）决策结果规则是有效规则$\hat{x}$，且

（ii）诚实报告总是最优反应，即 $t^i \in \arg\max\limits_{\tilde{t}^i}(v^i(x(\tilde{t}^i, t^{-i}), t^i) - p^i(\tilde{t}^i, t^{-i}))$。

（这就是说，给定重要机制的支付 $\hat{p}^i$，存在函数 h^i 使得对所有的$\vec{t}$均有 $p^i(\vec{t}) = h^i(t^{-i}) + \hat{p}^i(\vec{t})$。）特别地，Vickrey 拍卖（重要机制）是唯一的竞价人得不到物品（竞价失败）时没有损失的机制。

证明　选定两个不同的点 t^i，$\tilde{t}^i \in \Theta^i$，设 τ^i：$[0, 1] \to \Theta^i$ 是满足 $\tau^i(0) = t^i$，$\tau^i(1) = \tilde{t}^i$ 的可微函数。再设 $\hat{V}^i(0, t^{-i})$ 为重要机制中类型为 t^i 的参与人 i 的收益。设（1）$\hat{z}(s, t^{-i})$ 表示 VCG 结果的 0-1 向量形式$\hat{x}(\tau^i(s), t^{-i})$，（2）$\hat{p}(s, t^{-i})$ 是当类型为（$\tau^i(s)$，t^{-i}）时重要机制的支付规则，（3）$\hat{v}^i(s) = v^i(\tau^i(s))$。则由 Holmstrom 引理可得

$$\hat{p}^i(1,t^{-i}) = -\hat{V}^i(0,t^{-i}) + \hat{z}(1,t^{-i}) \cdot \hat{v}^i(1) - \int_0^1 \hat{z}(s,t^{-i}) \cdot \frac{\mathrm{d}\hat{v}^i}{\mathrm{d}s}\mathrm{d}s \tag{3.12}$$

给定用值函数 V 实现有效决策$\hat{x}$的任一占优策略机制，我们定义 $h^i(t^{-i}) = \hat{V}^i(0, t^{-i}) - V^i(0, t^{-i})$。再次应用 Holmstrom 引理，有

$$\begin{aligned}\hat{p}^i(1,t^{-i}) &= -V^i(0,t^{-i}) + \hat{z}(1,t^{-i}) \cdot \hat{v}^i(1) - \int_0^1 \hat{z}(s,t^{-i}) \cdot \frac{\mathrm{d}\hat{v}^i}{\mathrm{d}s}\mathrm{d}s \\ &= h^i(t^{-i}) + \hat{p}^i(1,t^{-i})\end{aligned} \tag{3.13}$$

因为$\tilde{t}^i$ 是任意的且 $h^i(t^{-i})$ 不依赖于$\tilde{t}^i$，收益公式适用于所有类型。所以，它是 VCG 公式。因为 $h^i(t^{-i}) = \hat{V}^i(0, t^{-i}) - V^i(0, t^{-i})$ 是竞价人 i 在失标时的支付，所以存在一个唯一的 VCG 机制满足 $h^i(t^{-i}) = 0$，从而 Vickrey 拍卖就是如定理中所述的唯一机制。■

在以上证明中，包络定理的使用是典型的，所以我们将定理证明的

---

① 这意味着对两个不同的点 t^i，$\tilde{t}^i \in \Theta^i$，存在一个可微的函数 τ^i:$[0, 1] \to \Theta^i$，满足 $\tau^i(0) = t^i$ 和 $\tau^i(1) = \tilde{t}^i$。这个函数 τ^i 是连结 t^i 和$\tilde{t}^i$ 的路径。

思路重新叙述如下。Holmstrom 公式（3.10）是技术性的，它是一个必要条件，以表示在用规则 z 描述决策结果的条件下竞价人的现金支付是怎样随其类型变化的。同样，决策结果和最低类型的收益也确定了唯一的支付规则。在 Vickrey 拍卖中，最低类型的竞价人总是输掉拍卖，且其支付为零。一般地，对应于函数 h 的 VCG 机制是唯一具有性质（i）和（ii）的机制，其中竞价人 i 失标时的支付为 $h^i(t^{-i})$。

将参与人的最大收益表示为收益函数的偏导数的积分，这在最优机制设计问题中始终是一个重要的步骤。针对分段连续可微的选择规则或更严格的条件，Mirrlees（1971）、Holmstrom（1979）、Laffont 和 Maskin（1980）、Myerson（1981）、Riley 和 Samuelson（1981）、Fudenberg 和 Tirole（1991）、Williams（1999）推导出了特定模型中的积分条件。当然，选择规则不是分段连续可微时也可能是最优的，Myerson（1991）的 6.5 节给出的具有线性效用的贸易问题即是这方面的一个例子。积分形式包络定理为我们分析全部的可能性提供了一个必要的工具。

我们在下面将会看到有很多同样的论点可以应用在 Bayesian 均衡中。在占优策略的应用中，公式严格限制了支付规则在均衡中的应用。

3.3.3 Myerson 引理①

在实践中，很多拍卖的设计者、管理者和旁观者都错误地高估了拍卖规则的变化对价格和收益的影响程度。很多人都相信拍卖规则能影响期望销售价格和竞价人的收益，但不影响商品的分配方式。

依据现代的经济学理论，一个拍卖设计者在不改变分配的情况下操纵价格和收益的能力会受到更多限制。这里，我们研究当竞价人采取 Bayes-Nash 均衡策略，根据他们对他人类型和策略的信念进行最优竞拍时，拍卖设计者可以做些什么。

定义 称一个策略组合 σ 是机制 $\Gamma=(S,\omega)$ 在环境 $(\Omega, N, [0,1]^N, u, \pi)$ 下的 Bayes-Nash 均衡，如果对所有的 t^i 均有②

---

① 在解释激励理论时，大部分解释都把买方的收益等价和参与人的收益等价看作是相同的，但是在我看来这是一个错误。这样不只是模糊了激励理论和需求理论的紧密联系，而且也阻碍了收益等价在风险厌恶型决策者或结果低效的模型中的应用。这里所采取的方法能直接处理这些额外的情况。

② 在表达式中 E^i 是指根据参与人 i 的信念计算出的期望值。

$$\sigma^i(t^i) \in \arg\max_{\tilde{\sigma}^i \in S^i} E^i[u^i(\omega(\tilde{\sigma}^i, \sigma^{-i}(t^{-i})), \vec{t}) \mid t^i]$$
$$= \arg\max_{\tilde{\sigma}^i \in S^i} \int u^i(\omega(\tilde{\sigma}^i, \sigma^{-i}(t^{-i})), \vec{t}) \mathrm{d}\pi^i(t^{-i} \mid t^i) \tag{3.14}$$

在本章的大部分内容里，我们研究标准的独立私有价值（standard independent private values）模型，它的假设如下：

(i) 类型为 $\Theta^i=[0,1]$，

(ii) 如上所述，支付是拟线性的，所有竞价人都是风险中性的，

(iii) 估价是私有的，即 $v^i(x,\vec{t})\equiv v^i(x,t^i)$，

(iv) 类型在统计上相互独立，

(v) 积分形式包络定理（定理 3.1）中的条件成立。

在上面假设的基础上，期望收益可以写成如下形式：

$$E^i[u^i(\omega(\tilde{\sigma}^i, \sigma^{-i}(t^{-i})), \vec{t}) \mid t^i]$$
$$= E^i[z(\tilde{\sigma}^i, \sigma^{-i}(t^{-i})) \cdot v^i(t^i) - p^i(\tilde{\sigma}^i, \sigma^{-i}(t^{-i}))] \tag{3.15}$$

记 $V^i(t^i)$ 表示类型为 t^i 的参与人 i 在博弈中的最大期望收益，则

$$V^i(t^i) = \max_{\tilde{\sigma}^i} E^i[z(\tilde{\sigma}^i, \sigma^{-i}(t^{-i})) \cdot v^i(t^i) - p^i(\tilde{\sigma}^i, \sigma^{-i}(t^{-i}))] \tag{3.16}$$

与 Holmstrom 引理类似，我们有以下定理。

定理 3.3 （Myerson 引理，收益等价定理） 考虑一个标准的独立私有价值模型，假设 σ 是对应于全性能的 (x, p) 的 $(\Omega, N, S, \omega, [0,1]^N, v, \pi)$ 博弈的 Bayes-Nash 均衡，那么期望收益满足

$$V^i(\tau) = V^i(0) + \int_0^\tau E^i[z(\vec{t}) \mid t^i = s] \cdot \frac{\mathrm{d}v^i}{\mathrm{d}s} \mathrm{d}s \tag{3.17}$$

特别地，如果 V^i 在 τ 处可微，那么 $\frac{\partial}{\partial\tau}V^i(\tau)=E^i[z(\vec{t}) \mid t^i=\tau] \cdot \mathrm{d}v^i(\tau)/\mathrm{d}\tau$。而期望支付一定满足

$$E^i[p^i(\vec{t}) \mid t^i = \tau] = -V^i(0) + E^i[z(\vec{t}) \mid t^i = \tau] \cdot v^i(\tau)$$
$$- \int_0^\tau E^i[z(\vec{t}) \mid t^i = \tau] \cdot \frac{\mathrm{d}v^i}{\mathrm{d}s} \mathrm{d}s \tag{3.18}$$

证明　式（3.17）可由式（3.16）和包络定理直接得到。定理的导数形式由式（3.17）对 τ 求导得到。在均衡时竞价人 i 的期望收益是 $V^i(\tau)=E[z(\vec{t}) \mid t^i=\tau] \cdot v^i(\tau)-E[p^i(\vec{t}) \mid t^i=\tau]$，将之代入式（3.17）并整理，即可得到式（3.18）。■

如果我们比较两种不同的拍卖机制，其中最低类型的竞价人总是失标，而且支付为 0，那么总有 $V^i(0)=0$。如果结果函数 z 在两种机制中

都是一样的，那么由定理可知，竞价人的期望收益和支付也是相同的。如果我们所建立的竞价人策略模型是正确的，那么这个结论与我们以下的直观感觉相矛盾：通过操纵规则且不降低效率可以改变竞价人的收益。

3.3.4 收益等价定理

（风险中性的）收益等价定理可用于竞价人的收益，也可以直接用于卖方的期望收益。这类定理最初是 Myerson 的收益等价定理，它适用于单物品拍卖。下面我们先来看一下 Williams（1999）的推广。

如上所述，记（$\hat{x}$，$\hat{p}$）表示 VCG 重要机制。

定理 3.4 考虑一个标准的独立私有价值模型，假设 σ 是有全性能（$\hat{x}$，p）的博弈（Ω，N，S，ω，$[0，1]^N$，v，π）的 Bayes-Nash 均衡。那么给机制操作者的期望支付与 VCG 机制中的（$\hat{x}$，$\hat{p}+h$）相同，其中 $h^i(t^{-i})\equiv E^i[p^i(0，t^{-i})]$。

证明 因为 VCG 机制的最优均衡也是 Bayes-Nash 均衡，于是应用 Myerson 引理，并取 $p=\hat{p}+h$ 且 $V^i(0)=0$，可知期望总收益为

$$\begin{aligned}E[\textstyle\sum_{i\in N}p^i(\vec{t})] &= E[\textstyle\sum_{i\in N}p^i(\vec{t})\mid t^i] \\ &= E\left[\textstyle\sum_{i\in N}E[\hat{p}^i(\vec{t})\mid t^i]\right] \\ &= E[\textstyle\sum_{i\in N}\hat{p}^i(\vec{t})]\end{aligned}$$ ■

拍卖理论中著名的收益等价定理是以上定理的一种特殊情况，见以下推论。

推论 考虑标准的用于单物品拍卖的独立私有价值模型，其中失标者的收益为零。假设 σ 是相应博弈（Ω，N，S，ω，$[0，1]^N$，v，π）的 Bayes-Nash 均衡，全性能是（$\hat{x}$，p）。记 $v^{(1)}$，$v^{(2)}$，…表示竞价人单物品估价的次序统计量，其值按从高到低排列。那么，机制中参与人的总期望支付为 $E[v^{(2)}]$。

证明 注意到 $v^{(2)}$ 是所述环境下 Vickrey 机制的销售收益，于是由定理 3.4 即得推论。 ■

收益等价定理的以上形式是拍卖理论中最著名的定理。此定理最早是由 Vickrey 所研究的，他计算了四种不同拍卖机制的均衡，并得到了令人惊讶的发现：这四种拍卖机制的期望收益是相同的。同时，Myerson（1981）与 Riley 和 Samuelson（1981）也分别讨论了收益等价定理成立的原因。

利用类似的方法，我们有可能将标准的收益等价定理推广到若干更为一般的模型中。下面的定理即是这样的一个推广，它是 Milgrom 和 Weber（1982）的相关价值模型，假设参与人类型在统计上是独立的。

定理 3.5　考虑一个标准的独立私有价值模型，物品只有一个且不可分割，失标者的收益为零。假定其中的私有价值条件被替换为：每个竞价人 i 对物品的估价为 $v^i=v(t^i,\ t^{-i})$，其中 v 是连续的可微函数。设 σ 是相应博弈（Ω，N，S，ω，$[0,\ 1]^N$，v，π）的 Bayes-Nash 均衡。如果最高类型的竞价人总是赢得拍卖，那么每个竞价人 i 的期望收益是 $E\left[\int_0^{t^i} v_1(s,t^{-i})\mathrm{d}s\right]$，卖方的期望收益是

$$E[v(t^{(1)},t^{-(1)})]-N\cdot E\left[\int_0^{t^i} v_1(s,t^{-i})\mathrm{d}s\right]$$

证明　由包络定理的公式即可得到竞价人的收益，而总的期望收益是 $E[v(t^{(1)},\ t^{-(1)})]$，所以卖方的期望收益是总期望收益减去竞价人的期望收益之和。这就证明了定理。■

收益等价定理的一个重要应用是作为基准去分析当定理中的假设不成立时的情形。在下一章中，通过比较具有相同决策绩效但类型不同的拍卖期望收益，我们将会看到预算约束、风险厌恶、内生的数量以及类型的相关性对系统预测的影响。当然，决策性能不同，拍卖的期望收益也是不同的。这可能是很重要的，因为标准拍卖在不对称环境下通常会有不同的决策性能。

3.3.5　Myerson-Satterthwaite 定理

机制设计理论早期的一个著名问题是当双方都是不确定的类型时，在卖方和买方之间设计一个有效的交易机制。这个问题也常常被称为双边垄断或双边贸易问题。交易成本经济学和谈判理论的早期发展将其视为一个公理，即交易将在需要效率的任何时候发生。这个效率公理（efficiency axiom）在 Nash 谈判解、Kalai-Smorodinsky 解和 Shapley 值的推导，以及有关 Coase 定理的众多处理中，都是显然的。

对效率公理的质疑部分基于不完全信息情况下的谈判。毕竟，卖方会自然地倾向于夸大他的物品的成本，而买方则会倾向于假装他的估价很低。那么我们是否考虑这些夸大有时会导致失去交易机会？夸大的问题是谈判中的一个基本问题吗？或者一个谈判机制或协议的设计能够消除这种夸大的动机吗？它是怎样起作用的？

为了回答上述问题，我们考虑一个简单的模型，其中的物品是单件且不可分的，只有一个买方和一个卖方，他们的估价分别为 $b=v^b(t^b)$ 和 $s=v^s(t^s)$，具有拟线性偏好。则当 $b>s$ 时，交易肯定会发生且双方获得一定的收益。记 $p^b(t)$ 和 $p^s(t)$ 表示类型组合为 t 时在某一机制的均衡处买方和卖方的收益。我们假设 v^b 和 v^s 光滑有界，于是可以应用包络定理。

首先，我们注意到以上所述的环境可以应用 VCG 机制。特别地，重要机制（$h^s\equiv h^b\equiv 0$ 时的 VCG 机制）似乎可以用来解决这个问题。它详细说明了只有当报告的估价满足 $b>s$ 时交易才会发生，从而进行转移。当交易发生时，卖方接受收益 b，而买方支付 s。当按这种方式决定支付时，买方和卖方会发现无论他人的报价是什么，诚实报价总是最优的。当他们诚实报价时分配结果总是有效的，但是由于交易发生时我们有 $b>s$，所以有预算不足的问题。在第 2 章中我们已经知道，VCG 机制一般不能严格地平衡预算。那么，这是一个严重的问题吗？是否有其他机制可以在 Bayes-Nash 均衡处既实现有效的结果又能成功地平衡预算？

Myerson-Satterthwaite 定理表明，在一定的条件下，不存在这样的机制，其决策性能函数总是最大化总价值。这个定理应用了 Bayes-Nash 均衡的解的概念。

定理 3.6 除了定理 3.3 中的假设之外，我们还假设参与人和设计者具有相同的先验信念：$\pi^1=\cdots=\pi^N=\pi$，类型在统计上是独立的，v^b 和 v^s 连续可微。考虑任一交易机制，其 Bayes-Nash 均衡满足（i）当 $b>s$ 时，交易在均衡时发生，（ii）类型 1 的卖方和类型 0 的买方不会发生交易，（iii）交易不发生时，没有支付。于是，这种机制会带来期望支付亏损，其值等于交易中获得的期望收益，也就是说，总期望支付满足：$E[p^b(t)+p^s(t)]=-E[\max(0,\ b-s)]$。①

证明 Vickrey 机制满足定理中的条件，其中交易在 $b>s$ 时发生，当交易发生时卖方收到价钱 b，而买方支付价钱 s。对每一对 $(b,\ s)$ 的实现，每一个参与人共享收益 $(b-s)^+\equiv\max(0,\ b-s)$，这是交易的总

① 注意到这里对类型的分布没有作任何假设。Myerson 和 Satterthwaite 在早期的研究中引入了一个较弱的条件，即仅当（i）$b>s$ 且（ii）b 和 s 分别在它们各自分布的支撑集中时交易发生；他们还发现当支撑集相交时也常常能实现没有预算不足的有效交易。例如，买方的估价分布为 $[1/2,\ 1]$，卖方的成本分布为 $[0,\ 1/2]$，各方报告的类型都在他们自己相应的区间内，那么总是设定价格为 1/2 的 VCG 机制能够实现没有预算不足的有效交易。

收益。任何其他具有相同决策性能的机制都会从交易中获得同样的总期望收益 $E[(b-s)^+]$，从而由收益等价定理可知，买卖双方有相同的总期望收益 $2E[(b-s)^+]$。期望收益亏损部分 $-E[p^b(t)+p^s(t)]$ 等于总期望收益减去总期望剩余的差额：$E[(b-s)^+]$。

3.3.5.1　应用：拍卖和彩票

尽管早有 Coase（1959）和其他人呼吁 FCC（联邦通信委员会）用拍卖来分配频谱，但是美国国会直到 1993 年才授予 FCC 用拍卖来分配无线的运行权。在 1993 年之前，国会允许 FCC 用彩票的方法进行频谱分配。尽管频谱分配的彩票方法消除了长期以来官僚程序的弊端和先前系统听取意见的迟钝，但它本身产生了各种各样无效率的工作程序。[①]

在围绕最初的频谱拍卖的争论中，很多人建议修改彩票法，允许赢家将他们的权利转售给其他估价更高的人，这样彩票法有可能成为有效的机制。他们利用 Coase 定理声称，一旦私有者掌握了可转让的许可证，私有者自己就会去谈判以达成一个利润最大的分配方案。因此，他们认为拍卖的最初形式对效率来说并不重要。

理论上的争论可以影响 FCC 职员对委员会的建议，进而有助于制定政策。给 FCC 职员提议拍卖的经济学家们，综合运用 Myerson-Satterthwaite 定理和 Vickrey 定理来反驳彩票法的支持者们。例如，如果用彩票法随机地将一个许可证授予两个对称申请人中的一个，那么由 Myerson-Satterthwaite 定理可知，没有可行的谈判协议可以保证得到有效的结果。而由 Vickrey 定理可知存在一个拍卖机制可以保证得到有效的结果。所以，最初的分配机制可以影响最终分配的有效性，从而拍卖设计是有用的。这一论点影响了 FCC 的职员，他们开始关注拍卖产生的分配的期望效率问题。

3.3.6　Jehiel-Moldovanu 不可能定理

Jehiel 和 Moldovanu（2001）应用收益等价性证明，当参与人的估价不是私有的时，机制在实现有效分配上是有局限性的。在没有私有价值假设时，一个竞价人可能知道一些信息，如果公开这些信息，它会影响另一个竞价人的选择。

这方面的一个例子是典型的逆向选择中的二手车模型。在这个模型中，二手车车主拥有关于汽车状况的私有信息，这肯定会影响买方在一

① 这方面的一些介绍可见第 1 章。

个什么样的价格水平下购买的决策。部分原因是，卖方可能会尽量说服买方其卖车的原因不是车况不好。例如，卖方卖车的说辞可能包括像“要搬家，必需卖”这样的词句。

我们再来看一个拍卖方面的例子。假设有一块市郊的土地要出售。竞价人 1 是一个开发商，它计划在此块土地上建造一个购物中心以吸引市内顾客；竞价人 2 是一个矿业公司，它感兴趣的是地表下面可能蕴藏着的矿产。土地作为购物中心的价值也取决于邻近的土地是闹市区还是用于嘈杂脏乱的采矿作业——在某些方面，矿业公司比开发商掌握的信息更多。假设对于开发商来说，土地的价值取决于矿业公司所拥有的信息，那么有没有什么机制可以有效分配土地？①

人们也许可以想出很多方法去实现有效率的分配，例如，给矿业公司一笔现金，当然其数量取决于矿业公司所拥有的信息对开发商的价值有多大。然而，Jehiel-Moldovanu 定理的精髓在于，除非矿业公司的信息可以独立地核实，否则，无法实现有效率的决策。

定理的思路在直观上是简单的。假设一个竞价人 j 观察到信号 s，这一信号与他本人的估价无关，但可用来确定有效率的分配。因为信号 s 既不影响 j 的报价，也不影响 j 对分配的偏好，所以不会影响他的最大收益。从而，如下所示，此信号也不会影响 j 的分配。假设当 s 较高时，有效地分配给 j 的物品价值较低。于是，由包络定理的收益公式可知，当 s 较高时，j 的收益较低。这一结论同竞价人 j 的最大收益不取决于 s 相矛盾。因此，不可能实现有效率的分配。正式的证明将建立在此矛盾之上，完全地基于后验的 Nash 均衡模型和 Bayesian 均衡模型，而对 s 怎样影响有效分配不作任何假设。

我们首先考虑只有一件物品待出售的相关估价模型，它允许每个竞价人可能拥有与其他竞价人相关的信息。因此，我们用一个 N 维向量 $t^i=(t_1^i, \cdots, t_N^i)$ 来表示每个竞价人的类型，其中 t_j^i 表示竞价人 i 可能拥有的竞价人 j 的估价信息。假定类型组合 $\bar{t}$ 的各分量拥有 $[0, 1]^{N\times N}$ 上的一个联合分布，它取任一点的概率为零。进而，我们假设竞价人的类型在统计上是独立的。为了便于分析，我们假定对竞价人 i 而言物品的完全信息价值是 $t_i^i+v^i(t_i^{-i})$。

首要的问题是要确定是否存在缜密的支付方案，使得它在事后均衡

---

① 在频谱许可证等商业资产的拍卖中，竞争对手的计划会影响许可证的价值，或者失败者与拍卖赢者本身无差异，这种情况非常普遍。

中能够产生有效分配。这意味着，每个竞价人 i 的策略应该只依赖于他自己的类型 t^i，但是策略组合 $(\sigma^i(t^i))_{i\in N}$ 对于类型组合 $\vec{t}$ 的每一个实现都是 Nash 均衡。关于解的概念将在第 5 章中讨论。

于是，我们假设有分配性能 z 可在事后均衡处实现，其中 $z^i(\vec{t})$ 是物品被分给竞价人 i 的概率，$p^i(\vec{t})$ 是相应的支付。从而，在给定 $\vec{t}$ 时每个竞价人的策略都是对其他竞价人策略的最优反应，对一维参数 t_i^i 使用积分形式包络定理可知，类型向量为 $\vec{t}$ 时竞价人 i 的均衡收益为

$$\begin{aligned} V^i(t^i,t^{-i}) &= \max_{\hat{\sigma}^i}\{z^i(\hat{\sigma}^i,\sigma^{-i}(t^{-i}))(t_i^i+v^i(t_i^{-i}))-p^i(\hat{\sigma}^i,\sigma^{-i}(t^{-i}))\} \\ &= V^i(0,t^{-i})+\int_0^{t_i^i} z^i(\sigma^i(s,t_{-i}^i),\sigma^{-i}(t^{-i}))\mathrm{d}s \qquad (3.19)\end{aligned}$$

固定 t^{-i}，将以上的表达式看成是 t^i 的函数，则由于式（3.19）第一行右边的表达式不依赖于 t_{-i}^i，第二行的表达式必定只是 t_i^i 的函数，因此，其中的被积函数几乎处处满足 $z^i(\sigma^i(s,\ t_{-i}^i),\ \sigma^{-i}(t^{-i}))\equiv z^i(\sigma^i(s,\ 0),\ \sigma^{-i}(t^{-i}))$。我们将以上的讨论总结在以下的定理中。

定理 3.7　在单物品的相关价值模型中，假设 $\hat{z}^i(t)$ 非正常依赖于 t_{-i}^i。那么，不存在事后均衡下实现分配性能 $\hat{z}$ 的机制。

特别地，定理表示不存在占优策略下实现有效分配性能的机制。当然，这并不意味着 i 的信息 t_{-i}^i 一点都不能影响决策。例如，如果竞价人 1 知道竞价人 2 和 3 的估价，那么这个信息可以用来决定怎样在竞价人 2 和 3 之间分配物品，但是它不影响给竞价人 1 的分配。

以上定理处理的是事后均衡策略。Jehiel 和 Moldovanu 提出了一个相关的问题：当解的概念是 Bayes-Nash 均衡时是否存在一个能有效分配的扩充机制？[①]

定理 3.8　设 $z(t)$ 是一个分配性能函数，函数 $E(t^i)\equiv E[z^i(t)\mid t^i]$ 非正常依赖于 t_{-i}^i。[②] 则不存在 Bayes-Nash 均衡下可实现 z 的机制。

证明　假设存在一个扩充机制（S，Ω，σ）使得 σ 是相应 Bayesian 博弈的 Bayes-Nash 均衡。设结果函数 Ω 由决策结果函数 z 和支付函数 p 组成。则竞价人 i 的均衡收益值是：

---

① 在早期的研究中，Jehiel 和 Moldovanu 讨论的是多物品的情形，这可以用与这里类似的方法处理，尽管要使用更多的记号。

② 例如，如果函数 v^i 递增，那么有效决策函数 $\hat{z}^i(t)$ 对 t_{-i}^i 是非递增的。为此，我们只需增加非退化条件，即函数不是常量。

$$\begin{aligned} V^i(t^i) &= \max_{\hat{\sigma}^i} E[z^i(\hat{\sigma}^i,\sigma^{-i}(t^{-i}))(t_i^i+v^i(t_i^{-i}))-p^i(\hat{\sigma}^i,\sigma^{-i}(t^{-i}))\mid t^i] \\ &= \max_{\hat{\sigma}^i}\{E[z^i(\hat{\sigma}^i,\sigma^{-i}(t^{-i}))]t_i^i+E[z^i(\hat{\sigma}^i,\sigma^{-i}(t^{-i}))v^i(t_i^{-i}) \\ &\quad -p^i(\hat{\sigma}^i,\sigma^{-i}(t^{-i}))]\} \end{aligned} \tag{3.20}$$

其中最后一步由类型的统计独立性得到。因此，$V^i(t^i)=V^i(t_i^i,0)$ 实际上只是 t_i^i 的函数。由此及积分形式包络定理可得

$$\begin{aligned} V^i(t_i^i,0)-V^i(0,0) &= \int_0^{t_i^i} E[z^i(\sigma^i(s,0),\sigma^{-i}(t^{-i}))]\mathrm{d}s \\ &= V^i(t_i^i,t_{-i}^i)-V^i(0,t_{-i}^i) \\ &= \int_0^{t_i^i} E[z^i(\sigma^i(s,t_{-i}^i),\sigma^{-i}(t^{-i}))]\mathrm{d}s \end{aligned} \tag{3.21}$$

因为这些 t_i^i 的函数处处相等，上面的被积函数必定也处处相等：

$$E[z^i(\sigma^i(s,t_{-i}^i),\sigma^{-i}(t^{-i}))]=E[z^i(\sigma^i(s,0),\sigma^{-i}(t^{-i}))] \tag{3.22}$$

这同假设函数 $E(t^i)\equiv E[z^i(t)]$ 非正常依赖于 t_{-i}^i 相矛盾。 ■

以上两个定理对机制所能够实现的情形给出了一些重要的限制。

3.3.7 Myerson 和 Riley-Samuelson 收益最大化拍卖

在本小节中，我们回到本章引言里提到过的最优拍卖问题，这是由 Myerson（1981）先提出的。与之相似的一种理论，即收益最大化拍卖理论也同时由 Riley 和 Samuelson（1981）独立地提出，但是它只限于竞价人的估价分布是对称的情形。Myerson 最初的证明依赖于直接激励相容机制的显示原理，但我们这里将用积分形式的包络定理来简化他的证明。

考虑一个单物品拍卖，物品对个体 i 的价值是 $v^i(t^i)$，假定 v^i：$[0,1]\to R_+$ 是严格递增的连续可微函数，类型是独立的均匀分布。注意到这些假设并不能推得价值 $v^i(t^i)$ 具有相同的分布：价值分布由函数 $(v^i)^{-1}$ 给出，它可以是任何严格递增、光滑、有界的分布。①

定义

1. 称一个扩充机制（S，ω，σ）是自愿的（voluntary），如果对所有的竞价人 i 及其类型 t^i，最大期望效用均满足 $v^i(t^i)\geqslant 0$（规定不参与的效用为 0）。

2. 扩充机制（S，ω，σ）的期望收益是

$$R(S,\omega,\sigma)=E\Big[\sum_{i=1}^N p^i(\sigma^1(t^1),\cdots,\sigma^N(t^N))\Big]$$

① 也可以通过将类型空间设为 [0，1] 而不考虑上界。

3. 扩充机制（S，ω，σ）是期望收益最大的（expected-revenue-maximizing），如果对于任一其他的自愿扩充机制（$\tilde{S}$，$\tilde{\omega}$，$\tilde{\sigma}$）均有

$$R(\tilde{S},\tilde{\omega},\tilde{\sigma}) \leqslant R(S,\omega,\sigma)$$

在以下定理中，为方便起见我们约定，个体 i 得到物品时用 $x^i=1$ 表示，否则用 $x^i=0$ 表示。

定理 3.9　考虑一个标准的单物品独立私有价值模型。对每个 i，我们定义 $m^i(s^i)\equiv v^i(s^i)-(1-s^i)\mathrm{d}v^i/\mathrm{d}s^i$（作为价格的函数的边际收益），假设 m^i 是递增函数。[①] 进而我们还假设 $v^1(0)=\cdots=v^N(0)$。则一个扩充机制是收益最大的，如果它满足 $V^i(0)=0$ 且有下面的决策性能函数：

$$x^i(\vec{t}) = \begin{cases} 1 & \text{若 } m^i(t^i) > \max(0,\max_{j\neq i} m^j(t^j)) \\ 0 & \text{否则} \end{cases} \tag{3.23}$$

进而，至少存在一个这样的机制。

证明　给定任一决策性能 x，类型为 t^i 的竞价人 i 获得物品的概率是 $E[x^i(\vec{t})\mid t^i]$。因此，由包络定理可知，类型为 $t^1=\tau$ 的竞价人 1 的最大收益满足

$$\begin{aligned} V^1(\tau)-V^1(0) &= \int_0^\tau E[x^1(s^1,t^{-1})\mid t^1=s^1]\frac{\mathrm{d}v^1}{\mathrm{d}s^1}\mathrm{d}s^1 \\ &= \int_0^\tau\int_0^1\cdots\int_0^1 \frac{\mathrm{d}v^1}{\mathrm{d}s^1}x^1(s^1,\cdots,s^N)\mathrm{d}s^2\cdots\mathrm{d}s^N\mathrm{d}s^1 \end{aligned} \tag{3.24}$$

因此，竞价人 1 的事前期望收益必定满足

$$\begin{aligned} E[V^1(t^1)]-V^1(0) &= \int_0^1\int_0^\tau\int_0^1\cdots\int_0^1 \frac{\mathrm{d}v^1}{\mathrm{d}s^1}x^1(s^1,\cdots,s^N)\mathrm{d}s^2\cdots\mathrm{d}s^N\mathrm{d}s^1\mathrm{d}\tau \\ &= \int_0^1\cdots\int_0^1\int_{s^1}^1 d\tau\frac{\mathrm{d}v^1}{\mathrm{d}s^1}x^1(s^1,\cdots,s^N)\mathrm{d}s^1\cdots\mathrm{d}s^N \\ &= \int_0^1\cdots\int_0^1(1-s^1)\frac{\mathrm{d}v^1}{\mathrm{d}s^1}x^1(s^1,\cdots,s^N)\mathrm{d}s^1\cdots\mathrm{d}s^N \\ &= \int_0^1\cdots\int_0^1(v^1(s^1)-m^1(s^1))x^1(s^1,\cdots,s^N)\mathrm{d}s^1\cdots\mathrm{d}s^N \end{aligned} \tag{3.25}$$

上面的第二个等式是在第一个等式中改变积分次序得到的。对于其他竞

① 这对应于垄断定价理论中的一般条件，即边际收益是待出售物品数的递减函数。文献中常见的一个等价形式是用估价分布 $F^i=(v^i)^{-1}$ 表示边际收益条件，即 $v^i-(1-F^i(v^i))/f^i(v^i)$ 对 v^i 是递增的。

价人，我们也有相同的表达式。

对任何实现的类型组合$\vec{t}$，所有竞价人的事前总收益再加上卖方的收益是 $x(\vec{t})\cdot v(\vec{t})$，因此卖方的期望收益必定为

$$\begin{aligned}R(S,\omega,\sigma) &= E[x(\vec{t})\cdot v(\vec{t})]-\sum_{i=1}^{N}E[V^i(t^i)]\\&=\int_0^1\cdots\int_0^1\sum_{i=1}^{N}x^i(s^1,\cdots,s^N)v^i(s^i)\mathrm{d}s^1\cdots\mathrm{d}s^N-\sum_{i=1}^{N}E[V^i(t^i)]\\&=\int_0^1\cdots\int_0^1\sum_{i=1}^{N}x^i(s^1,\cdots,s^N)m^i(s^i)\mathrm{d}s^1\cdots\mathrm{d}s^N-\sum_{i=1}^{N}V^i(0)\\&\leqslant\int_0^1\cdots\int_0^1\max(0,\max_i m^i(s^i))\mathrm{d}s^1\cdots\mathrm{d}s^N\end{aligned}\tag{3.26}$$

上面的不等式是因为 $x^i(t)$ 是物品被分配给竞价人 i 的概率，因此它满足 $x^i(t)\geqslant 0$ 且 $\sum_{i=1}^{N}x^i(t)\leqslant 1$。

这就证明了给定的性能，如果可能，那就是收益的一个上界。关于可行性，我们来找出一个可以达到上界的机制。实际上，这是一个直接机制，其决策性能由式（3.23）给出，收益函数为

$$p^i(\vec{t})=p^i(t^{-i})=\begin{cases}v^i((m^i)^{-1}(\max(0,\max_{j\neq i}m^j(t^j)))) & 若\ x^i(t)=1\\0 & 否则\end{cases}\tag{3.27}$$

显然 $V^i(0)=0$（类型为 0 的竞价人永远不会赢，也不会支付或者有收益）。

最后，我们指出，对于所有类型的竞价人来说，诚实报价总是最优策略。由于 m^i 是递增的，因此对于竞价人 i 的任何报价，他只有支付出价格 $p^i(t^{-i})$ 才可能获得物品，因为分配规则规定当 $v^i(t^i)-p^i(t^{-i})>0$ 时 i 才能获得物品。于是，对二级价格拍卖进行类似的分析可知，诚实报价总是最优的。

定理的一个有趣推论是，有保留价的一些标准拍卖是期望收益最大的。实际上，我们在以上定理的假设之上再假设 $v^1=\cdots=v^N=v$，因此，$m^1=\cdots=m^N=m$。假设卖方在二级价格拍卖中设定了一个保留价。如果报价超过了保留价，那么价格就等于保留价和次高价中的较大者。如果卖方设定的保留价为 $r^*=v(t^*)$，其中 t^* 满足 $m(t^*)=0$，则保留价为 r^* 的 Vickrey 拍卖达到定理中给定的决策性能：竞价人 i 赢得拍卖当且仅当竞价人 i 的类型最高且 $m(t^i)>0$ 时。进而，类型为 0 的竞价人总是输掉拍卖：$V^i(0)=0$。因此，保留价为 r^* 的 Vickrey 拍卖在对称

性条件下是期望收益最大的。

3.3.8　McAfee-McMillan 弱卡特尔定理

McAfee 和 McMillan（1992）最先研究投标环（bidding rings）的理论。投标环是指一群竞价人为分割拍卖物品达成合谋协议。[①] 环的成员可能在拍卖前达成协议，即他们中的哪一个会成为赢者，其他竞价人不会报价或者会在拍卖中报低价。在这种方式下，赢者能以低价得到物品，甚至是以保留价获得，从而提高其获得的利润。

要进行有效运作，投标环会碰到一系列问题。第一个问题是协议的执行可能是在一系列拍卖中威胁或者报复不遵守投标环规则者。第二个问题是当在一系列拍卖中价格看起来低的时候去阻止新的竞价人进入。第三个问题是怎样去分割“战利品”。这可能是一个十分严重的问题，像 McAfee 和 McMillan 所指出的，大多数美国司法部门的竞价操纵定罪都是由于某个卡特尔成员因对他所分得的利益不满意而出卖其他成员。为了避免留下这样的犯罪证据，卡特尔常常避免在成员之间进行现金支付，但这样就限制了卡特尔成员之间达成目标的可能性。

我们称不能在成员之间进行现金支付的环为弱环（weak ring）。一般认为，环的成员可以进行讨论和适当的交易以获取他们的信息优势，从而总是将物品分配给那些有最高估价的人。使问题复杂化的是，如果没有用于分配利润的额外支付，竞价人几乎没有动力将信息披露给其他成员。McAfee 和 McMillan 证明了，在一定的条件下，弱卡特尔不能从它的成员那里得到任何有用的信息，因此它并不比在成员之间随机分配更好。

在对 McAfee-McMillan 模型的分析中，我们假设卖方设定保留价 r，只有估价大于 r 时参与人才会有兴趣报价。类型是统计独立的，且在［0，1］上均匀分布，i 的估价由 $v^i(t^i)$ 给定，$v^1(0)=\cdots=v^N(0)=r$。考虑由环导出的扩充机制，设 $x^i(t^i)$ 表示类型为 t^i 的竞价人 i 获得物品的概率，记 $\overline{x^i}=E[x^i(t^i)]$。对应的随机分配是指以概率 $\overline{x^i}$ 把物品分配给竞价人 i，而不管类型向量是怎样的。显然，这样的随机分配是可行的，因为初始的机制是可行的。因为类型为 0 的竞价人不可能获得正的利润，所以有 $V^1(0)=\cdots V^N(0)=0$。

就像 Vickrey 首先观察到的，$x^i(\cdot)$ 是非降的。如果不是这样的话，那么竞价人可以修正他的报价和类型之间的关系，从而在不改变他

① 关于环的详细描述可见 Graham 和 Marshall（1987）。

的期望支付的条件下增加 $E[x^i(t^i)v^i(t^i)]$。[①]

定理 3.10 考虑一个单物品的标准独立私有价值模型，假设 $(1-t^i)\mathrm{d}v^i/\mathrm{d}t^i$ 是递减函数。如果在一个机制中弱环上的成员间对物品的分配不同于随机分配，那么，在对应的随机分配下所有竞价人在这个机制中都是事前占优的。

证明 令 $V^i(t^i)$ 和 $\overline{V}^i(t^i)$ 分别表示类型为 t^i 的竞价人 i 在定理所述的机制中以及在对应的随机分配中的期望收益。那么定理所述机制的事前效用是

$$\begin{aligned}
E[V^i(t^i)] &= \int_0^1 V^i(\tau)\mathrm{d}\tau = \int_0^1\int_0^\tau \frac{\mathrm{d}v^i}{\mathrm{d}s}x^i(s)\mathrm{d}s\mathrm{d}\tau \\
&= \int_0^1\int_s^1 \mathrm{d}\tau\,\frac{\mathrm{d}v^i}{\mathrm{d}s}x^i(s)\mathrm{d}s = \int_0^1(1-s)\,\frac{\mathrm{d}v^i}{\mathrm{d}s}x^i(s)\mathrm{d}s \\
&< \int_0^1(1-s)\,\frac{\mathrm{d}v^i}{\mathrm{d}s}\mathrm{d}s\int_0^1 x^i(s)\mathrm{d}s \\
&= \int_0^1(1-s)\,\frac{\mathrm{d}v^i}{\mathrm{d}s}\overline{x}^i\mathrm{d}s = \cdots = E[\overline{V}^i(t^i)]
\end{aligned} \tag{3.28}$$

在上面，第二个等式由包络定理得到。交换积分次序后，由优化定理（majorization theorem）可得严格的不等式（优化定理：同样变量的增函数和减函数的积的期望值小于相应期望值的积）。[②] 颠倒前面几个步骤，我们可知不等式的右边是对应随机分配的期望收益。 ■

假设 v^i 是递增的，且类型在 [0，1] 上均匀分布，则逆函数（也称反函数）$v^i(\cdot)^{-1}$是竞价人的估价分布，我们也可将之写成分布函数 F^i，且有密度函数 f^i。从而条件 $(1-t^i)\mathrm{d}v^i/\mathrm{d}t^i$ 递减等价于条件 $(1-F^i(v))/f^i(v)$ 递减。这一条件有时候被称为“递增失效率”条件。我们在前面分析期望收益最大化的拍卖时，已经看到了相同的条件。

McAfee-McMillan 定理明确限制了弱环的作用。在没有现金支付时，环并不优于在成员中随机分配投标权而让一个成员以保留价赢得拍卖。[③]

---

① 这种扩充和相关的内容会在下一章里作更详细的讨论。

② 这等价于以下定理：一个随机变量的增函数和同一随机变量的减函数的协方差为负。

③ Athey、Bagwell 和 Sanchirico（2003）使用重复博弈模型得到了更强的结论。在他们的重复博弈模型中，在拍卖后观察价格的是竞价人，而不是赢者。与在本书中一样，在他们的模型中也有环，但他们的环希望通过协商让环的成员中最高估价者去赢得拍卖，从而促进有效率的结果。然而，环不能确定赢者，这使得环是弱的，尽管博弈在重复进行。所以（在关于估价分布的一定条件下）环并不优于在成员间的随机分配。如果获胜的竞价人的身份在拍卖后公开，那么以上结论就会改变了，详细讨论请见 Athey 和 Bagwell（2001）。

为更有效率地分配物品以创造更大的利润，环需要有成员的估价更高，从而能支付比保留价更高的价格。在一个弱环中，额外的支付会被卖方所得。因此，在前面给出的关于估价分布的条件下，环不如简单的随机分配。

3.3.9　序贯拍卖和 Weber 鞅定理[①]

在本小节中，我们研究以下定价模式，其中有若干同样的物品依次出售，每次一件，每个竞价人只购买其中的一件。我们发现，如果每一次出售后公布价格，那么该价格序列形成一个鞅。这就是说，如果给出先前的价格，那么第 $n+1$ 个价格的期望值等于第 n 个价格。序贯拍卖的这一特性是特别有趣的，因为实证表明艺术品和酒类拍卖中的结果与此矛盾：它们遵循一种下降模式。[②]

为讨论这个问题，我们假设有 k 件相同的物品出售，有 N 个竞价人，每个竞价人只能得到一件，物品依次出售，规则是出价最高者赢得拍卖且只有赢者支付。假定拍卖规则使得，如果在 n 件物品出售后可用的信息是 I_n，则存在一个对称、递增的均衡投标函数 $\beta_{n+1}(\cdot \mid I_n)$，它可用于第 $n+1$ 件物品的报价。因此，在均衡中，最高类型的竞价人赢得第一件物品，次高的竞价人赢得第二件物品，依此类推。

令 p_n 表示第 n 件物品的价格，$t^{(1)}$，…，$t^{(N)}$ 分别表示按照递减顺序对竞价人类型进行排序后的次序统计量，I_0 表示无信息。

定理 3.11　在如上所述的任一序贯拍卖博弈的任一均衡 $\beta=\{\beta_n\}_{n=1}^{k}$ 下，价格和信息序列 $\{p_n, I_n\}_{n=1}^{k}$ 满足 $E[p_n \mid I_{n-1}]=E[v(t^{(k+1)}) \mid I_{n-1}]$。如果拍卖是一级价格拍卖或者二级价格拍卖，而 I_n 是过去价格 $\{p_1, \cdots, p_n\}$ 的序列，那么 $\{p_n, I_n\}_{n=1}^{k}$ 是一个鞅。

证明　我们考虑竞价人 1，假设他在前 $m-1$ 件物品的出售中都没有赢得一件。对从物品 m 的拍卖开始的博弈，我们应用 Myerson 引理可知，这一博弈和 Vickrey 拍卖有相同的决策结果。因此，给定信息 I_{m-1}，竞价人 1 的期望总支付必定是相同的，即

$$E\left[\sum_{n=m}^{k} p_n 1_{\{t^1=t^{(n)}\}} \mid I_{m-1}\right] = E\left[v(t^{(k+1)}) 1_{\{t^{(m-1)}>t^1 \geqslant t^{(k)}\}} \mid I_{m-1}\right] \tag{3.29}$$

① 序贯拍卖的分析开始于 Weber (1983) 以及 Milgrom 和 Weber (2000)，其中有一些关于鞅特性的其他结论。

② 见 Ashenfelter (1989) 以及 Ashenfelter 和 Graddy (2002)。

对 $m=k$，如果 $t^1=t^{(k)}$，则竞价人 1 在这一回合的博弈中获胜，从而 $E[p_k \mid I_{k-1}]=E[v(t^{(k+1)}) \mid I_{k-1}]$。由对称性，第 n 件物品的胜者与价格 p_n 独立，因此

$$\begin{aligned} E[p_n 1_{\{t^1=t^{(n)}\}} \mid I_{m-1}] &= E[1_{\{t^1=t^{(n)}\}} \mid I_{m-1}]E[p_n \mid I_{m-1}] \\ &= \frac{1}{N+1-m}E[p_n \mid I_{m-1}] \end{aligned}$$

类似地，我们有

$$\begin{aligned} &E[v(t^{(k+1)})1_{\{t^{(m-1)}>t^1\geqslant t^{(k)}\}} \mid I_{m-1}] \\ &= E[1_{\{t^{(m-1)}>t^1\geqslant t^{(k)}\}} \mid I_{m-1}]E[v(t^{(k+1)}) \mid I_{m-1}] \\ &= \frac{k+1-m}{N+1-m}E[v(t^{(k+1)}) \mid I_{m-1}] \end{aligned}$$

因此，式（3.29）变为：

$$\frac{1}{N+1-m}\sum_{n=m}^{k}E[p_n \mid I_{m-1}] = \frac{k+1-m}{N+1-m}E[v(t^{(k+1)}) \mid I_{m-1}] \tag{3.30}$$

由式（3.30）可知，对所有的 $m\leqslant n\leqslant k$ 均有 $E[p_n \mid I_{m-1}]=E[v(t^{(k+1)}) \mid I_{m-1}]$。因为否则，有 $\tilde{n}$ 是 n 的最高估价使得等式不成立。则在式（3.30）中取 $m=\tilde{n}$ 有 $E[p_{\tilde{n}} \mid I_{\tilde{n}-1}]=E[v(t^{(k+1)}) \mid I_{\tilde{n}-1}]$，故 $m\leqslant\tilde{n}$，我们有 $E[p_{\tilde{n}} \mid I_{m-1}]=E[E[p_{\tilde{n}} \mid I_{\tilde{n}-1}] \mid I_{m-1}]=E[E[v(t^{(k+1)}) \mid I_{\tilde{n}-1}] \mid I_{m-1}]=E[v(t^{(k+1)}) \mid I_{m-1}]$，但这是一个矛盾。

如果拍卖是二级价格拍卖（或者一级价格拍卖），那么转变报价函数，信息 I_n 成为 $(t^{(1)}, \cdots, t^{(n-1)})$ （或者 $(t^{(2)}, \cdots, t^{(n)})$）。于是由 Myerson 引理可知 $E[p_n \mid I_{m-1}]=E[v(t^{(k+1)}) \mid I_{m-1}]=p_{m-1}$。 ■

3.3.10 Matthews 定理：风险厌恶收益等价

在上面所研究的模型中，竞价人的收益是指期望获得减去期望支付，它合并了两种有关竞价人偏好的假设。第一种是不确定性下的选择不受财富影响（被称为财富效应（wealth effect））：通过向竞价人征税改变他的财富，或者给他提供一个有风险的选择来调整他的财富，都不会改变他最偏好的选择。特别地，财富转移并不影响竞价人的决策。第二个假设是在涉及金钱的博弈中，每个竞价人都是风险中性的。

Matthews（1983）研究了风险厌恶型买方的拍卖，买方的偏好不受财富影响。像在风险中性时一样，简单分析的关键是使用包络定理以

得到对竞价人收益的简单限制条件。我们发现竞价人的期望效用在某一类拍卖设计中保持不变，也就是说，这些设计对竞价人来说是没有差异的。

在这里，为了简化分析，我们假定失标者的效用为 0，用 r^i 表示竞价人 i 的常数绝对风险厌恶系数。当竞价人 i 获胜时，他的效用收益为 $1-\exp[-r^i(v^i(t^i)-p^i)]=1-\hat{v}^i(t^i)u^i(p^i)$，其中 $\hat{v}^i(t^i)=\exp[-r^i(v^i(t^i))]$，$u^i(p^i)=\exp[r^ip^i]$。

定理 3.12　考虑一个拍卖博弈，竞价人收益的绝对风险厌恶系数是常数。假设 σ 是全性能为 $(x,\ p)$ 的博弈的 Bayes-Nash 均衡，博弈中类型为 0 的竞价人总是失标，并且失标者的支付为 0。记 $X^i(t)\equiv E[x^i(t,\ t^{-i})]$。那么类型为 t 的竞价人 i 的均衡期望效用是

$$V^i(t)=X^i(t)-\hat{v}^i(t)\left(X^i(0)+\int_0^t\frac{1}{\hat{v}^i(s)}\mathrm{d}X^i(s)\right)\tag{3.31}$$

特别地，在有相同决策性能函数 x 的两个拍卖博弈中，每个竞价人的类型不管如何，所得的期望效用均相同，即均为 $V^i(t)$。

证明　给定其他竞价人的策略，当类型为 t 的竞价人 i 用竞价策略 b（报价）时他的期望效用是 $\pi(b,\ t)=E[x^i(b,\ t^{-i})(1-\hat{v}^i(t)u^i(p(b,\ t^{-i})))]$。[①] 定义 $\phi^i(t)=E[x^i(t,\ t^{-i})u^i(p(t,t^{-i}))]$，那么竞价人 i 的均衡期望效用是 $V^i(t)=E[x^i(t,\ t^{-i})(1-\hat{v}^i(t)u^i(p(t,\ t^{-i})))]=X^i(t)-\hat{v}^i(t)\phi^i(t)$。为了证明式（3.31），我们来证明 $\phi^i(t)=X^i(0)+\int_0^t[1/\hat{v}^i(s)]\mathrm{d}X^i(s)$。

由包络定理和边界条件 $V^i(0)=0$，我们可得到期望效用的另一个表达式 $V^i(t)=\max_b\pi(b,\ t)=\int_0^t\pi_2(\sigma^i(s),\ s)\mathrm{d}s=-\int_0^t\hat{v}^{i'}(s)\phi^i(s)\mathrm{d}s$。这两个表达式自然相等，于是有 $X^i(t^i)-\hat{v}^i(t^i)\phi^i(t^i)=-\int_0^t(\hat{v}^i)'(s)\cdot\phi^i(s)\mathrm{d}s$。对 t^i 微分有：$\mathrm{d}X^i(t^i)-\hat{v}^i(t^i)\mathrm{d}\phi^i(t^i)=0$ 或 $\mathrm{d}\phi^i(t^i)=\mathrm{d}X^i(t^i)/\hat{v}^i(t^i)$。由假设知，$p(0,\ t^{-i})=0$ 且 $u^i(0)=1$，因此，$\phi^i(0)=X^i(0)$ 且 $\phi^i(t^i)=X^i(0)+\int_0^t[1/\hat{v}^i(s)]\mathrm{d}X^i(s)$。■

以上的分析中有以下几点需要说明。首先，尽管结果表明在一类拍卖中期望收益对不同竞价人而言相同，但并没有说对卖方而言期望收益是否相同。在风险中性时，卖方的期望收益等于期望总剩余减去竞价人

① 这里是说，我们假设失标者的支付总是为 0，从而他的效用可标准化为 0。

的期望收益，但在这里，该表达式不再适用。实际上，我们将在下一章中证明，在这个模型中，风险厌恶型竞价人在一级价格拍卖中产生的收益比在二级价格拍卖或向上拍卖中产生的收益更多。

其次，风险厌恶收益等价结果比相应的风险中性时的结果需要更严格的约束条件，因为它只有在失标者的收益恒为零时才适用。例如，定理可用于标准的一级和二级价格拍卖的期望收益中，但它并不适用于彩票法和竞价人全支付拍卖，因为在后面两种拍卖中甚至失标者也可能需要支付。

最后，我们再次强调指出，常数绝对风险厌恶的使用仅仅是一种分析技巧，类似于在拍卖理论和委托代理理论的应用中已被证明有效的研究方法。这种分析方法不能预先判断财富效应的重要性，就像在消费者理论中通过计算纯替代效应无法很好地预先判断收入效应的重要性一样。财富效应可以单独进行研究，两种效应的相对重要性在不同的应用中自然会有所不同。

3.4 结论

本章使用包络定理以及相关的 Holmstrom 引理和 Myerson 引理，讨论了机制设计理论中的若干主要结果。

为了说明需求理论和激励理论之间的紧密联系，我们先给出了 Hotelling 引理的两种形式。它的积分形式是我们要着重使用的，将生产者剩余表示为一个积分，生产者剩余的值等于供给曲线和纵轴间区域的积分。

同一公式也可以从机制设计理论的更加抽象的选择空间得到，但是这需要先推广包络定理。当使用的参数是出售物品的价格时即可由包络定理得到 Hotelling 引理。当参数是机制参与人的类型，参与人知道其他参与人的类型组合 t^{-i} 并最大化他的收益时，可得到 Holmstrom 引理。当参数为机制参与人的类型，参与人并不知道其他参与人的类型组合 t^{-i} 但最大化他的期望收益时，可得到 Myerson 引理。

由 Holmstrom 引理可以推得 Green-Laffont-Holmstrom 定理，此定理在所有可能的估价集是光滑连通的时成立。于是，在占优策略下实现有效结果的所有扩充机制都是 VCG 机制。

由 Myerson 引理可以推得著名的收益等价定理，该定理在所有可能的估价集是光滑连通的时成立。于是，在 Bayes-Nash 策略下实现有效结果的所有扩充机制都能得到与 Vickrey 拍卖相同的期望收益。

本章余下的定理讨论由上面的结论可推得的机制性能方面的局限性。如果谈判能实现有效的结果，那么研究谈判者一定能够达到的收益，可以得出 Myerson-Satterthwaite 定理。这些收益的总和是总剩余的两倍。从而，有效的谈判结果是肯定不能实现的（除非有捐赠人可以弥补没有收益的不足）。

Myerson 最优拍卖定理涉及在一种环境下使卖方的期望收益达到最大的拍卖设计，在分析中，我们将卖方的期望收益表示为期望总剩余减去竞价人的总期望利润，并用 Myerson 引理得到后者的表达式。收益最大化的表达式刻画了与最高期望收益相关的决策性能。

Jehiel-Moldovanu 定理讨论了评价不同环境下实现有效性能的可能性。利用包络定理，我们发现要实现有效性能，每个竞价人的最大利润函数都必须依赖于竞价人所知道的有关分配给其他竞价人的价值的信息。通过直接验证可知，最大收益函数不可能具有这个特性，所以实现有效结果是不可能的。

McAfee-McMillan 弱卡特尔定理讨论了当环的成员相互之间不能进行现金转移时，卡特尔成员能够得到什么。依据包络定理，在卡特尔实现的分配性能和成员能够达到的收益之间存在着确定的对应关系。当递增失效率条件满足时，由收益公式可得到一个简单的答案。依据事先确定的概率把物品分配给卡特尔成员的随机机制是一个 Pareto 占优机制：任何其他机制下每个竞价人的期望收益都不高于某个随机机制下的期望收益。

Weber 鞅定理探讨了每个竞价人只想得到一件物品时的序贯拍卖。运用 Myerson 引理，我们发现在每次拍卖的开始，给定竞价人的信息，每件物品的期望价格一定是 Vickrey 价格的期望值。于是我们得到结论：价格序列形成一个鞅。

Matthews 风险厌恶收益等价定理证明了一类拍卖对竞价人而言是无差异的，这类拍卖中的失标者的收益为零，而竞价人具有常数绝对风险厌恶。定理的证明是通过使用包络定理得到关于竞价人收益的一个公式，它与拍卖中的支付规则无关。收益等价定理不适用于这个模型，它建立的竞价人收益等价的结果明显与收益等价的结果不同。

参考文献

Ashenfelter, Orley (1989). "How Auctions Work for Wine and Art." *Journal of Economic Perspectives* 3: 23-36.

Ashentelter, Orley and Kathryn Graddy (2002). "Art Auctions: A Survey of Empirical Studies." Center for Economic Policy Studies.

Athey, Susan and Kyle Bagwell (2001). "Optimal Collusion with Private Information." *Rand Joural of Economics* 32 (3): 428-465.

Athey, Susan, Kyle Bagwell, and Chris Sanchirico (2003). "Collusion and Price Rigidity." *Review of Economic Studies* (forthcoming).

Bulow, Jermy and John Roberts (1989). "The Simple Economics of Optimal Auctions." *Journal of Political Economy* 97 (5): 1060-1090.

Coase, Ronald (1959). "The Federal Communications Commission." *Joural of Law and Economics* 2: 1-40.

Fundenberg, Drew and Jean Tirole (1991). *Game Theory*. Cambridge, MA: MIT press.

Graham, Daniel and Robert Marshall (1987). "Collusive Bidder Behavior at Single-Object, Second-Price and English Auctions." *Journal of Political Economy* 95: 1217-1239.

Holmstrom, Bengt (1979). "Groves Schemes on Restricted Domains." *Econometrica* 47: 1137-1144.

Holmstrom, Bengt and Paul Milgrom (1987). "Aggregation and Linearity in the Provision of Intertemporal Incentives." *Econometrica* 55 (2): 303-328.

Jehiel, Philippe and Benny Moldovanu (2001). "Efficient Design with Interdependent Valuations." *Econometrica* 69 (5): 1237-1259.

Klemperer, Paul (2002). "Why Every Economist Should Learn Some Auction Theory." http://www.paulklemperer.org/.

Laffont, Jean-Jacques and Eric Maskin (1980). "A Differentiable Approach to Dominant Strategy Mechanisms." *Econometrica* 48: 1507-1520.

Mas Colell, Andreu, Michael Whinston, and Jerry Green (1995). *Microeconomic Theory*. New York: Oxford University Press.

Matthews, Stephen (1983). "Selling to Risk Averse Buyers with

Unobservable Tastes." *Journal of Economic Theory* 30: 370–400.

McAfee, R. Preston, and John McMillan (1992). "Bidding Rings." *American Economic Review* 82 (3): 579–599.

Milgrom, Paul and Ilya Segal (2002). "Envelope Theorems for Arbitrary Choice Sets." *Econometrica* 70 (2): 583–601.

Milgrom, Paul and Robert J. Weber (1982). "A Theory of Auctions and Competitive Bidding." *Econometrica* 50: 463–483.

Milgrom, Paul and Robert J. Weber (2000). "A Theory of Auctions and Competitive Bidding, II." *The Economic Theory of Auctions*. P. Klemperer. Cheltenham: Edward Elgar Publishing, Ltd. 2: 179–194.

Mirrlees, James (1971). "An Exploration in the Theory of Optimal Taxation." *Review of Economic Studies* 38: 175–208.

Myerson, Roger B. (1981). "Optimal Auction Design." *Mathematics of Operations Research* 6 (1): 58–73.

Myerson, Roger B. (1991). *Game Theory*. Cambridge, MA: Harvard University Press.

Riley, John G. and William S. Samuelson (1981). "Optimal Auctions." *American Economic Review* 71 (3): 381–392.

Simon, C. and Larry Blume (1994). *Mathematics for Economists*. New York: W. W. Norton & Co.

Varian, Hal R (1992). *Microeconomic Analysis*. New York: W. W. Norton & Co.

Weber, Robert J. (1983). "Multiple-Object Auctions." *Auctions, Bidding, and Contracting: Uses and Theory*. R. Engelbrecht-Wiggans, M. Shubik, and R. M. Stark. New York: New York University Press. 165–191.

Williams, Steven R. (1995). "A Characterization of Efficient, Bayesian Incentive Compatible Mechanism." *Economic Theory* XIV: 155–180.

第4章　投标均衡和收益差别

本章主要有两个目的。第一个是技术方面的：揭示如何在各种不同的拍卖形式中确定候选均衡策略，并验证这些候选策略是否能够真正形成均衡。这一部分的分析广泛使用了各种单交叉条件。研究人员已经在文献中提出并分析了许多不同的单交叉条件，我们将在本章中介绍这些条件并指出它们的重要意义。

第二个目的是当第3章中所提出的一些假设不成立时，研究比较不同拍卖形式间的性能差异。比如，我们将会证明在一个标准的、对称的单物品拍卖模型中，尽管一级价格拍卖和二级价格拍卖的期望收益相同，但是二级价格拍卖中收益的风险更大。因此，一个风险厌恶型卖方更倾向于一级价格拍卖。在同一模型中，如果竞价人厌恶风险，那么收益等价定理也不再成立，这时一级价格拍卖中产生的平均价格高于二级价格拍卖中的。因此，竞价人的风险厌恶也使得卖方更倾向于一级价格拍卖设计。在一个采购拍卖中，其中价格由竞争性叫价决定，买方随后决定购买量，对此，我们证明了一级价格拍卖产生的价格低于二级价格拍卖产生的价格，竞价人和买方都可能更倾向于一级价格拍卖设计。另外，如果在买方类型中存在某种类型的统计正相关性（关联性），那么会得到这样的结论：平均来说，在二级价格拍卖或向上叫价拍卖中产生的成交价格较高。

本章的主要内容分为四节。第一节解释并分析对整章至关重要的单交叉条件。第二节利用这些条件推导和证明不同拍卖类型中的均衡。第三节提出一种最常用的方法来更好地比较标准拍卖模型和非标准拍卖模型产生的收益。最后一节研究单物品情况下的收益最大化拍卖。

4.1　单交叉条件

本节定义几种不同类型的单交叉条件，并给出它们之间的关系。

“单交叉条件”这一术语可能会引起混淆，因为不同的作者会用它来表示不同的对象。在三种最常用的定义中，函数的定义域分别是 R、R^2 和 R^3，但值域都是 R。

最基本的定义是关于一维定义域的。设定义域为任一集合 $X\subset R\cup\{-\infty, +\infty\}$。如果对任意的 $t>t'$，$f(t')>0\Rightarrow f(t)>0$ 且 $f(t')\geqslant 0\Rightarrow f(t)\geqslant 0$，则称函数 f：$X\rightarrow R\cup\{-\infty, +\infty\}$ 满足单交叉条件（single crossing condition）；进而，如果对任意 $t>t'$，$f(t')\geqslant 0\Rightarrow f(t)>0$，则称函数 f 满足严格单交叉条件。直观地说，当函数只经过零点一次，并且是从下面经过时，严格单交叉条件成立。普通单交叉条件也是类似的，不过它允许函数与 x 轴在一段区间上相交，而不是仅在一点相交。因此，非降函数和递增函数①分别满足普通和严格单交叉条件。图 4.1 给出了满足严格单交叉条件的其他三个函数的例子。

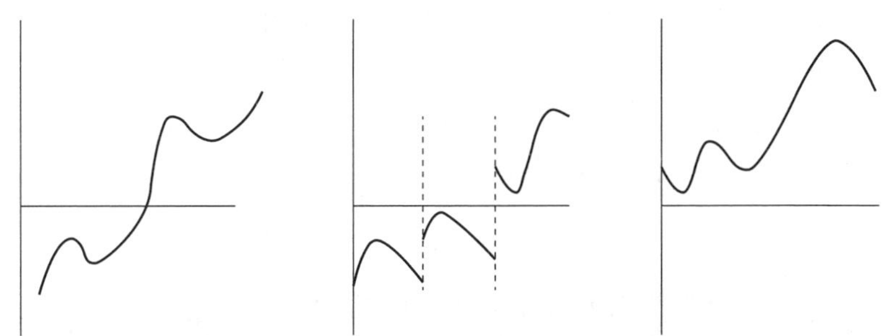

图 4.1　这三个函数都满足严格单交叉条件

在本书中，一维单交叉条件仅被用来构建多维单交叉条件。后者在进行灵敏度分析（sensitivity analysis）或比较静态分析（comparative statics analysis）时很有用。

我们先来看一个最简单的比较静态分析问题，即选择问题，其中决策者选择实值变量 x，而参数是实值变量 t，目标函数是一个将 R^2 的一

① 这里的“递增”和“严格递增”的意思相同，即 $x>y\Rightarrow f(x)>f(y)$。如果 f 的定义域只是偏序的，则 $x>y$ 意味着 $x\geqslant y$ 且 $x\neq y$。

个子集映射到 R 的函数 $g(x, t)$。如果对任意的 $x'>x$，函数 $f(t)=g(x', t)-g(x, t)$ 满足相应的一维单交叉条件，我们称 g 满足单交叉差分条件（single crossing differences condition）或严格单交叉差分条件。因此，如果对任意的 $t>t'$，均有 $g(x', t')-g(x, t')>0 \Rightarrow g(x', t)-g(x, t)>0$ 且 $g(x', t')-g(x, t')\geqslant 0 \Rightarrow g(x', t)-g(x, t)\geqslant 0$，则 g 满足单交叉差分条件。图 4.2 对 $x'>x$ 时的这些关系作了图示。

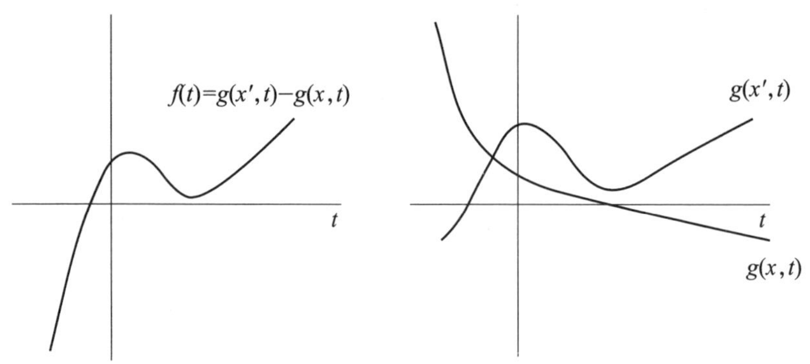

图 4.2　函数 g 满足单交叉差分，因为对 $x'>x$，差分函数 f 具有一维单交叉性质

接下来的不变性揭示了单交叉差分条件的结构。对任意的递增函数 $h: R\rightarrow R$，当且仅当 $h(g(x, t))$ 具有同样的性质时，函数 $g(x, t)$ 具有（普通或严格）单交叉差分性质 。基于这一性质，人们提出了许多验证单交叉差分的方法。例如，若 $g(x, t)$ 可微，如果任意的 (x, t) 满足下面两个条件之一，则单交叉差分条件成立：

$$\text{(i)}\ \frac{\partial^2 g(x,t)}{\partial x \partial t}\geqslant 0 \quad \text{或} \quad \text{(ii)}\ g(x,t)>0\ \text{且}\frac{\partial^2 \log g(x,t)}{\partial x \partial t}\geqslant 0$$

条件（i）意味着单交叉差分是因为对任意的 $x>x'$，差分 $g(x, t)-g(x', t)=\int_{x'}^{x} g_1(s, t)\mathrm{d}s$（其中 $g_1=\partial g/\partial x$）对 t 非降，因此只从下方经过零点一次。要说明条件（ii）也保证单交叉差分，只需令 $h(x)=\log x$ 即可。

条件（i）和（ii）在拍卖理论中都是常用的。如果 x 是竞价人赢得一件物品的概率，$b(x)$ 是竞价人以概率 x 赢得物品的报价，t 是他对这件物品的估价，则竞价人的期望收益为 $g(x, t)=xt-xb(x)$，它满足条件（i）。如果竞价人不是风险中性的，那么条件（i）不适用，但如果对竞价人的问题作一变换，那么条件（ii）是适用的。我们记 x 是报价，$p(x)$ 是获胜概率。于是，期望收益为 $g(x, t)=p(x)u(t-x)$。不失一般性，我们只考虑 $u(t-x)>0$ 的投标。如果函数 $z\rightarrow \log u(z)$ 在其定义域中是凹的，那么 $g(x,\ t)$ 满足上面的条件（ii）。

要注意的是，尽管上面提到的充分条件（i）和（ii）对两个自变量 $(x,\ t)$ 来说都是对称的，但是单交叉差分条件并不是对称的。例如，g 随 x 严格单调（递增或递减）的条件意味着单交叉差分，但 g 随 t 的严格单调性并不满足。

单交叉差分条件的一个稍强的形式可以帮助我们利用积分和求导来进行分析。这里，我们用下标来表示偏导数，令 $g_1(x,\ t)=\partial g/\partial x$，$g_2(x,\ t)=\partial g/\partial t$。如果一个函数 g 满足单交叉差分条件并且具有以下性质，那么称函数 g 满足光滑单交叉差分条件（smooth single crossing differences condition）：对任意的 $x\in R$，如果 $g_1(x,\ t)=0$，则对任意的 $\delta>0$ 均有 $g_1(x,\ t+\delta)\geqslant 0$ 且 $g_1(x,\ t-\delta)\leqslant 0$。单交叉差分条件意味着对 $\varepsilon>0$，如果 $g(x+\varepsilon,\ t)-g(x,\ t)=0$，那么对任意的 $\delta>0$，我们有 $g(x+\varepsilon,\ t+\delta)-g(x,\ t+\delta)\geqslant 0\geqslant g(x+\varepsilon,\ t-\delta)-g(x,\ t-\delta)$。光滑单交叉差分条件比普通条件更强的地方在于，它要求上述不等式对无穷小的 ε 仍成立。

4.1.1　单调选择定理

下面三个定理概括了单交叉差分条件的重要的、一般性的结论。第一个是来自 Milgrom 和 Shannon（1994）的定理。遵从以往的做法，我们假定参数空间为区间 $[0,\ 1]$。

定理 4.1（单调选择）[①]　函数 g：$R\times[0,\ 1]\rightarrow R$ 满足严格单交叉差分条件，当且仅当对每一个有限集[②] $X\subset R$，任一最优选择 $x^*(t,\ X)\in \operatorname{argmax}_{x\in X} g(x,\ t)$ 对 t 非降。

证明　首先，我们证明，如果 g 满足严格单交叉差分条件，那么每一个最优选择都是非降的。令 x 为来自 $\operatorname{argmax}_{x\in X} g(x,\ t)$ 的一个选择；令 $t_0<t_1$，且 $x^*(t_0,\ X)=x_0$，$x_1=x^*(t_1,\ X)$。由最优性可得 $g(x_0,\ t_0)-g(x_1,\ t_0)\geqslant 0$ 且 $g(x_0,\ t_1)-g(x_1,\ t_1)\leqslant 0$。由这两个不等式及严格单交叉差分可得 $x_1\geqslant x_0$。因此，严格单交叉差分条件意味着 x^* 对 t 非降。

---

① 也存在另一种形式的单调选择定理，它建立了弱单交叉条件和某种单调选择的存在性之间的等价性。

② 我们只考虑有限集是为了确保最大值点的存在，以使得选择是有定义的。

其次，我们证明，如果 g 不满足严格单交叉差分条件，那么存在一些不是非降的最优选择。如果严格单交叉差分条件不满足，则存在 $t_0<t_1$ 及 $x_0>x_1$ 使得 $g(x_0, t_0)-g(x_1, t_0)\geqslant 0$ 且 $g(x_0, t_1)-g(x_1, t_1)\leqslant 0$。由于定理对任意有限集 X 都成立，我们取集 $X=\{x_0, x_1\}$，并令 $x^*(t_0, X)=x_0>x_1=x^*(t_1, X)$，则最优选择 $x^*(\cdot, X)$ 是递减的。■

我们在前面已经指出，单交叉条件有时在拍卖模型中成立。在应用时，我们常取 t 为竞价人的类型，而 x 为某个变量，比如获胜概率或者报价。则单交叉条件意味着获胜概率，或者报价，必须为竞价人类型的非降函数。

4.1.2 充分性定理

充分性定理将单交叉的概念与包络定理中所使用的概念结合起来，为分析拍卖中的均衡提供了一个有用的工具。

由包络定理和单调选择定理可知，在一定条件下，如果 $\bar{x}(t)\in X^*(t)=\operatorname{argmax}_{x\in X}g(x, t)$，则（1）$g(\bar{x}(t), t)$ 满足包络积分公式，（2）$\bar{x}$ 是非降函数。下一个定理的结论正好是反过来的：在一组不同的假设下，由条件（1）和（2）可推得 $\bar{x}(t)\in X^*(t)=\operatorname{argmax}_{x\in X}g(x, t)$。

假设之一是正则性条件。由于非降函数只在其跳跃点处不连续，我们可将 $\bar{x}$ 表示为一个跳跃函数和一个连续函数之和，即 $\bar{x}=\bar{x}_J+\bar{x}_C$。跳跃函数被定义为 $\bar{x}_J(t)=\sum_{t\in J,\, s\leqslant t}\lambda_-(s)+\sum_{t\in J, s<t}\lambda_+(s)$，其中 J 是跳跃点的集合，$\lambda_-(s)$ 和 $\lambda_+(s)$ 分别是在 s 左侧和右侧的跳跃值。记 $\bar{x}$ 中的连续函数为 $\bar{x}_C$。

非降函数 $\bar{x}$ 几乎处处可微。为简便起见，我们令 $\bar{x}'(t)$ 表示其导数存在时的导数，导数不存在时则令 $\bar{x}'(t)=0$。下一个定理中的正则性条件是说，$\bar{x}$ 的连续部分是绝对连续的。因此，对任意的 t 和 $\hat{t}$，我们有 $\bar{x}_C(t)-\bar{x}_C(\hat{t})=\int_{\hat{t}}^{t}\bar{x}'(s)\mathrm{d}s$。尽管正则性条件排除了像 Cantor 函数这样连续但不绝对连续的函数，但是它包含了我们在下面将要遇到的所有函数。

定理 4.2（充分性） 假设 $g(x, t)$ 连续可微且具有光滑单交叉差分性质。令 $\bar{x}$：$[0, 1]\rightarrow R$，其值域是 X，并假设 $\bar{x}=\bar{x}_J+\bar{x}_C$，其中 $\bar{x}_J$ 是跳跃函数，$\bar{x}_C$ 是绝对连续的。如果

（1）$\bar{x}(t)$ 非降，且

（2）包络公式成立：$g(\bar{x}(t),\ t)-g(\bar{x}(0),\ 0)=\int_0^t g_2(\bar{x}(s),s)\mathrm{d}s$，

则 $\bar{x}(t)$ 是来自 $X^*(t)=\mathrm{argmax}_{x\in X}g(x,\ t)$ 的一个选择。

证明　因为 $\bar{x}$ 非降，故对任意的 t 有 $\lim_{\hat{t}\downarrow t}\bar{x}(\hat{t})\equiv\bar{x}_+(t)\geqslant\bar{x}(t)\geqslant\bar{x}_-(t)\equiv\lim_{\hat{t}\uparrow t}\bar{x}(\hat{t})$。注意到 J 是 $\bar{x}$ 跳跃点的集合，我们考虑 $s\in J$。由定理中所给条件（2）可知 $g(\bar{x}(t),\ t)$ 连续，因此，$g(\bar{x}(s),\ s)=g(\bar{x}_+(s),\ s)=g(\bar{x}_-(s),\ s)$。再由单交叉性可知，对任意的 $t>s$ 我们均有 $g(\bar{x}_-(s),\ t)\leqslant g(\bar{x}(s),\ t)\leqslant g(\bar{x}_+(s),\ t)$，而对任意的 $t<s$ 我们则有 $g(\bar{x}_-(s),\ t)\geqslant g(\bar{x}(s),\ t)\geqslant g(\bar{x}_+(s),\ t)$。

若 $s\notin J$，则 $\bar{x}$ 在 s 处连续。因此，由定理中所给条件（2）可得 $\frac{\mathrm{d}}{\mathrm{d}s}g(\bar{x}(s),\ s)=g_2(\bar{x}(s),\ s)$。而由复合函数求导公式可得 $\frac{\mathrm{d}}{\mathrm{d}s}g(\bar{x}(s),\ s)=g_2(\bar{x}(s),\ s)+g_1(\bar{x}(s),\ s)\bar{x}'(s)$。比较以上两式可知，或者有 $g_1(\bar{x}(s),\ s)=0$，或者有 $\bar{x}'(s)=0$（根据约定，它包括 $\bar{x}$ 在 s 处不可微的情形）。对于前一种情况，由光滑单交叉差分可知，对任意的 $t>s$ 有 $g_1(\bar{x}(s),\ t)\geqslant 0$，且对任意的 $t<s$ 有 $g_1(\bar{x}(s),\ t)\leqslant 0$。由于 $\bar{x}'(s)\geqslant 0$，我们可知：当 $t>s$ 时 $g_1(\bar{x}(s),\ t)\bar{x}'(s)\geqslant g_1(\bar{x}(s),\ s)\bar{x}'(s)$，当 $t<s$ 时，反向不等式成立。

因此，当 $t>\hat{t}$ 时，

$$
\begin{aligned}
&g(\bar{x}(t),t)-g(\bar{x}(\hat{t}),t)\\
&=\int_{\hat{t}}^{t}g_1(\bar{x}(s),t)\,\bar{x}'(s)\mathrm{d}s+\sum_{s\in J,\hat{t}<s<t}(g(\bar{x}_+(s),t)-g(\bar{x}_-(s),t))\\
&\quad+(g(\bar{x}(t),t)-g(\bar{x}_-(t),t))+(g(\bar{x}_+(\hat{t}),t)-g(\bar{x}(\hat{t}),t))\\
&\geqslant\int_{\hat{t}}^{t}g_1(\bar{x}(s),s)\,\bar{x}'(s)\mathrm{d}s+\sum_{s\in J,\hat{t}<s<t}(g(\bar{x}_+(s),s)-g(\bar{x}_-(s),s))\\
&\quad+(g(\bar{x}(t),t)-g(\bar{x}_-(t),t))+(g(\bar{x}_+(\hat{t}),\hat{t})-g(\bar{x}(\hat{t}),\hat{t}))\\
&=0
\end{aligned}
\tag{4.1}
$$

上式中的不等式对其中的积分项和累加项二者中的每一项都成立。类似地，当 $t<\hat{t}$ 时，我们有

$$
\begin{aligned}
&g(\bar{x}(\hat{t}),t)-g(\bar{x}(t),t)=\cdots\\
&\leqslant\int_{t}^{\hat{t}}g_1(\bar{x}(s),s)\,\bar{x}'(s)\mathrm{d}s+\sum_{s\in J,t<s<\hat{t}}(g(\bar{x}_+(s),s)-g(\bar{x}_-(s),s))\\
&\quad+(g(\bar{x}_+(t),t)-g(\bar{x}(t),t))+(g(\bar{x}(\hat{t}),\hat{t})-g(\bar{x}_-(\hat{t}),\hat{t}))\\
&=0
\end{aligned}
$$

因此，对任意的 t，$\hat{t}$ 均有 $g(\bar{x}(\hat{t}),\ t)\leqslant g(\bar{x}(t),\ t)$。 ■

光滑单交叉差分的必要性

下面我们看一下，当选择集合离散的时候，可以不考虑光滑单交叉差分条件的情形。

在定理 4.2 的证明中，我们分别分析了 $\bar{x}$ 的跳跃函数和连续函数。跳跃函数即式（4.1）中的累加项，而连续函数则为其中的积分项。对于跳跃函数的分析，只需要考虑普通单交叉差分条件即可。因此，在这个条件下，不论目标函数是否满足光滑单交叉差分条件，定理的结论对于离散选择集合总是成立的。

我们下面举例说明当选择集合为 $[0,\ 1]$ 时，普通单交叉差分条件是不充分的。设函数 g：$[0,\ 1]^2\rightarrow R$ 为 $g(x,\ t)=(x-t)^3$。由于 g 随 x 递增，所以它满足严格单交叉差分条件。考虑递增且连续可微函数 $\bar{x}(t)=t$。由于 $g(\bar{x}(t),\ t)=0=g_2(\bar{x}(t),\ t)$，$g(\bar{x}(t),\ t)$ 满足包络公式。进而，由于当 $t<1$ 时 $\max g(x,\ t)=(1-t)^3>0$，我们可得 $\bar{x}(t)\notin X^*(t)$。因此，将定理 4.2 中的条件弱化为严格单交叉会使定理无效。

依据定理 4.2，$\bar{x}(t)\notin X^*(t)$ 必定意味着定理的某些条件不成立，所以 g 一定不是光滑单交叉的。我们可以证明，对 $\hat{t}<t$ 有 $g_1(\bar{x}(t),\ \hat{t})=3(t-\hat{t})^2>0=g_1(\bar{x}(t),\ t)$。

4.1.3 约束简化定理

在机制设计中，我们有时希望尽可能完整地确定可以实现的性能函数集合。如果收益函数满足严格单交叉差分条件且是有界可积的，则单调选择定理和包络定理确保上述条件（1）和条件（2）（单调性和包络公式）是最优性的必要条件。再依据充分性定理，在另外一组假设下，这两个条件还是充分的。因此，当所有相关的假设都满足时，条件（1）和（2）是最优性的充分必要条件。这一点刻画了可行性能函数的集合。

定理 4.3（约束简化） 假设函数 g：$R\times[0,\ 1]\rightarrow R$ 连续可微且满足严格和光滑的单交叉差分性质，进而存在可积函数 $b(t)$ 使得 $\sup_x|g_2(x,\ t)|\leqslant b(t)$。令 $\bar{x}$：$[0,\ 1]\rightarrow R$ 有值域 X，并假设 $\bar{x}=\bar{x}_J+\bar{x}_C$，其中 $\bar{x}_J$ 是跳跃函数、$\bar{x}_C$ 是绝对连续的。当且仅当下面两个条件成立时，$\bar{x}(t)$ 是来自 $x^*(t)=\mathrm{argmax}_{x\in X}g(x,\ t)$ 的一个选择：

（3）$\bar{x}(\cdot)$ 非降；

(4) 包络公式成立：$g(\bar{x}(t), t)-g(\bar{x}(0), 0)=\int_0^t g_2(\bar{x}(s), s)\mathrm{d}s$。

约束简化定理已经成为最优机制设计的基本工具，因为它刻画出了当参与人基于自身利益最大化来选择行动时，一个机制可以实现的性能函数 $\bar{x}(t)$。我们将在本章后面来应用这一结论。

4.1.4 Mirrlees-Spence 表示定理

在消费者理论中有一个长期的传统，当一个消费者的偏好发生变化时他在预算集中所做出的理性选择的变化。比如，如果一个消费者的无差异曲线变得更陡，那么他通常会选择消费更多的横轴上的物品（见图 4.3）。对于给定的二维物品空间上包含参数 t 的效用函数 $U(x, y, t)$，当其斜率 $\mathrm{d}y/\mathrm{d}x=-U_1(x, y, t)/U_2(x, y, t)$ 随 t 递增时，无差异曲线随着 t 的增加而变陡。

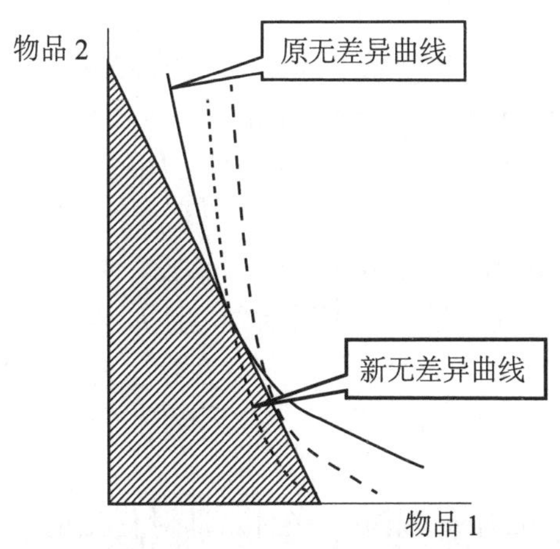

图 4.3 在传统消费者理论中，消费者的偏好是凸的且其预算集是直线，更陡的无差异曲线导致消费更多的物品 1

James Mirrlees（1971）和 A. Michael Spence（1973）中著名的最优税收和信号分析也需要同样的数学条件。与以往的模型相比，Mirrlees 和 Spence 模型在分析上的主要差异在于，选择集不限于一个预算集（是线性的），而是可以选择更一般的形状，如图 4.4 所示。虽然如此，一个更陡的无差异曲线仍然导致消费更多的横轴上的物品（见图 4.4）。

任意一点的无差异曲线随着 t 的增大而越来越陡这一数学条件，意味着对应不同类型的两条无差异曲线只能相交一次。实际上，如果一条对应于类型 $t>t'$ 的无差异曲线与 t'-曲线相交两次，则它们必定是从上

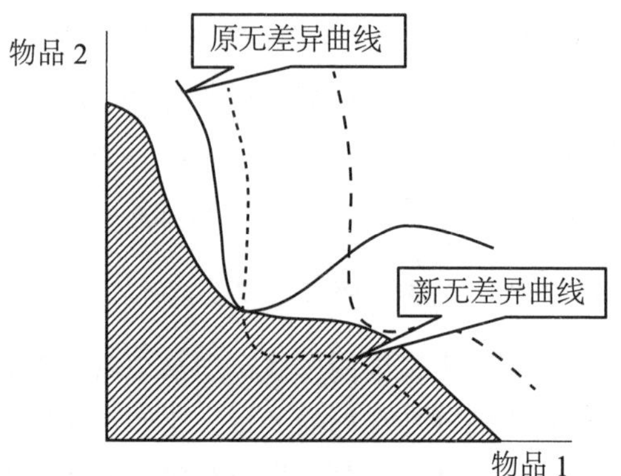

图 4.4　当选择集非凸时，更陡的无差异曲线仍然导致消费更多的物品 1

方和从下方各相交一次，这与 t-曲线在任意交点处都比 t'-曲线陡的假设相矛盾。无差异曲线只相交一次的性质就是 Mirrlees-Spence 条件经常被称为“单交叉条件”的原因。

在简单的拍卖模型中，选择发生在一维空间：竞价人选择一个报价。然而，一维报价决定着一个二维结果：价格和物品的分配。这一点引出了一维和二维选择问题的单交叉条件之间的紧密联系。以下定理概述了这个联系。①

定理 4.4（Mirrlees-Spence 表示）　假设

(i) h：$R^3 \to R$ 是二阶连续可微函数，且 $h_2 \neq 0$，$|h_1|$ 有界；

(ii) 对任意的 $(x, x', y, t) \in R^4$，存在 $y' \in R$ 使得 $h(x', y', t) = h(x, y, t)$。

则下面两条等价：

(1) h 满足 Mirrlees-Spence 条件，即对任意的 $x, y \in R$，$h_1(x, y, t)/|h_2(x, y, t)|$ 随 t 非降。

(2) 对任一连续可微函数 f，函数 g^f：$R^2 \to R$ 被定义为 $g^f(x, t) = h(x, f(x), t)$ 满足光滑单交叉差分条件。

证明　首先证明 (2)⇒(1)。给定 $\hat{x}, \hat{y}, \hat{t} \in R$。记 $f(z) = \hat{y} + \alpha(z - \hat{x})$，其中 $\alpha = -h_1(\hat{x}, \hat{y}, \hat{t})/h_2(\hat{x}, \hat{y}, \hat{t})$。则 $g_1^f(\hat{x}, \hat{t}) = h_1 + \alpha h_2 = 0$。因此光滑单交叉意味着

$$0 \leqslant \frac{\partial}{\partial t} g_1^f(\hat{x}, t) \mid_{t=\hat{t}}$$

① 关于单交叉条件和 Mirrlees-Spence 条件之间关系的其他结果，可见 Milgrom 和 Shannon（1994）以及 Edlin 和 Shannon（1998a，1998b）。

$$= \frac{\partial}{\partial t}\left[h_2(\hat{x},\hat{y},t)\left(\alpha+\frac{h_1(\hat{x},\hat{y},t)}{h_2(\hat{x},\hat{y},t)}\right)\right]_{t=\hat{t}}$$

$$= \left[h_2(\hat{x},\hat{y},t)\,\frac{\partial}{\partial t}\left(\alpha+\frac{h_1(\hat{x},\hat{y},t)}{h_2(\hat{x},\hat{y},t)}\right)+0\right]_{t=\hat{t}}$$

由此我们可知 h 满足 Mirrlees-Spence 条件。

为证明（1）⇒(2)，我们首先证明由（1）可推得 g^f 具有单交叉差分。令 f：$R\to R$ 为任一函数。假设$\hat{x}>\tilde{x}$，$\hat{y}=f(\hat{x})$，且 $h(\hat{x},\ \hat{y},\ \tilde{t})\geqslant h(\tilde{x},\ \tilde{y},\ \tilde{t})$。我们必须证明对任意的 $t>\tilde{t}$，有 $h(\hat{x},\ \hat{y},\ t)\geqslant h(\tilde{x},\ \tilde{y},\ t)$。

假设上式不成立。因为 h 对 t 连续，所以存在 $\hat{t}\in[\tilde{t},\ t)$ 使得 $h(\hat{x},\ \hat{y},\ \hat{t})=h(\tilde{x},\ \tilde{y},\ \hat{t})$。令 $\{(x(s),\ y(s))\mid s\in[\tilde{t},\ t]\}$ 满足 $x(s)=\tilde{x}+\lambda(s-\tilde{t})$，其中 $\lambda=(\hat{x}-\tilde{x})/(\hat{t}-\tilde{t})>0$，再对任意 s 定义 $y(s)$ 使得 $h(x(s),\ y(s),\ \hat{t})=h(\tilde{x},\ \tilde{y},\ \hat{t})$。根据假设，这样的函数 $y(s)$ 存在。由于 $x'(s)=\lambda$，h 可微且 $h_2\neq0$，因此 $y(s)$ 可微，并且

$$h_2(x(s),y(s),\hat{t})\,\frac{\mathrm{d}y}{\mathrm{d}s}=-h_1(x(s),y(s),\hat{t})\,\frac{\mathrm{d}x}{\mathrm{d}s}$$

或者

$$\frac{\mathrm{d}y}{\mathrm{d}s}=-\frac{\mathrm{d}x}{\mathrm{d}s}\,\frac{h_1(x(s),y(s),\hat{t})}{h_2(x(s),y(s),\hat{t})}$$

由于 $h_2\neq0$ 且 h_2 连续，因此它的正负号保持不变，我们将其记为 $\sigma=h_2(\tilde{x},\ \tilde{y},\ \tilde{t})/\mid h_2(\tilde{x},\ \tilde{y},\ \tilde{t})\mid=\pm1$。因此，由 $x(\hat{t})=\hat{x}$且 $x(\tilde{t})=\tilde{x}$可得

$$h(\hat{x},\hat{y},t)-h(\tilde{x},\tilde{y},t)=\int_{\tilde{t}}^{\hat{t}}\frac{\mathrm{d}}{\mathrm{d}s}h(x(s),y(s),t)\mathrm{d}s$$

$$=\int_{\tilde{t}}^{\hat{t}}\left[h_1(x(s),y(s),t)\,\frac{\mathrm{d}x}{\mathrm{d}s}+h_2(x(s),y(s),t)\,\frac{\mathrm{d}y}{\mathrm{d}s}\right]\mathrm{d}s$$

$$=\int_{\tilde{t}}^{\hat{t}}\left[\lambda\,\frac{h_1(x(s),y(s),t)}{\mid h_2(x(s),y(s),t)\mid}+\sigma\,\frac{\mathrm{d}y}{\mathrm{d}s}\right]\cdot\ \mid h_2(x(s),y(s),t)\mid\mathrm{d}s$$

$$\geqslant\int_{\tilde{t}}^{\hat{t}}\left[\lambda\,\frac{h_1(x(s),y(s),\hat{t})}{\mid h_2(x(s),y(s),\hat{t})\mid}+\sigma\,\frac{\mathrm{d}y}{\mathrm{d}s}\right]\cdot\ \mid h_2(x(s),y(s),t)\mid\mathrm{d}s$$

$$=0 \tag{4.2}$$

由于 $\mathrm{d}x/\mathrm{d}s>0$，由结论（1）（因为被积函数处处大于在 t 点处的函数值）可以得到式（4.2）中的不等式。最后的等式是因为所构造的被积函数处处等于零。

现在我们来证明 g^f 具有光滑单交叉差分性。假定 f 可微且 $\mathrm{d}h(x,\ f(x),\ t)/\mathrm{d}x=0$，$h_2$ 处处大于 0。因此，对任意的 $\hat{t}$，$\mathrm{d}h(x,\ f(x),$

$\hat{t})/\mathrm{d}x=h_1(x, f(x), \hat{t})+h_2(x, f(x), \hat{t})f'(x)$，它和 $h_1(x, f(x), \hat{t})/h_2(x, f(x), \hat{t})+f'(x)$ 具有相同的正负号。而后者在 $\hat{t}$ 大于或小于 t 时也分别大于或小于 $h_1(x, f(x), t)/h_2(x, f(x), t)+f'(x)=0$。因此，当 $h_2>0$ 时 g^f 具有光滑单交叉差分性质。当 $h_2<0$ 时可以类似地证明。■

以上定理中的条件（ii）表明物品 2 十分重要，它可以补偿物品 1 数量的任意变化。这一条件在所有现有的拍卖模型中，以及在偏好是拟线性的模型中均成立。对于拟线性模型，Mirrlees-Spence 条件具有特别简单的形式。

定理 4.5 函数 $h(x, y, t)=y+g(x, t)$ 满足 Mirrlees-Spence 条件当且仅当 $\partial g(x, t)/\partial x$ 随 t 递增时。

$\partial g(x, t)/\partial x$ 随 t 递增这一条件是所谓的递增差分（increasing differences）或保序差分（isotone differences）条件的可微形式。如果对任意的 $x'>x$ 和 $t'>t$ 均有以下条件成立，则称函数 g 具有递增差分：

$$g(x',t')-g(x,t')>g(x',t)-g(x,t) \tag{4.3}$$

这一条件强于单交叉差分条件，因为单交叉差分要求当式（4.3）的右边为正时，左边也必须为正。递增差分条件在我们的分析和比较静态分析中都十分有用。

4.2 均衡策略的求解和验证

在本节中，我们使用前面所证明的定理来求解赢者是最高报价的竞价人这一类拍卖的均衡策略。① 在我们研究的前几个博弈中，报价为 b 的竞价人获得的期望收益为

$$X^i(b)v^i(t^i)-p^i(b) \tag{4.4}$$

其中 $v^i(t^i)$ 是 i 的估价，而 $X^i(b)$ 和 $p^i(b)$ 分别是竞价人投标 b 时的获胜概率和期望支付。如果 v^i 可微并记 $\beta^i(t^i)$ 是使式（4.4）达到最大的报价，则我们可以定义 $x^i(t^i)=X^i(\beta^i(t^i))$。去掉竞价人上标 i，由包络积分公式可得类型为 t 的竞价人的收益满足下式：

$$V(t)=V(0)+\int_0^t v'(s)x(s)\mathrm{d}s \tag{4.5}$$

① Klemperer（2002）提出了求解一类拍卖博弈均衡解的一种类似方法。

不失一般性，我们假定 $v(\cdot)$ 非降[①]，这意味着收益函数（4.4）具有单交叉差分性质。如果 $v(\cdot)$ 递增，那么收益函数具有严格单交叉差分性质，所以竞价人获胜的概率必定随其类型非降。如果只有报价最高的竞价人才可以获胜，那么由单调选择定理可知，任一竞价人的最优报价函数都必定非降。

最初的几个例子都采用了已经被深入研究并经常被其他分析所采用的拍卖模型——对称的、风险中性的独立私有价值模型，我们有时称它为基准（benchmark）模型或标准模型。在这一模型中，有 N 个竞价人，他们的编号用 n 来表示，销售单件物品。[②] 假定各竞价人的类型为统计独立的并服从相同的连续型分布函数。除了支付价格 p 外什么都没有获得的竞价人的收益为 $-p$；如果获得物品，则类型为 t 的竞价人的收益为 $v(t)-p$。竞价人是风险中性的。

我们可以按以下方式得到一个非常一般的模型：令 $v(t)=t$ 并从模型中消除 v。不失一般性，我们假定类型是 $[0,1]$ 上的均匀分布，并令 $v=F^{-1}(t)$ 而引入竞价人估价的一个递增的分布函数 F。前一种描述方法在文献中更为常见。而后一种描述方法采用分布式策略，它具有两个优势：(1) 在用于经验工作中时更容易判定报价的分布；(2) 它统一了离散和连续两种估价分布的模型分析。[③] 在本章，我们假定类型为 $[0,1]$ 上的任意分布 F，相应的概率密度为 f，且每一个竞价人的估价都是其类型的一个可微非降函数。

4.2.1　具有保留价的二级价格拍卖

在本节中，用于和其他拍卖相比较的基准拍卖模型是 Vickrey 二级价格拍卖的一种改进形式，此处卖方设置一个最低可接受价格，即保留价 r。保留价的作用就好像是卖方提交了一个报价 r。因此，如果没有竞价人的报价超过 r，那么物品由卖方保留；否则，报价最高的竞价人获得物品，若 r 超过第二高的实际报价，则其支付等于 r，否则支付是第二高的实际报价。

如同在第 2 章中所提到的，这一模型中的竞价人具有占优策略：按自己的估价报价是最优的。如果记 $t^{(1)}$ 和 $t^{(2)}$ 分别表示最高和次高类型，

---

① 如果 v 不是非降的，则我们可以重新定义类型使得它非降。

② 如果每个竞价人最多只能赢得一件物品，那么下面的分析可以推广到多物品拍卖中。

③ 关于这一方法的更多内容，可见 Milgrom 和 Weber（1985）。

那么占优策略的结果是：若 $v(t^{(1)})>r$ 则交易价格为 $\max[v(t^{(2)}),\ r]$，否则不销售。对任意的分布类型而言，这一策略构成了 Bayes-Nash 均衡。

在一个 Vickrey 拍卖中，竞价人和卖方的均衡收益都不依赖于平局加赛（tie-breaking）规则。不过，由于当 v 不是严格递增时平局是有可能发生的，因此将最高类型的竞价人看为胜者会使收益的计算方便一些。

4.2.2 密封投标或一级价格拍卖

自从 Vickrey 引入二级价格密封拍卖之后，经济学界就把标准的密封拍卖称为“一级价格”拍卖。一方面，这一类拍卖是简单的密封拍卖，其中报价最高的竞价人获胜且以其报价为支付价格。另一方面，如果竞价人是卖方，在标准密封拍卖中，报价最低的竞价人获胜并以其报价为支付价格。[①] 为了简便，我们假设如果最高报价是由两个或更多竞价人报出的，则物品被随机分配给其中的一个竞价人。另外，我们引入保留价 r，使得如果没有报价超过 r 就不成交。

对这一拍卖，我们要找出其中的对称均衡，即找出一个策略 β: $[0,\ 1]\rightarrow\{0\}\cup(r,\ \infty)$ 使得对称策略组合（β，…，β）是一个 Nash 均衡。我们约定达不到保留价的竞价人的报价为 0。我们假定存在 $\hat{t}\in(0,\ 1)$ 使得 $v(\hat{t})=r$，也就是说，保留价大于某些类型竞价人所乐于支付的价格，但小于其他类型竞价人所乐于支付的价格。

初步的分析可以使得可能的均衡策略集合变得很小[②]。首先，对估价 $v(t)<r$ 的竞价人来说，报价为 0 是一个占优策略。对于 $v(t)>r$ 的竞价人来说，报价小于 r 或超过 $v(t)$ 是一个占优策略。此外，不存在对称的均衡使得竞价人有正概率的占优报价。比如，如果在一个类型区间上有 $v(t)<r$ 且报价至少为 r，那么每个竞价人的类型都位于这个区间的概率为正。但是，在这个区间中的类型具有负的期望收益（当 $v(t)<r$ 时收益为负，而在其他区间中的收益为 0）。负的期望收益与均衡矛盾，因为每个竞价人只需报价为 0 即可获得 0 收益。

---

① 在数学上，这两种拍卖是没有差别的。卖方的投标可以被看作一个负价格交易的模型，其中，“最高报价”是距 0 最近的报价，所以同样的理论也是成立的。在一些契约责任的实际组合拍卖中，组合的价值是负的还是正的并不清楚，所以买卖的实际区别模糊不清。

② Griesmer、Levitan 和 Shubik（1967）开创了这一类型的分析，限制了可能是均衡报价函数的值域。

在一个对称均衡中，较高的报价必然会有较高的获胜概率。如果 v 是递增的，那么收益函数满足严格单交叉差分性质，所以单调选择定理意味着任意对称均衡策略 β 都是非降的。

更强的结论是，任一对称均衡的报价函数 β 必定在使 $v(t)>r$ 的类型的子定义域中严格递增。如果不是，那么拍卖将会以概率为 $\varepsilon>0$ 的平局结束，其中有多个竞价人提交相同的报价 $b>r$ 并都宁愿以价格 b 赢得拍卖。在这种情况下，计划报价为 b 的竞价人可以通过稍微提高其报价到 $b'>b$ 以增加其期望收益。这一变化将使其以不超过 $b'-b$ 的成本使获胜概率增加 ε，而这个成本可以选择为任意小，这证实了初始的策略不是均衡的。

对于一个递增的对称均衡策略，倘若类型最高的竞价人对物品的估价超过 r，那么他就会获胜。因此，这种拍卖的决策性能与保留价为 r 的 Vickrey 拍卖相同。因为两种拍卖都使类型为 0 的竞价人获得零均衡收益，由 Myerson 引理可知，所有类型的期望收益在两种拍卖中都相同。因此，唯一可能的对称均衡策略应该使得对任意的类型 $t>\hat{t}$ 两种拍卖的期望支付相同。我们假定竞价人 1 的类型为 $t^1=t>\hat{t}$，引入记号 $T=\max(t^2, \cdots, t^N)$。如果所有竞价人都采用递增均衡策略 β，那么竞价人 1 的期望支付必定满足

$$\begin{aligned}\beta(t)F^{N-1}(t) &= E[\max(r,v(T))1_{\{T<t\}}]\\ &= r\cdot F^{N-1}(\hat{t})+\int_{\hat{t}}^{t}v(s)\mathrm{d}F^{N-1}(s)\\ &= v(\hat{t})F^{N-1}(\hat{t})+\int_{\hat{t}}^{t}v(s)(N-1)f(s)F^{N-2}(s)\mathrm{d}s\end{aligned} \tag{4.6}$$

在式（4.6）的第一行中，等号左边的表达式是竞价人 1 在一级价格拍卖中获得的期望支付：当获胜时，其支付为 $\beta(t)$；否则，其期望支付为 0。当他赢得拍卖时，其他 $N-1$ 个竞价人的类型 t^2，…，t^N 都必须小于竞价人 1 的实际类型，这个事件发生的概率为 $F^{N-1}(t)$。等号右边的表达式是在 Vickrey 拍卖中相应产生的期望支付：当 $T<t$ 时，竞价人赢得拍卖并且支付 $\max(r, v(T))$。

当 v 递增时，式（4.6）确定了唯一的候选均衡策略。以下的定理 4.6 证明这个策略是对称的均衡策略。

定理 4.6　在基准模型（具有独立私有价值的竞价人对称且风险中性）中，如下策略是一个对称的均衡策略：当 $t<\hat{t}$ 时 $\beta(t)=0$，否则

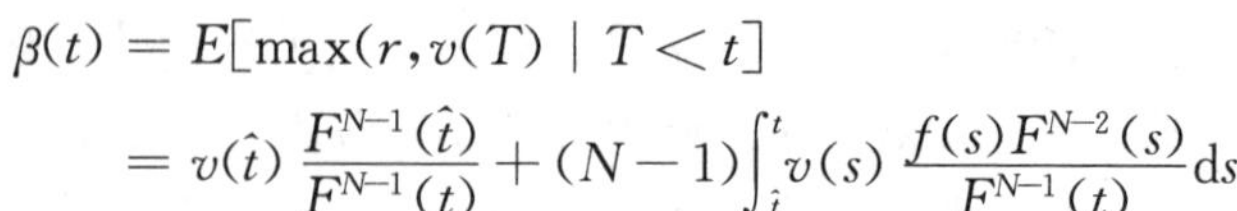

$$\begin{aligned}\beta(t) &= E[\max(r, v(T) \mid T < t] \\ &= v(\hat{t})\,\frac{F^{N-1}(\hat{t})}{F^{N-1}(t)} + (N-1)\int_{\hat{t}}^{t} v(s)\,\frac{f(s)F^{N-2}(s)}{F^{N-1}(t)}\mathrm{d}s\end{aligned}$$

如果 v 是递增的，则此策略是唯一的对称均衡策略。

注 这个定理在离散与连续分布的估价下都成立。假设竞价人的估价均为 5 或 10，每一取值的概率各为 1/2。为建立这种情况的模型，设 v 为任一光滑非降函数，满足：当 $t\in\left(\frac{1}{4},\ \frac{1}{2}\right)$ 时 $v(t)=5$，当 $t\in\left(\frac{3}{4},\ 1\right)$ 时 $v(t)=10$，并设 F 为 $\left(\frac{1}{4},\ \frac{1}{2}\right)\cup\left(\frac{3}{4},\ 1\right)$ 上的均匀分布。对任意离散分布的估价都可以按类似方法建立模型。以上所构造的 F 具有概率密度 f 且 v 是非降、可微的。

当 v 不严格递增时，估价的分布可能会有质点。尽管如此，报价的分布仍然没有质点且具有概率密度。实际上，β 因而变成了一个混合策略，它能引导竞价人如何随机化。如果对类型 t 和 t' 有 $v(t)=v(t')$，那么在每种情况下报价 $\beta(t)$ 和 $\beta(t')$ 对竞价人而言都是没有区别的，所以最优的响应和均衡都不是唯一的。但是当估价的分布有质点时，不同的均衡竞价策略的不同之处在于它们处理竞价者差异的方式不同。

定理 4.6 的证明 通过构造均衡策略可知，相应的收益满足包络条件，并且我们在前面已经指出弱的单交叉性总是成立的。由于所确定的策略非降，由充分性定理可知，对于报价函数值域内的报价，没有哪种类型的竞价人会有更好的响应。于是，我们在下面只考虑值域外的报价。

由于式（4.6）蕴含的策略在 $t\geqslant\hat{t}$ 上连续递增，所以报价函数的值域是区间 $[r,\ \beta(1)]$。由定义，唯一允许的低于 r 的报价为 0，所以在报价函数值域外的允许报价为 0 或者 $b>\beta(1)$。前者从来不是有利的，因为其收益为 0。当所有竞价人都按其均衡策略报价时，$b>\beta(1)$ 的任一报价均以概率 1 赢得拍卖，其收益为 $v(t)-b<v(t)-\beta(1)$，所以它不如报价 $\beta(1)$ 有利。因此，$\beta(t)$ 是所有允许报价中最好的响应。

如果 v 递增，那么结合我们前面的讨论以及单调选择定理可知，均衡 β 必定是递增的。于是，作为最优性的必要条件，包络条件可以写为式（4.6）的形式。因此，任意对称均衡策略必定与我们前面确定的那个均衡策略一致。 ■

上述定理的证明包括两部分，每一部分都是必不可少的。一部分证明了在均衡报价函数 β 的值域内偏移是无利可图的。另一部分证明了在 β 的值域外的报价不会比值域内的报价获得更多的期望收益。要理解为什么后面一步是必不可少的，我们考虑每个类型的竞价人报价为 10 的策略。这是一个单调策略，并且相应的报酬满足包络条件。任一类型的任一竞价人在报价函数的值域内最大化自己的收益，因为该范围是一个单独的范围。但是，这不是一个均衡，因为有些类型的竞价人的报价超过 10 更好，而另外一些类型的竞价人的报价低一些会更好。

下面，我们转而考虑关于拍卖理论的经验结果的一个问题。Laffont、Ossard 和 Vuong（1995）研究了报价经验分布与均衡报价行为的一致性。给定报价分布的数据，什么条件下我们可以找到一个估价分布（或者相当于函数 v），使得在此估价分布下的均衡报价与实际观测到的数据一致？对此，使用分布式策略表述是方便的，我们取 F 为［0，1］上的均匀分布。

定理 4.7　相应概率密度为 $G'>0$ 的报价分布 G，与 $r=0$、估价函数 v 递增且类型服从均匀分布的基准模型的均衡相一致，当且仅当 $b+\frac{1}{N-1}\frac{G(b)}{G'(b)}$ 是 $b\geqslant 0$ 的递增函数时。在这一情况下，与 G 一致的估价函数为

$$v(t)=\frac{1}{N-1}\frac{t}{G'(G^{-1}(t))}+G^{-1}(t)$$

证明　在均衡策略方程（4.6）的两端分别对 t 求导，可得

$$\begin{aligned}&\beta'(t)F^{N-1}(t)+(N-1)\beta(t)F^{N-2}(t)f(t)\\&=v(t)(N-1)F^{N-2}(t)f(t)\end{aligned}$$

根据假定，类型服从［0，1］区间上的均匀分布，于是，

$$\beta'(t)t^{N-1}+(N-1)\beta(t)t^{N-2}=v(t)(N-1)t^{N-2}$$

或者等价地，

$$v(t)=\frac{t\beta'(t)}{N-1}+\beta(t)$$

将 $t=G(b)$ 及 $b=\beta(t)$ 代入，可得

$$v(G(b))=\frac{1}{N-1}\frac{G(b)}{G'(b)}+b \tag{4.7}$$

由于 v 和 G 是递增函数，所以上式右端也必定是递增的。

相反，假定式（4.7）右端的表达式随 b 递增。则利用式（4.7）我们可计算得到

$$v(t)=\frac{1}{N-1}\frac{t}{G'(G^{-1}(t))}+G^{-1}(t)$$

因为 $v(G(b))$ 递增，因此 $v(t)$ 也随 t 递增。为重新获得式（4.6），我们只需简单地将以上步骤反转。将 $t=G(b)$ 及 $b=\beta(t)$ 代入可得

$$v(t)=\frac{1}{N-1}\frac{t}{G'(\beta(t))}+\beta(t)=\frac{1}{N-1}t\beta'(t)+\beta(t)$$

其中我们将表达式 $t=G(\beta(t))$ 对 t 求导（$1=G'(b)\beta'(t)$）得到第二个等式。由此可得 β 是 $r=0$ 时相应于 v 的均衡报价函数。[①] ■

Laffont、Ossard 和 Vuong（1995）利用上面的反演技术来估计在法国南部一个市场上的茄子口头拍卖中与报价相一致的估价分布。大量关于拍卖的结构计量经济学文献采用了类似的方法。读者可参见 Laffont（1997）对此的综述。

4.2.3 消耗战拍卖

消耗战拍卖最早用于描述两个动物争夺同一块食物或同一个配偶的建模。同样的模型也已经用于分析经济现象，如寡头垄断市场中的退出（Fudenberg 和 Tirole（1986））和政府预算的辩论（Alesina 和 Drazen（1991））。也可见 Milgrom 和 Weber（1985）以及 Bulow 和 Klemperer（1999）。

在生物学的模型中，两个饥饿的动物为食物而战，直到其中一个放弃并撤退。战斗的双方都有损失，因为战斗需要能量并有受伤的风险。每个动物的策略是决定战斗多长时间再放弃，我们可以将其称为这个动物的报价 b。报价高（$\max(b_1, b_2)$）者获胜，而战斗的结束时刻为 $\min(b_1, b_2)$，此时一个动物放弃。每个动物的成本均为 $\min(b_1, b_2)$，即战斗所花费的时间。

不同动物的饥饿程度是不同的，也就是说，它们对赢得战斗的估价不同，所以每个动物根据它们的类型来选择不同的报价。如果每个动物都根据群体中其他动物的策略来进行最优化，那么群体策略为一个函数 β: $[0, 1]\to R$，这是博弈的一个对称均衡策略。

为了便于解释，我们假定竞价人全支付拍卖（all-pay auction）中的保留价为零。于是，与一级价格拍卖中相同，均衡策略 β 必定为竞价

---

① 可以将定理 4.6 推广到 $r>0$ 的情形，以及 $v(\cdot)$ 和 $b+\frac{1}{N-1}\frac{G(b)}{G'(b)}$ 均非降而不是严格递增的情形中。

人类型的递增函数。类型最低的竞价人必定会失标，所以他在任何均衡中的报价都必定为 0，否则他可以通过偏离均衡、报价为 0 而获利。因此，由 $N=2$ 时的 Myerson 引理可得，当没有保留价时，任意纯策略均衡必定使竞价人在全支付拍卖中的期望支付与在 Vickrey 拍卖中的相同：

$$\int_0^t \beta_{WA}(s)f(s)\mathrm{d}s+(1-F(t))\beta_{WA}(t)=\int_0^t v(s)f(s)\mathrm{d}s \tag{4.8}$$

上式左端是竞价人在两人全支付拍卖中的总期望支付，它等于竞价人在获胜和失标时的期望支付之和；右端是他在无保留价的两人 Vickrey 拍卖中的期望支付。在式（4.8）两端分别对 t 求导，可得

$$(1-F(t))\beta'_{WA}(t)=v(t)f(t)$$

由式（4.8）可知，我们恒有 $\beta_{WA}(0)=0$。因此，上式有唯一解为

$$\beta_{WA}(t)=\int_0^t v(s)\frac{f(s)}{1-F(s)}\mathrm{d}s \tag{4.9}$$

不难看出，β_{WA} 非降。由此可知，如果所有的竞价人都使用这个策略，那么他们的收益满足包络公式。因此，可以利用充分性定理：没有竞价人可以通过偏离到 β_{WA} 值域内的其他报价而获利。容易看出，没有竞价人可以通过在这个值域外的报价而严格增加其收益。因此，我们得到以下定理。

定理 4.8　在基准模型中，消耗战拍卖博弈的唯一对称纯策略均衡是由式（4.9）定义的策略。

在上面的证明过程中，我们阐述了充分性定理在证明均衡报价策略中的作用。对给定的一个均衡策略，首先证明它满足包络公式，通常这可以通过策略的构造来证明。如果 $\beta(t)$ 是递增的且在 $\beta(t)$ 的值域之外没有更好的报价，则由充分性定理可知，$\beta(t)$ 是竞价人最好的响应，从而是一个均衡策略。

4.2.4　竞价人全支付拍卖

另外一个失标者支付的拍卖机制是竞价人全支付拍卖，它有时被用于行贿的模型，其中贿赂额最高的单位将得到合同或其他利益。尽管只有报价最高者获胜，但每个竞价人都必须支付与其报价相同的成本。再次使用 Myerson 引理可得，对于 N 个参与人，唯一可能的均衡策略是竞价人的报价（这同时也是竞价人的期望支付）与无保留价的 Vickrey 拍卖中竞价人的期望支付相同。因此，相应的策略为

$$\beta_{AP}(t)=\int_0^t v(s)(N-1)F^{N-1}(s)f(s)\mathrm{d}s \tag{4.10}$$

其中左端是类型为 t 的行贿者的支付，而右端是在 N 人 Vickrey 拍卖中相应的期望支付。

定理 4.9 在基准模型中，全支付一级价格拍卖的唯一对称纯策略均衡由式（4.10）给出。

以上定理的证明使用了充分性定理和本章中的其他类似定理。

4.3 基准模型的收益比较

在本节中，我们提出基准模型的五种变化形式，其中的期望收益与标准拍卖形式完全不同并可预知。在五种不同的模型中，使收益等价定理不再成立的条件为：(1) 投标成本；(2) 风险厌恶；(3) 预算约束；(4) 拍卖结束后拍卖者的数量选择；(5) 竞价人类型的相关性。为了简化符号，除了特别声明之外，我们假定类型相互独立，同均匀分布，且估价 $v(t)$ 是该类型的平滑递增函数。

我们将在本节中研究投标成本和风险厌恶，因为它们出现在下面的模型中，其中收益等价定理不再成立，但是竞价人获得支付等价。在模型中，我们将投标成本看作竞价人参与拍卖的成本，所以拍卖时间越短，成本就越低。有趣的是，拍卖的时间长度在投标成本模型中是内生的。例如，竞价人可以通过跳跃式投标使拍卖提前结束。

正如我们在上一章中提到的，风险厌恶并不一定会使收益等价失效，但是它会提高一级价格拍卖中的报价。这是因为风险厌恶型竞价人会提高报价，从而以较低的收益换取更大的获胜可能性。这一结果增加了一级价格拍卖的收益，但它在二级价格拍卖中不成立。

预算约束也会导致拍卖性能的变化，它在二级价格拍卖中的作用比在一级价格拍卖中的更大，因为在（无约束的）二级价格拍卖中均衡报价更高。

在一些采购拍卖中，竞价人向买方报价，买方选择最优报价并决定购买量。这一数量决策影响了对拍卖的比较。如果买方倾向于以更低的价格购买更多的数量，那么一级价格拍卖中竞价人的报价相对要低一些，因为较大的销售数量部分抵消了他减少的毛利。在二级价格拍卖中不存在类似的影响，所以一级价格拍卖中的报价要低一些。

竞价人类型之间的正相关是系统发生变化的另一个原因，它的作用原理在 Milgrom 和 Weber（1982）中被称为关联原理（linkage principle）。令人惊讶的是，在二级价格拍卖中，类型较高的竞价人若想按照类型较低的方式那样报价，并不能让他的平均支付价格变低。因为次高报价与他自己的类型正相关，在任一给定报价下他的支付都是他自己类型的递增函数。在二级价格拍卖中，这种价格与竞价人类型之间的直接关联提高了高类型竞价人的支付价格，从而减少了他们的收益。但是在一级价格拍卖中这样的情况不会发生。由于这种关联并不影响最终结果的效率，它使得二级价格拍卖中的平均收益高于一级价格拍卖。

在下一章中，我们将说明这一关联原理的其他应用。例如，我们发现，如果卖方有可证明的与竞价人信息相关的私有信息，那么透露它会使报价与透露的信息相关联，这也会提高价格。①

4.3.1　收益等价不成立时的收益等价

1. 风险厌恶型卖方

在对称独立私有价值模型中，尽管一级价格拍卖和二级价格拍卖的期望收益相同，但是收益的方差却是不同的。在一级价格拍卖中，失标者的收益为零，而类型为 t 的赢者获得的收益为 $v(t)-b$。相反，在二级价格拍卖中，已经知道自己获胜的类型为 t 的竞价人仍然面临着另外的不确定性：他不知道他要支付的价格是多少。

下面的两个定理研究在二级价格拍卖中考虑风险会导致的结果。我们发现，在二级价格拍卖中赢者所面临的这一风险也使得卖方的收益更加随机。所以，如果竞价人是风险中性的而卖方是风险厌恶的，那么卖方会选择一级价格拍卖。下面的定理 4.10 正式地讨论这一观点。

记 $t^{(1)}$ 和 $t^{(2)}$ 分别表示（t^1，…，t^N）中的第一和第二次序统计量。卖方在一级和二级价格拍卖中的实际均衡收益分别为 $\beta_{FP}(t^{(1)})1_{\{v(t^{(1)})\geqslant r\}}$ 和 $\max(r, v(t^{(2)}))1_{\{v(t^{(1)})\geqslant r\}}$。

定理 4.10　在基准模型中，对任一严格凹的效用函数 U，均有

$$E[U(\beta_{FP}(t^{(1)})1_{\{v(t^{(1)})\geqslant r\}})]\geqslant E[U(\max(r,v(t^{(2)}))1_{\{v(t^{(1)})\geqslant r\}})]$$

这就是说，在一级价格拍卖中卖方的期望效用要高于在二级价格拍卖中。

---

① 当透露信息影响物品的分配时，这样做不一定对拍卖者有利。见 Peery 和 Reny（1999）中的例子。

证明 不失一般性，我们令 $U(0)=0$。则

$$
\begin{aligned}
&E[U(\max(r,v(t^{(2)})))1_{\{v(t^{(1)})\geqslant r)\}}]\\
&=E[E[U(\max(r,v(t^{(2)})))1_{\{v(t^{(1)})\geqslant r)\}}\mid t^{(1)}]]\\
&=E[E[U(\max(r,v(t^{(2)})))\mid t^{(1)}]1_{\{v(t^{(1)})\geqslant r)\}}]\\
&\leqslant E[U[E(\max(r,v(t^{(2)}))\mid t^{(1)})]1_{\{v(t^{(1)})\geqslant r)\}}]\\
&=E[U(\beta_{FP}(t^{(1)}))1_{\{v(t^{(1)})\geqslant r)\}}]
\end{aligned}
$$

其中的第一步使用了重复期望定律；第二步是因为示性函数对 $t^{(1)}$ 来说是可测的；第三步使用了 Jensen 不等式①；最后一步来自我们早先描述的均衡报价策略（即，当 $v(t^{(1)})>r$ 时，$\beta_{FP}(s)=E[\max(r,\ v(t^{(2)}))\mid t^{(1)}=s]$）。 ■

证明的关键是：给定 $t^{(1)}$，二级价格拍卖中的价格是一个均值为 $\beta_{FP}(t^{(1)})$ 的随机变量。因此，与一级价格拍卖相比，在二级价格拍卖中卖方的收益均值相同但“风险”更大。因此，风险厌恶型卖方在基准模型中宁愿选择一级价格拍卖。

2. 风险厌恶型竞价人

在第 3 章中，我们基于一个特定的对称模型证明了，当竞价人的绝对风险厌恶为常数时，一级价格拍卖和二级价格拍卖产生同样的期望收益。进而，在二级价格拍卖中获胜的竞价人在已知其类型（但不知道其他人的报价）的条件下面临着价格风险。如果此赢者是风险厌恶型的，那么他的期望效用小于他的估价减去期望价格的差。因此，收益等价定理意味着二级价格拍卖中的平均价格必定小于一级价格拍卖中的平均价格。

这一结论也适用于比基准模型更为一般的模型。在二级价格拍卖中，竞价人的风险厌恶态度不会改变他的占优策略，但是在一级价格拍卖中，他的风险厌恶态度会提高其均衡报价。竞价人的风险厌恶会提高他在一级价格拍卖中的报价，因为在一级价格拍卖中稍微提高报价相当于买了一部分保险：尽管利润率较低，但它降低了零收益的概率，提高了获胜的概率。由于风险厌恶型竞价人重视价格保险，所以他们的报价高于风险中性时的报价。

为了与风险厌恶型竞价人获得的收益进行比较，我们必须先讨论在一级价格拍卖中以期望效用最大化为目标的竞价人的均衡报价策略 β_{FP}^{U}。

① Jensen 不等式是指对任意的凸函数 f 和随机变量 x，有 $E[f(x)]\geqslant f(E[x])$。

这里，我们将再次用到约束简化定理。在以下讨论中，我们一直假定规范化条件 $U(0)=0$ 成立。于是，如果最大的竞争报价的分布为 H，那么类型为 t 的竞价人报价为 b 时的期望收益为

$$\Pi(b)=U(v(t)-b)H(b) \tag{4.11}$$

类型为 t 的竞价人可以只考虑 $b\leqslant v(t)$ 的报价，并等价地使其目标函数的对数值最大化：$\ln\Pi(b)=\ln U(v(t)-b)+\ln H(b)$。因为 v 递增，所以如果 $\ln U(\cdot)$ 是凹函数，那么由定理 4.5 可知 $\ln\Pi(b)$ 满足单交叉差分性质。因此，竞价人对任何竞争策略的最优响应策略 β 必定为非降函数。与 4.2.2 节中的讨论类似，均衡报价函数必定是递增的。如果报价函数可微且报价满足一阶最优性条件，那么一定满足包络条件。[①] 所以一个满足一阶条件的递增函数一定是一个均衡。

定理 4.11[②]　假设 $\ln U(\cdot)$ 为可微的凹函数，并且记 t^* 满足条件 $v(t^*)=r$。则一级价格拍卖的唯一对称均衡策略 β_{FP}^U 是下面的微分方程在边界条件 $\beta_{FP}^U(t^*)=r$ 下的解：

$$\frac{N-1}{t\beta_{FP}^{U'}(t)}=\frac{U'(v(t)-\beta_{FP}^U(t))}{U(v(t)-\beta_{FP}^U(t))} \tag{4.12}$$

证明　竞价人的问题是最大化

$$\ln\Pi(b)=\ln U(v(t)-b)+\ln H(b)$$

则其一阶条件为

$$-\frac{U'(v(t)-b)}{U(v(t)-b)}+\frac{1}{H(b)}\cdot\frac{\mathrm{d}H(b)}{\mathrm{d}b}=0$$

去掉 β_{FP}^U 中的上、下标，并利用 $H(b)=(\beta^{-1}(b))^{N-1}$，我们可得

$$\frac{1}{H(b)}\cdot\frac{\mathrm{d}H(b)}{\mathrm{d}b}=\frac{N-1}{t\beta'(t)}$$

所以，

$$-\frac{U'(v(t)-b)}{U(v(t)-b)}+\frac{N-1}{t\beta'(t)}=0$$

由于当自变量为正时 U，$U'>0$，式（4.12）有一个导数 $\beta_{FP}^{U'}(t)$ 处处非负的解，所以函数 β_{FP}^U 递增。由于我们的解是从一阶条件中求得的，相应的期望收益满足包络公式。因此，由约束简化定理可得，解函数 β_{FP}^U

---

① 要得到这个结论，假定 $f_1(b(t),t)=0$ 且 b 可微。则 $\frac{\mathrm{d}}{\mathrm{d}t}f(b(t),t)=f_1(b(t),t)\cdot b'(t)+f_2(b(t),t)=f_2(b(t),t)$，且积分公式来自微积分的基本定理。

② Charles Holt, Jr. 最先证明了这个结果。

是它自身的最优响应。 ■

下一个定理声称，在一级价格拍卖中，竞价人在风险厌恶时的均衡报价函数高于风险中性时的均衡报价函数。直观上，这一结论也是合理的，因为当面临相同的竞争报价分布时，风险厌恶型竞价人的报价通常会高于风险中性的竞价人的报价，并且风险厌恶程度越高，最优报价就越高。但是，其证明并不是直截了当的，因为存在着均衡的影响。一旦一个竞价人因为风险厌恶调整他的报价，其他竞价人的问题也会发生变化。在均衡中，我们需要考虑所有的影响。我们将反复使用一个简单的方法，来证明非均衡的报价、收益或者分布的排序在均衡中保持不变。为了强调我们的方法，我们将这个基本工具称为排序引理（ranking lemma）。

排序引理 假定 $f: R \to R$ 是一个连续可微函数且满足 $f(\underline{t}) \geqslant 0$。如果（i）对任意的 $t \geqslant \underline{t}$，$f(t) \leqslant 0 \Rightarrow f'(t) \geqslant 0$，那么（ii）对所有的 $t \geqslant \underline{t}$，$f(t) \geqslant 0$。类似地，如果（i′）对任意的 $t \geqslant \underline{t}$，$f(t)=0 \Rightarrow f'(t)>0$，那么（ii′）对所有的 $t \geqslant \underline{t}$，$f(t)>0$。

证明 反证法，假设（i）成立，但是存在 $t>\underline{t}$ 使 $f(t)<0$。令 $\tilde{t}=\sup\{s \in [\underline{t}, t] \mid f(s) \geqslant 0\}$。则对任意的 $s \in (\tilde{t}, t]$，$f(s)<0$ 且 $f(\tilde{t})=0$。由此及中值定理可知，存在 $\hat{t} \in (\tilde{t}, t]$ 使得 $f'(\hat{t})=f(t)/(t-\hat{t})<0$，这与引理中的条件（ii）矛盾。因此不存在这样的 t。第二个结论可以类似地证明。 ■

基于此引理，我们现在来证明在一级价格拍卖的均衡中，风险厌恶型竞价人的报价高于风险中性竞价人的报价。

定理 4.12 令 β_{FP} 为保留价为 r 的一级价格拍卖中风险中性竞价人的对称均衡策略，β_{FP}^{U} 为具有可微、严格凹效用函数 U 时的对称均衡策略。则对任一类型 $t>t^{*}$，有 $\beta_{FP}(t)<\beta_{FP}^{U}(t)$。

证明 边界条件为 $\beta_{FP}(t^{*})=\beta_{FP}^{U}(t^{*})$。由于对任意 $t>t^{*}$，我们有

$$\frac{N-1}{t\beta_{FP}^{U'}(t)}=\frac{U'(v(t)-\beta_{FP}^{U}(t))}{U(v(t)-\beta_{FP}^{U}(t))}$$

以及

$$\frac{N-1}{t\beta'_{FP}(t)}=\frac{1}{v(t)-\beta_{FP}(t)}$$

由此可得

$$\frac{\beta'_{FP}(t)}{v(t)-\beta_{FP}(t)}=\frac{N-1}{t}=\frac{\beta_{FP}^{U'}(t)\cdot U'(v(t)-\beta_{FP}^{U}(t))}{U(v(t)-\beta_{FP}^{U}(t))} \quad (4.13)$$

由于 U 是严格凹函数且 $U(0)=0$，因此对 $x>0$ 有 $xU'(x)<U(x)$。在此不等式中取 $x=v(t)-\beta_{FP}^{U}(t)$，并利用式（4.13）和 $\beta_{FP}^{U'}(t)>0$，我们可得

$$\frac{\beta'_{FP}(t)}{v(t)-\beta_{FP}(t)}=\beta_{FP}^{U'}(t)\frac{U'(v(t)-\beta_{FP}^{U}(t))}{U(v(t)-\beta_{FP}^{U}(t))}<\frac{\beta_{FP}^{U'}(t)}{v(t)-\beta_{FP}^{U}(t)}$$

因此，对一切 $t>0$，均有 $\beta_{FP}(t)>\beta_{FP}^{U}(t)\Rightarrow\beta'_{FP}(t)<\beta_{FP}^{U'}(t)$。对函数 $\beta_{FP}^{U}(t)-\beta_{FP}(t)$ 应用排序引理，我们可知对一切 $t>t^*$ 均有 $\beta_{FP}(t)<\beta_{FP}^{U}(t)$。■

3. 具有投标成本的拍卖中的跳跃式报价

我们接下来研究如下模型，其中每个竞价人参与拍卖的成本都包括他所花费的时间。这个模型是 Avery（1998）中所介绍模型的简化形式，Avery 指出时间成本在许多向上叫价拍卖中是很重要的。

为了考虑时间成本，我们将拍卖的结果扩展到包括赢者的身份、价格及每个竞价人的参与时间。尽管在只考虑赢者和价格因素时二级价格拍卖和向上叫价拍卖是策略等价的，但是在考虑了时间成本之后它们就不再是策略等价的了，因为收益不同：在向上叫价拍卖中竞价人需要花费的投标时间为正，而在二级价格拍卖中需要花费的时间为 0。

假设拍卖者随时间连续地提高报价；竞价人可以随时退出拍卖，但这个决策是不可逆的；假设竞价人在拍卖结束之前得不到其他竞价人的任何信息。此时，可以用一个数字（即报价）来描述一个策略，这个数字表示一个竞价人愿意继续参与拍卖的最高价格。与二级价格拍卖中一样，最高报价决定赢者，而次高报价决定价格。我们选择时间的单位以使得时间每增加一个单位，价格也增加一个单位。假定竞价人参与拍卖的单位时间成本为 c。

我们模型的要点在于研究跳跃式报价（jump bidding）策略对其他竞价人的威胁。一个竞价人可以公开他的一个高报价，使得他的竞争对手们认为："这个家伙报了这么高的一个价格。看样子我会失标，不必再将宝贵的时间浪费在这个拍卖上了。那我现在就退出吧。"

在下面将要研究的均衡中可以看到，公开高报价 B 的确可以威胁某些报价可能会超过 B 的竞价人。并且，在均衡下，采用跳跃式报价的竞价人一方面能缩短拍卖时间，另一方面还有可能得到较低的价格。跳跃式报价相对于无跳跃式报价而言增加了竞价人的收益，但是这并不意味着跳跃式报价只会让竞价人获益而使卖方受损。相反，我们发现，平均来说，卖方也会从跳跃式报价中获利——获得更高的期望均衡收益。

收益等价为跳跃式定价如何影响收益提供了颇有价值的直观解释。在这个模型中，最高类型的竞价人仍然获胜。所以，应用包络定理可知，无论是否有跳跃式报价，报价成本 c 都不会影响任何类型竞价人的均衡期望收益。在均衡时，跳跃式报价缩短了拍卖的平均持续时间，所以总期望剩余更高了。由于卖方的收益等于总剩余减去竞价人的利润，所以，平均而言，卖方从跳跃式报价中获利。

考虑一个类型为 t、选择的策略（或"报价"）为 b 的竞价人，他的获胜概率为 $p(b)$，他参与拍卖的期望时间为 $\tau(b)$，期望成本为 $\pi(b)$。注意这种形式中的报价不是一个数字，而是拍卖中的报价策略。于是，此竞价人从拍卖中获得的期望利润为 $v(t)p(b)-c\tau(b)-\pi(b)$。

如果最优策略为 b^*，那么由包络公式可得 $V(t)-V(0)=\int_0^t p(b^*(s))v'(s)\mathrm{d}s$。与通常一样，这个公式中的期望利润依赖于获胜概率，但是与时间成本 c 无关。如果最高类型的竞价人总是获胜，那么由包络公式可知均衡利润与报价成本 c 无关，并与二级价格拍卖（其中时间成本为零）的均衡利润相同。这个结论使我们可以推测均衡策略。

我们首先分析不允许跳跃式报价的向上叫价拍卖。假设此拍卖中存在一个严格递增的对称均衡报价函数 β_c。则通过直接计算可得，类型为 t 的竞价人的期望收益为

$$V(t)=v(t)t^{N-1}-c\left(\int_0^t \beta_c(s)\mathrm{d}s^{N-1}+\beta_c(t)(1-t^{N-1})\right)-\int_0^t \beta_c(s)\mathrm{d}s^{N-1} \tag{4.14}$$

上式表明，竞价人的最大收益等于他所得到的期望值减去所花费的时间成本（无论竞价人是获胜还是失标），再减去期望支付。如上述论证，这个收益必定与没有时间成本的二级价格拍卖的期望收益相同，为

$$V(t)=\int_0^t v'(s)s^{N-1}\mathrm{d}s=v(t)t^{N-1}-\int_0^t v(s)\mathrm{d}s^{N-1} \tag{4.15}$$

式（4.14）和式（4.15）的右端相等，它们对 t 求导，可得微分方程 $v(t)-\beta_c(t)=\frac{1}{N-1}ct^{2-N}(1-t^{N-1})\beta_c'(t)$。求解这个微分方程即可以确定均衡。

定理 4.13 假设 $0<v(0)$ 且 $0<v'(0)$。在不允许跳跃式报价、零保留价的对称向上叫价拍卖中，对称均衡策略满足

$$\beta_c(0)=0 \text{ 且 } \beta'_c(t)=(N-1)\frac{v(t)-\beta_c(t)}{c}\frac{t^{N-2}}{1-t^{N-1}} \tag{4.16}$$

证明　因为 p 随 b 递增，所以期望收益函数 $v(t)p(b)-c\tau(b)-\pi(b)$ 作为（b，t）的函数具有递增差分。从而，所得解满足 $\beta_c'(t)>0$，即候选策略是递增的。显然，此解满足一阶条件，所以也满足包络公式。因此，由充分性定理可知，在 β_c 的值域内偏离这个策略是无利的。但低于均衡策略值域的报价是不可能的，而高于值域的报价带来的利润等于 $\beta_c(1)$。这就证明了定理。■

由式（4.16）可知，如果 $v(0)>0$，那么对任意的 $t<1$ 均有 $\beta_c(t)<v(t)$。在没有时间成本时，竞价人的出价至多为 $v(t)$。所以，在均衡下，竞价人在有时间成本的向上叫价拍卖中的报价一致地低于没有时间成本时的报价。因此，收益也一致地低于密封投标二级价格拍卖中的收益。需要指出的是，尽管我们使用了收益等价关系来推测均衡策略，但收益等价定理并不成立。

由式（4.16），$\beta_c(0)=0$，并且当 $N>2$ 时尽管有 $v(0)>0$，但我们仍然有 $\beta_c'(0)=0$。因此，低类型的竞价人的报价远低于其估价。这与 $c=0$ 时的基准模型中的均衡报价策略非常矛盾，在基准模型中，低类型的竞价人的报价始终都等于其估价。直观上，当 $c>0$ 且 $N>2$ 时，类型非常低的竞价人获胜的概率非常小，而较大的正报价则会获得负的期望利润。当报价成本由零变为正值时，均衡策略的变化是不连续的。

如果竞价人可以跳跃式报价，均衡分析将会发生变化。除了威胁其他竞价人之外，竞价人还可以通过跳跃式报价降低时间成本。与这些优势相反的是，跳跃式报价的不利之处在于它可能会使价格高于其他人愿意支付的最高价格，从而导致竞价人为物品支付过多。

跳跃式报价下的均衡会是怎样的呢？在我们的简单模型中，我们允许竞价人在拍卖之初就跳到某个指定值 B。当有人跳跃到 B 时，拍卖者会将之告诉每个人，但是不会提供更多信息。

在这些假设下，每个竞价人都必须做出四个决策。第一，竞价人在拍卖之初是否跳跃？第二，如果竞价人跳跃，那么在跳跃之后、放弃之前，他还要跳跃到多高的报价（b_1）？第三，如果没有人跳跃，那么放弃之前，这个竞价人要报一个多高的报价（b_2）？第四，如果该竞价人没有跳跃，但是拍卖者宣布有人跳跃了，那么在放弃之前，他要报一个多高的报价（b_3）？我们不必考虑在竞价人计划的策略下没有考虑到的情况。所以，我们可以简化策略。我们规定如果竞价人计划不跳跃，那么 $b_1=0$，否则 $b_2=b_3=0$。我们假定在这个博弈中给定类型的报价是一个三元组 $b=(b_1，b_2，b_3)$，而策略是一个从类型映射到报价的三元组 $\beta=(\beta_1，$

β_2，β_3)。

下面的定理 4.14 给出对称均衡策略的特征，它是利用包络公式和对边界条件的分析得到的。我们寻求如下的一个对称均衡，其中：(i) 竞价人仅当在其类型超过某个阈值 $\hat{t}$ 时跳跃，(ii) 赢者必定是类型最高的竞价人。

我们先来考虑 $t<\hat{t}$ 时的均衡报价。在均衡下，类型在此范围内的竞价人的收益必定满足下面的等式：

$$V(t)=v(t)t^{N-1}-c\left(\int_0^t\beta_2(s)\mathrm{d}s^{N-1}+\beta_2(t)(\hat{t}^{N-1}-t^{N-1})\right)$$
$$-\int_0^t\beta_2(s)\mathrm{d}s^{N-1} \tag{4.17}$$

式 (4.17) 与式 (4.14) 类似。不同之处在于，在有跳跃式报价的模型中，类型大于 $\hat{t}$ 的竞价人在拍卖之初就跳跃，而类型低于 $\hat{t}$ 的竞价人则退出拍卖以免任何报价成本的产生。

我们可以通过以下方法得到类型 $t<\hat{t}$ 的报价策略的特征，令式 (4.15) 中对 $V(t)$ 的包络表达式与式 (4.17) 中的表达式相等并分别对 t 求导。这样就可以得到一个微分方程，这就是以下定理中的方程 (4.19)。

对类型为 $t>\hat{t}$ 的竞价人，我们采用类似的方法。首先，相应的收益为

$$V(t)=v(t)t^{N-1}-c\left(\int_{\hat{t}}^t(\beta_1(s)-B)\mathrm{d}s^{N-1}+(\beta_1(t)-B)(1-t^{N-1})\right)$$
$$-B\hat{t}^{N-1}-\int_{\hat{t}}^t\beta_1(s)\mathrm{d}s^{N-1} \tag{4.18}$$

式 (4.18) 中的第一项是竞价人获胜时物品的价值，即对物品的估价；第二项是所产生的时间成本，在报价跳转到 B 之后，如果竞价人的出价高于 B，则会产生时间成本；最后两项是现金支付，它表示如果没有其他人跳跃，则跳跃之后获胜的竞价人支付 B，否则支付次高报价。

令式 (4.15) 与式 (4.18) 相等，并分别对 t 求导，我们就可以得到类型为 $t>\hat{t}$ 的竞价人的报价策略的特征，这仍是一个微分方程，就是下面定理中的方程 (4.20)。

最后需要确定的是跳跃的最小类型 $\hat{t}$。在均衡下，仅当其类型超过 $\hat{t}$ 时竞价人跳跃，那么不跳跃、类型为 $\hat{t}$ 的竞价人在没有竞争者跳跃时必定获胜，并且他的期望支付为式 (4.21) 右边所表示的量。因此，条件

(4.21) 表示，任一竞价人在如下两种策略下的期望支付应该是相同的：不跳跃而报价到 $\beta_2(\hat{t})$，或者跳跃但一旦其他人的跳跃式报价更高则立即放弃。

定理 4.14　在允许跳跃式报价到 B、零保留价的对称向上叫价拍卖模型中，存在对称均衡策略 β。在这个均衡中存在一个类型 $\hat{t}$，使得所有类型为 $t\leqslant\hat{t}$ 的竞价人避免跳跃，并且当有其他人跳跃时，他们就立即退出 ($\beta_1(t)=\beta_3(t)=0$)；而 $\beta_2(t)$ 满足

$$\beta_2(0)=0\text{ 且 }\beta_2'(t)=(N-1)\frac{v(t)-\beta_2(t)}{c}\frac{t^{N-2}}{\hat{t}^{N-1}-t^{N-1}} \tag{4.19}$$

类型为 $t>\hat{t}$ 的竞价人跳跃式报价（因此 $\beta_2(t)=\beta_3(t)=0$），而 β_1 满足

$$\beta_1(\hat{t})=B\text{ 且 }\beta_1'(t)=(N-1)\frac{v(t)-\beta_1(t)}{c}\frac{t^{N-2}}{1-t^{N-1}} \tag{4.20}$$

类型阈值 $\hat{t}$ 由以下方程给出：

$$B\hat{t}^{N-1}=(1+c)\int_0^{\hat{t}}\beta_2(s)\mathrm{d}s^{N-1} \tag{4.21}$$

在均衡时，

$$\beta_2(\hat{t})=v(\hat{t})>B \tag{4.22}$$

注　跳跃式报价在上面所给定的均衡中能够成功地威胁竞价人，也就是说，不跳跃的竞争者在一个跳跃之后均立即退出。根据式 (4.22) 可知，被威胁的竞价人类型包括：如果没有跳跃，他们的报价可能会严格超过 B。

证明　由上面所给出的公式可知，对除了 $\hat{t}$ 之外的所有其他类型，我们所得到的策略满足包络导数公式，并且由式 (4.21) 可知收益函数在 $\hat{t}$ 处连续。因此，包络积分公式也处处成立。再次由上面给出的公式可知，高类型者的获胜概率也高，且他们的收益满足递增差分性质。所以，由充分性定理可知，在均衡策略的值域内不存在有利的偏离。容易推知，对候选策略值域之外的任何类型也不存在有利的偏离。因此这个策略是一个均衡策略。

对任意的 $\tilde{t}\in[0,\hat{t}]$，我们有

$$\begin{aligned}\beta_2(\hat{t})-\beta_2(\tilde{t})&=\int_{\tilde{t}}^{\hat{t}}\beta_2'(s)\mathrm{d}s\\&\geqslant\frac{N-1}{c}\min_{t\in[\tilde{t},\hat{t}]}[v(t)-\beta_2(t)]\int_{\tilde{t}}^{\hat{t}}\frac{s^{N-2}}{\hat{t}^{N-1}-s^{N-1}}\mathrm{d}s\\&=\frac{N-1}{c}\min_{t\in[\tilde{t},\hat{t}]}[v(t)-\beta_2(t)]\cdot\infty\end{aligned}$$

这意味着对所有的$\tilde{t}$，上式中的最小值为零。因此，由连续性可得，$v(\hat{t})-\beta_2(\hat{t})=0$。

由包络公式，类型$\hat{t}$的期望利润为正，因此$B<v(\hat{t})$。 ■

定理 4.15 在由式（4.19）～式（4.21）确定的跳跃式报价均衡下，任一类型的任一竞价人获得的期望利润都与由式（4.16）确定的无跳跃式报价均衡下的相同；进而，类型低于$\hat{t}$的竞价人在跳跃式报价拍卖中的时间成本较低。

证明 由 Myerson 引理可知，由于在两种拍卖中都有$V(0)=0$且决策性能相同，所以在两种拍卖中，每一类型竞价人的期望收益都相同。

对$t\leqslant\hat{t}$，比较式（4.16）与式（4.19）可知，或者$\beta_2(t)>\beta_c(t)$或者$\beta_2'(t)>\beta_c'(t)$。因为$\beta_c(0)=\beta_2(0)=0$，对函数$\beta_2(t)-\beta_c(t)$应用排序引理可得，对任意类型$t\in(0,\hat{t}]$有$\beta_2(t)>\beta_c(t)$。由于在两种拍卖中竞价人的期望支付和时间成本之和相等，但是类型为$t\leqslant\hat{t}$的竞价人在跳跃式报价拍卖中期望支付更大，所以他们在跳跃式报价拍卖中的期望时间成本要低于无跳跃式报价拍卖中的期望时间成本。 ■

令人惊奇的是，尽管类型超过$\hat{t}$的竞价人可以通过跳跃式报价节约大量时间，但是还没有一般的定理证明在均衡时他们总是通过这种方式来节约时间。

4.3.2 预算约束

遵循 Che 和 Gale（1998），我们修改基准模型，假设每个竞价人预算有限，他们的支付不能超过固定值B。为了简化解释，我们假设v严格递增且存在类型t_r和t_B使得$v(t_r)=r$且$v(t_B)=B$。这一修改几乎不影响我们在 Vickrey 拍卖中对报价的分析。竞价人仍然具有占优策略：报价为$\min(B, v(t))$，即实际估价和可用预算中的较小者。其分析与不考虑预算约束的模型类似。

我们在前面曾经指出，在一级价格拍卖的均衡下，估价超过r的竞价人之间不会出现平局，因为每个竞价人都将会愿意将其报价稍微提高一些。这样一来，他可以以一个任意小的成本而离散地提高自己获胜的概率。但是，这样的可能偏离与 Nash 均衡是矛盾的。在这个考虑预算约束的模型中，当价格低于预算约束B时，同样的分析仍然成立。但此时，平局在B处可能会发生，因为报价超过B是不可能的。因此，我们推测，如果存在对称均衡报价策略，对称均衡报价策略必定在满足

$v(t)>r$ 到报价为 B 的最低类型 t_F 的类型域上严格递增。

与前面一样，由包络公式我们可以断定，类型小于 t_F 的均衡收益必定与他们在没有预算约束的一级价格拍卖中的收益一致，所以报价函数也必定一致。由于所有高的类型将报价 B，这样的报价必定以正概率发生。因此，均衡报价函数必定在 t_F 处跳跃；否则类型稍微低于 t_F 的竞价人也将报价 B，因为这样做可以使他们以稍微高一些的成本而提高较多的获胜概率。

为求解报价为 B 的最低类型 t_F，我们令以下两个期望利润相等：由报价 B 所得的期望利润和由包络公式确定的期望利润。如前所述，不失一般性，我们假设 F 是 $[0,1]$ 上的均匀分布，所以 $F^{N-1}(s)=s^{N-1}$。于是，

$$\int_{t_r}^{t_F} s^{N-1}v'(s)\mathrm{d}s=(v(t_F)-B)P(t_F) \tag{4.23}$$

其中，

$$P(t_F)=\sum_{k=0}^{N-1}C(N-1,k)t_F^{N-1-k}(1-t_F)^k(1+k)^{-1} \tag{4.24}$$

由包络定理可知，式（4.23）的左端是竞价人的期望利润；右端则是报价为 B 时的期望利润，它是将获胜者的利润 $v(t_F)-B$ 与由式（4.24）给出的获胜概率 $P(t_F)$ 相乘得到的。

为得到式（4.24），我们首先指出当这个竞价人与其他 k 个竞价人平局时，他的获胜概率为 $(1+k)^{-1}$。因此，获胜概率 $P(t_F)$ 等于有其他 k 个竞价人的报价也为 B 的概率，对 k 求和，再乘以 $(1+k)^{-1}$。在表达式（4.24）中，$C(N,k)$ 表示 $N!/(k!(N-k)!)$。

定理 4.16　方程（4.23）至多有一个解 t_F。当解存在时，其解就是拍卖的唯一预算约束对称均衡，由下式给出：

$$\beta_{FB}(t)=\begin{cases}\beta_{FP}(t) & 若\ t\leqslant t_F\\ B & 若\ t>t_F\end{cases} \tag{4.25}$$

证明　通过计算容易得到，方程（4.23）左端对 t_F 的导数为 $t_F^{N-1}v'(t_F)$，右端对 t_F 的导数为 $P(t_F)v'(t_F)+(v(t_F)-B)P'(t_F)$。右端导数的第一项大于左端的导数①，且右端导数的第二项为正。因此，若将方程（4.23）两端均看成是 t_F 的函数，那么左端的斜率始终小于右端的。所以方程（4.23）最多只有一个解。由本定理前面所作的分析可知，如果

① $P(t_F)$ 是包括 t_F^{N-1} 的正项之和。

对称均衡策略存在，则它必定满足式（4.25）。

由约束简化定理可知，没有类型可以通过偏离到 β_{FB} 值域内的其他报价而严格获利。而在这个值域之外只有 $b\in(\beta_{FP}(t_F), B)$ 的报价是可行的。给定其他参与人采用策略 β_{FB} 的均衡假设，对于同样的类型向量，报价 $\beta_{FP}(t_F)$ 与报价 b 的获胜可能性恰好相同，但降低了获胜时的价格。所以，报价 $\beta_{FP}(t_F)$ 不能得到严格的改进，即 β_{FB} 是一个对称均衡策略。 ■

以上定理适用于方程（4.23）有解的情况。它在两种情形下可能不成立。一种可能性是方程（4.23）的左端对所有的 t_F 均大于其右端。在这种情况下，可以在式（4.25）中取 $t_F=1$ 来得到均衡，此时预算约束不起作用。第二种可能性则是方程（4.23）的左端对所有的 t_F 均小于其右端。对于这种情况，可以在式（4.25）中取 $t_F=0$ 来得到均衡，此时的所有报价均为 B，从而拍卖中的分配是完全随机的。

下面的定理比较预算约束对两种拍卖类型性能的影响。

定理 4.17 对于保留价为 r、预算约束为 B 的一级价格拍卖，其期望收益大于相应的 Vickrey 拍卖。一级价格拍卖的决策性能和期望收益与保留价为 r、预算为 $v(t_F)>B$ 的 Vickrey 拍卖相同。

证明 由前一定理可知，预算约束为 B 且报价 B 的最低类型为 t_F 的一级价格拍卖的分配结果如下：(i) 如果最高类型的价值 $v(t^{(1)})<r$，则不分配，(ii) 若 $t^{(1)}<t_F$ 且 $v(t^{(1)})>r$，则类型 $t^{(1)}$ 获胜，(iii) 若 $t^{(1)}>t_F$，则在类型超过 t_F 的竞价人之间随机分配。不难看出，这一分配性能与预算约束为 $v(t_F)>v(t_B)=B$ 的 Vickrey 拍卖相同。因此，由 Myerson 引理可知，这两种拍卖具有相同的期望支付。但这种分配方式与预算约束为 B 的 Vickrey 拍卖中的不同，后者中报价为 B 的最低类型为 $t_B<t_F$。显然，预算约束较低的 Vickrey 拍卖产生较低的期望收益。 ■

证明中所蕴含的是，高支付的可能性随拍卖设计的不同而不同，所以拍卖设计因竞价人预算约束的大小而不同。任意类型竞价人在一级价格拍卖中的最高支付都低于在二级价格拍卖中的最高支付，因为在一级价格拍卖中高估价竞价人的支付总是小于他们的估价。这说明预算约束在一级价格拍卖中的影响要小一些。以上定理还证明了一个更有力的结论：一级价格拍卖与较高预算的二级价格拍卖的分配完全相同。特别地，它比预算约束相同的二级价格拍卖产生的收益更多。

4.3.3 内生数量

当买方来运行拍卖时，他们购买的数量常常依赖于他们要支付的价格。例如，一家大公司设法为它的旅行管理团队在一个特定城市订购旅馆房间。在竞争拍卖中，每家旅馆向这家公司提供每个房间的价格。一旦公司接受了旅馆所报价格，每一位旅行者就要决定旅行的频率以及是否利用公司的旅行服务来预订房间。因此，旅馆房间的每晚销售数同时依赖于获胜者和获胜报价。Hansen（1988）的研究表明，这种内生数量选择对报价动机的影响与风险厌恶的影响类似。也就是说，交易数量的内生性降低了在一级价格拍卖中的报价，但在二级价格拍卖中没有影响。

为了便于与前面的结果进行比较，我们仍然假设竞价人是买方，但是现在我们还假设买方对单位物品的估价值为 $v(t)$，并乐于购买多件物品，同时卖方提供的物品数量为 $S(p)$，它随价格 p 递增。显然，在这种情况下，二级价格拍卖中的动机恰好与供给函数 $S\equiv 1$ 时相同。

到目前为止的研究都假定，在分析一级价格拍卖时我们只需考虑严格递增报价函数。均衡报价函数 $\beta=\beta_{FP}^{ES}$ 一定满足

$$\beta(t) \in \arg\max_{b}(v(t)-b)(\beta^{-1}(b))^{N-1}S(b) \tag{4.26}$$

其中 $v(t)-b$ 是每单位物品的边际“收益”，$(\beta^{-1}(b))^{N-1}$ 是获胜概率，而 $S(b)$ 是供给函数，表示获胜价为 b 时卖方的供给数量。

定理 4.18　假设 S 是递增的可微函数，$\log S(b)$ 是凹函数，且 $v'(0)>0$，t^* 满足 $v(t^*)=r$。则具有内生供给函数 S 的一级价格拍卖的唯一对称均衡策略 $\beta=\beta_{FP}^{ES}$ 满足下面的微分方程，其边界条件为 $\beta(t^*)=r$：

$$\frac{N-1}{t\beta'(t)}=\frac{1}{v(t)-\beta(t)}-\frac{S'(\beta(t))}{S(\beta(t))} \tag{4.27}$$

证明　对式（4.26）中的目标函数取对数，并计算在 $b=\beta(t)$ 时的一阶最优性条件即可得到式（4.27）。由式（4.27）、$\beta(t^*)=r$ 和 $\log S(b)$ 的凹性，可证得报价函数 $\beta(t)$ 非降。[①] 根据通常的分析可知，$\beta(t)$ 是唯一的候选对称均衡。进而，均衡报价满足一阶条件，因此也满足包络积分公式。由此及约束简化定理可知，β 是对称均衡策略。■

---

① 验证可得 $\beta'(t^*)=0$。我们证明不存在区间 $(\underline{t},\bar{t})\subset[t^*,1]$ 使得 $\beta'(\underline{t})=0$ 且对所有 $t'\in(\underline{t},\bar{t})$ 有 $\beta'(t)<0$。如果存在这样的区间，则对任意的 $t\in(\underline{t},\bar{t})$ 均有 $\beta'(t)=\int_{\underline{t}}^{t}\beta''(s)\mathrm{d}s<0$。记 $\hat{S}=\log S$，在式（4.27）的两端同时求导并乘以　1，我们可得

$$\frac{(N-1)(\beta'(t)+t\beta''(t))}{(t\beta'(t))^2}=\frac{v'(t)-\beta'(t)}{(v(t)-\beta(t))^2}+\beta'(t)\hat{S}''(\beta(t))$$

由于 $\beta'(t)<0$ 且 $\hat{S}$ 是凹的，所以上式的右端是正的。因此其左端也是正的，从而对所有 $t\in(\underline{t},\bar{t})$ 必定有 $\beta''(t)>0$，这与 $\beta'(t)=\int_{\underline{t}}^{t}\beta''(s)\mathrm{d}s<0$ 相矛盾。

定理 4.19 假设 S 是递增的可微函数，$\log S(b)$ 是凹函数，且 $v'(0)>0$。记 t^* 满足 $v(t^*)=r$。设 β_{FP} 和 β_{FP}^{ES} 分别是保留价为 r 的一级价格拍卖在外生供给（$S'=0$）和内生供给 $S_{ES}'>0$ 情况下的均衡报价函数。则对所有的类型 $t>t^*$，有 $\beta_{FP}(t)<\beta_{FP}^{ES}(t)$。换句话说，当供给与价格有关时竞价人的报价更高。

证明 由式（4.27）可知，如果 $\beta_{FP}(t)>\beta_{FP}^{ES}(t)$，那么 $\beta'_{FP}(t)<\beta_{FP}^{ES'}(t)$。给定边界条件 $\beta_{FP}(t^*)=\beta_{FP}^{ES}(t^*)$，对函数 $\beta_{FP}^{ES}(t)-\beta_{FP}(t)$ 应用排序引理，即可得到结论。 ■

在这个模型中，因为二级价格拍卖的均衡与供给函数无关，所以当获胜者类型为 t 时，二级价格拍卖的期望价格为 $\beta_{FP}(t)$。因此，在内生供给情况下，一级价格拍卖导致更高的平均价格。

4.3.4 类型相关

当竞价人实际参与拍卖时，他们有时会用自己的估价来初步估计其他竞价人的估价。要在拍卖模型中考虑这一点，竞价人的类型之间必须具有正的统计相关性，而不是我们在先前的模型中所假设的那样是相互独立的。这里，我们借用 Milgrom 和 Weber（1982）所引入的类型相关模型。

当类型相关时，使期望利润最大化的报价问题（忽略平局）为

$$\max_b (v^i(t^i)-b)F_B(b \mid t^i) \tag{4.28}$$

其中 F_B 是给定竞价人的类型时最高竞争报价的条件概率分布。

在这个模型中，竞价人的问题与在其他模型中的不同之处在于，其中报价 b 的获胜概率同时依赖于报价和其他竞价人的类型，而不是仅仅依赖于报价。我们只考虑 $b<v^i(t^i)$ 的报价，因为更高的报价是无利可图的。取对数之后，问题（4.28）成为

$$\max_b [\ln(v^i(t^i)-b)+\ln F_B(b \mid t^i)] \tag{4.29}$$

如果 v^i 是递增的，则上式的第一项满足递增差分条件，因此也满足光滑单交叉差分条件。如果报价导致 F_B 取正值，并且如果第二项也具有递增差分，那么整个目标函数将具有严格单交叉差分性质。

在两个竞价人的对称模型中，如果存在对称递增的均衡策略 β，那么 $\ln F_B(\beta(t^j) \mid t^i)=\ln F(t^j \mid t^i)$，其中无下标的 F 表示两个竞价人类型的联合分布。经简单的计算可知，如果 $\ln F(t^j \mid t^i)$ 具有递增差分，那么 $\ln F_B(b \mid t^i)$ 也是递增差分的。

定理 4.20　在类型相关的二人对称模型中，假设 $\ln F(t^j \mid t^i)$ 是连续的可微函数且具有递增差分，$v'(0)>0$。则唯一的对称递增均衡报价函数 β_{FP} 满足 $\beta_{FP}(0)=v(0)$，以及

$$\frac{1}{\beta'_{FP}(t)}\frac{f(t \mid t)}{F(t \mid t)}=\frac{1}{v(t)-\beta_{FP}(t)} \tag{4.30}$$

证明　此处，竞价人的最优化问题为

$$\max_b[\ln(v(t)-b)+\ln F(\beta^{-1}(b) \mid t)]$$

其一阶条件为

$$\frac{-1}{v(t)-b}+\frac{f(\beta^{-1}(b) \mid t)}{F(\beta^{-1}(b) \mid t)}\cdot\frac{\mathrm{d}}{\mathrm{d}b}\beta^{-1}(b)=0$$

由于 $\beta^{-1}(b)=t$，我们由此即可得到式（4.30）。由于 β_{FP} 满足一阶最优性条件，它也必定满足包络条件。由假设可知，$f(t \mid t)$ 和 $F(t \mid t)$ 均为正，并且对式（4.30）的任意解，对所有的 $t>0$ 均有 $v(t)-\beta_{FP}(t)>0$。继而，由式（4.30）可知，对所有的 $t>0$，$\beta'_{FP}(t)>0$。因此，由约束简化定理可知，β_{FP} 是最好的响应，因而是 Nash 均衡。注意，对任意类型都不存在 β_{FP} 值域之外的报价能够比值域内的某些报价更有利。

进而，与 4.2.2 节中一样，任一 Nash 均衡报价策略都一定是连续、递增且可微的。所以由最优响应的定义以及 $\beta(0)=v(0)$ 可知，它也必须满足式（4.30）。由于不允许平局，而且其他边界条件都不可能，所以报价函数是唯一的。■

下面，我们来比较一级价格拍卖与二级价格拍卖的期望利润和收益。分析的关键是在二级价格拍卖中，获胜的竞价人支付的期望价格随其类型递增，即使他的报价保持不变。这是因为在我们的模型中有竞价人类型的正相关假设。[①] 由于在一级价格拍卖中不存在这样的影响，在这种拍卖中竞价人的利润作为类型的函数增加得更快，因此在两种拍卖中产生了不同的收益。

下面我们先来证明二级价格拍卖中竞价人的期望支付随其类型而递增（即使他的报价保持不变）。

引理　假设 $\ln F$ 具有递增差分。则（1）$F(s \mid t)$ 对 t 非增；（2）函数 $\tilde{p}(s \mid t)=E[v(t^j) \mid t^j<s,\ t^i=t]$ 对 t 非减。

证明　因为 $\ln F$ 具有递增差分，故对任意的 $t>\hat{t}$ 均有 $-\ln F(s \mid \hat{t})=$

① 更准确地说，类型在任一乘积集中必定正相关。这一关联条件将在第 5 章中进行分析和使用。

$\ln F(1 \mid \hat{t})-\ln F(s \mid \hat{t}) \leqslant \ln F(1 \mid t)-\ln F(s \mid t)=-\ln F(s \mid t)$。因此，$F(s \mid t) \leqslant F(s \mid \hat{t})$。由于 s 是任意的，所以分布 $F(\cdot \mid t)$ 一阶随机占优于 $F(\cdot \mid \hat{t})$，即 $F(s \mid t) \leqslant F(s \mid \hat{t})$ 对所有 s 都成立。这就证明了(1)。因此，由于 v 递增，所以$\tilde{p}$关于其第二个变量 t 递增。 ■

定理 4.21 在类型相关的二人对称模型中，假设 $\ln F(t^j \mid t^i)$ 连续可微并具有递增差分，即 $\partial^2 \ln F(x \mid y)/(\partial x \partial y) \geqslant 0$。则在二级价格拍卖中任意类型竞价人的期望收益都低于在一级价格拍卖中的期望收益。

证明 在二级价格拍卖中，报价为 $v(s)$ 时竞价人的期望收益为 $(v(t)-\tilde{p}(s \mid t))F(s \mid t)$，这等于在类型为 t、报价为 $v(s)$ 的条件下，竞价人估价 $v(t)$ 与期望价格$\tilde{p}(s \mid t)$ 的差，乘以竞价人类型小于 s 的条件概率 $F(s \mid t)$。我们推测竞价人选择 s 来最优化。令 $V_{SP}(t)=\max_s(v(t)-\tilde{p}(s \mid t))F(s \mid t)$，这是竞价人的均衡收益。易知最大值在 $s=t$ 处取到。因此，由包络定理可以得到 $V'_{SP}(t)=(v'(t)-\tilde{p}_2(t \mid t))F(t \mid t)+(v(t)-\tilde{p}(t \mid t))F_2(t \mid t)$。将$\tilde{p}(t \mid t)=v(t)-V_{SP}(t)/F(t \mid t)$ 代入其中可得

$$V'_{SP}(t)=(v'(t)-\tilde{p}_2(t \mid t))F(t \mid t)+\frac{V_{SP}(t)}{F(t \mid t)}F_2(t \mid t) \tag{4.31}$$

对一级价格拍卖进行类似的分析，由 $V_{FP}(t)=\max_s(v(t)-\beta(s)) \cdot F(s \mid t)$ 可得

$$V'_{FP}(t)=v'(t)F(t \mid t)+\frac{V_{FP}(t)}{F(t \mid t)}F_2(t \mid t) \tag{4.32}$$

进而，我们有 $V_{FP}(0)=V_{SP}(0)=0$。注意到由引理可得 $F_2(t \mid t) \leqslant 0$。因此，由式（4.31）和式（4.32）可知，在每一个 t 点处，若 $V_{FP}(t)<V_{SP}(t)$，则 $V'_{FP}(t) \geqslant V'_{SP}(t)$。于是对 $V_{FP}(t)-V_{SP}(t)$ 应用排序引理即得 $V_{FP}(t) \geqslant V_{SP}(t)$ 对所有 $t>0$ 都成立。 ■

当有两个以上的竞价人时，可以进行类似的分析。在分析中，需要将 $\ln F(t^j \mid t^i)$ 具有递增差分这一条件替换为类似的关于竞价人 i 的类型和其他 $N-1$ 个竞价人的最高类型的联合累积分布$\tilde{F}$的相关条件。详细的讨论见第 5 章。

4.4 期望收益最大的拍卖

关于拍卖中卖方期望收益最大化的 Myereson 定理是拍卖理论中最

著名的结论之一。尽管在最初的分析中假设竞价人的类型就是他们的估价，但我们可以利用 4.2 节中讨论的分布式策略来更直观地给出结论。

我们假设竞价人的类型 t^i 是 [0，1] 上的均匀分布，并且每件物品对竞价人 i 的价值是一个递增的可微函数 $v^i(t^i)$。由式（4.5）可得，竞价人 i 从拍卖中得到的事前期望收益为

$$\begin{aligned}E[V^i(t^i)] &= V^i(0)+\int_0^1\int_0^t \frac{\mathrm{d}}{\mathrm{d}s}v^i(s)x^i(s)\mathrm{d}s\mathrm{d}t \\ &= V^i(0)+\int_0^1\int_s^1 \mathrm{d}t\ \frac{\mathrm{d}}{\mathrm{d}s}v^i(s)x^i(s)\mathrm{d}s \\ &= V^i(0)+\int_0^1 (1-s)\ \frac{\mathrm{d}}{\mathrm{d}s}v^i(s)x^i(s)\mathrm{d}s \qquad (4.33)\end{aligned}$$

在推导卖方的公式之前，我们先来考虑约束，即哪些决策性能在这种情形下是可行的。基于此，我们可以得到卖方收益的公式，并用机制的性能来表示这个公式。为了确定我们可以实施哪些性能，我们使用与第 2 章中类似的机制设计的记号，记竞价人 i 的效用函数为 u^i，性能函数（包含分配和转移）为 z，且类型空间是 Θ^i（而不是 [0，1]）。

定义　性能函数 z 是（贝叶斯）激励相容的（（Bayesian）incentive-compatible）当且仅当对任意 $\hat{t}^i\in\Theta^i$ 有

$$E[u^i(z(t^i,t^{-i}),t^i)\mid t^i]\geqslant E[u^i(z(\hat{t}^i,t^{-i}),t^i)\mid t^i]$$

该定义指出，如果参与人 i 的类型是 t^i，那么他绝不会喜欢机制把他的类型看成是 $\hat{t}^i$ 时所选择的结果，此时称一个性能函数是激励相容的。激励相容的重要性在于以下的显示原理（revelation principle）。

Bayes-Nash 均衡的显示原理　扩展机制（S，ω，σ）的 Bayes-Nash 均衡 σ 实现性能 z 当且仅当性能函数是激励相容的时。

证明　如果 z 不是激励相容的，那么存在 t^i，$\hat{t}^i$ 使得

$$\begin{aligned}&E[u^i(\omega(\sigma^i(t^i),\sigma^{-i}(t^{-i})),t^i)\mid t^i]=E[u^i(z(t^i,t^{-i}),t^i)\mid t^i]\\ &<E[u^i(z(\hat{t}^i,t^{-i}),t^i)\mid t^i]=E[u^i(\omega(\sigma^i(\hat{t}^i),\sigma^{-i}(t^{-i})),t^i)\mid t^i]\end{aligned}$$

所以，类型为 t^i 的参与人严格偏好从 $\sigma^i(t^i)$ 偏离到 $\sigma^i(\hat{t}^i)$，这与 σ 是 Bayes-Nash 均衡的假设相矛盾。因此，给定参与人的真实类型，性能 z 能达到当且仅当性能函数是激励相容的时。因此，所有的参与人都报告他们的真实类型。

相反，如果 z 是激励相容的，那么验证即可得知，策略 $\sigma^i(t^i)=t^i$ 构成直接机制的一个 Bayes-Nash 均衡。 ■

现在，我们来求卖方收益最大化问题的数学表示。首先注意到，买

方 i 获得拍卖品时买方 i 和卖方的总的事前联合收益为

$$TV^i = \int_0^1 v^i(t)x^i(t)\mathrm{d}t \tag{4.34}$$

所以，卖方从销售中得到的期望收益为

$$\begin{aligned} E[p^i(t^i)] &= TV^i - E[V^i(t^i)] \\ &= \int_0^1 v^i(t)x^i(t)\mathrm{d}t - V^i(0) - \int_0^1 (1-s)\frac{\mathrm{d}v^i}{\mathrm{d}s}x^i(s)\mathrm{d}s \\ &= -V^i(0) + \int_0^1 \left(v^i(s) - (1-s)\frac{\mathrm{d}v^i}{\mathrm{d}s}\right)x^i(s)\mathrm{d}s \end{aligned} \tag{4.35}$$

因此，卖方的问题为

$$\begin{aligned} &\max_{x,p} E\left[\sum_{i=1}^N p^i(t^i)\right] \\ \text{s.t.}\ &(\text{PC}) \quad V^i(t^i) \geqslant 0, \text{对一切的 } i, t^i \\ &(\text{IC}) \quad v^i(t^i)E[x^i(t^i,t^{-i}) \mid t^i] - p^i(t^i) \\ &\qquad\quad \geqslant v^i(t^i)E[x^i(\hat{t}^i,t^{-i}) \mid t^i] - p^i(\hat{t}^i), \text{对一切 } i, t^i, \hat{t}^i \end{aligned} \tag{4.36}$$

其中（PC）表示（自愿）参与约束（participation constraint），（IC）表示激励约束（incentive constraint）。参与约束要求竞价人参与这个机制所得到的好处至少和拒绝参与一样多；激励约束则要求机制是激励相容的。

问题（4.36）可以用多种方法来简化。首先，由约束简化定理可知，激励约束可以改写为

$$(\text{IC}')\begin{cases} x^i \text{ 非降}, i = 1, \cdots, N \\ V^i(t) = v^i(t)x^i(t) - p^i(t) = V^i(0) \\ \qquad\qquad + \int_0^t v^{i\prime}(s)x^i(s)\mathrm{d}s, i = 1, \cdots, N, t \in [0,1] \end{cases}$$

其中第二个表达式由包络定理得到。同时，我们将竞价人 i 的期望支付改写为

$$p^i(t) = v^i(t)x^i(t) - \int_0^t \frac{\mathrm{d}v^i}{\mathrm{d}s}x^i(s)\mathrm{d}s - V^i(0)$$

其次，由包络公式可知 V^i 是非降的，所以参与约束可缩减为

$$(\text{PC}') \qquad V^i(0) \geqslant 0, i = 1, \cdots, N$$

Bulow 和 Roberts（1989）给出了在最优拍卖问题和标准的垄断定价问题之间的一个类似结论。在垄断定价问题中，如果价格的确定使得类型大于等于 t 的竞价人都会购买一件物品，那么销售掉的概率为 1－

t，这个概率也是期望销售量，所以函数 $P(1-t)=v^i(t)$ 可以解释为逆需求函数。在价格 $v^i(t)$ 下销售期望数量 $1-t$ 所产生的总收益为 $TR^i(t)=v^i(t)(1-t)$（见图 4.5）。相应的边际收益（marginal revenue）为

$$MR^i(t)=\frac{\mathrm{d}((1-t)v^i(t))}{\mathrm{d}(1-t)}=-\frac{\mathrm{d}((1-t)v^i(t))}{\mathrm{d}t}$$

$$=v^i(t)-(1-t)\frac{\mathrm{d}v^i}{\mathrm{d}t} \tag{4.37}$$

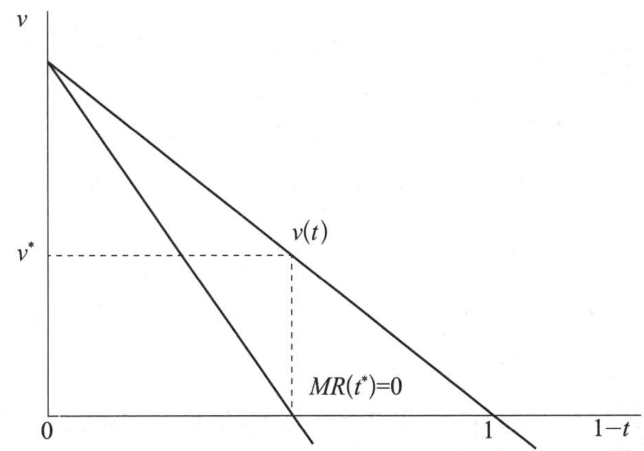

图 4.5　价值函数 v 在收益最大化拍卖中起着重要作用，它类似于垄断理论中的逆需求函数。注意横轴上显示的量是 $1-t$

在使期望利润最大的最优拍卖中，类型 t 满足 $MR(t)>0$ 的买方赢得物品。表达式 $(1-t)\mathrm{d}v^i/\mathrm{d}t$ 是分布函数为 F^i 时的逆失效率，为此，只需注意到逆失效率的定义为 $1/h^i(t)=(1-F^i)/f^i$。由 $v^i=(F^i)^{-1}$ 可知 $F^i(v^i)=t^i$，所以，$[\mathrm{d}F^i(v^i)/\mathrm{d}v^i]\mathrm{d}v^i/\mathrm{d}t^i=1$。因此，

$$\frac{\mathrm{d}v^i}{\mathrm{d}t^i}=\frac{1}{f^i}\quad 或\quad (1-t^i)\frac{\mathrm{d}v^i}{\mathrm{d}t^i}=\frac{1-F^i}{f^i}$$

利用式（4.37）中所定义的 MR^i，我们可以将式（4.35）改写为更简洁、直观的形式：

$$E[p^i(t^i)]=-V^i(0)+\int_0^1 MR^i(s^i)x^i(s^i)\mathrm{d}s^i \tag{4.38}$$

两者可用下式联系在一起①：

$$x^i(t^i)-\int\cdots\int x^i(t^i,t^{-i})\mathrm{d}t^{-i} \tag{4.39}$$

由于 $x^i(\cdot)$ 是概率，它们必须满足 $x^i(t^1,\cdots,t^N)\geqslant 0$，以及对任

① 记号 x^i 具有双重功能，或者是实值变量 t^i 的函数，或者是向量变量 $\bar{t}$ 的函数。

意的向量$\vec{t}=(t^1,\cdots,t^N)$均有$\sum_{i=1}^{N}x^i(\vec{t})\leqslant 1$。于是，卖方的总期望收益可用分配性能函数$x$写为

$$\begin{aligned}\sum_{i=1}^{N}E[p^i(t^i)]&=-\sum_{i=1}^{N}V^i(0)+\sum_{i=1}^{N}\int_0^1 MR^i(s^i)\int\cdots\int x^i(s^i,s^{-i})\mathrm{d}s^{-i}\mathrm{d}s^i\\&=-\sum_{i=1}^{N}V^i(0)+\int\cdots\int(\sum_{i=1}^{N}MR^i(s^i)x^i(s^i,s^{-i}))\mathrm{d}s^1\cdots\mathrm{d}s^N\end{aligned}\tag{4.40}$$

利用式（4.40），我们可以将最大化期望收益问题重新写为

$$\max_{x,p}-\sum_{i=1}^{N}V^i(0)+\int\cdots\int(\sum_{i=1}^{N}MR^i(s^i)x^i(s^i,s^{-i}))\mathrm{d}s^1\cdots\mathrm{d}s^N$$

$$(\mathrm{IC}')\begin{cases}\int x^i(t^i,s^{-i})\mathrm{d}s^{-i}\ \text{对}\ t^i\ \text{非降},i=1,\cdots,N\\p^i(t)=v^i(t)x^i(t)-V^i(0)\\\qquad\qquad-\int_0^t v^{i\prime}(s)x^i(s)\mathrm{d}s,\text{对一切的}\ i,t\in[0,1]\end{cases}$$

$$(\mathrm{PC}')\ V^i(0)\geqslant 0,i=1,\cdots,N$$

$$(\mathrm{Prob})\begin{cases}x^i(s^i,s^{-1})\geqslant 0,i=1,\cdots,N,(s^i,s^{-i})\in[0,1]^N\\\sum_{i=1}^{N}x^i(s^i,s^{-i})\leqslant 1,(s^i,s^{-i})\in[0,1]^N\end{cases}\tag{4.41}$$

(IC')中的第一个条件是因为$x^i(\cdot)$非降，而约束（Prob）反映了x^i是一个概率且卖方只拥有一件物品的事实。

4.4.1 Myerson 定理

与其他的垄断定价问题一样，当边际收益函数随数量（这里为$1-s^i$）递减时，这时的解是非常容易刻画的。在此假设下（这意味着每个MR^i函数随竞价人类型递增），验证式（4.41）的解是很容易的。

定理 4.22 如果每一个函数MR^i都是递增的，那么式（4.41）的最优解为

$$x^i(\vec{t})=\begin{cases}1 & \text{如果}\ MR^i(t^i)=\max\{0,MR^1(t^1),\cdots,MR^N(t^N)\}\\ & \qquad i=1,\cdots N,\vec{t}\in[0,1]^N\\0 & \text{否则}\end{cases}$$

$$V^i(0)=0$$

$$p^i(t)=V^i(t)x^i(t)-\int_0^t v^{i\prime}(s)x^i(s)\mathrm{d}s,i=1,\cdots,N,t\in[0,1]\tag{4.42}$$

相应的最大收益为

$$E[\max\{0, MR^1(t^1), \cdots, MR^N(t^N)\}]$$

注　如果在最大的 MR^i 处出现平局，那么在平局的报价中随机分配物品。

证明　考虑一个松弛的问题，其中我们忽略掉 $x(\cdot)$ 非降的约束。由式（4.42）给出的候选解是在每一个类型的实现只受（PC′）和（Prob）约束的条件下，使问题（4.41）中目标函数的被积函数达到最大。因此，如果此策略是可行的，那么它也使期望收益最大化。而要验证其可行性，我们只需验证它满足（IC′）即可。

期望支付条件（在本问题中它是包络条件的积分形式）可由关于估价函数的假设得到。而单调性条件的成立是因为由 $MR^i(\cdot)$ 的递增假设（在定理的表述中给出）可推得 $x^i(t^i, t^{-i})$ 对 t^i 非降。■

若干例子

根据以上定理，期望收益最大化拍卖是这样一种拍卖，它根据式（4.42）分配物品并确定相应的期望价格，使得每个 $V^i(0)=0$。下面给出应用这个定理的两组例子。

第一组例子是对称的，其中对所有的 i 均有 $v^i=v$。记 t^* 是 $MR(t^*)=0$ 的解，若 MR 处处为正，则令 $t^*=0$。在对称情况下，当估价超过 r^* 时，保留价为 $r^*=v(t^*)$ 的 Vickrey 拍卖会将物品分配给类型最高的竞价人。在 MR 递增的条件下，这个性能正好就是式（4.42）中第一个方程所给出的。对保留价为 r^* 的 Vickrey 拍卖，有 $V(0)=V(t^*)=0$，因此，这一拍卖可使卖方的期望收益最大化。

然而，Vickrey 拍卖并不是唯一使期望收益最大化的拍卖。在保留价为 r^* 的一级价格拍卖中，参与拍卖的最低类型也是 t^*。同样，我们也有 $V(0)=V(t^*)=0$，且竞价人获胜当且仅当其类型最高且超过 t^* 时。因此，保留价为 r^* 的一级价格拍卖是另一个期望收益最大化的拍卖。

还有很多期望收益最大化的拍卖。在一级价格和二级价格竞价人全支付拍卖中，如果保留价被设为 $(t^*)^{N-1}r^*$，那么，当且仅当竞价人的类型超过 t^* 时，他的报价为正，并且当这一条件满足且他的类型最高时，他获胜。同样地，$V(0)=V(t^*)=0$，所以，在基准模型中，这些拍卖也是期望收益最大化的拍卖。

在第二组例子中，我们利用一个非对称模型来讨论期望收益最大化的拍卖中的分配和最有效率拍卖中的分配之间的差别。为此，我们假定类型等于估价（即 $v(t)=t$），但不同竞价人的类型分布不同。令 $\{F_{\gamma}(t)\}$ 表示在区间 $[\alpha, \beta]$ 上的一族估价分布函数，相应的概率密度族为 $\{f_{\gamma}(t)\}$。进而，我们假定 $\ln(1-F_{\gamma}(t))$ 是 t、γ 的子模函数，或者等价地，$f_{\gamma}(t)/(1-F_{\gamma}(t))$ 随 γ 递减。这是一个很强的条件，由它可以推知，提高 γ 值使估价分布变得一阶随机占优。[①] 由以上的定理可知，如果 γ 值不同的两个竞价人报告了相同的估价，那么最优拍卖是将物品分配给 γ 值较低的竞价人。这说明最优拍卖偏好“弱势”竞价人。

更具体的例子为，假设 G 是一个分布函数，其概率密度为 g，且 $\ln(1-G)$ 是凹函数，或者等价地，$(1-G(t))/g(t)$ 是递增函数。定义 $F_{\gamma}(t)=G(t-\gamma)$，则我们得到了满足上面所作假设的一族分布，它包含通常所考虑的均匀分布。在所有这些情形下，收益最大化的拍卖中的分配相对于有效分配是有偏的，有利于 γ 值较低的竞价人。

Bulow 和 Roberts 使用边际收益的概念来研究期望收益最大化拍卖理论和垄断定价理论之间的联系。最简单的情况是当 $N=1$ 时。在这种情况下，我们去掉标识竞价人的上标，约定 $V(0)=0$，并且假定竞价人的类型为 $[0, 1]$ 上的均匀分布。垄断者的问题是确定一个价格使其期望总收益达到最大。要销售掉期望数量 $1-s$，垄断者必须定价为 $v(s)$，这是因为如果 v 是递增的，那么所有超过 s 的类型都会购买一件物品，所有较低的类型都不会购买。我们再次假定垄断者的边际收益随总期望销量 $1-s$ 连续递减，也即函数 $MR(s)$ 连续递增。这样，期望收益最大化策略为：价格为 $r^*=v(t^*)$，其中 t^* 与前面一样由 $MR(t^*)=0$ 确定。如此价格下的分配性能为：

$$x(t)=\begin{cases}1 & \text{若 } MR(t)\geqslant 0\\ 0 & \text{否则}\end{cases} \tag{4.43}$$

验证可知，这个解是定理 4.22 解的一个特例。

我们下面考虑所有 N 个竞价人。设想卖方需要决定将现有的一个边际单位分配给 N 个分散的市场中的哪一个。类型向量 $\vec{t}=(t^1, \cdots, t^N)$ 描述了市场的当前状况。卖方最大化其期望总收益的策略是：将这件物品分配给边际收益最大的市场，并且在最大边际收益为负时收回这件物品。这正好就是式（4.42）中所描述的规则。

---

① 对 $\gamma'<\gamma$，子模意味着对任一 $t\in[\alpha, \beta]$，$\ln(1-F(t\mid\gamma))=\ln(1-F(t\mid\gamma))-\ln(1-F(\underline{v}\mid\gamma))\leqslant\ln(1-F(t\mid\gamma'))-\ln(1-F(\underline{v}\mid\gamma'))=\ln(1-F(t\mid\gamma'))$，所以 $F(t\mid\gamma)\leqslant F(t\mid\gamma')$。

4.4.2　Bulow-Klemperer 定理

Jeremy Bulow 和 Paul Klemperer 的研究结果为最优拍卖理论的作用提供了另一个例子。Bulow 和 Klemperer（1996）比较了设定最优保留价的收益和在拍卖中增加一个竞价人的收益。为简便起见，我们假设 $v(0)=0$。这个假设使得设定一个合适的保留价变得特别重要，因为否则，拍卖的收益可能会非常低。在二级价格拍卖中，即使有一些竞价人愿意支付很高的价格，收益也可能趋近于零。

然而，正式的分析得到了一个稍微不同的结论。

定理 4.23　没有保留价的 $N+1$ 人拍卖的期望收益至少和使用收益最大化保留价 $v(MR^{-1}(0))$ 的 N 人拍卖的期望收益一样大。

证明　定理 4.22 中已经给出了后一种拍卖的收益。而前一种拍卖的期望收益为 $E[\max\{MR^1(t^1),\cdots,MR^{N+1}(t^{N+1})\}]$。由 MR^i 的定义可知，$E[MR^i(t^i)]=\int_0^1 MR^i(s)\mathrm{d}s=-(1-t)v(t)\Big|_{t=0}^{1}=0$。再由 Jensen 不等式可知对任意的随机变量 z 和常数 A，我们有 $E[\max(A,z)]\geqslant\max(A,E[z])$。取 $z=MR^{N+1}(t^{N+1})$，我们可得

$$
\begin{aligned}
&E[\text{具有 }N+1\text{ 个竞价人且无保留价时的拍卖收益}]\\
&=E[\max\{MR^1(t^1),\cdots,MR^{N+1}(t^{N+1})\}]\\
&=E[E[\max\{MR^1(t^1),\cdots,MR^{N+1}(t^{N+1})\}\mid t^1,\cdots,t^N]]\\
&\geqslant E[\max\{MR^1(t^1),\cdots,MR^N(t^N),0\}]\\
&=E[\text{具有 }N\text{ 个竞价人且含最优保留价时的拍卖收益}]
\end{aligned}
\tag{4.44}
$$

定理得证。■

4.4.3　不规则的情况

到目前为止，我们只考虑了 MR^i 递增的情况。一般地，当 MR^i 不是非降时，由定理给出的性能函数 x^i 将不再是非降的，从而式（4.41）中的激励相容约束也不再成立。

在垄断定价中，相应的问题是边际收益函数可能在某些区间递增。此时，总收益函数 TR 将不再是凹函数，所以对给定的期望数量，随机的产量有时会得到比确定性产量高的总期望收益。例如，数量 q 和 q' 的概率各为 1/2 时，卖方可以获得总期望收益 $\frac{1}{2}TR(q)+\frac{1}{2}TR(q')$。作为期望产量的函数，卖方的最大总收益是总收益函数的凹包（concave hull)，即对所有的 q 均满足 $\widehat{TR}(q)\geqslant TR(q)$ 的最小的凹函数 $\widehat{TR}(q)$。

拍卖问题具有类似的结构。定义 $TR^i(t)=\int_t^1 MR^i(s)\mathrm{d}s$，这是卖方在设定保留价 $v(t)$ 且销售掉的概率为 $1-t$ 时的总期望收益。令$\overline{TR}^i$ 为 TR^i 的凹包，它也是卖方随机化其价格所能得到的收益。令$\overline{MR}^i=-\mathrm{d}\,\overline{TR}^i(t)/\mathrm{d}t$ 为相应的边际收益函数。则期望收益最大化分配规则将物品分配给了具有最高边际收益$\overline{MR}^i(t^i)$（倘若它是正的）的竞价人。在发生平局时，它随机分配：

$$x^i(t^1,\cdots,t^N)=\begin{cases}0 & 若\overline{MR}^i(t^i)\neq\max(0,\overline{MR}^1(t^1),\cdots,\overline{MR}^N(t^N))\\1/N & 否则\end{cases}\tag{4.45}$$

其中 $N=\#\{i:\overline{MR}^i(t^i)=\max(0,\overline{MR}^1(t^1),\cdots,\overline{MR}^N(t^N))\}$ 是平局中竞价人的数量。与定理中的分配性能相反，函数 x^i 是处处非降的。这是因为$\overline{TR}^i$ 是凹的，所以$\overline{MR}^i$ 处处非降。正式的证明将不再给出。

4.5 有弱、强竞价人的拍卖[①]

前面几节的分析都限于竞价人的估价是对称分布的情况。非对称拍卖中的第一个问题就是如何刻画均衡。我们限于考虑如下的情况：两个竞价人，他们的类型均匀分布在 [0，1] 上，分别具有递增可微的估价函数 v^1 和 v^2，保留价 r 在两者的值域中，他们的策略分别记为 β^1 和 β^2。在这一模型中，均衡的一个必要条件是报价函数连续递增。另一个必要条件是估价为 r 的竞价人的报价也是 r，即 $\beta^1((v^1)^{-1}(r))=\beta^2((v^2)^{-1}(r))=r$。第三个必要条件是报价函数的值域相同，所以 $\beta^1(1)=\beta^2(1)$。

为方便起见，我们引入如下的匹配函数：

$$m(t)=(\beta^2)^{-1}(\beta^1(t))\tag{4.46}$$

这一函数将竞价人 1 的每一个类型对应于竞价人 2 的一个类型，使得在此对应下，二者的报价相同。利用这个记号，类型为 t 的竞价人 1 在均

① 为了简便，本节只讨论只有两个竞价人的拍卖，但是本节的结论可以推广到有两类竞价人（弱和强）时的拍卖。

衡时面临的问题是选择报价 b（或等价地，选择对应于报价 $b=\beta^2(s)$ 的类型 s），以最大化 $s(v^1(t)-\beta^2(s))$。当 $s=m(t)$，或者等价地 $t=m^{-1}(s)$时，在均衡处必定满足一阶条件。利用后一个式子，一阶条件可写为：

$$0=v^1(m^{-1}(s))-\beta^2(s)-s(\beta^2)'(s) \tag{4.47}$$

相应地，竞价人 2 的一阶条件为

$$0=v^2(m(t))-\beta^1(t)-t(\beta^1)'(t) \tag{4.48}$$

我们将应用与前面类似的分析方法来证明，当竞价人限于在均衡报价函数的值域中报价时，一阶条件的任意递增解确定了两个竞价人的最优响应。显然估价小于 r 的竞价人不能通过合格的报价以增加其收益。对于估价大于 r 的竞价人，如果两个报价函数的值域一致且包含保留价 r，那么可以看出，在报价函数值域之外的任一报价，即任一小于 r 或大于 $\bar{b}=\beta^1(1)=\beta^2(1)$ 的报价，其收益分别低于报价为 r 或 $\bar{b}$ 时的收益。所以，满足上面必要条件的任意一个解均是一个均衡。

定理 4.24（Maskin 和 Riley（2000a））[①]　微分方程组（4.46）～（4.48）存在唯一的、满足条件 $\beta^1((v^1)^{-1}(r))=\beta^2((v^2)^{-1}(r))=r$ 及 $\beta^1(1)=\beta^2(1)$ 的递增解。这个解是非对称一级价格拍卖的一个均衡。

关于均衡的一个基本结论是，如果一个参与人的估价在一阶随机占优的意义上高于其他参与人的估价，则这个参与人的报价在一阶随机占优的意义上也是更高的。由于价值函数 v^1、v^2 是估价的逆分布函数，因此严格随机占优条件为对任意 $t\in(0,1)$ 均有 $v^1(t)>v^2(t)$。

定理 4.25　假设对 $t\in(0,1)$ 均有 $v^1(t)>v^2(t)$，则对任意的 $t\in(0,1)$，均衡策略均满足 $\beta^1(t)>\beta^2(t)$。

证明　在满足 $\beta^1(t)=\beta^2(t)$ 的任意点处，我们有 $m(t)=t=m^{-1}(t)$。所以，根据式（4.47）和式（4.48），$(\beta^1)'(t)<(\beta^2)'(t)$。由于 $\beta^1(1)=\beta^2(1)$，对函数 $f(1-t)=\beta^1(t)-\beta^2(t)$ 应用排序引理可知，$\beta^1(t)>\beta^2(t)$ 对任意 $t\in(0,1)$ 均成立。■

在本节的剩余部分，我们主要考虑一个竞价人"强于"其余竞价人的拍卖。直观上，当一个竞价人更强时，它的竞争者报价更积极。为了分析这一直观观点，最方便的方法是将类型和价值视为相同，并固定报价函数使得报价是估价的函数。

---

① Maskin 和 Riley 是通过证明满足给定边界条件的微分方程组的解的存在性来证明这个定理的。

要了解竞价人的强度是如何影响其竞争者的报价的，我们考虑估价为 v 的竞价人 1 所要面对的问题。假设竞价人 2 的估价服从分布函数族 $\{F(t \mid s)\}$ 中的某一个，其中 s 表示竞价人 1 的强度的一个参数。竞价人 2 可能采用的任一连续递增策略 β 是其估价的函数，竞价人 1 在 β 的值域中选择报价 b 以最大化 $(v-b)F(\beta^{-1}(b) \mid s)$，或者等价地，最大化 $\ln(v-b)+\ln F(\beta^{-1}(b) \mid s)$。对每个递增函数 β，这一最大化问题的解均随 s 非降当且仅当 $\ln F(t \mid s)$ 是上模函数时。上模函数的充分性是因为单调性定理，而其必要性则是因为 Milgrom（1994）的定理。下面，当 $\ln F(t \mid s)$ 是上模函数时，我们称 s 为强度的参数。

条件 $\ln F(t \mid s)$ 是上模函数与条件 $\ln(1-F(t \mid s))$ 是下模函数（我们在分析收益最大化拍卖时用到过）相关但不同。在后一个条件下，收益最大化拍卖在两个竞价人价值相同时偏向于 s 值较低的竞价人。我们也已经证明了，由后一个条件可推知 $F(t \mid s)$ 随 s 下降。类似地可以证明，在前一个条件下也有类似的结论。

以上结论是指，面对强势竞争者，弱势竞价人的报价要高一些。这一结论表明，在均衡时，一个弱势竞价人的报价将倾向于比相同估价的强势竞价人的报价更高。然而，这个结论不是直接的，因为支持这个结论的论据不是均衡的。在均衡时，竞价双方的策略依赖于双方的类型。下面的定理表明预想的策略之间的次序在均衡时的确成立。

定理 4.26（Maskin 和 Riley（2000b）） 考虑一个二人拍卖，竞价人的估价服从 $[\underline{v}, \bar{v}]$ 上的分布函数 $\{F(t \mid s)\}$，相应的概率密度为 $\{f(t \mid s)\}$，假定 $\ln F(t \mid s)$ 是上模函数且竞价人的强度分别为 $s=0$ 和 $s=1$。记 β_s 为均衡策略，它将估价映射为报价。则对每个可能的估价，强势竞价人的报价低于弱势竞价人的报价，即对任意的 $t \in (\underline{v}, \bar{v})$ 均有 $\beta_1(t)<\beta_0(t)$。

证明 在均衡时，均衡报价函数的值域必定相同，所以 $\beta_0(\bar{v})=\beta_1(\bar{v})$。对满足 $\beta_0(v)=\beta_1(v)<v$ 的任一估价 v，最优报价的一阶条件为：

$$\begin{aligned}0&=-1+(v-\beta_1(v))\frac{f(v \mid 0)}{F(v \mid 0)}/\beta_0'(v)\\&=-1+(v-\beta_0(v))\frac{f(v \mid 1)}{F(v \mid 1)}/\beta_1'(v)\end{aligned}\tag{4.49}$$

由于 $f(v \mid 0)/F(v \mid 0)<f(v \mid 1)/F(v \mid 1)$ 且 $v-\beta_0(v)=v-\beta_1(v)$，所以 $\beta_1'(v)>\beta_0'(v)$。因此，对函数 $h(\bar{v}-t)=\beta_0(t)-\beta_1(t)$ 应用排序

引理可知，对任意 $t \in (\underline{v}, \bar{v})$ 均有 $\beta_1(t) < \beta_0(t)$。 ■

结合上面最后两个结论，我们可以发现，强势竞价人具有较高的报价均衡分布，但是它的策略却要求对任意的实际估价来说，其报价低于弱势竞价人的报价。因此，强势竞价人有时会失去拍卖，甚至当他具有更高的估价时也如此。实际上，估价为 v 的强势竞价人在一级价格拍卖中是高报价者当且仅当弱势竞价人的估价小于 $m(v) \equiv \beta_0^{-1}(\beta_1(v)) < v$ 时。相反，在二级价格拍卖中，强势竞价人在其估价最高时获胜，并且这是必定会发生的。运用包络公式可以得到如下结论。

定理 4.27（Maskin 和 Riley（2000b）） 估价为 v 的强势竞价人在二级价格拍卖中的均衡期望利润要高于在一级价格拍卖中的。相反，估价为 v 的弱势竞价人在一级价格拍卖中的均衡期望利润要高于在二级价格拍卖中的。

证明 由包络定理可知，估价为 v 的强势竞价人在一级价格拍卖中的期望利润为 $\int_{\underline{v}}^{v} F(m(r) \mid 0)\mathrm{d}r$，而在二级价格拍卖中的期望利润为 $\int_{\underline{v}}^{v} F(r \mid 0)\mathrm{d}r$。由于 $m(r) < r$，所以后一个积分的值更大。

同样，由包络定理可知，估价为 v 的弱势竞价人在一级价格拍卖中的期望利润为 $\int_{\underline{v}}^{v} F(m^{-1}(r) \mid 1)\mathrm{d}r$，而在二级价格拍卖中的期望利润为 $\int_{\underline{v}}^{v} F(r \mid 1)\mathrm{d}r$。由于 $m^{-1}(r) > r$，所以前一个积分的值更大。 ■

从上文关于一级价格拍卖的平均收益何时高于二级价格拍卖的分析中，我们可以得到什么样的一般性结论呢？Vickrey 对拍卖进行的早期分析包括了若干例子，其说明了各拍卖之间无法根据期望收益进行一个完全的、一般的排序。他给出的非对称拍卖模型的例子中，一级价格拍卖的平均期望收益有时高于、有时则低于二级价格拍卖的平均期望收益。

不管 Vickrey 例子的结论如何，我们前面的结论和数值仿真都表明，在有一个强势竞价人的非对称拍卖模型中，一级价格拍卖的平均期望收益通常可能高于二级价格拍卖。直观上，这是因为这种拍卖引入了正确的“偏爱”方式。[①] 在均衡时，由于 $m(t) < t$，弱势竞价人在一级价格拍卖中比在二级价格拍卖中更经常地是在均衡处获胜。类似的有利

① 关于这一结论的例子和充分性条件可见 Maskin 和 Riley（2000b）。

于弱势竞价人的偏爱可以在收益最大化拍卖（假定 $\ln(1-F(t\mid s))$ 是下模的）中发现。

4.6 结论

本章介绍了各种不同的单交叉条件，包括 Milgrom-Shannon 单交叉差分条件、光滑单交叉差分条件和 Mirrlees-Spence 条件，以及它们的各种不同应用，特别是约束简化定理。这些条件为在一大类拍卖模型中验证均衡提供了简洁的方法，并为著名的最优拍卖理论奠定了基础。利用这些方法我们求解和验证了具有保留价的密封投标拍卖、消耗战拍卖和竞价人全支付拍卖中的均衡策略。

接下来所作的一组分析超出了报酬和收益等价的结果，分析了拍卖收益可以比较的情形。进行比较采用的主要工具是排序引理，它提供的方法表明均衡分析中保留了对报价的某些直接影响。我们利用这一方法证明了，在一级价格拍卖中，当竞价人更加厌恶风险时，他们会提高自己的均衡报价；然而，在一级价格采购拍卖中，当报价接受人的购买量是价格的递减函数时，报价人的报价会较低（但是在二级价格采购拍卖中这样的结果不会出现）；并且，相较于一级价格拍卖，竞价人类型的相关性会增加二级价格拍卖中的均衡收益。

除了上述研究之外，我们还研究了预算约束的影响，以及报价成本是如何促成跳跃式报价的。我们也进行了著名的“最优拍卖”分析，它确定了使卖方收益最大化的拍卖。该理论的一个结论是，在一定条件下，收益最大化拍卖歧视估价较高的“强势”竞价人。

最后一节研究了这样一类拍卖：一个低估价分布的弱势竞价人与一个高估价分布的强势竞价人之间的竞争。这里对弱势、强势两种竞价人的刻画不同于在收益最大化定理中的。利用排序引理，我们能够去比较弱势和强势两种竞价人的均衡报价。主要的结论是，在一级价格拍卖的均衡中，根据他们的报价分布，强势竞价人的报价高于弱势竞价人的，但是对于竞价人估价的任一实现值，强势竞价人的报价则低于弱势竞价人的。这在实质上类似于收益最大化拍卖所要求的偏差，并且这类拍卖的期望收益常常高于二级价格拍卖。

在接下来的两章中，我们将进一步运用传统拍卖理论来解决拍卖实务中所面临的一些问题。

参考文献

Alesina，Alberto and Allan Drezen (1991). "Why Are Stabilizations Delayed?" *American Economic Review* 81 (5)：170 – 1188.

Avery，Christopher (1998). "Strategic Jump Bidding in English Auctions." *Review of Economic Studies* 65 (2，No. 223)：185 – 210.

Bulow，Jeremy and Paul Klemperer (1996). "Auctions versus Negotiations." *American Economic Review* 86 (1)：180 – 194.

Bulow，Jeremy and Paul Klemperer (1999). "The Generalized War of Attrition." *American Economic Review* 89 (1)：175 – 189.

Bulow，Jeremy and John Roberts (1989). "The Simple Economics of Optimal Auctions." *Journal of Political Economy* 97 (5)：1060 – 1090.

Che，Yeon-Koo and Ian Gale (1998). "Standard Auctions with Financially Constrained Bidders." *Review of Economic Studies* 65 (1，No. 222)：1 – 21.

Edlin，Aaron and Chris Shannon (1998a). "Strict Monotonicity in Comparative Statics." *Journal of Economic Theory* 81：201 – 219.

Edlin，Aaron and Chris Shannon (1998b). "Strict Single Grossing and the Strict Spence-Mirrlees Condition：A Comment on Monotone Comparative Statics." *Econometrica* 60 (6)：1417 – 1425.

Fudenberg，Drew and Jean Tirole (1986). "Theory of Exit in Duopoly." *Econometrica* 54 (4)：943 – 960.

Griesmer，Levitan and Shubik (1967). "Toward a Study of Bidding Processes，Part IV：Games with Unknown Costs." *Naval Research Logistics Quarterly* 14 (4)：415 – 443.

Hansen，Robert G. (1988). "Auctions with Endogenous Quantity." *Rand Journal of Economics* 19 (1)：44 – 58.

Klemperer，Paul (2002b). "Why Every Economist Should Learn Some Auction Theory." http：//www. paulklemperer. org/.

Laffont，Jean-Jacques (1997). "Game Theory and Empirical Economics：The Case of Auction Data." *European Economic Review* 41：1 – 35.

Laffont，Jean-Jacques，Herve Ossard，and Quang Vuong (1995). "Econometrics of First-Price Auction." *Econometrica* 63 (4)：953 – 980.

Maskn，Eric and John Riley（2000a）. "Equilibrium in Sealed High Bid Auctions." *Review of Economic Studies* 67（3）：439 – 454.

Maskn，Eric and John Riley（2000b）. "Asymmetric Auctions." *Review of Economic Studies* 67（3）：413 – 438.

Milgrom，Paul and Chris Shannon（1994）. "Monotone Comparative Statics." *Econometrica* 62：157 – 180.

Milgrom，Paul and Robert Weber（1985）. "Distributional Strategies for Games with Incomplete Information." *Mathematics of Operations Research* 10：619 – 632.

Milgrom，Paul and Robert J. Weber（1982）. "A Theory of Auctions and Competitive Bidding." *Econometrica* 50：463 – 483.

Mirrlees，James（1971）. "An Exploration in the Theory of Optimal Taxation." *Review of Economic Studies* 38：175 – 208.

Perry，Motty and Philip Reny（1999）. "On the Failure of the Linkage Principle." *Econometrica* 67（4）：895 – 900.

Spence，A Michael（1973）. "Job Market Signaling." *Quarterly Journal of Economics* 87（3）：355 – 374.

第5章　类型和估价的相关性

第 2～4 章中所讨论的大部分模型都是独立私有价值模型。如果每个参与人对结果的评估仅依赖于自己的类型，称物品对参与人的价值是私有的（private）；如果参与人类型统计独立，称这个价值是独立的（independent）。至今，仅有的例外是第 3 章中所讨论的 Jehiel-Moldovanu 模型以及第 4 章中所讨论的类型相关的例子，前者去除了私有价值假定而后者放松了独立性假定。

放松私有价值和独立性假定会产生许多新的问题。当竞价人不知道他们自己对物品的估价时，报价和估价之间的联系自然较弱，而且，估价最高的竞价人往往可能获利较少。竞价人对自身估价的不了解促使我们想研究竞价人想要获得什么信息，他们是否愿意分享或隐藏这些信息，以及拍卖方是否能够通过收集或者发布信息来改进这一结果。独立性假定是 Myerson 引理和收益等价定理的一个基本前提。放松这个假定也使我们不得不重新评价拍卖理论的大部分基本结论。

在本章中，我们研究由两种可能的相关性所引起的问题。5.1 节讨论简化假设的种类，同时这些简化在拍卖模型中是“合理的”和“有用的”。5.2 节考虑统计相关类型在一个最优拍卖模型中的影响。5.3 节介绍一个实用的待开采区域模型（drainage tract model），它成功地处理了与一个已开发区域相邻的区域的石油开采权拍卖问题。5.4 节介绍一个将私有价值和统计独立假定都放松的模型。

5.1 哪些模型和假设是有用的?

学生们有时会问，一个特定拍卖模型中的一个特定假设是不是“合理的”。要回答这个问题，我们必须先来回答“什么样的假设是有用的”。

现实中的拍卖在许多不同的情况下进行，所以没有理由期望有一组易处理的简化的假设能够很好地描述所有的情况，甚至是能够很好地描述其中某种情况。对假设适宜性的检验，要看它是否足够简单从而易于分析，同时它仍能体现出现实情景的本质特征从而有助于实现预期目的：可能是做定量预测，也可能是对某些问题做定性观察。

以下的一些方式对建模人员是有益的：使用理论分析来评价简化的假设，研究这些假设在模型中的结果，或者在一个更广泛的模型中得到相同假设的结论。在本节中我们通过上述几种方式，来考察拍卖模型中使用的一些常见假设。

5.1.1 收益仅依赖报价和类型

在前面几章中，同时也贯穿在整个机制设计理论中，我们通常假设参与人的收益［$u^j(x, \vec{t})$］仅依赖于结果 x 和所有参与人的类型向量 $\vec{t}$，但它并不总是能准确描述现实情况。例如，我们考虑从某一资源中提炼矿石或开采矿藏权利的一个拍卖，对此，没有人能够事先确定提炼成本或者地下矿藏的数量。显然，赢者的最终收益依赖于这些未知变量的值。但是一些理论工作者已经将竞价人的收益写成结果 x 和某一随机向量（变量）y 的函数 $\hat{u}^j(x, y)$，其中 y 可能既包括类型组合也包括不可观测变量。

这些变化所产生的结果会是怎样的呢？在本小节中，我们将要证明，如果我们的目标仅仅是将均衡报价策略描述为竞价人类型的函数，那么我们可以不失一般性地假设竞价人的收益仅仅依赖于拍卖结果和竞价人的类型。设实际收益 $\hat{u}^j(x, y)$ 依赖于结果和一个向量 y，其中 y 由可观测量和不可观测量所组成。则本模型中任何策略组合下的期望收益都恰好与收益为 $u^j(x, \vec{t})=E[\hat{u}^j(x, y)|\vec{t}]$ 的模型中的一样。

为证明上述论断，给定策略组合 σ 和 j 的类型，在原博弈中竞价人 j 的期望收益为

$$
\begin{aligned}
E[\hat{u}^j(x(\sigma(\vec{t})),y)\mid t^j] &= E[E[\hat{u}^j(x(\sigma(\vec{t})),y)\mid \vec{t}]\mid t^j] \\
&= E[u^j(x(\sigma(\vec{t})),\vec{t})\mid t^j]
\end{aligned}
$$

上式左边是收益函数为 $\hat{u}^j$ 时博弈中的期望收益，而右边是收益函数为 u^j 时博弈中的期望收益。因为这两个期望收益相等，所以均衡行为也是相同的。由此，也许有人会说，通过对原收益函数积分总是可以消除随机向量 y 而使得收益函数只依赖于类型组合。

这个发现的重要之处在于，类型外生时的均衡策略仅仅依赖于简化后收益 $u^j(x, \vec{t})$ 中所包含的信息。尽管如此，当我们希望自己的模型能将均衡收益与竞价人的信息相联系时，建立一个包含更多详细信息的收益函数进行分析仍然可能是有用的。例如，假设我们想要考察可回收碳氢化合物成交量的不确定性程度是否提高了石油租赁拍卖中的利润。虽然竞价人的信息是不可观测的，从而均衡理论不能直接进行检验，但此时如果存在能够有效度量不确定性的工具，并且利润是可观测的，那么考虑更详细的模型就可能进行可验证的预测。类似地，也可以检验竞价人估算石油开采量能力的提高是怎样影响竞价人策略、利润和进入决策的，以及怎样影响拍卖收入和拍卖结果的效率的。

如果竞价人选择收集哪些信息，或者卖方选择公开哪些信息，那么类型就不再是外生的了，而且可能无法对一个简化形式的模型进行均衡分析了。均衡分析要求模型包括所有潜在的可观测信息。一个具有潜在不可观测信息的模型需要我们分析竞价人关于收集什么信息的决策以及卖方关于公开什么信息的决策。

5.1.2　一维类型和私有估价

在本小节中，我们来考虑如下两个假设的影响：竞价人的类型是一维的（即可用一个实数表示），以及竞价人的估价是私有的。如果竞价人均具有私有估价，那么，没有一个竞价人拥有其他竞价人可能认为有助于估算其价值的信息。有人可能会问：这样的假设合理吗？难道竞价人不想了解一些与其他竞价人估价相关的信息吗？为了回答这些问题，我们必须区分竞价人可能获得的不同信息的种类。

我们考虑与第 3 章中 Jehiel-Moldovanu 定理所考虑的模型类似的一个单物品拍卖模型。竞价人 j 的信息可用一个向量 $t^j=(t_1^j, \cdots, t_N^j)$ 来表示，其中只有分量 t_i^j 是与竞价人 i 的收益直接相关的。假设当 i 赢得物品时其收益依赖于其他竞价人的信息，即 $v^i(t_i^1, \cdots, t_i^N)$ 减去其支付的总和。进而，假定竞价人类型是统计独立的，并记其他竞价人的策

略为 σ^{-j}。由统计独立性可知，竞价人 j 以任一报价 b 获胜的概率与 j 的类型独立，因此

$$
\begin{aligned}
E[v^j(\vec{t})1_{\{b\text{获胜}\}} \mid t^j=\tau^j] &= \Pr\{b\text{ 获胜}\}E[v^j(\tau_j^j,t_j^{-j}) \mid t^j=\tau^j] \\
&= \Pr\{b\text{ 获胜}\}E[v^j(\tau_j^j,t_j^{-j})] = f(b,\tau_j^j)
\end{aligned}
$$

在给定的机制下，若竞价人 j 的类型为 t^j，则他报价为 b 时的期望收益是

$$
f(b,t_j^j) - E[\text{Payment}(b,\sigma^{-j}(t^{-j}))] = f(b,t_j^j) - g(b) \qquad (5.1)
$$

从而，当竞价人 j 的类型为 t^j 时，使他的期望收益最大化的报价只依赖于 t_j^j 而与 t_{-j}^j 无关。因此，对于 j 来说信息 t_{-j}^j 的价值是零。

如果收集和评估信息 t_{-j}^j 需要正的成本，那么上述结论就是非常有意义的。此时，因为其他人的信息对竞价人 j 来说没有价值，因此，在均衡状态下，他将不会收集别人的信息。这个结论推广了 Jehiel-Moldovanu 的结果：即使这些信息免费可得，竞价人也不会利用它。补充一点，根据我们的假设，如果收集信息是昂贵的，那么竞价人将不会在第一时间费心去收集这些信息。

上述讨论证明，在其他所述的假设下，竞价人类型是一维、内生的，并且维度仅包含与竞价人 j 自己的收益直接相关的信息。

即使竞价人只收集与他们自己的估价有关的一维信息，仍然不能证明私有估价假设是合适的。例如，假设只有两个竞价人，并且他们的类型 $t^1=(t_1^1,\ t_2^1)$ 和 $t^2=(t_1^2,\ t_2^2)$ 是独立的。进一步假设竞价人 1 只观察到影响其估价的类型中的第一个分量 t_1^1，同样，竞价人 2 只观察到第二个分量 t_2^2。在类型组合部分可观测的条件下，我们能够得到关于竞价人的期望价值（即 $\hat{v}^1(t_1^1,\ t_2^2)=E[v^1(t_1^1,\ t_2^2) \mid t_1^1,\ t_2^2]$）的什么结论呢？是否可以说 $\hat{v}^1(t_1^1,\ t_2^2)$ 仅依赖于它的第一个变量呢？

答案是否定的，因为 t_1^2 可能与 t_2^2 相关。例如，竞价人 2 正在对一个油田进行估价。此估价将依赖于竞价人 2 所特有的变量，但主要依赖于这个油田的碳氢化合物的储量，而这个储量也同时影响着竞价人 1 对油田的估价。因此，t_1^2 和 t_2^2 将同时趋高或趋低。因此，较高的 t_2^2 值对于竞价人 1 来说很重要，因为它表明竞价人 1 的估价也是高的。因此，如果 t_1^2 和 t_2^2 相关，$\hat{v}^1$ 可能随着 t_1^2 和 t_2^2 递增。

要注意的是，即使类型是一维的这个结论也基于这样一个假设，即不同参与人的类型在统计上是独立的。如果没有这个假设，那么竞价人的可观测信息不仅会影响其估价，而且还会反映他对其他竞价人估价的

信念，对他人信念的信念，等等，以至无穷。这些信念通常不可能由一个一维类型来概括，而且，竞价人可能有动机了解彼此的类型，以便预测竞争报价。

5.1.3　类型是统计独立的

统计独立性是一个特定的、模棱两可的假设，它在拍卖分析中的作用一直受到质疑。在资产拍卖中，竞价人经常估算资产所能产生的净收益，而净收益对需求和技术很敏感。如果竞价人对同一潜在变量进行估计，他们的估计值常常正相关。

为了证明这种可能性，我们考虑一个石油钻探权拍卖，其中每个竞价人的类型是他对当地石油储量的估价。假设石油的实际价值是一个非退化的随机变量 y，其均值为 μ；而竞价人 j 的估计值为 $t^j=y+\varepsilon^j$，其中 ε^1、ε^2 和 y 相互独立。那么，协方差 $\mathrm{Cov}(t^1, t^2)=\mathrm{Var}(y)>0$。因此，独立误差导致类型正相关。

在一些实际运行最为成功的拍卖模型中，产生相关性的根源尤为重要，因为这些模型用到了私有估价假设的对立面——共同估价假设。① 在石油和天然气钻探权（或其他矿产权利）的拍卖中，竞价人对权利的估价主要取决于地下石油和天然气的储量以及提取的难易程度。共同估价模型假设竞价人只拥有这一类信息。最为常见的是模型中假设物品对每个竞价人具有绝对相同的价值。在此假设下，由于物品的分配对效率没有影响，因此有效性分析集中在拍卖中拍卖者和竞价人使用的资源上。共同估价拍卖方面已发表的大多数文献都集中在与拍卖过程相关的收益方面。

5.2　统计相关性和收益最大化拍卖

在最优拍卖模型中，类型之间的统计相关性从根本上改变了最优拍卖问题的解。实际上，当我们从统计相关转向统计独立时，解是不连续变化的。Cremer 和 McLean（1985）证明了，即使存在较小的统计相关性，对于卖方来说的期望收益最大化拍卖所产生的结果也总是有效的，

---

① Wilson（1967）、Ortega-Reichert（1968）和 Wilson（1969）分析了第一个共同估价模型。

并且总是将所有竞价人的利润降至零，以至卖方的期望收益等于竞价人中对物品的最高估价。

下面我们来详细回顾 Cremer 和 McLean 的分析。但首先我们来回顾一下为什么在类型统计独立的模型中卖方不能将竞价人的利润降至零而仍然能够以正概率卖出物品。在第 3 章中我们已经看到，在独立私有价值模型中，每个竞价人的期望利润都完全由函数 $x^j(t^j)$ 确定。函数 $x^j(t^j)$描述了类型为 t^j 的竞价人赢得物品的概率。由包络定理可知，竞价人的期望收益是 $V^j(\tau)=V^j(0)+\int_0^{\tau}x^j(s)[\mathrm{d}v^j(s)/\mathrm{d}s]\mathrm{d}s$。在我们所研究的拍卖设计中，$V^j(0)=0$ 总是成立，但如果货物被出售，那么由于求和的第二项（有时被称为信息租金（information rent）），竞价人利润的一部分是正的，并且其值是竞价人类型的增函数。

构造一个类型上统计相关的收益最大化拍卖的关键之处，是将一级价格拍卖与某一赌博（side bets）联系起来。假定在一级价格拍卖中报价 b 的竞价人进入一个与 b 有关的赌博。此时，如果竞价人的估价为其报价 b，其期望收益为零；否则，其期望收益是一个很大的负值。这个赌博促使竞价人真实地报价，并使其期望收益为零，同时将物品分配给估价最高的竞价人，成交价格等于其估价。

当竞价人的类型数量有限时，上述赌博很容易设计。我们这里只关注这种情况。[①] 假设有 N 个竞价人，竞价人 j 的可能类型是有限集 $\{1, \cdots, M^j\}$ 中的元素，他对物品的私有估价为 $v^j(t^j)$，其中 v^j 是可逆函数。

记 $P^j(t^{-j}|t^j)$ 表示竞价人 j 的条件概率分布，它可用一个 M^j 行（标记为 t^j 并将相应的行记为 $P^j(t^j)$）和 $\times_{i\neq j}M^i$ 列（标记为 t^{-j}）的矩阵 P^j 来表示，此矩阵的第 $k-1$ 个元素为 $P^j_{kl}=P^j(t^{-j}=\tau_l^{-j}|t^j=\tau_k^j)$，其中 τ_k^j 是竞价人 j 的第 k 个可能类型，τ_l^{-j} 是其余竞价人的第 l 个可能的类型组合。例如，假设有三个竞价人，他们的可能类型集合分别为 $\{1, \cdots, 4\}$，$\{1, \cdots, 8\}$，和 $\{1, \cdots, 5\}$，则 P^2 是一个 8×20 矩阵。关键的假设如下，它指出任何类型的信念都不可能表示为其他类型信念的凸组合。

(A) 非退化统计相关。对每个竞价人 j，上述的矩阵 P^j 是行满秩的。

---

① McAfee 和 Reny（1982）将此结果扩展到了一些类型空间可数的模型中。

考虑修正的一级价格拍卖：(1) 竞价人 j 的报价只许在集合 $\{v^j(1), \cdots, v^j(M^j)\}$ 内选择；(2) 赢者及其支付价按一级价格拍卖中的规则确定；(3) 如果竞价人 j 报价 $v^j(t^j)$，同时对手报价 $v^{-j}(t^{-j})$，则卖方向竞价人 j 支付 $B^j(t^j, t^{-j})$。我们称此修正的拍卖为具有赌注 B 的一级价格拍卖（first-price auction with side bets B）。

定理 5.2.1　若类型的分布满足假设（A）（非退化统计相关），则存在一个豪赌系统 B 使得具有豪赌 B 的一级价格拍卖具有如下性质：

1. 它是激励相容的，

2. 任一类型的任一竞价人的期望利润都为零，

3. 在实现类型组合 $\bar{t}$ 的条件下的期望收益等于 $\max(v^1(t^1), \cdots, v^N(t^N))$。

证明　由非退化统计相关条件可知，信念 $P^j(t^j)$ 位于凸包（convex hull）$\mathrm{Conv}\{P^j(\hat{t}^j) \mid \hat{t}^j \neq t^j\}$ 的外部。根据分离超平面定理①，存在一个具有 $\times_{i\neq j}M^i$ 个分量的向量 $h^j(t^j)$ 使得对所有的$\hat{t}^j \neq t^j$ 均有 $h^j(t^j) \cdot (P^j(t^j) - P^j(\hat{t}^j)) > 0$。进而，由于每一个信念向量都是一个概率向量，我们可以选择 $h^j(t^j)$ 使得 $h^j(t^j) \cdot P^j(t^j) = 0$ 且对所有的 $t^j \neq \hat{t}^j$ 均有 $h^j(t^j) \cdot P^j(\hat{t}^j) \leqslant -1$。②

记 $\bar{B} = \max_{j,t^j} v^j(t^j)$ 和 $B^j(t^j) = \bar{B}h^j(t^j)$。由机制构造可知，类型为 t^j、报价为 $v^j(t^j)$ 的竞价人 j 的期望利润是零（即，当他赢标时他支付了他的估价，而且由构造可知他的额外支付的期望值为零）。但无论怎样，类型为 t^j 且报价为 $v^j(\hat{t}^j)$（$\hat{t}^j \neq t^j$）的竞价人 j 的期望利润有上界

$$
\begin{aligned}
& v^j(t^j) - v^j(\hat{t}^j) + P^j(t^j) \cdot B^j(\hat{t}^j) \\
& \quad = v^j(t^j) - v^j(\hat{t}^j) \\
& \qquad + P^j(t^j) \cdot \bar{B} \cdot h^j(\hat{t}^j) \leqslant v^j(t^j) - v^j(\hat{t}^j) - \bar{B} \leqslant 0
\end{aligned}
$$

其中的等式是因为代入了 $B^j(\hat{t}^j)$ 的表达式；第一个不等式用到了 $P^j(t^j) \cdot h^j(\hat{t}^j) \leqslant -1$；而第二个不等式则由 $\bar{B} = \max_{j,t^j} v^j(t^j) \geqslant v^j(t^j)$ 得到。注意到 $v^j(t^j) - v^j(\hat{t}^j)$ 是当竞价人类型为 t^j 而报价为 $\hat{t}^j$ 且赢得拍卖时获取的利润，$-P^j(t^j) \cdot B^j(\hat{t}^j)$ 是在豪赌中的期望损失。既然所有非真实报价都亏损，我们就证明了激励相容性。

---

① 例如，可参见 Royden (1968)。

② 假设 h^j 满足 $h^j(t^j) \cdot P^j(t^j) = \alpha \neq 0$，令 $\lambda(t^j) = \alpha - \max_{\hat{t}^j} h^j(t^j) \cdot P^j(\hat{t}^j) > 0$，则对所有 i，记 $(\hat{h}^j(t^j))_i = [(h^j(t^j))_i - \alpha]/\lambda(t^j)$。因此，$\hat{h}^j(t^j) \cdot P^j(t^j) = (\alpha - \alpha)/\lambda(t^j) = 0$ 并且对所有 $\hat{t}^j \neq t^j$ 均有$\hat{h}^{\beta}j(t^j) \cdot P^j(\hat{t}^j) \leqslant -\frac{\lambda(t^j)}{\lambda(t^j)} = -1$。

因为所有竞价人都报出自己的真实估价，因此具有最高估价的竞价人以其估价作为成交价格赢得物品，这时所有赌注的期望收益为零。于是，关于期望收益的论断 3 得证。 ■

定理 5.2.1 具有一定的启发，它是最优拍卖理论的一个极端情况。证明过程中要用到假设（A），它保证了任何类型的信念都不能表示为其他类型信念的概率组合。在这种情形下，我们发现，这个赌博仅让一类竞价人收支平衡，而使得其他所有类型的竞价人都将面临巨大的期望损失。通过将赌注与报价捆绑在一起，就确保对真实报价的激励。

定理所描述的不会在现实世界中发生，但是它告诉我们，在实施基于模型得到的任何实际政策之前，检验此方案的合理性、可行性是非常重要的。同时，定理也提出了一系列问题，细心的设计者在设计任何一个机制时都应该考虑这些问题。我们下面来考虑其中的几个。

定理 5.2.1 中的机制对定理中关于类型分布所作的假设是否不切实际地敏感？在这个模型中，当不同类型的信念变得接近时，解决方案就会需要越来越大的单边赌注。但是，当信念不依赖于类型时，即当类型相互独立时，收益最大化机制就根本不需要单边赌注了。模型所得结论对模型假设的敏感令人困惑。

定理 5.2.1 中机制的执行必须有一定的信息，那么机制设计者是否应该拥有那样的信息呢？这个问题与上面的第一个问题有关。解决方案对设计者所提假设的敏感性意味着，为了得到好结果，设计者需要有非常精确的信息。在“Wilson 理论”中，Robert Wilson（1987）主张，有用的拍卖设计必须独立于未知竞价人的估价和信念等细节问题。

模型是否紧紧抓住了有利于做出预测的根本特征？或者，模型是否对过于复杂的现实问题作了简化而变得易于处理？Cremer-McLean 机制利用竞价人的信念来诱导出真实报价。而 Neeman（2001）认为，从竞价人对他人类型的信念中推断该竞价人的估价这一假设是不现实的。但如果我们去掉这一个假设，而让模型中的信念和估价互相独立变化，那么 Cremer 和 McLean 的结论就必须改变了。为说明其原因，我们来看下面的例子。假设一个竞价人具有二维类型（t_1，t_2），其中他的估价是 $v(t_1)$，同时他以报价 b 获胜的概率是 $p(b|t_2)$，那么他的收益是 $V(t_1,t_2)=\max_b v(t_1)p(b|t_2)-X(b|t_2)$，其中 $X(b|t_2)$ 是当他的报价为 b 时的期望支付。若记在任一给定机制下他的最优报价为 $\beta(t_1, t_2)$，则由包络定理可知，$\partial V(t_1, t_2)/\partial t_1=v'(t_1)p(\beta(t_1, t_2)|t_2)$。这意味着，一个竞价人的期望利润在其类型的定义域内随 t_1 增加，而这些类型

有时是能够赢标的。于是竞价人的利润并不总是为零。然而，一般来讲最优机制仍然与豪赌相联，因为豪赌使卖方能够利用估价和信念之间的相关性。

机制设计者是否真的能够如愿以偿地贯彻执行机制？由于机制中的豪赌强加给竞价人高成本的风险，并且使得他们获得的期望利润为零，所以这种机制肯定会阻止风险规避的竞价人。在实际拍卖中更为常见的是，如果竞拍机制看起来很奇怪或者是不公平，那么竞价人经常会拒绝参加。很多人可能会用这些词语来形容将报价与豪赌联系的机制。先例和常识通常会限制实际可行的设计。

5.3　Wilson 待开采区域模型

Wilson（1969）提出的待开采区域模型是用来描述美国外大陆区域中石油开采权的一级价格拍卖的。一个待开采区域（drainage tract）是指这样的一个区域，它临近一个已被某石油公司（被称为“近邻”或“邻居”）开采的区域（被称为“邻域”）。那么，在此邻域中的已有活动能带来关于该待开采区域地质概况的特定信息。例如，邻居可能在邻域与待开采区域的边界附近发现了储量丰富的石油，或者可能已经发现这里只有一些没有石油的空穴。为了建立关于邻域的优先信息模型，Wilson 假设邻居知道价值 V。在这个模型中，竞争者的价值也是 V，但是竞争者只有用于估计 V 的公共信息。

待开采区域模型随后受到理论研究者和实证研究者的大量关注。在下面的几个小节中，我们将分别讨论模型的均衡、邻居的期望利润和对应的卖方收益，以及这些利润与收益是如何受以下因素影响的：邻居与非邻居的其他竞价人对待开采区域的研究、卖方对信息的收集与披露问题。我们还将研究二级平局的影响：收集信息的邻居或非邻居是否想让它的对手知道这一点。我们的结论之一是邻居想让别人知道它拥有充分的信息，因为越被人认为信息充分，对手报价时越易于胆怯。相反，信息封闭的非邻居更喜欢被邻居认为信息闭塞，因为在此情况下竞价不会太激烈。

为方便起见，设邻居（即竞价人 1）观察到类型 t^1，并且对于所有竞价人来说物品的价值都是 $V=v(t^1)$，其中 v 是一个非降函数。非邻居具有类型 t^2，…，t^N，这些都不提供相关信息，而只是用于报价的随机选择。由单调选择定理，不失一般性地假设所有竞价人使用非降报价函数 β^j：$[0, 1) \to R_+$。

5.3.1 均衡[①]

首先，我们给出两个竞价人时的均衡，所考虑的模型是一个一级价格拍卖。

定理 5.3.1 假设 v 是连续可微、非降的，且在零点有正的右导数。那么双竞价人待开采区域拍卖模型具有唯一的 Nash 均衡。在均衡点处邻居和非邻居竞价人都报价 $\beta(s)=\frac{1}{s}\int_0^s v(r)\mathrm{d}r$。非邻居在获胜时的期望利润为零：对所有在 β 值域范围内的 x 均有 $E[v(t^1)\mid\beta(t^1)<x]-x=0$。

注 在均衡策略下，每个类型为 s 的竞价人的报价为 $E[v(t^1)\mid t^1<s]$。尽管这个模型的假设与两人独立私有价值模型中的假设有很大不同，但两个模型中的均衡报价函数却是相同的。在待开采域模型的均衡策略中，非邻居的行动随机化了：它的类型与待开采区域的价值或者对手的类型无关，但是它的类型可用来随机选择报价。为了适当地激励邻居，非邻居必须以以下方式随机行动：遵照两人独立私有价值模型中的报价分布进行报价，当然它在那里的估价是 $v(t^2)$ 而不是 $v(t^1)$。非邻居愿意随机化行动是因为，给定邻居的报价策略，所有在报价函数值域内的报价均具有相同的零期望值。而邻居愿意选用与独立私有价值模型中的均衡策略一样的策略是因为，给定非邻居的策略，它在两个博弈中面临的决策问题是完全相同的。

证明 首先，我们证明定理中所提出的策略是一个均衡。在此策略下，竞价人 1 的收益最大化问题为

$$\max_x (v(s)-x)\beta^{-1}(x)$$

其一阶条件为 $0=-\beta^{-1}(x)+(v(s)-x)\frac{\mathrm{d}}{\mathrm{d}x}\beta^{-1}(x)$。由反函数定理可得，$\frac{\mathrm{d}}{\mathrm{d}x}\beta^{-1}(x)\mid x=\beta(s)=\frac{1}{\beta'(s)}$。进而，如果 β 是一个均衡策略，则 $x=\beta(s)$

---

① 在本小节中，对均衡的分析是基于 Engelbrecht-Wiggans、Milgrom 和 Weber（1983）的初始工作，以及随后 Hendricks、Porter 和 Wilson（1994）所作的进一步工作。Weverbergh（1979）是首次在待开采区域模型中得到 Nash 均衡的。

使竞价人 1 的收益达到最大。将 $x=\beta(s)$，$s=\beta^{-1}(x)$，$\frac{\mathrm{d}}{\mathrm{d}x}\beta^{-1}(x)|_{x=\beta(s)}=\frac{1}{\beta'(s)}$ 代入一阶最优性条件，有 $0=-s\beta'(s)+v(s)-\beta(s)$。此方程可以改写为 $\frac{\mathrm{d}}{\mathrm{d}s}[s\beta(s)]=v(s)$，两边积分可得 $\beta(s)=\frac{1}{s}\int_0^s v(r)\mathrm{d}r$。

由上面给出的公式可知，对所有 s，$\beta(s)$ 满足一阶最优性条件，于是它也一定满足包络公式。因为 $v(s)-\beta(s)\geqslant 0$，由一阶最优性条件可知 β 是递增的。[①] 在 β 的取值范围之外，竞价人 1 没有更有利可图的报价：$\beta(1)$ 优于任何高于 $\beta(1)$ 的报价，同时任何低于 $\beta(0)$ 的报价都不优于 $\beta(0)$。再由约束简化定理可知，如果竞价人 2 选择策略 β，则竞价人 1 的最佳反应是选择 β。

如果竞价人 2 的类型是 s，则它选择在 β 取值范围内的任一报价 $\beta(s)$ 时的期望收益为

$$\int_0^s (v(\tau)-\beta(s))\mathrm{d}\tau = s(E[v(t^1)\mid t^1<s]-\beta(s))=0$$

不难看出，竞价人 2 不可能选择在 β 取值范围之外的报价以获取更多的期望收益，于是上述的 $\beta(s)$ 是它的最优反应。因此，定理中所提策略是一个均衡。

注意到上述方程也同时证明了定理的最后一个结论：对任何在 β 范围内的 x，如果 $x=\beta(s)$，则

$$E[v(t^1)\mid\beta(t^1)<x]-x=E[v(t^1)\mid t^1<s]-\beta(s)=0$$

下面我们来证明均衡的唯一性。与第 4 章中一样，我们利用均衡的必要条件。第一，报价函数 β^1 和 β^2 的值域一定相同且是凸集，因为否则某些类型就可以在不降低获胜概率的情况下降低报价，从而获利。第二，因为竞价人 2 随机行动，随机选择范围内的报价一定具有相同的期望利润。第三，竞价人 2 的最低均衡报价 $\beta^2(0)$ 一定不能获胜，因此竞价人 2 的所有报价都使它获得零期望利润，并且 $\beta^1(0)=\beta^2(0)=v(0)$。第四，竞价人 1 只有一个获利报价：$\beta^1(s)\leqslant v(s)$。第五，除了在 $v(0)$ 处之外，竞价人 2 的报价分布一定是非平凡的，因为否则当报价恰好低于此平凡点时，竞价人 1 可以稍微提高它的报价而获利。同时，在给定报价函数的值域相同的条件下，竞价人 1 的报价分布是处处非平凡的；否则，竞价人 2 的投标将是严格盈利的。最后，竞价人 1 的策略一定是

① 这个结论也用到了我们的假设 $v'_+(0)>0$。

非降的。进而，由于它是非平凡的，所以它一定是严格递增的。

如果竞价人 1 采用递增策略 $\beta^1=\beta$，同时竞价人 2 报价 x，则当 $\beta(t^1)<x$ 时竞价人 2 赢标且其收益为 $v(t^1)-x$，因此它报价 $x>\beta(0)$ 时获得的期望收益是

$$\int_0^{\beta^{-1}(x)}(v(s)-x)\mathrm{d}s=0$$

代入 $x=\beta(r)$ 可得，竞价人 1 的均衡策略一定满足

$$\int_0^r(v(s)-\beta(r))\mathrm{d}s=0$$

于是，

$$\beta(r)=\frac{1}{r}\int_0^r v(s)\mathrm{d}s$$

这样，我们就证明了竞价人 1 具有唯一的均衡策略 $\beta^1=\beta$。

现在，我们假设竞价人 2 按照递增策略 β^2 报价。则它的报价分布 F 是与之相逆的，即 $F(\beta^2(s))=s$。从而，当竞价人 1 的类型是 s 时，它的收益最大化问题是 $\max_x(v(s)-x)F(x)$。由此可知，竞价人 1 在均衡报价 $x=\beta(s)$ 时的一阶最优性条件是 $-F(x)+(v(\beta^{-1}(x))-x)f(x)=0$。我们将这一方程改写为以下的微分方程形式：$\frac{\mathrm{d}}{\mathrm{d}x}\ln F(x)=\frac{1}{v(\beta^{-1}(x))-x}$。因为对 $s>0$ 有 $v(s)>\beta(s)$，所以此微分方程对 $x>v(0)=\beta(0)$ 成立。

因为两个竞价人的报价分布函数相同，它们的最高报价必定相同，即 $\beta^2(1)=\beta^1(1)$。因为 $\beta^2=F^{-1}$，我们有 $1=F(\beta^2(1))=F(\beta^1(1))$。因此，微分方程 $\frac{\mathrm{d}}{\mathrm{d}x}\ln F(x)=\frac{1}{v(\beta^{-1}(x))-x}$ 和边界条件 $1=F(\beta^1(1))$ 就能完全决定 F。因此，竞价人 2 的均衡策略也是唯一的。 ■

上述均衡有一个在博弈理论模型中常见但又令人不解的特征：竞价人 2 在各种报价中并无偏向性，它的策略确定了竞价人 1 的最优化问题具有既定解的概率。问题在于，这种行为模式在现实中如何产生？换句话说，竞价人如何以这种方式报价？这个问题超出了本书的讨论范围，让我们把这个关于均衡如何产生的困惑留给他人来解释吧。

当只有一个邻居但有多个非邻居参与拍卖时，拍卖有多个均衡，但所有的均衡都与定理 5.3.1 所给出的均衡密切相关。

定理 5.3.2 假设有一个邻居（$j=1$）和 $N-1$ 个非邻居（$j=$

2，…，N），$N \geqslant 2$。假设估价函数 v 是连续可微的且 $v'(0)>0$。令 $\beta^1=\beta$ 表示邻居的一个递增策略，（β^2，…，β^N）表示非邻居的递增策略。令 $F^j=(\beta^j)^{-1}$，$j=1$，…，N 表示对应的报价分布（且 $F=F^1$）。如果 $\beta(s)=E[v(t^1)\mid t^1\leqslant s]$ 并且对所有 β 取值范围内的 x 有 $F(x)=F^2(x)\cdots F^H(x)$，则策略组合（β，β^2，…，β^N）是一个 Nash 均衡。在此均衡策略下，如果某个非邻居赢标，则它的期望利润是零。

证明　如果一个非邻居，设为竞价人 2，以报价 x 赢标，则它的期望利润是 $E[v(t^1)\mid \beta^j(t^j)<x,j\neq 2]-x=E[v(t^1)\mid \beta^1(t^1)<x]-x=0$。其中的第一个等式成立是因为类型是独立的，第二个等式可由定理 5.3.1 推出。因此，对于非邻居来说定理中所给策略是对他人策略的最佳反应。

当 $t^1=s$ 时，邻居的问题是求解 $\max_x(v(s)-x)F^2(x)\cdots F^N(x)=\max_x(v(s)-x)F(x)$。此收益函数与定理 5.3.1 中的一样，因而报价 $\beta(s)$ 是类型为 s 的竞价人 1 的最佳反应。因此，该策略是一个 Nash 均衡。■

定理 5.3.2 从模型中推出了两个更令人意外的结论，即邻居的报价行为与竞价对手的数量独立，与之类似，它的期望收益也与竞价对手的数量独立。因为非邻居不关心它们自己的报价，所以任何与邻居的报价分布具有相同值域的报价分布函数都是一个最佳反应。于是，由非邻居的报价都获得零期望利润这一点，即可推得邻居的报价；而由邻居的策略是最佳反应这一点，即可推得非邻居的最大报价的分布。

利用外大陆待开采区域的有关石油数据，Hendricks、Porter 和 Wilson（1994）检验了模型中关于报价和利润的结论。他们发现，在非邻居的报价中，只有少数报价低于模型所预测的，但是在其他方面，他们不得不接受模型所给出的惊人预测。他们预测了，非邻居获得的利润为零，而邻居获得正利润。邻居的报价分布和非邻居中的最高报价的分布相同，并且它们都不随非邻居的数量变化。图 5.1 摘自他们的论文，其中描述了报价分布。

如图 5.1 所示，非邻居的高报价在 6 万美元到 100 万美元之间的相对较少，但在报价较高时与邻居的高报价分布接近。为考虑此种报价模式，作者建议对前述模型作适当修改，即允许卖方设置一个可与矿产价值相关的随机保留价。因为我们将在本书后面介绍分析相关报价所需的方法，所以此处主要研究他们模型的一个变形，其中的保留价与价值无关。

定理 5.3.3　假设有一个邻居（$j=1$）和 $N-1$ 个非邻居（$j=2$，…，

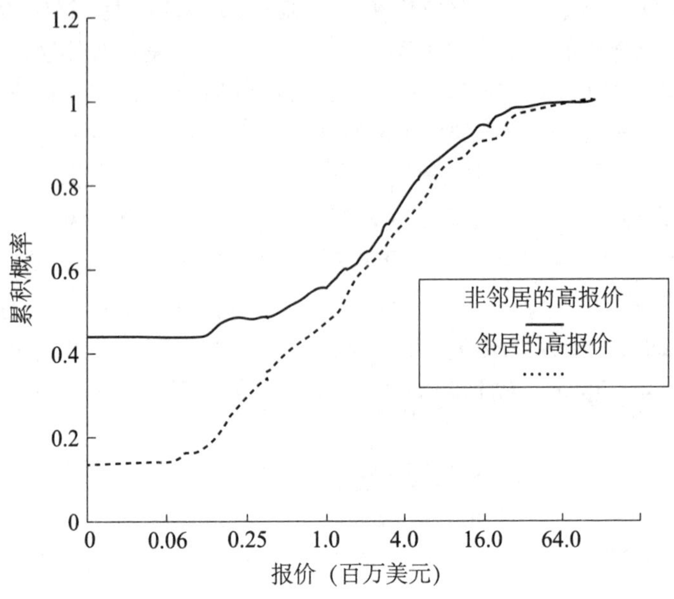

图 5.1　报价分布

注：所有报价都以 1972 年美元表示。

N)，$N\geqslant 2$。又设估价函数 v 连续可微且 $v'(0)>0$。记 G 表示卖方设置的随机保留价 r 的分布函数，G 是连续可微的。令 $\beta(s)=E[v(t^1)\mid t^1\leqslant s]$。假设存在保留价 r 使得：

1. $\forall x<r, \mathrm{dln}G(x)/\mathrm{dln}x\geqslant \mathrm{dln}\beta^{-1}(x)/\mathrm{dln}x$，以及
2. $\forall x>r, G(x)>\beta^{-1}(x)$。

给定一个递增策略组合（β^1，…，β^N），记 $F^j=(\beta^j)^{-1}$ 是对应的报价分布。如果下述两个条件成立，则（β^1，…，β^N）是一个 Nash 均衡：

$$G(x)F^2(x)\cdots F^N(x)=\begin{cases}G(x) & \text{若 } x\leqslant r\\ \beta^{-1}(x) & \text{若 } x\geqslant r\end{cases} \tag{5.2}$$

和

$$\beta^1(s)=\begin{cases}\arg\max_{x\leqslant r}(v(s)-x)G(x) & \text{若 } s\leqslant \beta^{-1}(r)\\ \beta(s) & \text{若 } s\geqslant \beta^{-1}(r)\end{cases} \tag{5.3}$$

在均衡报价下，每个非邻居在获胜时，它获得的期望利润是零。

证明　由构造可知 β^1 随 s 非降。① 由先前的分析可知，对于 $s\geqslant$

---

① 验证可知，β^1 在定义域 $s<\beta^{-1}(r)$ 和 $s>\beta^{-1}(r)$ 内均是递增的，而且 β^1 在 $s=\beta^{-1}(r)$ 处是连续的。

$\beta^{-1}(r)$，$\beta^1(s)=\beta(s)$是最大化问题$\max_{x\geqslant r}(v(s)-x)\beta^{-1}(x)$的最优解，于是它满足相应的一阶最优性条件。再由构造可知，对于$s\leqslant\beta^{-1}(r)$，$\beta^1(s)$满足问题$\max_{x\leqslant r}(v(s)-x)G(x)$的一阶最优性条件。显然，在$\beta^1$的取值范围之外，不存在产生更高期望收益的报价。因此，由约束简化定理可知，β^1是邻居（竞价人1）的最优反应。

引入函数$H(x,\lambda)=\lambda\ln G(x)+(1-\lambda)\ln\beta^{-1}(x)$，我们考虑一族最大化问题$\max_{x\leqslant r}\ln(v(s)-x)+H(x,\lambda)$。由假设$\mathrm{d}\ln G(x)/\mathrm{d}\ln x\geqslant\mathrm{d}\ln b^{-1}(x)/\mathrm{d}\ln x$，可知$H(x,\lambda)$是上模函数。[①] 再由定理5.3.2，我们知道$\beta(s)$是$\lambda=0$时问题的最优解，而且由构造我们知道$\beta^1(s)$是$\lambda=1$时问题的最优解。因为$H(x,\lambda)$是上模的，因此具有单交叉差分，于是由单调选择定理知$\beta^1(s)\geqslant\beta(s)$。从而，如果非邻居有任一报价$x\leqslant r$，则它中标时获得的期望利润为$E[v(t^1)\mid x\geqslant\beta^1(t^1)]-x\leqslant E[v(t^1)\mid x\geqslant\beta(t^1)]-x=0$，其中的等式由定理5.3.2得到。因此，对于非邻居来说，在任何低于r的报价下，它的利润都是非正的。再由构造及定理5.3.2可知，在β的取值范围内高于r的报价下，非邻居获得的利润为零。而满足$x>\beta(1)=E[v(t^1)]$的任何报价总是赢标，但是其期望利润为负（因为$E[v(t^1)]-x<0$），而满足$x<\beta(0)$的任何报价总是失败。因此非邻居的策略同样也是最佳反应。■

在任何均衡点处，保留价的引入并不能降低邻居的报价。如果卖方的保留价高于某给定数x的概率很小，则均衡由于以下原因得到保证：非邻居的报价总是高于此水平使得概率与定理5.3.2中的相合。它与非邻居的均衡一致，因为它们不关心自己的报价。它也与邻居的均衡一致，因为邻居的问题与前面分析的相同。如果卖方的保留价超出某给定数x的概率很大，则邻居的报价调整为对那些报价的最佳反应，且非邻居的报价不会在此范围内。

5.3.2　利润和收益[②]

到目前为止，本节的定理中都证明了非邻居获得的利润总是为零，那么邻居获得的利润呢？下面我们在没有保留价的条件下来推导出邻居利润的一个公式。此时，$G(x)\geqslant\beta^{-1}(x)$对所有$x$都成立，即卖方的保

---

① 由于$\partial H/\partial\lambda=\ln[G(x)/\beta^{-1}(x)]$，定理中的条件（1）保证此表达式随$x$递增，于是$H(x,\lambda)$是上模的。

② 以下三节的内容均来自Milgrom和Weber（1982b）。

留价在任何水平上都没有排挤非邻居的报价。在这种情况下，类型为 s 的邻居赢标的概率恰好就是 s。根据包络定理，类型为 t 的邻居的最大期望利润是

$$\Pi(t)=V(0)+\int_0^t sv'(s)\mathrm{d}s=\int_0^t sv'(s)\mathrm{d}s \tag{5.4}$$

因此邻居相应的事前（ex ante）期望利润为

$$\begin{aligned}\int_0^1 \Pi(t)\mathrm{d}t &= \int_0^1\int_0^t sv'(s)\mathrm{d}s\mathrm{d}t=\int_0^1\int_s^1 \mathrm{d}tsv'(s)\mathrm{d}s \\ &= \int_0^1 (1-s)sv'(s)\mathrm{d}s \end{aligned} \tag{5.5}$$

在下面的讨论中，清楚报价所依赖的信息将是非常重要的。在以下的定理中，我们用下标 V 表示邻居观察到价值或者价值估算 V。稍后，我们将用邻居所观测到的任何信息来代替此下标。

定理 5.3.4 假设 v 非降且连续可微，定义 $H_V(x)=\Pr\{v(t^1)\leqslant x\}$。[①] 则在 $v(t)=w$ 的条件下，邻居的期望利润是

$$\Pi_V(w)=\int_0^w H_V(z)\mathrm{d}z \tag{5.6}$$

而邻居的事前期望利润是

$$\bar{\pi}_V=\int_0^\infty H_V(z)(1-H_V(z))\mathrm{d}z \tag{5.7}$$

同时，卖方的期望收益为 $E[v(t^1)-\bar{\pi}_V]$。

证明 注意到在 $v'(s)>0$ 的条件下，我们有 $z=v(s)$ 和 $s=H_V(z)$。则由式（5.4）和 $v(t)=w$，我们有 $\Pi_V(w)=\Pi(t)=\int_0^t sv'(s)\mathrm{d}s=\int_0^w H_V(z)\mathrm{d}z$，同理，

$$\begin{aligned}\bar{\pi}_V &= \int_0^\infty \Pi_V(w)\mathrm{d}\,H_V(w)=\int_0^\infty\int_0^w H_V(y)\mathrm{d}y\mathrm{d}\,H_V(w) \\ &= \int_0^\infty\int_y^\infty \mathrm{d}\,H_V(w)\,H_V(y)\mathrm{d}y=\int_0^\infty (1-H_V(y))\,H_V(y)\mathrm{d}y\end{aligned}$$

■

定理 5.3.4 将利润和收益表示成一种便于进一步分析的形式。

5.3.3 竞价人的信息策略

当信息能让决策变得更好时，它对决策就是有价值的。在经典决策

---

① 如果 v 可逆，则H_V 是 v 的逆函数。

理论中，信息的价值不可能是负的。相关的信息能使决策更精确，同时，不相关信息可以被忽略。

当信息收集过程不可观察时，在博弈理论模型中有一个相似的结论：决策者利用信息就能改进决策。但是博弈中的信息可能还有第二个作用：即使其他人没有获悉，信息也能改变他们的行为方式。例如，在待开采区域模型中，（没有获得信息的）非邻居的策略依赖于（有信息的）邻居所知道的。在一般的博弈中，信息既可能有助于也可能有害于拥有信息的当事人。正反两方面的影响促使当事人披露或者隐瞒他所获得的信息。

在本小节中，通过提出下列问题，我们来讨论每个竞价人的信息是怎样影响他人的报价的：改善邻居的信息是否能够使得非邻居报价更小心或者更大胆？如果邻居获得了额外的信息，它是否会倾向于让非邻居知道它已经获得了新的信息？或者，它是否会倾向于隐瞒获取额外信息的途径？如果非邻居有了获取信息的途径，它会披露这条途径还是隐瞒这条途径？

我们先来考虑信息对邻居的价值。假设矿区的完全信息价值是 V，而邻居观察到一个随机变量 X，它包含与 V 相关的信息。如果邻居又能观察到随机变量 Y，其中包含着关于 V 的额外信息，那么即使非邻居已经知道了这一情况，该邻居是否仍愿意观察 Y？如果它观察了 Y，那么它是否愿意让非邻居知道它已经得到了这些额外的信息？这些动机是不是一致的，或者说对前述问题的回答是否依赖于 X 和 Y 的实际值？

正如我们已经在前面看到的，邻居的利润并不依赖于非邻居者的数量。所以，我们只需讨论两个竞价人的情况，这样可以简化讨论。我们先来研究两个拍卖博弈中邻居的利润，这两个博弈的区别在于邻居观察到（并被认为已经观察到）的只有 X 还是同时观察到 X 和 Y。记 $V_X=E[V|X]$，$V_{XY}=E[V|X, Y]$，H_X 和 H_{XY} 分别为随机变量 X 和随机向量（X, Y）的分布函数，F_X 和 F_{XY} 分别为两个博弈中非邻居的均衡报价分布，再令

$$\Pi_X(w)=\max_x(w-x)F_X(x) \text{ 和 } \Pi_{XY}(w)=\max_x(w-x)F_{XY}(x) \tag{5.8}$$

分别表示在事件 $V_X=w$ 或 $V_{XY}=w$ 发生的条件下邻居的期望利润。有了这些定义，本小节的主要结果就可叙述如下。

定理 5.3.5　对于 X 和 Y 的每个实现，均有 $\Pi_X(w)\leqslant\Pi_{XY}(w)$（也就是

说，如果非邻居相信邻居已经观察到了 X、Y，则邻居的期望收益较高）。

证明 根据定理 5.3.4（特别是式（5.6）），我们有

$$\Pi_X(w) = \int_0^w H_X(z)\mathrm{d}z \text{ 和 } \Pi_{XY}(w) = \int_0^w H_{XY}(z)\mathrm{d}z \tag{5.9}$$

由链式期望法则可知 $E[V_{XY}|X]=E[E[V|X,Y]|X]=E[V|X]=V_X$。于是 V_{XY} 是 V_X 的一个均值不变扩散，因此对每个 w 值我们均有 $\int_0^w H_X(z)\mathrm{d}z \leqslant \int_0^w H_{XY}(z)\mathrm{d}z$. ■

给定邻居对价值的估计，它的期望利润依赖于非邻居的报价方式，而这又进一步依赖于非邻居相信什么。根据定理 5.3.5，当非邻居认为邻居具有更多信息时，它报价更谨慎一些；也就是说，在这种情况下，邻居获得的最大期望利润普遍高一些。

一条可行的途径是建立一个新的模型，其中邻居是只观察到 X 还是同时观察到 X 和 Y 是不确定的。如果邻居可以做出无法核实的声明，或者提供证据表明它已经观察到了 Y，那么，在均衡状态下，它将提供什么信息呢？在均衡状态下，只要邻居观察到两个变量，它就给予证实；它无须隐瞒它在进行的信息收集。非邻居根据已证实的声明进行决策，但是不理会邻居的未证实声明，其中可能包括邻居对已观察到信息所作的虚假声明。对这些问题的分析可依照 Grossman（1981）和 Milgrom（1981a）的思路展开。

我们不去研究上述模型，而是就披露或者隐瞒信息收集能力的动机，在邻居和非邻居之间进行详尽比较。假设邻居观察到 X 和 Y 是公共知识，而且所有人都预知非邻居什么也没有观察到。假设与预期相反，非邻居设法观察到了 Y。那么，非邻居是否会像邻居一样也希望公布这个事实？或者，如果可能的话，它是否会倾向于通过沉默以使邻居深信它什么也没有观察到？

如果非邻居公布它已经观察到 Y，那么此模型中唯一的私有信息将是邻居的观察 X。我们已经知道，在这种情况下，非邻居获得的期望利润为零。相反，如果邻居认为非邻居未获信息，则非邻居的期望利润通常为正。给定这些信念以及 X 和 Y 的任何实际值，邻居的报价不会超过 $E[V]$。[①] 因此，只要 $E[V|Y]>E[V]$，非邻居报价 $E[V]$ 就能获得

① 邻居报价 $E[V_{XY}|V_{XY}<w]$，于是它的报价绝不高于 $E[V_{XY}|V_{XY}<\infty]=E[V_{XY}]=E[V]$。

期望利润 $E[V|Y]-E[V]>0$。于是，非邻居的最优披露策略与邻居的完全不同。

定理 5.3.6　假设邻居观察到 X、Y 是公共知识。那么对 Y 的任一实际值，如果非邻居了解到 Y，它的期望利润至少与邻居认为它没有了解到 Y 时的一样高。

前面已经证明，我们可以将邻居是否决定披露它获取了信息放在一个更大的博弈中来考虑，在此博弈中，它只以一定的概率观察到 Y。显然对非邻居也可如此考虑。定理 5.3.6 表明在更大的博弈中不存在这样的均衡：非邻居总是披露它已经观察到 Y 这一事实。

5.3.4　卖方信息策略

由于信息分布能够影响期望拍卖价或分配效率（尽管在诸如待开采区域这样的常见价值模型中对分配的影响显然不存在），同竞价人一样，卖方也关心谁知道什么。在管理联邦土地上的石油开采权时，美国内务部要求开采公司做周期性报告，以便内务部用来决定提成的支付金。在举行待开采区域拍卖之前，政府可能将开采报告中的一些信息透露给其他竞价人。政府也可能进行一些自主研究，如地震研究，以确定或者估计一些国有资产的价值。在本小节中，我们将研究此类策略对卖方收益的影响。

首先，我们对披露竞价人生成信息的策略进行建模。假设邻居观察到信息（X，Y）并将 Y 报告给政府（卖方）。如果卖方不公布 Y，那么与式（5.7）类似，邻居的事前期望收益为

$$\bar{\pi}_{XY}=\int_0^{\infty} H_{XY}(z)(1-H_{XY}(z))\mathrm{d}z$$

其中 $H_{XY}(z)=\Pr\{V_{XY}\leqslant z\}$。如果卖方公布 Y，那么非邻居对邻居估价的信念为 $H_{XY}(z|Y)=\Pr\{V_{XY}\leqslant z|Y\}$。因此，在已知 Y 的条件下邻居的期望利润为

$$\pi(Y)=\int_0^{\infty} H_{XY}(z\mid Y)(1-H_{XY}(z\mid Y))\mathrm{d}z$$

定理 5.3.7　当卖方公布竞价人的报告 Y 时，邻居的期望利润下降为

$$E[\pi(Y)]\leqslant \pi_{XY} \tag{5.10}$$

同时卖方的期望收益上升。

证明　当卖方公布 Y 时，邻居的期望收益是

$$
\begin{aligned}
E[\pi(Y)] &= E\left[\int_0^{\infty} H_{XY}(z \mid Y)(1-H_{XY}(z \mid Y))\mathrm{d}z\right] \\
&= \int_0^{\infty} E[H_{XY}(z \mid Y)(1-H_{XY}(z \mid Y))]\mathrm{d}z \\
&\leqslant \int_0^{\infty} E[H_{XY}(z \mid Y)](1-E[H_{XY}(z \mid Y)])\mathrm{d}z \\
&= \int_0^{\infty} H_{XY}(z)(1-H_{XY}(z))\mathrm{d}z = \bar{\pi}_{XY}
\end{aligned}
$$

其中的不等式由 Jensen 不等式得到，而最后一步由链式期望法则得到，因为

$$
H_{XY}(z) = E[1_{\{V_{XY}\leqslant z\}}] = E[E[1_{\{V_{XY}\leqslant z\}} \mid Y]] = E[H_{XY}(z|Y)]
$$

因为在两种情形下非邻居的期望利润都是零，因此卖方的期望收益从 $E[V]-\bar{\pi}_{XY}$ 升至 $E[V]-E[\pi(Y)]$。 ■

下面，我们来考虑卖方是否生成自己的信息。直观上看，这种信息有两类影响。首先，当卖方披露邻居的信息时，卖方会告诉非邻居一些关于待开采区域价值的信息，因此使得邻居信息的私有性降低了。直观表明，并且下述分析也证实，这种影响总是降低邻居的期望利润而增加卖方的期望收益。然而，还存在着另一类影响，它可能减少也可能增加竞价人的期望利润，这取决于对估计待开采区域的价值而言，卖方的信息是对邻居信息的一个替代还是互补。

现在我们来描述这两类影响。假设邻居观察到 X 而卖方观察到 Y，二者都是真实价值的随机变量。相应的条件期望分别记为 $\bar{v}(x)=E[V|X=x]$ 和 $\hat{v}(x, y)=E[V|X=x, Y=y]$。假设 $\bar{v}$ 和 $\hat{v}$ 都连续可微且随 x 递增，即 $\bar{v}'(x)>0$，$\hat{v}_1(x, y)=\partial \hat{v}(x, y)/\partial x>0$。记 G_X 表示 X 的分布函数。则利用表达式（5.5）并将 $s=G_X(x)$ 代入，有 $v(s)=\bar{v}(x)$。进而，当 Y 没有被披露时邻居的事前期望利润为

$$
\int_0^1 s(1-s)v'(s)\mathrm{d}s = \int_0^{\infty} G_X(x)(1-G_X(x))\bar{v}'(x)\mathrm{d}x
$$

同理，当 Y 被披露时邻居的事前期望利润为

$$
E\left[\int_0^{\infty}(1-G_X(x|Y))\,G_X(x|Y)\hat{v}_1(x,Y)\mathrm{d}x\right]
$$

于是当卖方披露 Y 时，邻居期望利润的变化量是

$$
\begin{aligned}
\Delta = {} & E\left[\int_0^{\infty}(1-G_X(x|Y))\,G_X(x|Y)\hat{v}_1(x,Y)\mathrm{d}x\right] \\
& -\int_0^{\infty}(1-G_X(x))\,G_X(x)\bar{v}'(x)\mathrm{d}x
\end{aligned}
\tag{5.11}
$$

我们的目的是分析这一变化量 Δ。

定理 5.3.8　当卖方披露其私有信息 Y 时，邻居期望利润的变化量是 Δ，同时卖方期望收益的变化量是 $-\Delta$，其中 $\Delta=P+W$，而

$$P=\int_0^{\infty}\{E[(1-G_X(x|Y))G_X(x,Y)] \\ -(1-G_X(x))G_X(x)\}\bar{v}'(x)\mathrm{d}x \tag{5.12}$$

$$W=E\left\{\int_0^{\infty}(1-G_X(x|Y))G_X(x|Y)[\hat{v}_1(x,Y)-\bar{v}'(x)]\mathrm{d}x\right\} \tag{5.13}$$

这里，对所有的 X 和 Y 均有 $P\leqslant 0$ 。

证明　将式（5.12）和式（5.13）相加，即得式（5.11），$\Delta=P+W$。由于非邻居的期望利润是零，故卖方的期望收益是待开采区域的期望价值减去邻居的期望收益。从而，卖方期望收益的变化量是 $-\Delta$。由 Jensen 不等式和链式期望法则可得

$$E[(1-G_X(x|Y))G_X(x|Y)] \\ \leqslant(1-E[G_X(x|Y)])E[G_X(x|Y)]=(1-G_X(x))G_X(x)$$

在上式两边同乘以 $\bar{v}'(x)>0$ 并积分，可得 $P\leqslant 0$。■

定理 5.3.8 将卖方声明对收益的总影响分解为两项之和。公共效应（publicity effect）P 表示当信息 Y 对邻居的价值估计没有任何作用，即 $\bar{v}=\hat{v}$ 时，邻居的期望利润的变化量。在这种情形下，披露 Y 的唯一作用是给非邻居透露一些有关邻居估价的信息。定理中的结论 $P\leqslant 0$ 强调的是，这种作用总是减少邻居的期望利润。

权效应（weighting effect）W 取决于差额 $\hat{v}_1(x, Y)-\bar{v}'(x)$，它表示观察 Y 将如何增强或减少观察 X 对邻居估价的影响。如果 $\hat{v}_1(x, Y)-\bar{v}'(x)$ 处处为负，则 $W<0$。我们称此种情形为信息替代（informational substitutes）。我们举例来说明这种情形。假设 $\hat{v}(x,y)=b_0+b_x x+b_y y$，其中 b_x，$b_y>0$。则 $\bar{v}(x)=\hat{v}(x,E[Y|X=x])=b_0+b_x x+b_y E[Y|X=x]$。因此，如果 $E[Y|X=x]$ 是递增的，那么 $\hat{v}_1(x, Y)-\bar{v}'(x)<0$。当观察的结果是信息替代时，披露 Y 会进一步减少邻居的利润。

推论 5.3.1　如果 X 和 Y 是信息替代的，则 $\Delta<0$。[①]

当卖方的信息少于邻居的信息，即 $Y=X+\varepsilon$ 时，权效应是零，其

---

① Milgrom 和 Weber（1982b）指出，X、Y 是信息替代情形的一个充分条件是（X，Y，V）是关联的（afffiliated）。5.4 节给出了关联的定义并研究了它的一些性质。

中的误差项 ε 与模型中的其他随机变量独立。此时，了解 Y 对邻居的估计没有任何影响。

X、Y 之间也可能是信息互补（informational complements）的（$W>0$），也就是说，披露 Y 能增加邻居私有信息 X 的有用性。例如，假设 $X=V+\varepsilon_X$，其中ε_X 是一个独立误差项，并假设 $\bar{v}(x)=a+bx$。自然有 $b<1$。若假设 $Y=\varepsilon_X$，那么披露信息将导致 $\hat{v}(x, y)=x-y$。因此，披露 Y 会使得估计 V 时 X 的权重增加。此时，$W>0$：当信息 Y 被披露时，权效应对邻居有利。进而，X 与 Y 相互独立，因此$G_X(x)\equiv G_X(x|Y)$，从而$P=0$。此例中卖方披露它的信息 Y 使自己的收益严格减少。

5.4 相关类型和关联估价

本节中的几个结果都会用到关联的概念，这一概念是由 Milgrom 和 Weber（1982a）引入拍卖文献中的。关联体现了这样一种思想，一个变量的值越高，其他变量的值也可能越高。在本节的开始，我们先给出将要用到的关于关联的一些重要结果。在下面的小节中，我们研究两个向上叫价拍卖模型，两者的区别在于竞价人能够从之前的报价中推断出的信息的多少，我们将研究这两个模型中的均衡策略，同时，我们还将研究拍卖效率和收益，并将它们与一级价格拍卖进行比较。此外，我们还会研究卖家披露或者隐瞒信息的策略是如何影响拍卖结果的。

5.4.1 关联

关联的定义中将用到格论（lattice theory）中的一些概念。已知两点 x，$y\in R^N$，定义 $x\geqslant y$ 表示 $x_1\geqslant y_1$，…，$x_N\geqslant y_N$，$x>y$ 表示 $x\geqslant y$ 且 $x\neq y$。定义交（meet）为 $x\wedge y=(\min(x_1, y_1), \cdots, \min(x_N, y_N))$，并（join）为 $x\vee y=(\max(x_1, y_1), \cdots, \max(x_N, y_N))$。称函数 $f: R^N\rightarrow R^M$是保序的（isotone），如果 $x\geqslant y\Rightarrow f(x)\geqslant f(y)$。本章中一个特别重要的条件就是关联（affiliation），下面我们给出它的定义。

定义 设随机变量 X_1，…，X_N有联合密度函数 f[①]，如果对一切

① Milgrom 和 Weber（1982a）给出了关联的一般性定义，它也适用于密度函数不存在时的情形。他们证明了他们所给的定义等价于上面给出的有联合密度时的定义。Athey（2001）利用对数上模性和相关的条件分析了单调均衡的存在性。也可参见 Athey（2002）。

x，$y\in R^N$均有 $f(x)f(y)\leqslant f(x\wedge y)f(x\vee y)$，称这些随机变量是关联的。

为了说明上述定义确实体现了我们对关联的直观描述，令 $N=2$，并设 $x_1>y_1$ 且 $x_2<y_2$。于是，关联条件为 $f(x_1,x_2)f(y_1,y_2)\leqslant f(x_1,y_2)f(y_1,x_2)$，这又可写为 $f(x_1,x_2)/f(y_1,x_2)\leqslant f(x_1,y_2)/f(y_1,y_2)$，左边项的分子和分母同除以边际密度$f_2(x_2)$，右边项的分子和分母同除以$f_2(y_2)$，则可得 $f(x_1\mid x_2)/f(y_1\mid x_2)\leqslant f(x_1\mid y_2)/f(y_1\mid y_2)$。因此，定义中给出的原始条件等价于我们在前面所作的直观陈述，即较高的 X_2 值更有可能使 X_1 的值也相对较高。

注意到（令 $\log 0=-\infty$）关联不等式等价于联合密度函数 f 的对数值是上模的：

$$\log f(x)+\log f(y)\leqslant \log f(x\wedge y)+\log f(x\vee y)$$

我们称满足上述条件的函数 f 呈现出对数上模性（log-supermodularity)，并称相应的不等式为关联不等式（affiliation inequality)。当随机变量 X_1，…，X_N统计独立时，它们是平凡关联的；关联不等式中等号成立。

关联性与对数上模性等价这一性质告诉我们，所考虑变量的保序变换不会影响关联性。这一点在我们的理论中很重要，因为当竞价人的策略 β^i：$[0,1)\to R$ 是递增的时，报价向量是不可观测类型向量的一个保序变换。

为了用拍卖的术语来说明此原理，令 f_t 和 f_b 分别表示竞价人类型和报价的联合密度。简便起见，我们假设这些密度函数存在且为正，同时，我们假设均衡报价函数是可微的。任取两个类型组合 $\hat{t}$ 和$\tilde{t}$，以及它们相应的报价组合 $\hat{b}=(\beta^1(\hat{t}^1),\cdots,\beta^N(\hat{t}^N))$ 和 $\tilde{b}=(\beta^1(\tilde{t}^1),\cdots,\beta^N(\tilde{t}^N))$，我们将其简写为 $\hat{b}=\beta(\hat{t})$ 和 $\tilde{b}=\beta(\tilde{t})$。① 因为竞价人的策略随类型递增，因此类型的累积分布一定等于报价的累积分布：$F_t(\hat{t})=F_b(\hat{b})=F_b(\beta(\hat{t}))$。对其求导 N 次，可得相应累积分布函数之间的如下关系。首先，我们有 $\partial F_t/\partial t^1=(\partial F_b/\partial b^1)\cdot\beta^{1'}(t^1)$；其次，有 $\partial^2 F_t/\partial t^1\partial t^2=(\partial^2 F_b/\partial b^1\partial b^2)\cdot\beta^{1'}(t^1)\cdot\beta^{2'}(t^2)$；等等，直至得到如下结果：

$$f_t(\hat{t})=f_b(\hat{b})\beta^{1\prime}(\hat{t}^1)\cdots\beta^{N\prime}(\hat{t}^N)$$
$$f_t(\tilde{t})=f_b(\tilde{b})\beta^{1\prime}(\tilde{t}^1)\cdots\beta^{N\prime}(\tilde{t}^N)$$

---

① 与上面一样，此处符号考虑到博弈的结构，竞价人的报价只依赖于他自己的类型。因此，$\hat{b}^j=\beta^j(\hat{t}^j)$ 且$\tilde{b}^j=\beta^j(\tilde{t}^j)$。

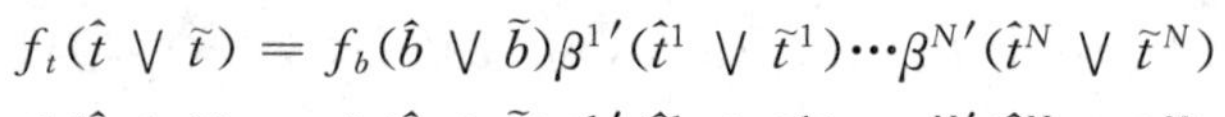

$$f_t(\hat{t} \vee \tilde{t}) = f_b(\hat{b} \vee \tilde{b})\beta^{1\prime}(\hat{t}^1 \vee \tilde{t}^1)\cdots\beta^{N\prime}(\hat{t}^N \vee \tilde{t}^N)$$

$$f_t(\hat{t} \wedge \tilde{t}) = f_b(\hat{b} \wedge \tilde{b})\beta^{1\prime}(\hat{t}^1 \wedge \tilde{t}^1)\cdots\beta^{N\prime}(\hat{t}^N \wedge \tilde{t}^N) \qquad (5.14)$$

对每个 i，集合 $\{\hat{t}^i, \tilde{t}^i\}=\{\hat{t}^i \wedge \tilde{t}^i, \hat{t}^i \vee \tilde{t}^i\}$，于是 $\beta^{j'}(\hat{t}^j)\cdot\beta^{j'}(\tilde{t}^j)=\beta^{j'}(\hat{t}^i \wedge \tilde{t}^i)\cdot\beta^{j'}(\hat{t}^i \vee \tilde{t}^i)$。因此，结合式（5.14）中的四个方程并进行简化，有

$$\frac{f_t(\hat{t} \wedge \tilde{t})\, f_t(\hat{t} \vee \tilde{t})}{f_t(\hat{t})\, f_t(\tilde{t})} = \frac{f_b(\hat{b} \wedge \tilde{b})\, f_b(\hat{b} \vee \tilde{b})}{f_b(\hat{b})\, f_b(\tilde{b})}$$

关联是要求上述方程中比值大于 1。因此当且仅当类型是关联的时，报价才是关联的。

下面的几个结果使得关联随机变量理论在拍卖中变得十分有用。第一个定理指出，一个集合中每一对随机变量的关联都意味着该集合的关联，而且，如果密度函数是光滑的，则可用一个简单的导数表达式来检验。

定理 5.4.1 函数 f 是对数上模的，当且仅当对任意的 $i \neq j$，x_{-ij}，$x_i > \hat{x}_i$ 和 $x_j > \hat{x}_j$，均有

$$f(x_i, \hat{x}_j, x_{-ij})f(\hat{x}_i, x_j, x_{-ij}) \leqslant f(x_i, x_j, x_{-ij})f(\hat{x}_i, \hat{x}_j, x_{-ij})$$

进而，如果 f 是正的且是二次连续可微的，则 f 是对数上模的当且仅当 $\partial^2 \log(f(x))/\partial x_i \partial x_j \geqslant 0$。

上述定理中的两部分结论用上模函数来叙述。证明参见 Topkis（1978）或 Topkis（1998）。

定理 5.4.2 如果 $f: R_+^2 \to R$ 是对数上模的，则 $g(x_1, x_2) = \int_0^{x_1} f(s, x_2)\mathrm{d}s$ 也是对数上模的。

证明 设 $x_1 > \hat{x}_1$ 且 $x_2 > \hat{x}_2$，则我们有

$$\frac{g(x_1, x_2)}{g(\hat{x}_1, x_2)} = \frac{\int_0^{x_1} f(s, x_2)\mathrm{d}s}{\int_0^{\hat{x}_1} f(s, x_2)\mathrm{d}s} = 1 + \frac{\int_{\hat{x}_1}^{x_1} \frac{f(s, x_2)}{f(\hat{x}_1, x_2)}\mathrm{d}s}{\int_0^{\hat{x}_1} \frac{f(s, x_2)}{f(\hat{x}_1, x_2)}\mathrm{d}s}$$

$$\geqslant 1 + \frac{\int_{\hat{x}_1}^{x_1} \frac{f(s, \hat{x}_2)}{f(\hat{x}_1, \hat{x}_2)}\mathrm{d}s}{\int_0^{\hat{x}_1} \frac{f(s, \hat{x}_2)}{f(\hat{x}_1, \hat{x}_2)}\mathrm{d}s} = \frac{g(x_1, \hat{x}_2)}{g(\hat{x}_1, \hat{x}_2)}$$

其中的不等式是因为 $f(s, x_{-1})/f(\hat{x}_1, x_{-1})$ 当 $s > \hat{x}_1$ 时随 x_{-1} 递增，而当 $s < \hat{x}_1$ 时随 x_{-1} 递减。

定理 5.4.3　如果 $f(x_1, x_2)$ 是 R_+^2 上的一个对数上模的概率密度函数，则

(1) 条件密度 $f(x_1|x_2)$ 是对数上模的，

(2) 条件累积分布函数 $F(x_1|x_2)$ 是对数上模的，以及

(3) 条件累积分布函数 $F(x_1|x_2)$ 随 x_2 非增。

证明　(1) 条件概率密度 $f(x_1|x_2)=f(x_1, x_2)/f_2(x_2)$，于是 $\ln f(x_1|x_2)=\ln f(x_1, x_2)-\ln f_2(x_2)$。由此易知，当（且仅当）$f(x_1, x_2)$ 是对数上模时，$f(x_1|x_2)$ 也是对数上模的。

(2) 若记 $F(x_1|x_2)=\int_0^{x_1} f(s|x_2)ds$，则本结论由定理 5.4.2 可得。

(3) 任取 x_1 并设 $x_2>\hat{x}_2$，则由结论 (2) 可知 $F(x_1|\hat{x}_2)/F(x_1|x_2)\geqslant \lim_{x\to\infty}F(x|\hat{x}_2)/F(x|x_2)=1$，于是 $F(x_1|\hat{x}_2)\geqslant F(x_1|x_2)$。■

注意，由以上定理中的结论 (3) 可知，关联意味着一定的条件分布之间的序可由一阶随机占优决定。下述定理证明了关联的另一个重要性质：如果一个变量集是关联的，则它的任何子集也是关联的。

定理 5.4.4　如果 $f(x_1, \cdots, x_n)$ 是一个对数上模概率密度函数，则 $g(x_1, \cdots, x_{n-1})=\int f(x_1, \cdots, x_{n-1}, s)\mathrm{d}s$ 也是一个对数上模概率密度函数。

证明　显然，g 是一个概率密度，当 $n=2$ 时对数上模性结果是平凡的。因此，我们下面假设 $n\geqslant 3$。只要证明结论对任何一对变量 x_i，x_j 成立就足够了，其中 $1\leqslant i, j\leqslant n-1$。因此，我们考虑情形 $i=1$，$j=2$。任取 $y=(x_3, \cdots, x_{n-1})$（如果 $n=3$，则 y 为空），并设 $x_1>\hat{x}_1$ 以及 $x_2>\hat{x}_2$。因为 $f(s|\hat{x}_1,\hat{x}_2,y)=\dfrac{f(\hat{x}_1,\hat{x}_2,y,s)}{\int f(\hat{x}_1,\hat{x}_2,y,t)\mathrm{d}t}$，所以

$$
\begin{aligned}
\frac{g(\hat{x}_1,x_2,y)}{g(\hat{x}_1,\hat{x}_2,y)} &= \frac{\int f(\hat{x}_1,x_2,y,s)\mathrm{d}s}{\int f(\hat{x}_1,\hat{x}_2,y,s)\mathrm{d}s} \\
&= \int \frac{f(\hat{x}_1,x_2,y,s)}{f(\hat{x}_1,\hat{x}_2,y,s)} f(s|\hat{x}_1,\hat{x}_2,y)\mathrm{d}s \\
&\leqslant \int \frac{f(x_1,x_2,y,s)}{f(x_1,\hat{x}_2,y,s)} f(s|\hat{x}_1,\hat{x}_2,y)\mathrm{d}s \\
&\leqslant \int \frac{f(x_1,x_2,y,s)}{f(x_1,\hat{x}_2,y,s)} f(s|x_1,\hat{x}_2,y)\mathrm{d}s
\end{aligned}
$$

$$=\frac{\int f(x_1,x_2,y,s)\mathrm{d}s}{\int f(x_1,\hat{x}_2,y,s)\mathrm{d}s}=\frac{g(x_1,x_2,y)}{g(x_1,\hat{x}_2,y)}$$

第一个不等式成立是因为由对数上模性可知被积函数处处较大。第二个不等式是因为以下两个结论。首先，由定理 5.4.3 的（3）可知，$F(s|x_1, \hat{x}_2, y)\leqslant F(s|\hat{x}_1, \hat{x}_2, y)$ 对于所有的 s 成立，这就是说，在一阶随机占优的意义上，给定 x_1，$\hat{x}_2$，y 时的条件分布高于给定$\hat{x}_1$，$\hat{x}_2$，y 时的条件分布。[①] 其次，比率 $f(x_1, x_2, y, s)/f(x_1, \hat{x}_2, y, s)$ 随 s 非降（由 f 的对数上模性）。因此由一阶随机占优的定义可得上面的第二个不等式成立。

定理 5.4.5 假设随机变量 X_1，…，X_N是关联的。则对每个有界保序函数 $g: R^N\to R$，函数 $h(x)=E[g(X_1, \cdots, X_N)|X_1=x]$ 是保序的。

证明 当 $N=1$ 时定理显然成立。对于 $N=2$，令 $x_1>\hat{x}_1$。则 $h(\hat{x}_1)=E[g(\hat{x}_1, X_2)|X_1=\hat{x}_1]\leqslant E[g(x_1, X_2)|X_1=\hat{x}_1]\leqslant E[g(x_1, X_2)|X_1=x_1]=h(x_1)$，其中的第一个不等式由 g 的保序性得到；第二个不等式由随机占优性得到，注意到 $g(x_1, \cdot): R\to R$ 是非降的，并且（由定理 5.4.3 的（3）可得）$F(x_2|x_1)\leqslant F(x_2|\hat{x}_1)$。

我们再来考虑 $N\geqslant 3$。假设定理对所有 $m\leqslant N-1$ 都成立。令 $\hat{g}(x, y)=E[g(X_1, \cdots, X_N)|X_1=x, X_2=y]$。设 $X_1=x$ 为常数，则上式右边是对 $N-1$ 个变量进行积分，即 $g(x, \cdot): R^{N-1}\to R$。因此，由归纳假设知，$\hat{g}$ 是 y 的非降函数。同理，它也是 x 的非降函数。因此，$\hat{g}$ 是保序的。

因此，

$$\begin{aligned}h(x)&=E[g(X_1,\cdots,X_N)|X_1=x]\\&=E[E[g(X_1,\cdots,X_N)|X_1,X_2]|X_1=x]\\&=E[\hat{g}(X_1,X_2)|X_1=x]\end{aligned}$$

再次应用归纳假设，可证最后一个表达式随 x 非减。 ■

定理 5.4.6（Milgrom 和 Weber） 假设随机变量（X_1，X_2，…，X_N，Y）具有联合密度 f，并且对于 X 的分量是对称的。则（X_1，X_2，…，

---

① 一阶随机占优的定义可参见如 Mas Colell、Whinston 和 Green（1995）中的定义 6.D.1，我们在这里使用了它讨论的一些性质。

X_N，Y）是关联的当且仅当（$X^{(1)}$，…，$X^{(N)}$，Y）是关联的时。

证明　因为 X 分量的重排方法有 $N!$ 种，所以（$X^{(1)}$，…，$X^{(N)}$，Y）的密度是 $N!\ f(x,\ y)1_{\{x_1>\cdots>x_N\}}$，其中仅当各分量有序时示性函数才产生密度的值。显然，此密度函数满足关联不等式当且仅当 f 也满足时。■

5.4.2　Milgrom-Weber 向上叫价拍卖模型

向上叫价拍卖具有多种形式。口头喊价是最常用的一种，在其拍卖过程中，竞价人大声喊出他的报价，直到拍卖者决定停止报价而将物品以最高报价卖出。在鱼类或家畜拍卖中，常用一套手势来传递报价。拍卖者也可以控制喊价的进度。例如，在日本式拍卖中，拍卖者一直抬升价格，直到只有一个竞价人仍愿意报价。

Vickrey 引入二级价格拍卖作为英式向上叫价拍卖的模型。他的思想现在已为大家所熟知，就是每个竞价人的最优策略为一直报价直到报价达到他自己预置的保留价为止，在保留价处该竞价人将退出。胜出的竞价人就是具有最高保留价的那个，而获胜的报价大致为次高保留价。

Vickrey 的模型忽略了竞价人在拍卖过程中学习与了解信息的可能，而这些信息是有可能导致他们改变保留价的。如果竞价人能够在拍卖中学习，那么我们就需要密切关注那些影响竞价人在报价过程中所观测信息的拍卖规则。例如，假设拍卖者连续提升报价，而且每个竞价人只作一个决策：何时退出竞价。对此，我们可以想象，一个竞价人通过按下按钮进行投标，然后通过放开按钮退出竞拍（或者与此相反，通过按下按钮示意退出）。假设退出是不可逆的。这一模型提供给竞价人的信息是最少的，拍卖机制并不能向竞价人提供拍卖过程中活跃着的竞价人数量和竞价人的特征。在此模型中，纯策略可用单个保留价来描述①，因此 Vickrey 模型包含了竞价人可能具有的学习机会。换句话说，对活跃竞价人没有反馈的向上叫价拍卖模型在策略上等价于（strategically equivalent to）Vickrey 二级价格拍卖模型。我们称，一个不向竞

---

①　推理稍显不太正式，我们不区分策略和简化策略。博弈中的一个策略规定了在每个参与人必须行动的信息集处他该做什么。因此，正式地讲，此模型中一个竞价人的策略必须规定当报价升至 x 时，如果他仍是活跃的那么他将怎样做，即便策略规定了当报价达到 $x-1$ 时他将退出。在此处描述的拍卖博弈中，实际结果完全由最低报价决定，此时每个竞价人都退出，而且两个具有相同最低价的策略总是导致相同的结果。在博弈论中，一个简化策略是一类等价策略，其中每个策略都导致相同的结果。因此，在这里的拍卖模型中，如下策略是一个简化策略：其中只规定了竞价人退出的最低价。

价人提供任何关于活跃竞价人数量和个人特征信息的向上叫价拍卖机制在同类的向上叫价拍卖机制中提供的信息最少。

在实际的英式拍卖中，竞价人通常观测一些额外的信息。下面我们讨论这样的一个模型：在拍卖过程中的任一时刻，竞价人都观察其他活跃竞价人的数量。但是，我们只限于研究按钮拍卖（button auction），竞价人的唯一决策是何时不可逆地退出投标。[①] 此模型由 Milgrom 和 Weber（1982a）提出，它是按钮拍卖的第一个模型，同时也是第一个一般的相依估价（interdependent values）和相关类型的模型。

在下面将要分析的很多模型中，赢者诅咒（winner's curse）都是一个重要的特征。赢者诅咒是逆向选择的一种形式。在与信息灵通的竞价人的竞争中获胜的竞价人一定会认识到，他人不愿报更高的价格是关于物品估价的不利信息。在待开采区域模型中，我们就是通过这种方式来计算非邻居的利润的：恰好在邻居报价小于 b 时，一个非邻居以报价 b 获胜，它充分透露了邻居对价值估计的信息。当不止一个竞价人具有相关信息时，每个竞价人都需要清楚其他竞价人报价的信息内容才能做出自己的报价决策。[②]

在多物品拍卖中，也可能存在一个重要的失标者诅咒（loser's curse）现象。

5.4.2.1 最少信息（二级价格）按钮拍卖

假设每个竞价人的收益都是获取物品的价值减去付款数额。对于失标者而言，他得到的价值是零；而赢者 i 得到的价值是 $v^i = v^i(t^i, t^0, t^{-i})$，其中变量 t^0 表示不能被竞价人观察到的信息，如卖方的信息。我们还假设 v^i 非降。

我们先来研究对称的情况，它包括以下三个约束条件。第一，所有竞价人具有相同的估价函数 v，所以 $v^i = v(t^i, t^0, t^{-i})$。第二，估价函数关于其他竞价人的类型是对称的，即 $v^1 = v(t^1, t^0, t^{-1}) = v(t^1, t^0, t^{(1)}, \cdots, t^{(N-1)})$，其中 $t^{(1)}, \cdots, t^{(N-1)}$ 表示 $t^2, \cdots, t^N$ 的次序统计量（从高到低）。第三，与估价函数相同，类型分布函数也是对称的。

我们在前面已经看到，最少信息按钮拍卖策略等价于二级价格拍

① 这样做时，我们略去了竞价人可以“跳跃”报价来与其他竞价人交流信息的模型。跳跃式报价涉及非常明显地（且不同步地）提高现价（当前最高价）。参见 Avery（1998）。

② 失标者诅咒首先是由 Pesendorfer 和 Swinkels（1997）提出的。失标者诅咒对竞价人收集信息的动机具有重要的意义。首次尝试此研究的是 Hernando-Veciana（2003）。

卖。定义 $\hat{v}(r, s)=E[v^1 \mid t^1=r, t^{(1)}=s]$。如果类型是关联的且是对称分布的，则由定理 5.4.5 和定理 5.4.6 可知，函数 $\hat{v}$ 是保序的，也就是说它对于每个参数都是非降的。为了方便比较下面的结果，我们将 $\hat{v}$ 看作原始给定的，同时我们假设它是保序的且对其第一个变量严格保序。

定理 5.4.7（Milgrom（1981b）） 假设函数 $\hat{v}$ 是保序的且随第一个变量递增。则策略 $\beta(s)=\hat{v}(s, s)$ 是二级价格拍卖的一个对称均衡策略。该均衡具有如下性质：如果任何一个竞价人知道了他的对手中最高竞价人的类型及其报价，那他改变自己的报价并不能使自己获益。

证明 假设除竞价人 1 之外的其他竞价人选择对称均衡策略。在知道 $t^{(1)}$ 和相应的报价 $\beta(t^{(1)})=\hat{v}(t^{(1)}, t^{(1)})$ 后，竞价人 1 的问题是 $\max_b(\hat{v}(t^1, t^{(1)})-\hat{v}(t^{(1)}, t^{(1)}))1_{b>\beta(t^{(1)})}$。若 $t^1>t^{(1)}$，则任一报价 $b>\beta(t^{(1)})$ 都最大化竞价人 1 的收益，包括报价 $\beta(t^1)$。若 $t^1<t^{(1)}$，则任一报价 $b<\beta(t^{(1)})$ 也最大化竞价人 1 的收益，包括报价 $\beta(t^1)$。因为对 $t^{(1)}$ 的任一实现，$\beta(t^1)$ 都是最佳反应，因此它也是一个无条件最佳反应。 ■

若在某均衡点处，即使竞价人了解到其他竞价人的类型和行动也不能通过改变其策略而获益，则称此均衡为事后均衡（ex post equilibrium）。由定理 5.4.7 可知，如果只有两个竞价人，则二级价格拍卖的均衡是一个事后均衡。拍卖理论方面的新近文献已经开始重新强调事后均衡了。

向上叫价拍卖中的事后均衡具有两个引人注目的特点。首先，每个竞价人的事后均衡策略都只依赖于该竞价人自身的类型，因此只要具有这些信息，竞价人就能够实施他的均衡策略。其次，每个策略都是对其他参与人策略的一个最佳反应，即使当该竞价人知道所有其他竞价人的类型和报价时亦如此。由于该策略是任一中间信息结构下的最佳反应，因此在关于竞价人信息的更广假设下，它仍然是一个最佳反应。

在事后均衡点处，由于竞价人的最优行动不依赖于他人的类型或行动，所以，竞价人根本没有动机去费力收集那些信息。于是，由定理 5.4.7 可知，二级价格拍卖中的竞价人没有动机去收集这类信息。在一级价格拍卖中则与此相反，竞价人通常有收集信息的动机；特别地，他们能够利用他人的报价信息来选择对自己有利的报价。因此，二级价格拍卖能够减少竞价人的某些成本。参加拍卖的成本在实际拍卖设计中甚为受到关注，因此这个优点是非常重要的。

定理 5.4.7 中模型的几种变形也被证明是非常易处理的。接下来，我们考虑两个竞价人的纯公共价值模型，此模型有多个事后均衡。

定理 5.4.8（Milgrom（1981b）） 考虑只有两个竞价人时的前一模型，其中 v 是对称的，即 $v^1=v(t^1, t^2)=v(t^2, t^1)=v^2$。则对任一递增的连续函数 $f: R\rightarrow R$，策略组合 $\beta^1(s)=v(s, f^{-1}(s))$ 和 $\beta^2(s)=v(f(s),s)$ 是一个事后均衡。

证明 我们考虑竞价人 1 的事后问题。在了解到 t^1、t^2 与竞价人 2 的报价 $\beta^2(t^2)$ 之后，竞价人 1 的问题是求解 $\max_b(v(t^1,t^2)-\beta^2(t^2))1_{b>\beta^2(t^2)}$。由此可知，如果 $\beta^1(t^1)>\beta^2(t^2)\Leftrightarrow v(t^1,t^2)>\beta^2(t^2)$，则对所有 t^1，$\beta^1(t^1)$ 都是最佳反应。

不难看出，如果 $t^1=f(t^2)$，则 $\beta^1(t^1)=v(t^1,f^{-1}(t^1))=v(f(t^2), t^2)=\beta^2(t^2)$。又因为 v 是递增的，因此 $\beta^1(t^1)>\beta^2(t^2)\Leftrightarrow t^1>f(t^2)$。再由构造可知，$t^1>f(t^2)\Leftrightarrow\beta^2(t^2)=v(f(t^2),t^2)<v(t^1,t^2)$，因此 $\beta^1(t^1)>\beta^2(t^2)\Leftrightarrow\beta^2(t^2)<v(t^1,t^2)$，即得所求。

同理可证，竞价人 2 的策略也是最优反应。 ■

在定理 5.4.8 所述的条件下，可能会出现一些极端的均衡，在这些均衡处卖方的收益非常低。例如，我们考虑 $f(s)=s^\alpha$，其中 α 是一个非常大的正数。注意到类型空间是 $[0, 1]$，则当竞价人 2 的类型是 $s\in(0, 1)$ 时他的均衡报价是 $\beta^2(s)=v(s^\alpha, s)\approx v(0, s)$。而当 $s\in(0, 1)$ 时，竞价人 1 的均衡报价是 $\beta^1(s)=v(s, s^{\frac{1}{\alpha}})\approx v(s, 1)$。利用上述近似结果，竞价人 2 的报价均小于 $v(0, 1)$，而竞价人 1 的所有报价均大于这一值。因此，竞价人 1 几乎总是获胜且支付的价格近似为 $v(0, t^2)$。对此例再作推广，假设 $v(r, s)=rs$，则成交价格将近似为 $v(0, t^2)=0$。当然，如果此均衡可以预见，那么竞价人 2 可能很沮丧，以至于他彻底不参与拍卖，特别是当进入成本非常高时。

这些极端的均衡合理吗？Klemperer（1998）指出，在具有“几乎共同价值”的情形下，如上那样的极端均衡可能是唯一“合理的”均衡。Klemperer 用钱包博弈来证明他的观点，在此博弈中，竞价人为两个钱包内的钱数（私有信息）总和报价。此时，估价函数 $v(r, s)=r+s$ 是对称的和保序的。因此，根据定理 5.4.8，对应于不同的 f 值，此博弈存在很多均衡。当一个竞价人具有优势时，即使是很小的优势，结果将会怎样呢？以下定理表明极端均衡是常见的，并且在任何非占优连续策略的均衡中处于劣势的竞价人都没有机会获胜。

定理 5.4.9 假设竞价人的估价分别由 $v^1(t^1, t^2)$ 和 $v^2(t^2, t^1)$ 给出，而且每个函数都是连续、保序并且关于第一个参数是严格递增的。假设对 t^1 和 t^2 的任意可能实现，均有 $v^1(t^1,t^2)>v^2(t^2,t^1)$成立。则下述报价函数在非占优递增连续策略中产生的均衡是一个事后均衡：$\beta^1(t^1)=v^1(t^1,1)$和$\beta^2(t^2)=v^2(t^2,0)$。在该均衡处，竞价人 1 总是获胜。进而，在任何非占优连续策略的 Nash 均衡中，竞价人 1 以概率 1 获胜。

证明　首先证明上述策略是一个事后均衡。因为 v^1 和 v^2 是保序的，所以对于所有的 t^1 和 t^2 有 $\beta^1(t^1)=v^1(t^1,1)\geqslant v^1(t^1,t^2)>v^2(t^2,t^1)\geqslant v^2(t^2,0)=\beta^2(t^2)$。又因为$\beta^1(t^1)>\beta^2(t^2)$，所以竞价人 1 总是获胜。竞价人 1 的问题是$\max_b(v^1(t^1,\ t^2)-\beta^2(t^2))1_{b>\beta^2(t^2)}$，进行验证可知，任何总赢的报价都是最优的。而竞价人 2 的问题是$\max_b(v^2(t^2,\ t^1)-\beta^1(t^1))1_{b>\beta^1(t^1)}$，同样验证可知，任何总失败的报价都是最优的。因此定理中所提出的策略是互为最优反应，从而是一个均衡。

在任何非占优策略的 Nash 均衡处，竞价人 2 的类型为 $t^2=0$ 时其报价不会超过 $v^2(0,\ 1)$，而竞价人 1 的类型为 $t^1=1$ 时其报价不会低于 $v^1(1,\ 0)>v^2(0,\ 1)$。所以，在非占优策略中，不存在使竞价人 2 总是获胜的均衡。因此，如果竞价人 2 能以正概率获胜，那么由于报价函数的连续性，在两个报价函数的值域中存在一个共同的开区间。假定 b 为此区间内的一个报价，且类型 t^1 和 t^2 满足 $b=\beta^1(t^1)=\beta^2(t^2)$。如果 $v^1(t^1,\ t^2)>b$，则均衡不存在，因为竞价人 1 能够通过稍稍提高他的报价而获益，人们总是身后有余忘缩手。同理，如果 $v^1(t^1,\ t^2)<b$，则竞价人 1 能通过降低报价而获利。因此，在此开区间内的任何报价构成的均衡点处都必有 $b=v^1(t^1,\ t^2)$，同理也有 $b=v^2(t^2,\ t^1)$。这与假设 $v^1(t^1,\ t^2)>v^2(t^2,\ t^1)$ 对所有类型组合成立相矛盾。因此，不管类型如何，竞价人 2 以概率 0 获胜，而竞价人 1 以概率 1 获胜。 ■

根据定理 5.4.9，在纯共同价值拍卖模型中，一个微小的不对称可以使均衡策略和收益产生巨大差异。为了说明此结论的逻辑性，考虑一个稍加变化的钱包博弈，其中假定当参与人获胜时可获得额外的 1 美元。假设每个钱包内装有的钱数在 0 美元到 100 美元之间。根据定理，在二级价格拍卖中，处于优势的竞价人的报价为自己钱包内的钱数加上 101 美元，而另一个竞价人只会怯怯地将自己钱包内的钱数作为报价。在此博弈中，不存在竞价人 2 总是获胜的均衡，这是因为存在其他均衡。如果竞价人 1 的估价很低，譬如说少于 15 美元，存在价格 p 使得竞价人 2 胜出。那么，仅当竞价人 2 钱包内至少有 $p-15$ 美元时，他才会报价 p。但是，如果竞价人 1 的钱包内有 $v\in(14,\ 15)$，并且他也报价 p，并以此价获胜，则他的估价不低于他钱包内的钱数，加上 1 美元，再加上竞价人 2 钱包内的钱数（至少为 $p-15$）。因此，他总的纯盈利至少为 $(v+1+p-15)-p>0$。这说明初始策略不是一个均衡。

在这个例子中，平均成交价恰好是胆怯竞价人钱包内的钱数。定理指出，此例中还有其他可能的均衡，但是这些均衡与刚才所描述的均衡相差无几。例如，胆怯竞价人的报价可能比他钱包里的多 1 美元。此时，处于优势的竞价人仍然总是胜出，并且平均成交价不超过失标者钱包内的平均钱数加 1 美元。获胜者的利润很高，而卖方的利润相应较低。

Bulow、Huang 和 Klemperer（1999）从拍卖角度用一个共同价值拍卖模型研究并购战。他们证明了，如果一个竞价人在并购战中具有一个微小的股份，即在并购开始前拥有一部分目标企业的股份，那么按照均衡理论的预测，竞价人能够以一个惊人的低价赢得并购。这个应用更加说明了这样一个事实：共同价值夸大了较小的非对称。①

到目前为止，我们一直在强调按钮模型中的收益，但是传统的经济理论常常关注效率。Maskin（1992）研究了在非对称二人按钮拍卖中有效均衡的存在性。我们再次在 $v^1(t^1, t^2)$ 和 $v^2(t^2, t^1)$ 的基础上讨论。下述条件是非常重要的。

定义 竞价人 i 的估价是（严格）交互单交叉差分的（single crossing interpersonal differences，SCID），如果对所有的 $j\neq i$ 和所有的 t^{-i}，作为 t^i 的函数，$\Delta^{ij}(t^i|t^{-i})=v^i(t^i, t^{-i})-v^j(t^j, t^i, t^{-ij})$ 具有（严格）单交叉差分性质。换句话说，SCID 成立是指 $(t^i>\tilde{t}^i, \Delta^{ij}(\tilde{t}^i|t^{-i})\geqslant 0)\Rightarrow\Delta^{ij}(t^i|t^{-i})\geqslant 0$，且 $\Delta^{ij}(\tilde{t}^i|t^{-i})>0\Rightarrow\Delta^{ij}(t^i|t^{-i})>0$。类似地，严格 SCID 成立是指 $(t^i>\tilde{t}^i, \Delta^{ij}(\tilde{t}^i|t^{-i})\geqslant 0)\Rightarrow\Delta^{ij}(t^i|t^{-i})>0$。

简单地说，SCID 性质意味着对于某些类型组合，如果竞价人 i 的估价超过竞价人 j 的估价，则增加 i 的类型不可能扭转估价间的这种关系。直观上，如果可以扭转这种关系，则意味着竞价人 j 的估价对 i 的信息的敏感程度胜过 i 自身的估价。

SCID 条件建立了在竞价人动机和效率标准间的一种联系。一般地，竞价人 j 的类型较高表明他的估价较高，因此，他愿意为获胜而支付更多。当 SCID 成立时，竞价人 j 的较高类型也表明他更有可能是有效的获胜者。根据下面的定理 5.4.10，这种联系足以使得向上叫价拍卖拥有事后均衡而又具有有效结果。再由下面的定理 5.4.11 可知，对 SCID

① Bulow 和 Klemperer（2002）以同样的方式介绍了其他的结果。

条件的改进也是必要的。

定理 5.4.10（Maskin） 假设每个 v^i 都是连续递增的，$v^1(0, 0)=v^2(0, 0)$，$v^1(1, 1)\geqslant v^2(1, 1)$。如果两个竞价人的估价都具有严格的 SCID 性质，则存在一个递增函数 f 使得如下的策略（β^1，β^2）是二级价格拍卖博弈的一个事后均衡，其中 $\beta^1(s)=v^1(s, f^{-1}(s))$ 且 $\beta^2(s)=v^2(s, f(s))$。进而，均衡结果是有效的。

证明 假设 $t^2\in(0, 1)$。由于竞价人 2 是严格 SCID 的，$v^1(1, 1)-v^2(1, 1)\geqslant 0$，因此 $v^1(1, t^2)-v^2(t^2, 1)>0$。同时，由于 $v^1(0, 0)-v^2(0, 0)=0$，竞价人 2 也是严格 SCID 的，从而 $0>v^1(0, t^2)-v^2(t^2, 0)$。因此，由估价的连续性可知，存在一个类型 $\hat{t}^1=f(t^2)$ 使得 $v^1(f(t^2), t^2)=v^2(t^2, f(t^2))$。根据竞价人 1 的严格 SCID 性，满足此方程的 $f(t^2)$ 是唯一的。再由二者的严格 SCID 性，$f(\cdot)$ 是递增的。

假设竞价人采用的策略是 $\beta^1(s)=v^1(s, f^{-1}(s))$ 及 $\beta^2(s)=v^2(s, f(s))$，则两策略均是递增的。竞价人 1 在了解到竞价人 2 的类型 t^2 及其报价 $\beta^2(t^2)$ 后，他的问题变为

$$\max_b(v^1(t^1,t^2)-v^2(t^2,f(t^2)))\cdot 1_{b>\beta^2(t^2)}$$

因为 $\beta^1(t^1)=\beta^2(t^2)\Leftrightarrow t^1=f(t^2)$，两个报价函数和 f 都是递增的，所以 $\beta^1(t^1)>\beta^2(t^2)\Leftrightarrow t^1>f(t^2)$。如果竞价人均依照这一策略博弈，则竞价人 1 胜出仅当 $t^1>f(t^2)$ 时，亦即仅当 $v^1(t^1,t^2)>v^2(t^2,t^1)$时。因此，竞价人使用这一策略时的结果总是有效的。

接着，我们有 $t^1>f(t^2)\Leftrightarrow v^1(t^1,f^{-1}(t^1))>v^1(f(t^2),t^2)=v^2(t^2,f(t^2))$。因此，$\beta^1(t^1)>\beta^2(t^2)\Leftrightarrow v^1(t^1,f^{-1}(t^1))>v^2(t^2,f(t^2))=\beta^2(t^2)$。

不等式 $v^1(t^1,f^{-1}(t^1))>\beta^2(t^2)$决定了竞价人 1 的报价 $b>\beta^2(t^2)$ 是不是事后最优的。此不等式成立当且仅当 $\beta^1(t^1)>\beta^2(t^2)$ 时，它意味着此时竞价人 1 的响应是事后最优的。对竞价人 2 也可推得类似的结论。因此，这就证明了定理中的策略是一个事后均衡。 ■

下一个定理说明，定理 5.4.10 中有效性结论的逆也是部分成立的：至少在弱 SCID 的条件下，我们才能得到有效性结果。

定理 5.4.11（Maskin） 假设 v^1 连续递增，且竞价人 1 不满足 SCID，即$\exists t^1>\hat{t}^1$ 和 t^2 使得 $v^1(\hat{t}^1,t^2)-v^2(t^2,\hat{t}^1)>0>v^1(t^1,t^2)-v^2(t^2,t^1)$。则不存在结果总是有效的事后均衡。

证明 因为 v^1 是递增的，由单调选择定理可知，报价一定是随类

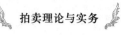

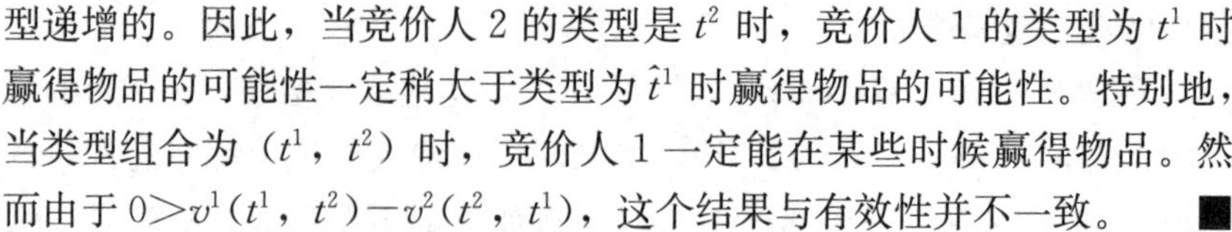

型递增的。因此，当竞价人 2 的类型是 t^2 时，竞价人 1 的类型为 t^1 时赢得物品的可能性一定稍大于类型为 $\hat{t}^1$ 时赢得物品的可能性。特别地，当类型组合为（t^1，t^2）时，竞价人 1 一定能在某些时候赢得物品。然而由于 $0>v^1(t^1, t^2)-v^2(t^2, t^1)$，这个结果与有效性并不一致。 ■

5.4.2.2 最多信息按钮拍卖

上面研究的对称模型中假设竞价人只接收到有关活跃竞价人数量和特征的最少信息。在该模型中，竞价人要么对他人的报价一无所知，要么无法从中得出结论。我们现在来考虑与之相反的一种极端情况。假设任一竞价人在退出时都会被所有的竞价人知晓，进而，竞价人能利用这一信息推断退出者的类型。当然，在只有两个竞价人的模型中，最多信息按钮拍卖和最少信息按钮拍卖是等价的，因为在任一模型中，没有竞价人能在拍卖结束之前知晓他人退出时的报价。但在竞价人多于两个时，我们可以设想将拍卖过程分为两个阶段。在第一阶段，有 $N-2$ 个竞价人退出，而且他们的决策给最后两个活跃的竞价人提供了信息。当第 k 个竞价人以价格 p_k 退出时，留下的每个竞价人将退出者的类型想象为在其竞争对手中的第 $N-k$ 高，并估计其值为 $\hat{t}^{(N-k)}$ 以更新他的估计，如此继续。当仅剩两个竞价人时，他们在二级价格拍卖中进行有效报价。

在下面的正式分析中，我们用 $t^{(n)}$ 表示某个竞价人的竞争对手中的第 n 高类型。

由于我们假设博弈是对称的，因此为方便起见，我们将竞价人 1 作为典型竞价人并研究他的报价问题。他的一个（简化）策略是：给定任一时刻的可观测历史，当价格达到某一水平时，竞价人 1 决定是否退出。记 $\beta_n(s, p_1, \cdots, p_n)$ 表示当已经有 n 个竞价人分别以价格 $p_1\leqslant\cdots\leqslant p_n$ 退出时，类型为 s 的竞价人将要退出的最低价格。显然，$\beta_n(s, p_1, \cdots, p_n)\geqslant p_n$。

为便于研究竞价人的信息变化，记 v 是初始估价函数，它的参数包括类型组合和卖方信息 t^0，再记 $\bar{v}(t^1, \cdots, t^N)=E[v(t^1, t^0, t^2, \cdots, t^N)|t^1, \cdots, t^N]$ 表示当卖方没有披露其类型信息时估价函数的一个简化形式。

定理 5.4.12 假设 $\bar{v}$ 是连续、保序且关于第一个参数严格递增的，则下述归纳定义的策略是向上叫价拍卖的一个对称的事后均衡策略：

$$\beta_0(s)=\bar{v}(s,\cdots,s)$$

$$\beta_n(s,p_1,\cdots,p_n)=\bar{v}(s,\cdots,s,\hat{t}^{(N-n)},\cdots,\hat{t}^{(N-1)}) \tag{5.15}$$

其中 $\hat{t}^{(N-k)}$ 是

$$\begin{aligned} p_k &= \beta_{k-1}(\hat{t}^{(N-k)}, p_1, \cdots, p_{k-1}) \\ &= \bar{v}(\hat{t}^{(N-k)}, \cdots, \hat{t}^{(N-k)}, \hat{t}^{(N-(k-1))}, \cdots, \hat{t}^{(N-1)}) \end{aligned} \tag{5.16}$$

的解，而且当 $p_k \leqslant \bar{v}(0, \cdots, 0)$ 时 $\hat{t}^{(N-k)}=0$。

证明　因为$\bar{v}$是连续的且关于其第一个参数严格递增，因此 $\beta_k(\cdot, p_1, \cdots, p_k)$ 也是连续递增的。于是 $p_k=\beta_{k-1}(\hat{t}^{(N-k)}, p_1, \cdots, p_{k-1})$ 在其定义域中存在唯一的解 $\hat{t}^{(N-k)}$。由构造可知，如果除竞价人 1 之外的所有竞价人均采取均衡策略，则当竞价人 1 胜出时，不管他的策略如何，他支付的价格均是$\bar{v}(t^{(1)}, t^{(1)}, t^{(2)}, \cdots, t^{(N-1)})$。当 $t^1>t^{(1)}$ 时，此价格严格小于竞价人 1 的估价$\bar{v}(t^1, t^{(1)}, t^{(2)}, \cdots, t^{(N-1)})$。同时，由于对称均衡报价函数是递增的，仅当 $t^1>t^{(1)}$ 时，竞价人 1 才能利用此报价函数获胜。因此，此策略是满足事后最佳响应的。■

策略的每个分量 β_n 都反映了一种短视报价行为。竞价人会自问："如果有人在我有机会响应之前退出，那我会乐意成为赢者吗?" 只要问题的答案是肯定的，他就会仍然保持活跃。

为了更好地理解均衡策略，假设还没有竞价人退出（$n=0$），价格到达水平 $\beta_0(\hat{t})$，此时竞价人 1 的类型是 t^1。竞价人 1 由此推断，其他竞价人的类型都至少为 $\hat{t}$。如果竞价人 2，…，n 立即退出，则竞价人 1 能够推断出他们的类型恰好为 $\hat{t}$。此时，仅当$\bar{v}(t^1, \hat{t}, \cdots, \hat{t}) \geqslant \beta_0(\hat{t}) = \bar{v}(\hat{t}, \hat{t}, \cdots, \hat{t})$ 时竞价人 1 乐意以价格 $\beta_0(\hat{t})$ 赢得物品。而此条件当 $t^1>\hat{t}$ 时成立。

有 $k>0$ 个竞价人退出时的分析是类似的。如果所有人都选择均衡报价策略，则对报价函数求逆就可确定退出者的类型。于是留下的竞价人将此信息结合到他们的估价中，而拍卖就相当于一个具有 $N-k$ 个竞价人的拍卖继续进行。因此，式（5.15）给出的策略与没有竞价人退出时的相同；如果有竞价人以当前价格退出，则其余的竞价人估计退出者的估价。唯一的不同是，随着报价的提高，竞价人 1 对于前 k 个竞价人的猜想不再随报价的提高而发生变化。

Bikchandani、Haile 和 Riley（2002）指出了此拍卖中的其他策略，但结果却是相同的。在具有至少 $N\geqslant 3$ 个竞价人时，另一个均衡$\tilde{\beta}$是：前 $N-2$ 个竞价人的退出报价是策略 β 下退出报价的 $\alpha \in (0, 1)$ 倍，而最后两个竞价人的报价如前，即：

$$\tilde{\beta}_0(s) = \alpha \bar{v}(s, \cdots, s)$$

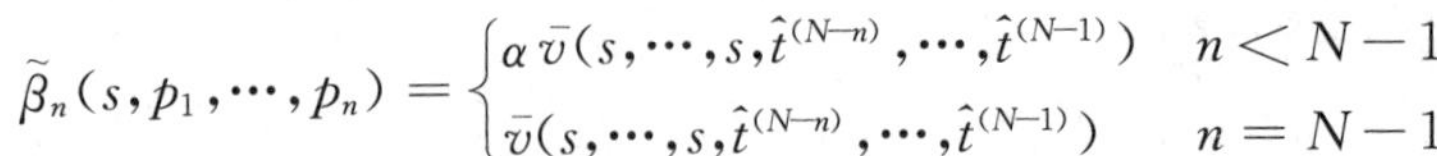

$$\widetilde{\beta}_n(s,p_1,\cdots,p_n)=\begin{cases}\alpha\,\bar{v}(s,\cdots,s,\hat{t}^{(N-n)},\cdots,\hat{t}^{(N-1)}) & n<N-1\\ \bar{v}(s,\cdots,s,\hat{t}^{(N-n)},\cdots,\hat{t}^{(N-1)}) & n=N-1\end{cases}$$

并对推断 $\hat{t}^{(k)}$ 作相应的调整。与通常采用的方法一样，可以证明这个策略组合是一个事后均衡，因为除最后一个竞价人之外其他竞价人的退出水平对拍卖结果并没有影响。

均衡的多重性显示，失标者不得不使用特定报价策略的动机是弱的。弱的动机可能使得有关失标者报价的推断不可靠，同时也表明这个模型可能并没有抓住实际推断问题的本质，因为在实际推断中信号和跳跃报价可能起着重要的作用。正如我们对 Cremer-McLean 理论所作的讨论那样，均衡的多重性使得均衡模型的现实应用并不是想当然的事情。同时，均衡逻辑所忽略的因素在实践中也可能是很重要的。

在以上的对称均衡中，最高类型者总是赢得拍卖。那么，什么时候最高类型者的估价也是最高的呢？注意到如果 $t^1=t^2=s'$，则 $v^1=v^2=\bar{v}(s',s',t^{-12})$，由此我们可以为此模型导出一个与 SCID 类似的条件。因此，在一个适当的 SCID 类条件下，提高竞价人 1 的类型能够使他的估价高于竞价人 2 的估价：对 $s>s'$，有 $\bar{v}(s, s', t^{-12})>\bar{v}(s', s, t^{-12})$。这一不等式表示模型中的最高类型者的估价高于其他所有竞价人的估价。因此我们有以下定理。

定理 5.4.13 假设当 $s>s'$ 时有 $\bar{v}(s, s', t^{-12})>\bar{v}(s', s, t^{-12})$，则在定理 5.4.12 中均衡下的结果是有效的。

5.4.2.3 若干收益比较

接下来我们考察向上叫价拍卖中拍卖设计对收益的影响。在最少信息和最多信息的按钮拍卖中，理论是否预测到了二者之间的系统差别？披露卖方信息是如何影响期望收益的？

在本章的余下部分里，清楚估价函数的初始形式和它的各种简化形式之间的差别将是非常重要的。记 $v(t^i, t^{-i}, t^0)$ 表示基于所有信息的价值估计。已知竞价人的类型但卖方信息未知条件下的期望估价为 $\bar{v}(t^i,t^{-i})=E[v(t^i, t^{-i}, t^0)\mid t^i, t^{-i}]$。最后，已知竞价人 1 的类型及最高对手的类型时的期望估价是 $\hat{v}(t^1, t^{(1)})=E[\bar{v}(t^1, t^{-1})\mid t^1, t^{(1)}]=E[v(t^1, t^{-1}, t^0)\mid t^1, t^{(1)}]$，再记 $\hat{v}(t^1, t^{(1)}, t^0)=E[v(t^1, t^{-1}, t^0)\mid t^1, t^{(1)}, t^0]$。

定理 5.4.14 假设 $\bar{v}(t^1, \cdots, t^N)$ 递增而且类型是关联的，考虑定理 5.4.12 中所给出的均衡。则有

$$\hat{v}(t^{(1)},t^{(1)}) \leqslant E[\bar{v}(t^{(1)},t^{(1)},t^{(2)},\cdots,t^{(N-1)}) \mid t^1,t^{(1)}] \tag{5.17}$$

也就是说，任一类型的竞价人 1 在二级价格拍卖中获胜时所支付的价格，都不高于在最多信息按钮拍卖中已知他的类型 t^1 和最高对手类型 $t^{(1)}$ 时他所支付价格的期望值。

证明　在二级价格拍卖中，当次高类型为 r 时，类型为 s 的竞价人 1 获胜时所支付的价格为 $\hat{v}(r, r)$。但是由定理 5.4.6 和定理 5.4.5，以及类型的密度的关联性、v 的保序性可知

$$\begin{aligned}\hat{v}(r,r) &= E[\bar{v}(r,r,t^{(2)},\cdots,t^{(N-1)}) \mid t^1 = r,t^{(1)} = r] \\ &\leqslant E[\bar{v}(r,r,t^{(2)},\cdots,t^{(N-1)}) \mid t^1 = s,t^{(1)} = r]\end{aligned}$$

上式右边项是最多信息向上叫价拍卖中的期望收益。■

以上定理表明任意类型的任一竞价人在最多信息按钮拍卖中支付的平均价格都高于在最少信息拍卖中的平均价格。由式（5.17）及链式期望法则可得 $E[\hat{v}(t^{(1)}, t^{(1)}) \mid t^1] \leqslant E[\bar{v}(t^{(1)}, t^{(1)}, t^{(2)}, \cdots, t^{(N-1)}) \mid t^1]$。因此，最多信息时的期望价格较高。

现在考虑卖方是否披露信息的决策是如何影响拍卖的有效性和收益的。这两方面的影响是相反的。例如，假设有两个竞价人，他们的估价分别是 1 和 3，但只有卖方知道哪个竞价人具有哪个估价。如果卖方披露这一信息，则在两个当事人之间的二级价格拍卖的结果是，具有较高估价的竞价人获胜并支付价格 1。而如果卖方不披露信息且问题是事前对称的，则每个竞价人报出就好像他的估价是 2 那样的报价，此时，卖方的收益将是 2，并且赢者的平均估价也是 2。

为研究其他影响，我们从这些可能性中提取出一个对称模型，其中卖方的信息与有效分配无关。例如，卖方可能拥有关于类型分布的信息，给定竞价人类型的任一实现值，这些信息并不影响竞价人的估价。

定理 5.4.15　假设 $v(t^1, \cdots, t^N, t^0)$ 是递增的，类型是关联的。则在向上叫价拍卖的两种形式中，总是披露 t^0 的策略不能降低任何类型的赢者所支付的期望价格。① 即，对任何 $s>r$ 均有

$$\hat{v}(r,r) \leqslant E[\hat{v}(r,r,t^0) \mid t^1 = s,t^{(1)} = r] \tag{5.18}$$

且

$$\bar{v}(r,r,t^{(2)},\cdots,t^{(N-1)}) \leqslant E[v(r,r,t^{(2)},\cdots,t^{(N-1)},t^0) \mid t^1 = s, t^{(1)} = r,t^{(2)},\cdots,t^{(N-1)}] \tag{5.19}$$

① 当竞价人是风险规避的时，披露信息可能降低竞价人估计的风险贴水从而提高他们的报价。Milgrom 和 Weber（1982a）分析了此种影响。

证明 对于最少信息的拍卖，我们有

$$\begin{aligned}\hat{v}(r,r)&=E[\hat{v}(r,r,t^{0})\mid t^{1}=r,t^{(1)}=r]\\&\leqslant E[\hat{v}(r,r,t^{0})\mid t^{1}=s,t^{(1)}=r]\end{aligned}$$

其中的不等式由定理 5.4.5 和定理 5.4.6 以及利用 $s>r$ 推出。

类似地，对于最多信息的拍卖，我们有

$$\begin{aligned}\bar{v}(r,r,t^{(2)},\cdots,t^{(N-1)})&=E[v(r,r,t^{(2)},\cdots,t^{(N-1)},t^{0})\mid t^{1}=r,\\&\qquad t^{(1)}=r,t^{(2)},\cdots,t^{(N-1)}]\\&\leqslant E[v(r,r,t^{(2)},\cdots,t^{(N-1)},t^{0})\mid t^{1}=s,\\&\qquad t^{(1)}=r,t^{(2)},\cdots,t^{(N-1)}]\end{aligned}$$

其中的不等式仍然由定理 5.4.5 和 5.4.6 以及利用 $s>r$ 推出。 ■

用我们在讨论待开采区域模型中使用过的术语来讲，前述定理给出了一个权效应。在最多信息模型中，如果 v 不依赖于 t^0，则披露此信息的价格效应为零。相反，在待开采区域模型的一级价格模型中，披露信息可能产生宣传效果，使竞价人的类型更具可预测性，从而鼓励失标者进行更激烈的竞争。但在上述拍卖中没有出现这样的效应。

5.4.3 一级价格拍卖

在本小节中，我们讨论另一类非常常见的拍卖：标准密封投标拍卖，也就是为人所熟知的一级价格拍卖。与前一小节中一样，类型 $t=(t^0, t^1, \cdots, t^N)$ 是关联的，并且其密度 $f(t^0, t^1, \cdots, t^N)$ 关于竞价人的类型是对称的，但对卖方类型却并不必对称。记 $f(t^{(1)}\mid t^1)$ 为次序统计量 $t^{(1)}$ 的条件密度，$F(t^{(1)}\mid t^1)$ 是相应的累积分布函数。

我们仍然研究竞价人 1 的最优化问题。已知当类型 $t^1=s$ 时，竞价人 1 选择报价 x 使得

$$\begin{aligned}&\max_{x}E[(\bar{v}(s,t^{-1})-x)1_{\{x>\beta(t^{(1)})\}}\mid t^{1}=s]\\&=\max_{x}E[E[(\bar{v}(s,t^{-1})-x)1_{\{x>\beta(t^{(1)})\}}\mid t^{1},t^{(1)}]\mid t^{1}=s]\\&=\max_{x}E[E[(\bar{v}(s,t^{-1})-x)\mid t^{1},t^{(1)}]1_{\{x>\beta(t^{(1)})\}}\mid t^{1}=s]\\&=\max_{x}E[(\hat{v}(s,t^{(1)})-x)1_{\{x>\beta(t^{(1)})\}}\mid t^{1}=s]\\&=\max_{x}\int_{0}^{\beta^{-1}(x)}(\hat{v}(s,\tau)-x)f(\tau\mid s)\mathrm{d}\tau\end{aligned}$$

其中的第一个等式源于链式期望法则；第二个等式源于示性函数是 $t^{(1)}$ 的函数；而最后的两个等式由定义即可得到。

定理 5.4.16 以下给出的是一级价格拍卖的一个对称均衡策略：

$$\beta(s)=\hat{v}(0,0)+\int_0^s \hat{v}(\alpha,\alpha)\mathrm{d}L(\alpha|s)$$

其中

$$L(\alpha|s)=\exp(-\int_\alpha^s \frac{f(z|s)}{F(z|s)}\mathrm{d}z) \tag{5.20}$$

证明　记 $U(x,\ y,\ s)=\int_0^y(\hat{v}(s,\ \tau)-x)f(\tau|s)\mathrm{d}\tau$，利用数字下标 1 和 2 分别表示 U 对于第一个和第二个参数的偏导数，则有 $U_1(x,\ y,\ s)=-F(y|s)$，$U_2(x,\ y,\ s)=(\hat{v}(s,y)-x)f(y|s)$。

由定理 5.4.3，$F(y|s)$ 是对数上模的，因此 $\frac{\partial^2}{\partial s\,\partial y}\log F(y|s)=\frac{\partial}{\partial s}\frac{f(y|s)}{F(y|s)}\geqslant 0$。进而，由于

$$\frac{U_1(x,y,s)}{|U_2(x,y,s)|}=\frac{-F(y|s)}{(\hat{v}(s,y)-x)\cdot f(y|s)}$$

是 s 的非降函数（因为它是负的，并且它的绝对值是递减的），所以 $U(x,y,\ s)$ 在 $x\leqslant\hat{v}(s,\ y)$ 上满足 Mirrlees-Spence 条件。因此，由定理 4.4，目标函数具有单交叉差分性。于是，我们可以应用约束简化定理来证明命题中的策略是竞价人的最优策略。为此，我们必须证明 b 是递增的并且满足一阶最优性条件（因此满足包络条件）。

由式（5.20）可以证明 β 满足以下的微分方程

$$\beta'(s)=[\hat{v}(s,s)-\beta(s)]\cdot\frac{f(s|s)}{F(s|s)} \tag{5.21}$$

因为 $\beta(0)=\hat{v}(0,\ 0)$，$\hat{v}$ 是保序的且关于第一个参数严格递增，我们可知微分方程（5.21）的解一定满足 $\hat{v}(s,\ s)>\beta(s)$，从而 $\beta'(s)>0$，因此报价函数是递增的。

假设除 1 之外所有竞价人都使用式（5.20）中给定的策略 β。因为 β 是递增的，对于所有的 s，如果 $\beta(s)$ 是 $\max_x U(x,\ \beta^{-1}(x),\ s)$ 的最优解，则它是 1 的最佳反应。如果

$$\begin{aligned}0&=U_1(\beta(s),s,s)+U_2(\beta(s),s,s)/\beta'(s)\\&=-F(s|s)+(\hat{v}(s,s)-\beta(s))f(s|s)/\beta'(s)\end{aligned} \tag{5.22}$$

则在 $x=\beta(s)$ 处报价满足一阶最优性条件。但由于 β 满足微分方程（5.21），所以它也满足等价的表达式（5.22）。

于是，报价是递增的并且满足包络公式。由约束简化定理，竞价人 1 在报价函数的值域内没有更好的响应满足约束 $x\leqslant\hat{v}(s,\ y)$。验证可知，任何不满足上述约束的报价 x 的期望收益都低于报价 $x=\hat{v}(s,\ y)$

下的期望收益；同时，任何高于或低于报价函数值域范围的报价的期望收益都分别低于报价 $\beta(0)$ 或 $\beta(1)$ 的期望收益。因此，β 是竞价人 1 的最佳响应。 ■

以上均衡策略的推导是非常直观的。先给出博弈的描述，再假设存在一个对称、递增的均衡，由此得到一阶最优性条件（5.22），并将之改写为微分方程（5.21）。此方程的边界条件可由最低类型竞价人的零利润条件推得，在他的最优报价处他对是否获胜一定是无差别的。于是，$\beta(0)=\hat{v}(0, 0)$。求解有边界条件的微分方程，即可得到式（5.20）。

下面的定理重申了第 4 章的结果：任意类型的赢者在二级价格拍卖中得到的收益都多于在一级价格拍卖中得到的收益。

定理 5.4.17 任一类型的竞价人获胜时，他在二级价格拍卖中的条件期望价格高于在一级价格拍卖中的相应报价，即对于所有的 $s\in[0, 1)$，有 $E[\hat{v}(s, t^{(1)})\,|\,t^{(1)}<s]\geqslant\beta(s)$。

证明 我们记 β^F 为一级价格拍卖中的均衡策略，记 $\beta^S(s, t)=E[\hat{v}(t^{(1)}, t^{(1)})\,|\,t^1=s, t^{(1)}<t]$ 表示实际类型为 s 的竞价人 1 按照类型 t 进行报价且获胜时的期望支付。我们必须证明 $\beta^F(s)\leqslant\beta^S(s, s)$。

假设实际类型为 s 的竞价人 1 按照类型 t 进行报价，记 $\tilde{v}(s, t)=E[\hat{v}(s, t^{(1)})\,|\,t^1=s, t^{(1)}<t]$。那么他在一级价格拍卖中的最大估价是 $V^F(s)=\max_t(\tilde{v}(s, t)-\beta^F(t))F(t|s)$。类似地，对二级价格拍卖，记 $V^S(s)=\max_t(\tilde{v}(s, t)-\beta^S(s, t))F(t|s)$。在均衡点处，类型为 s 的竞价人的最优报价就如他自己的类型为 $t=s$ 时的报价，因此我们有 $V^F(s)=(\tilde{v}(s, s)-\beta^F(s))F(s|s)$ 且 $V^S(s)=(\tilde{v}(s, s)-\beta^S(s, s))F(s|s)$。于是，$V^F(s)\geqslant V^S(s)$ 当且仅当 $\beta^F(s)\leqslant\beta^S(s, s)$ 时。

由包络定理可知，$V^{F'}(s)=F_2(s|s)(\tilde{v}(s, s)-\beta^F(s))+F(s|s)\tilde{v}_1(s, s)$，且 $V^{S'}(s)=F_2(s|s)(\tilde{v}(s, s)-\beta^S(s, s))+F(s|s)\tilde{v}_1(s, s)-F(s|s)\beta_1^S(s, s)$。利用定理 5.4.3 的（3）可知 $F_2(s|s)\leqslant 0$。因此，如果存在$s>0$ 满足 $V^F(s)<V^S(s)$，则 $\beta^F(s)>\beta^S(s, s)$ 从而 $V^{F'}(s)\geqslant V^{S'}(s)$。而我们已经证明，在均衡点处有 $V^F(0)=V^S(0)$。因此对函数$V^F(s)-V^S(s)$ 应用排序定理可得 $V^F(S)\geqslant V^S(S)$，从而 $\beta^F(s)\leqslant\beta^S(s, s)$ 处处成立。 ■

正如我们在二级价格拍卖中已经证明的那样，本节的最后一个定理将证明，在一级价格拍卖中，披露信息会提高期望成交价格。与待开采区域模型一样，而与我们的二级价格拍卖模型不同，这里还存在着两种效应：公共效应和权效应。这两个效应都倾向于减少赢者的利润。

定理 5.4.18　在一级价格拍卖中，任意类型竞价人若能获胜，则他在卖方披露信息 t^0 时的条件期望支付高于卖方什么也没有披露时的支付，即：$E[\beta(s, t^0) | t^{(1)} < s] \geqslant \beta(s)$。

证明　为强调统一，我们采用与定理 5.4.17 证明中一样的术语，而只是对符号稍作改动。

令 $B(s, t) = E[\beta(t, t^0) | t^1 = s, t^{(1)} < t]$ 表示实际类型为 s 的竞价人 1 按照类型 t 进行报价并获胜时他支付的价格。显然，我们一定有 $\beta(s) \leqslant B(s, s)$。

假设类型为 s 的竞价人 1 按照类型 t 进行报价，并令 $\tilde{v}(s, t) = E[\hat{v}(s, t^{(1)}) | t^1 = s, t^{(1)} < t]$。则在卖方没有披露信息的拍卖中，竞价人 1 的最大估价一定满足 $V^N(s) = \max_t(\tilde{v}(s, t) - \beta(t)F(t|s))$。同理，当卖方披露信息时，竞价人 1 的最大估价为 $V^I(s) = \max_t(\tilde{v}(s, t) - B(s, t))F(t|s)$。在均衡状态下，类型为 s 的竞价人的最优报价如同他的类型为 $t=s$ 时一样。因此有 $V^N(s) = (\tilde{v}(s, s) - \beta(s))F(s|s)$，且 $V^I(s) = (\tilde{v}(s, s) - B(s, s))F(s|s)$。因此，$V^N(s) \geqslant V^I(s)$ 当且仅当 $\beta(s) \leqslant B(s, s)$ 时。

由包络定理可知，$V^{N'}(s) = F_2(s|s)(\tilde{v}(s, s) - \beta(s)) + F(s|s)\tilde{v}_1(s, s)$，并且 $V^{I'}(s) = F_2(s|s)(\tilde{v}(s, s) - B(s, s)) + F(s|s)\tilde{v}_1(s, s) - F(s|s)B_1(s, s)$。再由定理 5.4.3 的 (3) 可知 $F_2(s|s) \leqslant 0$。因此，如果存在$s>0$ 使得 $V^N(s) < V^I(s)$，那么 $\beta(s) > B(s, s)$，从而 $V^{N'}(s) \geqslant V^{I'}(s)$。但我们已经证明了在均衡点处有 $V^N(0) = V^I(0)$，因此对函数 $V^N(s) - V^I(s)$ 利用排序定理可知，对所有的 s 均有 $V^N(s) \geqslant V^I(s)$，因而 $\beta(s) \leqslant B(s, s)$。 ■

5.5　结论

在本章中，我们放松了前面几章中所作的两个假设：类型是统计独立的以及竞价人的估价仅仅依赖于他自身的类型。这个变化提出了许多新的问题，同时也强调了由简单模型得到的结论具有重要的局限性。

本章首先研究了当信息成本高以及类型独立时，竞价人可能收集什么类型的信息。在竞价人选择其最优报价时，我们发现，其他竞价人的估价信息，不是他们知道的信息，对于在确定最优报价时的竞价人是没有价值的。当竞价人类型相互独立且估价成本高昂时，这个分析为假设竞价人类型是一维的提出了理论依据。然而，我们也证明了，当竞价人的估价相互依存时，这个论点也就失效了。

接着，我们研究了待开采区域模型，它在一定条件下组织关于近海石油的拍卖是非常成功的。这些模型中的均衡具有令人难以置信的却已被经验证实的性质，即信息良好的竞价人（邻居）的报价分布与信息封闭的竞价人（非邻居）的恰好相同。我们也得到了关于此模型的收益和利润方面的结果。邻居的利润是正的并且随其信息质量而递增。进而，邻居的利润也随非邻居对邻居信息质量的感知而递增，因此竞价人有动机寻求让他人相信其拥有良好的信息。邻居信息的质量在他人眼里的好坏可能是很重要的，因为信息良好的竞价人加剧了非邻居所要承受的赢者诅咒现象。于是，在均衡状态，非邻居报价更加胆怯，从而使得邻居具有较高的利润。

卖方可以收集和散布信息，以减少竞价人私有信息的价值。这种策略有两个方面的作用。就卖方的信息降低邻居的信息的私有性程度来说，公共效应减少了邻居的利润而增加了卖方的收益。另外，信息的披露使竞价人在估价时减少了对邻居信息的关注。当卖方的信息能替代邻居的信息时，权效应强化了公共效应并进一步增加了卖方的收益。然而，从逻辑上来讲，卖方的信息也有可能与邻居的信息是互补的，此时的权效应是负的，甚至可能出现权效应超过了公共效应的作用，从而减少卖方的收益。

在讨论了待开采区域模型之后，我们转而关注类型相关和估价相依的对称模型。我们发现，向上叫价拍卖的两个模型均具有事后均衡：没有竞价人在了解了他人的报价和类型之后会改变他的报价。这样的均衡抑制了竞价人收集关于其他竞价人类型的信息，因为这些信息不影响其最优报价。向上叫价拍卖的这一特征有助于节约交易成本。

我们也研究了非对称向上叫价拍卖模型中事后均衡的结果。如果某种将竞价人动机与拍卖者动机联系在一起的交互单交叉差分性质成立，则均衡是有效的。

我们也研究了卖方披露信息对他的收益所造成的影响。一般来讲，在向上叫价拍卖模型中，卖方披露信息的行为由于权效应而降低了竞价人的均衡利润并增加了拍卖的均衡收益。而在一级价格拍卖中，披露信息由于公共效应也减少了竞价人的均衡利润并增加了拍卖的均衡收益，这就是文献中所称的“联接原理”。理论结果的预测表明，由于公共效应的影响，向上叫价拍卖的收益高于一级密封价格拍卖的收益。

参考文献

Athey，Susan (2001). “Single Crossing Properties and the Existence of Pure Strategy Equilibria in Games of Incomplete Information.” *Econometrica* 69 (4)：861 - 890.

Athey，Susan (2002). “Monotone Comparative Statics under Uncertainty.” *Quarterly Journal of Economics* 117 (1)：187 - 223.

Avery，Christopher (1998). “Strategic Jump Bidding in English Auctions.” *Review of Economic Studies* 65 (2，No. 223)：185 - 220.

Bikchandani，Sushil，Philip Haile，and John G. Riley (2002). “Symmetric Separating Equilibria in English Auctions.” *Games and Economic Behavior* 38：19 - 27.

Bulow，Jeremy，Ming Huang，and Paul Klemperer (1999). “Toeholds and Takeovers.” *Journal of Political Economy* 107 (3)：427 - 454.

Bulow，Jeremy and Paul Klemperer (2002). “Prices and the Winner's Curse.” *Rand Journal of Economics* 33 (1)：1 - 21.

Cremer，Jacques and Richard P. McLean (1985). “Optimal Selling Strategies under Uncertainty for a Discriminating Monopolist When Demands Are Independent.” *Econometrica* 53 (2)：345 - 361.

Engelbrecht-Wiggans，Richard，Paul Milgrom，and Robert Weber (1983). “Competitive Bidding with Proprietary Information.” *Journal of Mathematical Economics* 11：161 - 169.

Grossman，Sanford (1981). “The Informational Role of Warranties and Private Disclosure about Product Quality.” *Journal of Law and Economics* 24 (3)：461 - 483.

Hendricks，Kenneth，Robert Porter，and Charles Wilson (1994). “Auctions for Oil and Gas Leases with an Informed Bidder and a Random Reservation Price.” *Ecomometrica* 63 (1)：1 - 27.

Hernando-Veciana，Angel (2003). “Successful Uninformed Bidding.” *Games and Economic Behavior* (forthcoming).

Klemperer, Paul (1998). "Auctions with Almost Common Values: The Wallet Game and Its Applications." *European Economic Review* 42: 757-769.

Mas Colell, Andreu, Michael Whinston, and Jerry Green (1995). *Microeconomic Theory*. New York: Oxford University Press.

Maskin, Eric (1992). Auctions and Privatisation. *Privatisation*. H. Siebert. 115-136.

McAfee, R. Preston and Philip Reny (1982). "Correlated Information and Mechanism Design." *Econometrica* 60 (2): 395-421.

Milgorm, Paul (1981a). "Good News and Bad News: Representation Theorems and Applications." *Bell Journal of Economics* 12: 380-391.

Milgorm, Paul R. (1981b). "Rational Expectations, Information Acquisition, and Competitive Bidding." *Econometrica* 49 (4): 921-943.

Milgorm, Paul and Robert J. Weber (1982a). "A Theory of Auctions and Competitive Bidding." *Econometrica* 50: 463-483.

Milgorm, Paul and Robert J. Weber (1982b). "The Value of Information in a Sealed-Bid Auction." *Journal of Mathematical Economics* 10 (1): 105-114.

Neeman, Zvika (2001). "The Relevance of Private Information in Mechanism Design." Boston University Working Paper.

Ortega-Reichert, Armando (1968). "Models for Competitive Bidding under Uncertainty." Stanford, CA: Department of Operations Research, Stanford University.

Pesendorfer, Wolfgang and Jeroen Swinkels (1997). "The Loser's Curse and Information Aggregation in Common Value Auctions." *Econometrica* 65: 1247-1281.

Royden, H. L. (1968). *Real Analysis*. New York: Macmillan.

Topkis, Donald (1978). "Minimizing a Submodular Function on a Lattice." *Operations Research* 26: 305-321.

Topkis, Donald (1998). *Supermodularity and Complementarity*. Princeton University Press.

Weverbergh, Marcel (1979). "Competitive Bidding with Asymmetric Information Reanalyzed." *Management Science* 25: 291-294.

Wilson，Robert（1967）．“Competitive Bidding with Asymmetric Information.” *Management Science* 13：816－820.

Wilson，Robert（1969）．“Competitive Bidding with Disparate Information.” *Management Science* 15（7）：446－448.

Wilson，Robert（1987）．Bidding. *The New Palgrave*：*A Dictionary of Economics*． J. Eatwell，M. Milgate，and P. Newman. London：MacMillan Press. Volume 1，238－242.

第6章　与拍卖相关的问题

第 2 章至第 5 章集中讨论了拍卖策略及其对经济绩效的影响。然而，拍卖本身仅是交易的一部分，交易成功与否更取决于拍卖前后发生什么。全面了解交易过程，需要知道有哪些参与人，如何保证质量、交货和支付，同时也必须清楚参与人为何最终选择拍卖而不是其他的交易方式。

为了阐明设计交易程序时会遇到的问题，我们来讨论两种理想化的交易——资产拍卖和供应商选择。

当所有者出售资产时，他必须考虑出售什么以及谁可能想要购买这些资产。如果这些资产是经常在拍卖网站上进行交易的物品，比如，eBay 在线销售的著名品牌的笔记本电脑，最简单的方法可能就是将此物品放在网站上待售。像 eBay 上这样的公开拍卖减少了卖方的营销成本，因为拍卖商提供了所需要的大部分成本，它们还有网上产品目录以帮助买方找到他们想要的物品。拍卖者出售此类资产的声誉有助于吸引买方。由于在拍卖网站上可购买到类似产品，因此卖方很难通过自己的私人拍卖获得更高的成交价格。

然而，对于专用资产，情况就完全不同了。专用资产是指那些几乎没有替代品的资产，很少有潜在竞价人可能高度重视它们。为了获得高价，卖方必须识别和吸引最可能的买家，因此为寻找这样的竞价人而进行的营销就格外有价值。

现实中，价值昂贵且高度专业化的资产拍卖常常因为竞价人兴趣不足而以失败告终。欧洲第三代移动电话无线频谱拍卖为我们的研究提供了几个有用的案例[1]，频谱许可证的人均成交价格在举行的这些拍卖中的差异非常大。2000 年，英国和德国通过拍卖为政府债券获取数百亿欧元之后，瑞士以接近保留价的价格出售了许可证，其中仅有四个竞价人参加了这四个许可证的投标。按照人均计算，这些价格的差大约是 30∶1。虽然瑞士的这个案例比较极端，但并非不具典型性。参与人很少且拍卖成交价格很低的频谱拍卖也曾在奥地利、以色列和意大利出现过。

瑞士拍卖这令人失望的结果是由于诸多因素而产生的。拍卖规则引发了一场全有或全无的竞赛，其结果就是只有希望赢得大量许可证的参与人愿意参加。当买方认为他们不可能以自己满意的价格获胜时，自然不愿意对许可证进行昂贵、耗时的评估。德国和英国的频谱拍卖价格较高，这有可能阻碍了一些准备参与瑞士拍卖的竞价人，使其望而却步；同时，这也促使一些竞价人进行合并，以减弱拍卖过程中它们之间的竞争。尽管存在这些问题，如果瑞士当局愿意，它本可以获得更高的价格。拍卖规则规定，如果参与拍卖的竞价人很少，政府可以以三个而不是四个许可证的形式出售频谱，以营造一个有意义的竞争氛围。

像 2000 年瑞士频谱拍卖这样的事件说明了对资产拍卖进行计划和营销的重要性。卖方或者卖方的代理需要联系合适的买方，确保他们对资产有需求，并对资产进行适当的组合，说服买方一定参加。忽略以上这些因素的卖方很可能会遭遇参与人过少、收益过低这种结果。[2]

营销通过向买方提供消息并根据他们的需求调整销售条件来发挥有价值的经济作用。为了说明营销的第二个作用，我们考虑以拍卖的方式销售一家工厂的情形。潜在的买方和卖方可以共同决定需要对现有员工做出什么承诺，或者就转让工厂签订什么样的合同承诺。潜在的买方可能产生不同的有关规章制度的担心。例如，如果这个买方是欧洲的一个主要供应商，那么它可能需要得到欧洲委员会的正式批准之后才能购买，而其他买方可能就不需要这样的批准。为了吸引足够多、具有较高估价的买方参加拍卖，卖方必须事先预见到这样的顾虑，并且考虑如何解决它们。

拍卖的时机也会显著影响对竞价人的吸引力。例如，在美国，盈利

---

① 见 Klemperer（2002）。

② 曾经帮助设计英国频谱拍卖的 Paul Klemperer 建议使用英式-荷兰式拍卖，设计这种拍卖的主要目的就是不鼓励那些觉得自己不是物品的最高估价者的竞价人参与。

最多的频谱拍卖是在一桩诉讼的阴影下发生的。Nextwave 公司赢得一场拍卖后不愿履行其责任，拒绝支付它所赢得的频谱许可证。于是，联邦通信委员会命令 Nextwave 公司归还许可证，并安排时间对这些许可证重新举办了一场拍卖。这场拍卖为财政部[①]赚得了 170 亿美元的收益，但是，Nextwave 公司的破产判决书命令联邦通信委员会推迟对这些许可证进行的重新分配。这令这些许可证陷入了进退两难的境地；竞价人和联邦通信委员会都不知道新买主最终是否可以得到这些许可证。这一不确定性对后来所有的频谱拍卖都罩上了一层阴影，因为潜在的买方无法确定它们可能得到什么许可证以及到底应该支付多少。

在一家大公司或大型工厂的典型拍卖中，卖方允许买方进入它的资料室（data room）查看关于资产的秘密信息。正是因为这一点——买方有权获得秘密信息，所以需要仔细选择拍卖参与人。否则，一些对购买这家工厂兴趣不大的参与人可能会假装成竞价人，以获取它们可以用来在产品或劳动力市场上更有效地与卖方进行竞争的信息。管理这些资产销售的投资银行通常会限制对信息的访问，出于安全性的考虑，可能会阻止没有真实商业计划的竞价人进入资料室查阅秘密信息。

卖方通过销售资产以鼓励竞争，但是竞价人有时候会采用一些对抗策略。1994 年美国频谱拍卖中就发生了类似的事情。[②] 那次拍卖提供的所有许可证中包含了一个也是唯一一个覆盖加利福尼亚州南部所有地区的许可证。加利福尼亚州的地方电话公司 Pacific Bell 公开声明要赢得这个许可证[③]，并且为了兑现这个承诺开始了一项投资计划。这些投资中包括一笔购买或者租赁蜂窝基站的巨额支出。蜂窝基站就是蜂窝电话系统的每个地理单元或蜂窝的物理位置，它配有供传送和接受无线信号的设备。

这些行动令其他原本希望能在加利福尼亚州南部地区进行运营的公司相信了 Pacific Bell 赢得许可证的决心。为了保证进入加利福尼亚州

---

① 这次拍卖是联邦通信委员会＃35 拍卖。

② 这是＃4 拍卖，拍卖 PCS 频谱的 A、B 区。

③ 作者当时是 Pacific Bell 的一名顾问，曾出现在拍卖举办前一晚上的 CNN 晚间新闻中，旨在让竞争对手知晓 Pacific Bell 对于赢得这个许可证“多么有决心”。在此次事件中，McCaw Cellular，其所有者是 Pacific Bell CEO 的个人竞争对手，决定不让 Pacific Bell 以过低价格赢得拍卖。于是，McCaw 成了和 Pacific Bell 争夺加利福尼亚州南部地区许可证的唯一、真正的竞争对手，这使得成交价格比没有竞争的情形下提高了几亿美元。尽管如此，相对于拥有如此大的市中心的其他市场而言，最终支付的人均价格还是很低的。

南部市场，这些公司通过交换频谱和从更小的蜂窝运营商处购买频谱使用权的方式获得了不属于此次拍卖的频谱。联邦通信委员会规则限制了公司在某一市场上可以控制的频谱数量，因此这些竞价人没有资格参加加利福尼亚州南部地区许可证的投标。这样一来，对于具有很高价值的加利福尼亚州南部频谱许可证来说，Pacific Bell 仅有一个微弱的竞争对手，最终它以较低价格得到了这个许可证。

担心这种情况可能发生的卖方有时会采用他们的反策略。这方面一个著名的案例就是 1989 年出售 LIN 通信公司的情形，当时 McCaw Cellular 提出了一个很不友好的收购价。LIN 的管理层希望有其他更为友好的竞价人或者至少有其他竞价人参与，但同时也意识到了不会有竞价人愿意与 McCaw 抗衡，因为报价成本太高且获胜的可能性很小。为了说服 BellSouth 参与，LIN 保证为其支付 1 500 万美元的费用，同时，万一 BellSouth 竞标失败，LIN 还将支付给它 5 400 万美元的参与费。BellSouth 的竞争迫使 McCaw 的报价从每股 110 美元（总计大约 53.6 亿美元）增加到了每股 124～138 美元。粗略估计，McCaw 报价的总价值升高了 10 亿美元。这使得 LIN 董事会的股票选择权增加了 1 亿美元的价值，从而消除了 LIN 董事会的阻力。

正如资产拍卖一样，采购拍卖也简繁各异。虽然价格本身是一些标准化物品的选择基础，但是大多数商业采购会权衡价格和其他许多因素。这些因素包括产品属性（例如产品或服务的质量和类型、交付方式）、合约属性（例如合约期限和支付条款）以及供应商的属性（例如订单处理和跟踪系统的可靠性、容量和兼容性）。

只考虑价格的采购决策可能危及其他方的重要属性，如质量和服务。买方可通过多种方法降低这种风险。在美国，法律规定，政府必须根据客观标准做出采购决策，采购机构需要制定详细的关于非价格属性的说明书，并且拒绝所有不符合具体要求的报价或合约。尽管这个规定看起来对买卖双方是公平的，但是有时候这也迫使供应商不得不根据政府的需要生产产品，其结果是增加了固定成本、减少了规模经济，并提高了产品价格。

在私人拍卖中，买方常常会确定一份合格供应商名单，只要供应商的行为在各个方面都是令人满意的，他最终肯定会出现在买方的名单上。买方可以通过这种资格预审过程来支持他们认为更有能力满足自己未来需求的供应商，例如，那些愿意提高产品和服务质量、降低未来价格、根据需要扩大产能、为客户提供定制化产品的供应商。[①]

如果采取拍卖的方式购买复杂产品，拍卖也仅是复杂过程中的一部分。大型采购的第一步可能是请求信息（request for information，RFI），要求潜在的供应商根据问题简单说明自己提供产品或者服务的能力，并且对自己的产品或者服务提供详细的说明书。接下来一般是发出满足买方详细要求的请求建议（request for proposals，RFP）。建议里包括详细描述产品和服务、付款以及怎么处理意外事件。在RFP之后是请求报价（request for quotes，RFQ），有时候，RFQ也可能替代RFP，它要求供应商为某一特定产品组合确定一个价格，或者在供应商中进行一次拍卖。

买方收到投标或者建议书之后，有时可能需要和供应商进行一些协商活动。特别是，当最终的建议书在很多方面都有明显的差异时，买方可能只能使用拍卖结果作为参考来进行协商。有经验的卖方会预料到有协商的可能，从而在他们的投标中留出议价的余地。与获胜者的任何预期利润率相比，这种多阶段过程的成本可能非常高，以至于一些卖方会拒绝参与。

在本章中，我们将把拍卖作为一种具有能够确定最优报价的明确规则的机制，所以对于拍卖结果不必再进行协商。虽然关于报价和协商的相互作用还需要做更多的研究，但是充分了解简单环境中的拍卖是对复杂环境进行分析的一个重要前提。

为了区分拍卖和谈判这两个概念，我们分别给出它们的定义。拍卖是指允许对同时公开的两个或者两个以上相互竞争的报价进行清楚且客观比较的机制。谈判是指报价很快且每次只对一个报价进行评估的机制。这种区分方法没有考虑多个报价同时存在但是对它们进行的比较是不客观的情形。经济学家没有对这种机制进行广泛研究，因此，目前还不清楚将它们归类为拍卖还是谈判最有帮助。

与双方签订合约之前进行谈判类似，双方签订合约后可能发生的谈判也会对交易设计产生很大影响。在合约执行期间，当双方想要进行变更以应对合约中未能预料到的突发事件时，他们之间可能会发生交涉。

---

① 本书中讨论的是将买方作为能够制定产品标准、进行预测和评估选择方案的唯一实体。当买方是一家由几个具有独立预算能力的部门构成的公司时，复杂性就显现出来了。这些部门必须通过集体购买才能利用公司整体能力获取低廉的价格。这时，部门经理必须对购买时间、从已选定的供应商处购买的标准以及最小数量达成一致。如果每个部门的承诺均降低了整体价格，那么搭便车问题就会妨碍有效率的购买计划。

如果双方都希望对合约进行全面的修改而不考虑之前已经签订的合约内容，那么他们最好签订成本加成合约。所谓成本加成合约是指，买方应支付给供应商实际会计成本，再加上供应商应得的利润。成本加成合约会令双方交涉变更事项更为容易，因为他们预先就达成了协议，都同意变化，并为之确定了补偿方式。然而，成本加成合约使得拍卖的作用减弱了，因为初始报价在确定买方的最终成本时起到的作用较小。相反地，在合约执行期间，当双方都不希望对合约内容进行修改时，固定价格合约特别合适，即为合约确定一个固定价格，并且规定，即使发生了什么变化，也将这个价格作为合约价格。

根据 Bajari 和 Tadelis（2001）的研究，这些一般规则刻画了美国建筑业中合约的实际类型。他们观察到，购买建筑服务的一方可以通过全面的计划来降低修改合约的需求。不过，拖延计划会推迟整个项目的完成。当项目完成的速度非常重要或者在合约执行期间一些实质性的修改不可避免时，买方会倾向于找一个可靠的建筑商并且采用成本加成合约，而不会选择拍卖。

本章着重讨论竞价人的参与决策以及这些决策和拍卖设计之间如何相互作用。现有理论中关于拍卖里新进入者问题的研究大多使用的是对称模型，即潜在竞价人没有事前差别。对此已经有充分的研究，本章详细介绍这方面的内容。

在资产拍卖和物品采购中，当一些竞价人比另一些竞价人更合适时，企业家常常会考虑是否需要举办拍卖以及如何进行的问题。为了增强拍卖中竞价人相互竞争的激烈程度，拍卖者是否应该鼓励条件差一些的参与人参加？为了增强竞争，即使预计那些新供应商提供的产品质量较差，还要支持他们参与拍卖，这样做值得吗？具有非对称潜在竞价人的拍卖理论远不如对称拍卖理论发展成熟，因此，我们仅通过一些案例对这部分内容作简单介绍。

6.1　新进入者的利润及其剩余

我们首先研究几个参与是内生的模型。当由竞价人自己决定是否参与某个具体拍卖时，就称这种参与是内生的。那么，根据自身利益行事的竞价人就会有效率地做出决策吗？或者，对于有效的标准，他们有可能不太情愿或太过急切吗？

在我们的模型中，拍卖的新进入者直接承担参与成本，因此这个问题归根为，对单个参与人来说，他的参与能给他增加多少利润。显然，参与人的增加会影响其他参与人的支付：通过销售价格的提高使卖方受益，但会损害其他竞价人的利益，一方面体现为赢者的支付价格提高了，另一方面体现为降低了他们的获胜机会。那么，这些表面上的、对其他参与人的经济影响究竟会产生什么样的结果呢？有人可能会猜想，如果这个结果是积极的，那么将很少有参与人进入；反之，如果这个结果是消极的，那么将有大量的参与人进入。

我们从两个结论开始进行分析。第一个结论是，在某些私有价值模型中，令我们吃惊的是，新进入者所带来的净外部效应为零：在二级价格拍卖中，新进入者的期望利润恰好等于总剩余的期望增加量。在这些模型中，边际竞价人的参与决策正好是社会计划者所希望的那样。

第二个结论是，在对称模型中，竞价人和拍卖者获得的总价值是竞价人数量的凹函数，或者更确切地说（由于竞价人数量一定是一个整数），在二级价格拍卖中，新进入者为社会福利带来的期望增量随竞价人人数递减。它是凹函数的这个性质将在下文中起重要的作用。

为了证明第一个结论，假设一个潜在的竞价人正在考虑参与一个二级价格拍卖。假设竞价人的参与成本为 c，其他 n 个竞价人中的最高估价为 x，现有一个估价为 y 的竞价人投标。如果 $y<x$，这个潜在竞价人将会输掉此次拍卖且净损失为 c；如果 $y>x$，他将赢得拍卖且净收益为 $y-x-c$。因此，潜在竞价人的净利润为 $(y-x)^{+}-c$，其中 $z^{+}=\max(0, z)$ 表示实数 z 的正部。我们注意到，不管竞价人是否赢得拍卖，他的净收益都恰恰等于总剩余的增量，这个增量正是由于他的参与而产生的。这个结论就是我们的第一个定理。

定理 6.1 假设参与成本为 c，当前的最高估价为 x，新进入者的估价为 y。如果新进入者决定参与二级价格拍卖，那么他的净收益和他对总剩余增加的贡献都等于 $(y-x)^{+}-c$。

以上定理表明，在二级价格拍卖中，边际竞价人的参与决策和最大化社会剩余的目标是完全一致的。如果竞价人在决定是否参与时知道 x、y、c 的值，那么他会发现，当且仅当他的参与增加了总剩余时，参与拍卖才是有利可图的。即使竞价人不知道这些有关信息，只要他以期望利润最大来决定是否参与，其结论就是相似的：当且仅当他的参与增加了期望总剩余时，他才会参与。

这个定理说明了，改变单个潜在竞价人的参与决策不能增加总剩余，但它无法说明竞价人的参与决策一定是有效率的。例如，考虑一个非对称模型，其中只有一个待售物品和两个竞价人，他们的估价分别为 8 和 10。假设参与成本为 5。如果第一个竞价人参与拍卖而第二个竞价人不参与，那么，通过只改变一方的决策，双方都不能获得更高的利润。在此情形下，总剩余为 3，此值小于如下情形：如果参与决策刚好反过来，只有第二个竞价人参与而第一个竞价人不参与，这时总剩余达到最大，其值等于 5。

上面的例子更详细地说明了判断参与决策之效率的价值。因而，假设有许多潜在竞价人，他们的估价分别为 v^1，v^2，…，他们依次决定是否参与这个二级价格拍卖。如果前 n 个潜在竞价人已经参与了拍卖，则最高估价为 $\max(v^1, \cdots, v^n)$。① 考虑第 $n+1$ 个潜在竞价人的参与决策。令 $I(n, y, v)=(y-\max(v^1, \cdots, v^n))^+-c$。则当 $v^{n+1}=y$ 时，$I(n, y, v)$ 表示这个新进入者对总剩余的贡献和他从参与拍卖中所获得的净利润。由于 $I(n, y, v)-I(n+1, y, v)=(y-\max(v^1, \cdots, v^n))^+-(y-\max(v^1, \cdots, v^{n+1}))^+$ 非负，并且当 $v^{n+1}>y>\max(v^1, \cdots, v^n)$ 时，它的值恒为正，因此，新进入者的贡献随 n 非增。进而，给定条件 $v^{n+1}=y$，其条件期望贡献 $E[I(n, y, v)]$ 是 n 的非增函数；当 $\Pr\{v^{n+1}>y>\max(v^1, \cdots, v^n)\}>0$ 时，它随 n 严格递减。

对于对称模型或者潜在竞价人的报价顺序事先确定的模型，例如，通过拍卖者确定报价顺序，这两个预备结论非常方便、有用。在这两种情形中，$E[I(n, y, v)]$ 是 n 的非增函数。

6.2　有参与成本的对称模型

我们把之前的研究应用到基准模型中：单物品拍卖的对称独立私有价值模型。在这个模型中，$\Pr\{v^{n+1}>v^{n+2}>\max(v^1, \cdots, v^n)\}=[(n+1)(n+2)]^{-1}>0$。② 因为概率是严格正的，所以新进入者的期望利润随 n 严格递减，n 表示已经参加拍卖的竞价人人数。

---

① 根据惯例，当 $n-0$ 时，最高估价和最大类型都等于 0。

② 由对称性可知，v^{n+1} 为 $n+2$ 个估价中的最高估价的概率为 $1/(n+2)$。由此及对称性可知，v^{n+2} 是剩下 $n+1$ 个估价中的最高估价的概率为 $1/(n+1)$。这两个比值相乘即可得到文中的表达式。

在现实拍卖中，正如本章所研究的模型一样，参与成本是极为昂贵的。比如，在为某项资产估价之前，每个竞价人都需要对它进行仔细的研究并计划如何在自己的业务中使用它。确定自己对资产的估价是为投标做准备的第一步。在我们的模型中，竞价人在确定自己的估价之前，首先要决定是否参与拍卖并承受昂贵的参与成本。

本章介绍三组模型。在第一组中，卖方设计报价规则，但是不直接限制谁参与拍卖。当参与成本适中的时候，有趣的情况就发生了。如果参与成本很低以至于所有潜在竞价人都发现参与是有利可图的，那么，对这种情况的分析就可以归结为前面的章节中对给定竞价人人数为 N 时进行的分析。如果参与成本过高以至于没有一个竞价人能从参与活动中获得利润，那么，对这种情况的分析也就没有什么价值了。但当参与成本适中时，在均衡下，将会有一部分潜在竞价人以正的概率参与，但不是所有潜在竞价人都是如此。

我们先来研究一个对称模型，其中每个竞价人是否参与拍卖的决策是随机的。如果一个竞价人在均衡下能够采取这种随机决策，那么说明是否参与对于他是无差别的。因此，这个竞价人获得的一定是零期望利润，进而拍卖产生的全部净剩余都由卖方获得。这一点对于拍卖设计有着重要的作用。例如，它隐含了当且仅当拍卖使全部净剩余达到最大时，它才能使卖方的收益也达到最大。从期望的角度来说，卖方承担了竞价人所带来的全部参与成本，所以卖方在设计最优拍卖时应充分考虑这些成本。

在第二组模型中，卖方增加了对参与人的控制力度。卖方可以通过调整参与拍卖的权限来降低参与成本。我们发现，与不限制竞价人参与的流程相比，筛选竞价人会减少浪费、增加可预测的竞价人人数、提高卖方的平均收益。这个结论在对称模型中表现得特别明显，其原因是即使筛选无法根据竞价人的实际差别在竞价人中进行选择，这个结论也仍然成立。即便如此，限制竞价人参与也能够增加卖方的期望收益。在其他模型中，通过筛选可以找出最有可能具有最高估价的竞价人，从而对结果有更多改进。我们可以通过让竞价人在拍卖前与卖方分享自己对待售物品的喜欢程度的信息，估算出卖方可以增加多少收益。

第三组模型涉及拍卖机制与谈判机制，或者这两者的混合机制。我们认为拍卖和谈判的区别在于，拍卖是对多个报价同时进行比较，而谈判是依次进行比较。拍卖的优势在于通过竞价人间清晰可见的竞争确定价格。在我们的模型中，谈判的优势在于降低参与成本，但是在现实中，谈判更重要的优势是根据具体的买方和卖方来设计交易内容。在我们的模型中，谈判能实现经济效益，因为有时候如果新进入者的估价足够高，这时它允许与先到达者达成交易，从而避免了其他进入者不必要的参与成本。

结合拍卖和谈判各自优点的混合机制在现实中非常重要。在本章中我们分析一种简单情形——含一口价的拍卖。在这种形式的拍卖中，卖方宣布如果有买方愿意以某个既定价格购买物品，那么拍卖立即结束，并与这个买方以这个即定价格成交。这种混合机制结合了拍卖（如果没有竞价人愿意接受一口价）和讨价还价（如果有竞价人愿意接受一口价）的一些优点。下面，我们介绍一个对称拍卖模型，其中卖方总是愿意采用含一口价的拍卖而不是单一的拍卖。

6.2.1　对称的竞价人和不可控制的参与

本节介绍最早由 Levin 和 Smith（1994）研究的模型。有 N 个潜在竞价人，每个竞价人都没有初始信息。竞价人 i 的参与成本为 $c>0$，并在参与时获知他的类型为 t^i。在对称均衡中，每个竞价人都是随机参与，参与概率为 p。如果一个竞价人参与，那么他根据函数 β 报价，函数 β 依拍卖规则而定。我们使用分布式策略来表示，其中竞价人 i 的估价为 $v(t^i)$，并且他的类型服从［0，1］上的独立均匀分布，其中函数 v 是递增①、可微的。

6.2.1.1　参与决策和投标决策中的均衡

首先，我们假设拍卖是一级价格拍卖，保留价为 r。令 ρ 是估价等于保留价 r 时的类型，即 $r=v(\rho)$。我们考虑两种情形，一种是竞价人在报价之前知道参与人的数量 n，另一种是卖方隐瞒了参与人的数量，因而竞价人在报价之前不知道参与人的数量。

第 4 章给出了当每个竞价人都知道竞价人数量 n 时的对称均衡策略 $\beta(\cdot, n)$。如果竞价人知道他的类型 t^i 但是不知道 n，那么他的投标策略会有所不同。首先，只有当竞价人的估价不低于 r（即 $t^i\geqslant\rho$）时，他才会报出高于保留价的报价。如果这样，他希望自己的报价高于其他任一潜在竞价人，这就要求该竞价人或者不参与拍卖（其概率为 $1-p$），

① 只要我们适当地解决相同的和无差别时的情况，这里给出的所有结论都可以推广到 v 是非减的情况中。第 3 章讨论了有关的方法。这里，为了限制关于相同情况和无差别情况讨论的篇幅，我们假定 v 是递增的。

或者参与拍卖但是他的类型较低（其概率为 pt^i）。略去上标，那么类型为 $t \geqslant \rho$ 的新进入者的报价超过其他任一个竞价人的概率为 $1-p+pt$。因此，当其他潜在竞价人数量为 $N-1$ 时，新进入者是拍卖中报价最高的竞价人的概率为 $x(t)=(1-p+pt)^{N-1}$。由包络定理可知，如果竞价人开始就知道自己的类型，那么他的期望净利润为

$$V(t;p,N,\rho)=-c+\int_{\rho}^{t}(1-p(1-s))^{N-1}v'(s)\mathrm{d}s \tag{6.1}$$

这个值随 p 和 N 递减。

为方便起见，定义

$$\hat{V}(p,N,\rho)\equiv E[V(t^i;p,N,\rho)] \tag{6.2}$$

正如上面所讨论的，我们主要考虑参与成本适中的情形。这样就排除了两种极端的情况：一种是 $\hat{V}(1,\ N,\ \rho)>0$，它说明即使所有竞价人都参加，新进入者也是可以获得利润的；另一种是 $\hat{V}(0,\ N,\ \rho)<0$，它说明不管其他竞价人是否参与，新进入者都是无利可图的。

我们着重分析剩下的一种情况，即竞价人的最优参与决策取决于其他竞价人怎么做。定义

$$\hat{t}(n)=\max(t^1,\cdots,t^n) \tag{6.3}$$

$n(p)$ 是一个随机变量，服从参数为 N 和 p 的二项分布。

定理 6.2 假设参与成本 c 适中。那么，$\hat{V}(p,\ N,\ \rho)=0$ 有唯一解 $p=p^*(N,\ \rho)$，并且此解取值于（0，1）。进而，假设拍卖是保留价为 $r=v(\rho)$ 的一级价格拍卖，并且拍卖者在竞价人投标之前公开了参与人的数量。那么，这个模型有唯一的对称均衡。在均衡中，每个竞价人均以概率 $p^*(N,\ p)$ 参与拍卖，并且当新进入者的类型为 t、竞价人数量为 n 时，这个新进入者的报价函数为

$$\beta_{FK}(t,n,\rho)=\begin{cases}0 & t<\rho\\ E[\max(r,v(\hat{t}(n-1)))\mid \hat{t}(n-1)<t] & \text{其他}\end{cases} \tag{6.4}$$

将 $n(p^*(N,\ \rho))$ 简记作 n^*，那么卖方的事前期望收益为

$$\begin{aligned}R_{FK}(N,\rho)&=E[\beta_{FK}(\hat{t}(n^*),n^*),\rho]\\&=E[v(\hat{t}(n^*))1_{\{\hat{t}(n^*)\geqslant\rho\}}-cn^*]\end{aligned} \tag{6.5}$$

注 定理中报价函数和收益函数的下标 FK 表示这个模型是一级价格拍卖，并且每个竞价人在投标时都知道有多少竞价人参与拍卖。上面 $R_{FK}(N,\ \rho)$ 中的第一个等式是获胜的报价的期望值，第二个等式是期望净剩余，即物品对估价最高的竞价人的期望价值（假定他的估价高于

保留价）减去总期望参与成本。

证明　在没有明确的进入模式的情况下，投标将继续进行，因而式（6.4）可以由第 4 章的分析得出。

在参与阶段，任何一个混合策略的解都包含参与概率，这个参与概率必须满足 $\hat{V}(p, N, \rho)=0$。（如果 $\hat{V}(p, N, \rho)>0$，那么任一竞价人都可以通过转换到概率为 1 的参与策略而获利。类似地，如果 $\hat{V}(p, N, \rho)<0$，那么任一竞价人都可以通过转换到概率为 0 的参与策略而获利。）相反，如果所有竞价人都以随机的方式决定是否参与，那么竞价人对于是否参与拍卖是无差别的，因此每个竞价人都认为在这两种方式中进行随机选择是最优反应。

因为参与成本适中，所以 $\hat{V}(0, N, \rho)>0$ 且 $\hat{V}(1, N, \rho)<0$。又因为 $\hat{V}$ 是 p 的连续递减函数，所以 $\hat{V}(p, N, \rho)=0$ 有唯一解 $p^*(N, \rho)$。

式（6.5）中的第一行是期望收益的定义，第二行则表明，对每一个 n^*，具有最高类型的竞价人的净收益为 $(v(\hat{t}(n^*))-\beta_{FK}(\hat{t}(n^*), n^*, \rho))1_{\{\hat{t}(n^*)\geqslant\rho\}}-c$。其他 n^*-1 个竞价人的净收益都是 $-c$，而卖方的收益为 $\beta_{FK}(\hat{t}(n^*), n^*, \rho)1_{\{\hat{t}(n^*)\geqslant\rho\}}$。因此，总的净收益就是式（6.5）中第二行所表示的那样。因为均衡时竞价人的期望净收益均为 0，所以卖方的期望收益就等于总的净收益。这就证明了定理。 ■

定理 6.2 描述了当所有竞价人都知道有多少竞争对手参与时的均衡。现在我们来讨论卖方隐瞒竞价人总数的情况。在这种情况下，竞价人只能将竞价人人数看作是随机的。尽管如此，我们仍然可以写出竞价人的期望收益，即 $u(x, t)=v(t)x(b)-P(b)$，其中 $x(b)=\Pr\{$以报价 b 赢得拍卖$\}$，$\mathrm{P}(b)=bx(b)$ 是竞价人的期望支付。不难发现，$u(x, t)$ 满足单交叉差分（single crossing differences，SCD）性质。于是，如第 3 章所讨论的，一级价格拍卖中的对称均衡报价策略一定是递增的。因而，给定任一参与概率 p，对于类型为 $t>\rho$ 的竞价人，他的报价高于其他任一竞争对手的概率为 $1-p+pt$，这个概率是他的这个竞争对手不参与拍卖时的概率与这个竞争对手参与拍卖但是其类型小于 t 的概率之和。所以，类型为 t 的竞价人赢得拍卖的概率为 $x(t)=(1-p+pt)^{N-1}$。由于这个式子和竞价人知道 n 时的表达式一样，因而期望收益和期望支付也一定相同。由此，我们得到下面的结论。

定理 6.3　假设参与成本 c 适中。那么，$\hat{V}(p, N, \rho)=0$ 有唯一解 $p=p^*(N, \rho)$，并且此解取值于（0，1）。进而，假设拍卖是保留价为 $r=v(\rho)$ 的一级价格拍卖，并且拍卖者在竞价人投标之前隐瞒了参与人的数量。那么，这个模型有唯一的对称均衡。在均衡中，每个竞价人均以概率 $p^*(N,\ \rho)$ 参与拍卖，并且类型为 t 的新进入者的报价函数为

$$\beta_{FN}(t,\rho)=\begin{cases}0 & t<\rho\\ E[\beta_{FK}(t,n^*,\rho)] & \text{其他}\end{cases} \tag{6.6}$$

将 $n(p^*(N,\ \rho))$ 简记作 n^*，则卖方的事前期望收益为 $R_{FN}(N,\ \rho)=R_{FK}(N,\ \rho)$。

注 定理中下标 FN 表明这个模型是一级价格拍卖，并且没有竞价人在投标时知道已经有多少竞价人参与了拍卖。

前面两个定理分析了一级价格拍卖。如果卖方采用二级价格拍卖，那么，占优报价策略不再依赖于竞争者的数量。所以，在这种情况下，我们的分析与卖方是否公开参与人的人数无关。

定理 6.4 假设参与成本适中。那么，保留价为 $r=v(\rho)$ 的二级价格拍卖有唯一的对称均衡。在此均衡中，每个竞价人均以概率 $p^*(N,\ \rho)$ 参与拍卖；如果 $v(t^i)<r$，新进入者的报价为 0，否则他的报价为 $\beta_S(t,\ \rho)=v(t)$。卖方的事前期望收益为 $R_S(N,\ \rho)=R_{FK}(N,\ \rho)$。

综上所述，当参与是内生的且竞价人随机选择是否参与拍卖时，前面几章中在参与是外生的假设下所得到的关于买方收益等价和卖方收益等价的结论依然成立。因为在这几种拍卖方式中买方的期望收益相同，所以他们参与拍卖的动机以及由此做出的参与决策也应该是相同的。

6.2.1.2 设置保留价

在竞价人人数 n 固定的基准对称模型中，如果卖方设置的保留价为 r，那么卖方的期望收益为 $E[\max(r,v(t^{(2)}))1_{v(t^{(1)}>r)}]=\Pr\{v(t^{(1)})>r\}E[\max(r,v(t^{(2)}))\mid v(t^{(1)}>r)]$，其中，$t^{(1)}$ 和 $t^{(2)}$ 分别是所有竞价人中的最高类型和次高类型。这个表达式表明，在基准模型中设置保留价时需要达到一种平衡：提高保留价会降低交易成功的概率，但是在交易成功的前提下，它却可以提高平均成交价格。基准模型中的最优保留价能够吸引所有类型的竞价人参与，只要他的边际收益是正的。这就是说，$r^*=v(t^*)$，其中 t^* 是 $MR(t^*)=0$ 的解，且 $MR(t)\equiv v(t)-(1-t)v'(t)$。

当参与是内生的时，分析就完全改变了。在参与成本适中的对称模型中，分析保留价时最重要的一点就是竞价人的期望利润为零。这是因为在均衡中竞价人随机选择是否参与拍卖，所以他们在参与和不参与之间是无差别的，当然，不参与意味着收益为零。

不管保留价是多少，竞价人的均衡收益都为零，所以卖方无法通过提高保留价从买方那里获取利润。将保留价设置得高于卖方对物品的实

际估价，将会妨碍买方和卖方之间达成有效率的交易、阻止竞价人有效率的参与，并且降低他们能够获得的总收益。因为在这种情形中卖方获取了全部的期望净收益，所以他无法通过将保留价提高到超过他对物品的估价来获得收益。因而，使卖方期望收益达到最大的保留价就是卖方的估价，在我们的模型中，其值为零。

因为我们已经假设竞价人的最小可能估价 $v(0)$ 是非负的，所以落在区间 $[0, v(0)]$ 上的所有保留价产生相同的均衡报价和参与决策，因而也产生相同的期望收益。从而，下面的定理只是确定了一个最优拍卖，但不是唯一的最优拍卖。

定理 6.5　假设参与成本 c 适中。那么，对于前面研究过的三种拍卖中的任意一种，保留价 $r=v(0)$ 使得期望收益达到最大

$$(0,p^*(N,0)) \in \arg\max_{\rho,p} E[v(\hat{t}(n(p)))1_{\{\hat{t}(n(p))\geqslant\rho\}} - cn(p)]$$

$$\text{s.t.}\quad p = p^*(N,\rho) \tag{6.7}$$

证明　因为关于期望收益的结论不依赖于卖方对物品的估价，为了不失一般性，我们假设卖方的估价为零。基于此，式（6.7）中的目标等于拍卖产生的总期望剩余。因为新进入者在均衡时获得的期望总利润为零，所以目标也就等于卖方的期望收益。

考虑用弱一些的约束条件 $p\in[0, 1]$ 替换约束条件 $p=p^*(N, \rho)$ 时的松弛问题。我们分两步来求解这个问题。首先，我们将 p 固定，求使得收益达到最大的 ρ。此时，最优解为 $\rho=0$。我们用这个解来刻画松弛问题中的最大收益 $G(p)$。下面，我们考虑使 $G(p)$ 达到最大的 p，可以证明最大值在 $p=p^*(N, 0)$ 处达到。最后，我们发现，松弛问题的解是原问题的可行解，因此它也是原问题的最优解。

第一步很简单。由式（6.7）可知，对于 p 的所有值，$\rho=0$ 使得期望收益达到最大。将 $\rho=0$ 代入式（6.7）后，目标可写为 $G(p)=E[v(\hat{t}(n(p)))-cn(p)]$。

下面，我们对 G 求导：

$$\begin{aligned}\frac{1}{N}G'(p) &= \frac{1}{N}\frac{\mathrm{d}}{\mathrm{d}p}E[v(\hat{t}(n(p)))-cn(p)]\\ &= \frac{1}{N}\frac{\mathrm{d}}{\mathrm{d}p}\sum_{n=1}^{N}E[v(\hat{t}(n))-cn]\binom{N}{n}p^n(1-p)^{N-n}\\ &= \sum_{n=1}^{N}E[v(\hat{t}(n))-cn]\binom{N-1}{n-1}p^{n-1}(1-p)^{N-n}\end{aligned}$$

$$
\begin{aligned}
& -\sum_{m=0}^{N-1} E[v(\hat{t}(m))-cm]\binom{N-1}{m}p^{m-1}(1-p)^{N-m} \\
&= \sum_{m=0}^{N-1} E[v(\hat{t}(m+1))-v(\hat{t}(m))-c] \\
&\quad \cdot \binom{N-1}{m}p^{m}(1-p)^{N-m-1} \\
&= \hat{V}(p,N,0) \qquad (6.8)
\end{aligned}
$$

上面的第二个等式是因为 $n(p)$ 服从参数为 N 和 p 的二项分布，并且当 $n=0$ 的时候，期望为 0（因为按照前面的惯例，$v(\hat{t}(0))=0$）。第三个等式是通过导数的乘法规则得到的。第四个等式是用 $n=m+1$ 作为替换将同类项合并而得到的。不难发现，倒数第二个表达式是当其他 $N-1$ 个竞价人以概率 p 参与拍卖时，竞价人对总剩余的期望贡献。根据定理 6.1，对于最先参与拍卖的 $N-1$ 个竞价人的任意的参与决策、实际估价以及参与成本，二级价格拍卖中的第 N 个竞价人对总剩余的贡献都等于他实际获得的利润。因此，式（6.8）的倒数第二个表达式就等于第 N 个竞价人从参与拍卖中获得的期望利润 $\hat{V}(p, N, 0)$。

如前所述，$\hat{V}(p, N, 0)$ 是 p 的连续递减函数。因为参与成本适中，函数的取值范围既有正的也有负的。因此，$p=p^*(N, 0)$ 是 $\hat{V}(p, N, 0)=0$ 的唯一解。又因为 $\hat{V}(p, N, 0)$ 随 p 递减，故 $G'(p)=N\hat{V}(p, N, 0)$ 也随 p 递减。所以，G 是凹函数，并且当其导数为零时，G 达到最大，此时，$p=p^*(N, 0)$。

由于松弛问题的最优解是原问题（6.7）的可行解，因此它也是原问题的最优解。 ■

定理 6.5 说明了，在上面研究的拍卖中，最优保留价不会将任何有价值的交易拒之门外。在这个模型中，这意味着卖方会选择 $v(0)$ 或者更低的值作为保留价。一般来说，最优保留价排除的仅是无效率的交易，因此最优保留价应等于卖方对物品的估价。任意一个更高的保留价都会降低期望总剩余和卖方的期望总价值。这是因为，这么做会阻碍买方和卖方之间进行的一些有效率的交易，并且减少竞价人的参与，使之处于有效率的水平之下。

以上这些分析对于卖方在竞价人做出参与决策之前设置保留价是非常重要的。如果潜在竞价人不知道保留价，那么改变保留价不会影响他们的参与决策。这时，卖方会试图设置一个正的值作为保留价，甚至令它等于事后最优保留价 $r^*=v(t^*)$，其中 t^* 满足 $MR(t^*)=0$。如果竞价人预计到了这种行为，那么参与的均衡概率将会下降，对卖方而言势必是不利的。

如果卖方采用一个非公开拍卖，只有被邀请的竞价人允许参与，那么他也可能选择一个高于自己对物品估价的保留价。我们下面开始讨论限制交易的合理性。

6.2.2　控制对称竞价人的参与

在拍卖中，卖方总是以利润最大化为目标，可为什么他又想要限制竞价人的参与呢？在上一小节的模型中，潜在竞价人的参与决策是独立的、不可控制的，这使得参与拍卖的竞价人人数是一个随机数。只有在所有竞价人都做出独立的参与决策的约束条件下，参与概率才是最优的。在没有约束条件的情形中，当参与拍卖的竞价人人数为某一固定值时，期望总剩余达到最大。因此，卖方可以通过邀请这一数目的竞价人参加拍卖以获得最大收益。这种情形严格优于参与是随机的情形，这是因为净剩余是竞价人数量的严格凹函数。

下面的定理是关于这个问题的。在定理中，我们用记号$\lfloor z \rfloor = \sup\{m \in Z \mid m \leqslant z\}$ 表示 z 的整数部分，用$\lceil z \rceil = \inf\{m \in Z \mid m > z\} = \lfloor z \rfloor + 1$ 表示大于 z 的最小整数，再用 $H(n) = E[v(\hat{t}(n))] - nc$ 表示当有 n 个竞价人参与拍卖并且保留价不高于 $v(0)$ 时拍卖产生的期望净收益。

定理 6.6　用 $\tilde{n}$ 表示拍卖中竞价人的随机数量，假设 $\tilde{n}$ 的支撑集至少包含 3 个点。假设竞价人是对称的并且具有独立的私有价值，参与成本 c 适中。那么，存在一个拍卖，其中竞价人数量是确定的，并且相对于具有同样期望数量的竞价人的拍卖，它有更多的期望净剩余：$E[H(\tilde{n})] < \max(H(\lfloor E[\tilde{n}] \rfloor)), H(\lceil E[\tilde{n}] \rceil)$。

证明　我们已经知道，如果卖方的估价为零，那么对任一正整数 n，$H(n)$ 是拍卖的期望剩余。因此，$H(n+1) - H(n)$ 是边际参与人的期望贡献：$H(n+1) - H(n) = E[I(n, v^{n+1}, v)] = E[I(n, v^N, v)]$。根据 6.1 节中的分析，$E[I(n, v^N, v)]$ 随 n 递减。因为 $\tilde{n}$ 的支撑集至少包括 3 个点，故 H 在 $\tilde{n}$ 的支撑集上不是线性的。为了将 H 的定义域扩展到 R_+，记函数 $H(x) = (x - \lfloor x \rfloor)H(\lceil x \rceil) + (\lceil x \rceil - x)H(\lfloor x \rfloor)$，它是一个线性插值且是凹函数。

令 $q = E[\tilde{n}] - \lfloor E[\tilde{n}] \rfloor$ 表示 $E[\tilde{n}]$ 的小数部分，则根据 Jensen 不等式，我们有

$$E[H(\tilde{n})] < H(E[\tilde{n}])$$

$$
\begin{aligned}
&= qH(\lceil E[\tilde{n}]\rceil) + (1-q)H(\lfloor E[\tilde{n}]\rfloor) \\
&\leqslant \max(H(\lfloor E[\tilde{n}]\rfloor), H(\lceil E[\tilde{n}]\rceil))
\end{aligned}
\tag{6.9}
$$

其中，第一个不等式是严格的，因为 H 是凹的，且在 $\tilde{n}$ 的支撑集上不是线性的；第二行的等式由上面的线性插值得到；最后一个不等式是由于 $q\in[0, 1]$。■

定理 6.6 解释了为什么卖方可能会控制参与拍卖的竞价人人数。它说明了，在拍卖前，即使以随机的方式确定竞价人是否具有参与拍卖的资格，而不是刻意地选择其估价可能较高的竞价人，在拍卖前进行的这个选择过程也仍然是值得的，它能够降低参与人数量的随机性。

当参与人数量确定时，随机参与模型中零期望利润的结论不再成立。人们可能想知道，在这样的情形下保留价是否有用。根据 McAfee 和 McMillan（1987），下面的结论表明，如果还有可能收取进入费（entry cost），那么将保留价设置为一个正值的拍卖将不会使期望收益达到最大。

定理 6.7 在对称独立私有价值模型中，参与成本 c 适中。在每个竞价人的期望净利润非负的条件（参与约束）下，假设卖方采用二级价格拍卖，他选择的竞价人数量为 n，保留价为 r，入门费为 e。那么，为使自己的期望收益达到最大，卖方应选择 $n=\max\{m \mid E[v(\hat{t}(m))-v(\hat{t}(m-))]>c\}$，$r=v(0)$，且 $e=E[v(\hat{t}(n))-v(\hat{t}(n-1))]-c$。

证明 假定卖方的估价为零，则对于任意给定的参与人数量 n 和保留价 $v(\rho)$，期望总剩余为 $H_\rho(n)=E[v(\hat{t}(n))1_{\{\hat{t}(n)>\rho\}}]-nc$。容易推出，总剩余在 $\rho=0$ 处达到最大，这与保留价被设为 $r=v(0)$ 等价。

由前文可知，一个新进入者对总剩余增量的贡献为 $H_\rho(n)-H_\rho(n-1)$，它随着 n 的增加而下降。因此，满足 $H_\rho(n)-H_\rho(n+1)>0$ 的最大整数 n 使得总剩余达到最大。或者，等价地，满足 $E[v(\hat{t}(n))-v(\hat{t}(n-1))]-c>0$ 的最大 n 使得总剩余达到最大。

由于参与人的期望利润非负，所以卖方的最大期望收益不会超过最大的期望总剩余。从而，给定一个进入费，每个竞价人的期望净利润都为零，这时，卖方的期望收益等于最大的期望净剩余。■

6.2.2.1 预先确认竞价人的参与资格

拍卖开始前预先确认竞价人的参与资格是一件令人感到疑惑的事情。表面上看，限制竞价人之间的竞争不仅对卖方不利，而且还降低了效率，那么卖方为什么还要这么做呢？

有几种可能的答案。第一种可能的答案是我们在前文中已经讨论过了的，即仅邀请少数几个竞价人参与拍卖能够鼓励每个竞价人的参与、降低参与中的随机性并提高拍卖结果的有效性。第二种可能的答案是，在允许竞价人进入资料室查找信息之前确认竞价人的参与资格可以提高商业信息的安全性。第三种可能的答案是，即使竞价人没有随机选择是否参与拍卖，参与拍卖的竞价人也仍有可能具有相对较低的估价，从而他们的参与可能会阻拦一些具有较高估价的竞价人参与。我们在本章的前面已经举例说明了这种可能性。

我们在这里主要分析最后一种可能的答案。我们通过给基准模型增加一个预备报告阶段，为拍卖贵重物品时需要预先确认竞价人的参与资格的问题建立模型。在现实中，潜在竞价人的报告可能与表达竞价人对资产的真实兴趣的商业计划一样复杂，或者它也可能是竞价人被邀请参与实际拍卖时的一个预报价（preliminary bid）或者一个兴趣指示（indication of interest）。收到报告的拍卖者或者投资银行作为秘密中介人，利用这些报告和其他信息来决定邀请哪些竞价人。在对价值达十亿美元的资产进行拍卖时，拍卖者根据竞价人的预报价、财务报表以及其他信息进行选择，一般邀请五到十个竞价人进行具有约束性的投标（binding bids）。

主张拍卖分两阶段进行的人认为，在现实中，竞价人有强烈的动机诚实地进行预报价。他们认为，竞价人没有夸大其兴趣的动机，因为给定高昂的投标成本，如果竞价人的获胜机会很小，他不会希望被邀请去参加拍卖。同样，竞价人也没有隐瞒其兴趣的动机，因为如果他的实际估价很高，那么他肯定想要避免不被邀请的情况发生。[①]

Ye（2002）详细分析了关于竞价人动机的这些观点。在他的模型中，有 N 个潜在竞价人，每个竞价人对物品的价值都有一个粗略的估计。竞价人的初始估价独立同分布。通过成本 c，竞价人可以获得更多的信息，从而使得他的估价更为精确。这样建模考虑了竞价人获得的信息可能是有关资产的具体状况，这些信息对所有竞价人的估价的影响都是相似的，也考虑了获得的信息可能是关于竞价人怎样做才能最好地使用资产的信息。他的模型研究了如下情形：拍卖者要求竞价人根据他们对物品价值的大致估计进行预报价。对预报价不做任何限制，并且预报价也不影响最终的交易价格。Ye 假设，卖方邀请第一阶段中的前 n 个

① 此外，竞价人很重视与投资银行的关系，以避免在他们中建立不诚实的声誉或者遭遇不公平的交易。在此，我们对竞价人的这个动机不作分析。

最高报价者参加第二阶段具有约束性的报价。这时，获得邀请的竞价人在准备最后的、具有约束性的报价时需要支付成本 c。

该过程是否能有效筛选竞价人？它是否能挑选出那些具有最高估价的竞价人进入拍卖的第二阶段？如果它能做到的话，那么一定存在一个递增的均衡报价函数 β，这个函数是从竞价人的初始类型到预报价的一个映射，其结果是最高报价者一定具有最高估价。Ye 发现，恰恰相反，并不存在严格递增报价均衡。所以，由这个过程挑选出来的竞价人不是通常所认为的那些具有最高估价的竞价人。

Ye 的结论并不意味着这个包含两阶段的过程不会产生收益。在 Ye 分析的环境中，关于最优流程的描述是一个目前尚未解决的问题。

下面，我们简化 Ye 的模型。假设在第一阶段潜在竞价人的信息是完美的，因此竞价人不会再得到新信息，即使他被邀请参与第二阶段的拍卖。我们可以这样理解：竞价人在确定最后的报价之前需要支付成本 c 以验证隐含在预报价中的信息。

在第一阶段，每个竞价人都给出一个预报价；卖方邀请其中报价最高的前 n 个竞价人参与第二阶段进行的二级价格拍卖，并给出最终的报价。为了集中分析预报价的问题，我们假设竞价人在第二阶段采用占优策略，因此竞价人在第二阶段获得的收益等于 Vickrey 收益减去参与成本 c。用 $\bar{b}^i$ 表示预报价阶段竞价人 i 的竞争对手中的第 n 高报价。令 $\tilde{t}^i=\max\{t^j \mid j\neq i, b^j\geqslant\bar{b}^i\}$，它表示竞价人为了赢得最终的拍卖所必须击败的对手类型。因而，竞价人 i 获得的收益为

$$\Pi^i(b^i,\bar{b}^i,t^i)=\begin{cases}0 & b^i\leqslant\bar{b}^i\\ -c & b^i>\bar{b}^i \text{ 并且 } t^i<\tilde{t}^i\\ -c+v(t^i)-v(\tilde{t}^i) & \text{其他}\end{cases} \tag{6.10}$$

简单地说，如果在预报价阶段，竞价人 i 不在前 n 个最高报价者之列，那么他获得的收益为零；如果他在前 n 个最高报价者之列，但是他最终没有赢得拍卖，那么他的收益为 $-c$；如果他被选中参与第二阶段的报价并最终赢得了拍卖，那么他的收益为 $-c+v(t^i)-v(\tilde{t}^i)$。

定理 6.8 以上简化的预报价博弈不存在递增、对称的均衡策略。

证明 令 β: $[0, 1]\rightarrow R$ 是任一增函数，它表示所有潜在竞价人接受的预报价策略。我们将通过证明存在一个能够增加利润的偏差来证明 β 不是均衡策略。事实上，任一类型为 $t^i\in(0, 1)$ 的竞价人都可以通过

降低报价 $\beta(s)<\beta(t^i)$ 来获得更高的期望收益，其中 s 是满足 $0<v(t^i)-v(s)<c$ 的任一值。这一偏差使得竞价人 i 的收益增加了，其增加的值为

$$\begin{aligned}&\Pi^i(\beta(s),\bar{b}^i,t^i)-\Pi^i(\beta(t^i),\bar{b}^i,t^i)\\&=\begin{cases}0 & \beta(t^i)\leqslant\bar{b}^i\text{ 或者 }\beta(s)>\bar{b}^i\\ c & \beta(t^i)>\bar{b}^i>\beta(s)\text{ 并且 }t^i<\tilde{t}^i\\ c-v(t^i)+v(\tilde{t}^i) & \text{其他}\end{cases}\end{aligned}\tag{6.11}$$

由式（6.11）中等号右侧的第一行可知，如果这两个报价都没有获得邀请，或者都受到了邀请，那么降低报价对于竞价人 i 的收益没有影响。由第二行可知，如果较高的报价被获准参与拍卖，但最终没有赢得拍卖，而较低的报价没有获准参与拍卖，那么降低价格会增加竞价人的收益，其值为 $c>0$。由最后一行可知，如果较高的报价获准参与拍卖并最终赢得了拍卖，而较低的报价没有获准参与拍卖，那么，$t^i>\tilde{t}^i>s$，因此降低报价后增加的收益值为 $c-v(t^i)+v(\tilde{t}^i)\geqslant c-v(t^i)+v(s)>0$。

因为在式（6.11）包含的三种情况下，这个值都是非负的，并且在后两种情况下，其值为正，所以，$\beta(s)$ 产生的期望收益高于 $\beta(t^i)$ 所产生的。从而，策略 β 不是最优反应函数。■

虽然证明过程只适用于像这里规定的有预报价的特殊模型，但是定理的结论在一些更广泛的情形中仍然成立。

6.2.2.2　拍卖、谈判和固定价格

当参与成本很高、竞价人估价的差别不大时，有多个竞价人参与的拍卖可能会招致一些不必要的成本。可能有人会认为，卖方可以通过和某个买方进行磋商来节约成本，并以更高价格的方式节约部分成本。如果第一次的谈判没有成功，那么卖方开始着手准备，继续和其他买方进行谈判。或者，卖方也可以公布一个价格，等待愿意以此价格成交的买方出现。在比较拍卖、谈判和固定价格之前，回顾一下有关序贯搜索（sequential search）理论的一些研究成果是很有必要的。

考虑下面这个只有一个代理商的搜索模型。这个代理商可能代表买方搜索有价值的物品，也可能代表卖方搜索报价高的买方，等等。代理商希望搜索到许多可供选择的物品。他研究每件物品的成本为 c，并且每件物品都有一个一口价（take-it-or-leave-it）。一旦他决定接受这个价格，那么整个搜索过程结束，他获得的收益为物品的价值减去他的总搜索成本。

假设代理商可以检查到无穷多数量的物品，并且在检验完第 i 件物

品之后，他或者决定购买此物品，其价值为 $v(t^i)$，或者拒绝此物品，并继续他的搜索。用 R 表示代理商从最优搜索策略中获得的收益。因为问题是平稳的，任一拒绝之后的问题都与原问题相同，故代理商从下面的搜索中获取的最大收益仍为 R。因此，代理商的最优策略是，如果 $v(t^i)>R$，那么他接受此物品，否则他继续搜索。同样，因为问题是平稳的，所以 Bellman 方程给出了一个十分简单的形式：$R=E[\max(R, v(t^i))]-c$。不难证明，存在唯一的 R 满足这个方程，并且它是这个搜索问题的值。

下面，我们考虑一个卖方搜索一个买方的情形，那么我们得到的模型与上面的模型类似，但是，成本为买方评估物品的成本，它由买方承担。更确切地说，假设每个买方都必须支付成本 c 以确定物品对他的价值。于是，卖方设计一种销售机制，它要求每个买方参与并对物品进行评估之后所获得的期望利润非负。下面的定理来自 Riley 和 Zeckhauser (1983)，他们认为上面这个问题和最优搜索问题非常类似。

定理 6.9 在上述模型中，固定价格机制能使卖方的期望收益达到最大，其中卖方每次邀请一个买方以固定价格 R 购买或不购买物品，其中 $R=E[\max(R,v(t^i))]-c$。在均衡中，每个买方相继参与，当且仅当 $v(t^i)\geqslant R$ 时，竞价人 i 接受价格 R。每个买方的期望利润都为零，而卖方的期望收益为 R。

证明 我们先研究固定价格机制。首先假设当物品对买方的价值超过 R 时，买方参与并购买它。于是，买方的购买决策序列与对应的搜索问题中代理商的决策序列完全相同，因此期望总剩余 R 也相同。易知，卖方的期望总收益也是 R。因为问题是平稳的，故每个买方的期望收益都一定是零。于是，对每个买方而言，参与是最好的选择。因此，定理中描述的行为是均衡解。

因为在均衡时，每个买方获得的期望利润都必须是非负的，所以在任一均衡中，卖方期望收益的上限为 R。因为固定价格机制达到了这个上限，故它是一个使卖方的期望收益达到最大的机制。 ■

6.2.2.3 一口价

在报纸和布告栏中，有关二手车的广告里有时候会出现诸如“愿意以 1.2 万美元或更低价格出售”的字样。这样的字样说明，卖方愿意与买方对交易价格进行协商，但是在决定买方的最优报价是否低于 1.2 万美元之前，他希望多获得几个报价。如果将这种形式的销售当作拍卖的话，这就是说，一旦有人的出价为 1.2 万美元，拍卖立即结束，所以

1.2 万美元这个价格有时被称为一口价。在一些网上拍卖中可以发现类似的形式，其中卖方可能公布一个买方可以“立即购买!”的价格。

一口价的使用创建了一种新的销售机制，它将拍卖的特征和序贯谈判结合在一起。我们在前面已经指出，在序贯谈判模型中，卖方的最优策略是，确定一个一口价并拒绝任一更低报价。这个结论基于三个重要假设：（1）卖方知道竞价人的分布；（2）潜在竞价人的数量无穷大；（3）卖方不关心完成销售需要多长时间。

改变三个假设中的任意一个都会使模型变得不再平稳，从而使得卖方会接受低于一口价的报价并最终与这些报价中的最高报价者成交，也就相当于进行了一次拍卖。在本小节中，我们从相反的角度来探讨这个问题，考虑为什么卖方会进行一个没有一口价的拍卖。

报价成本是我们分析的重点。一方面，让所有买方同时参与拍卖可能会节约成本。例如，举办一场包括多件相似物品的大型拍卖，这可以让拍卖者吸引许多感兴趣的买方和卖方同时参与。参与成本通常是固定的，准备为自己钟爱的物品报价的买方也可能以微小的成本差别对替代品进行评估或者报价。这样的成本结构会削弱序贯谈判的优势。另一方面，如果待售物品的评估成本很高，例如，必须亲手驾驶一下二手车或者研究资产的具体状况，那么采用序贯谈判或者使用一口价可能会降低成本。

为了建立后一种可能性的模型，我们假设有 N 个阶段，有 N 个潜在竞价人，参与成本 c 适中。我们的模型是一个对称模型，允许卖方设置一口价 b。在每个阶段都有一个潜在竞价人到达，但是他不知道自己是第几个到达者。他认为自己等可能地出现在队列中的每一个位置。如果拍卖正在进行，一个新的竞价人到达了，那么他会选择支付成本 c 以获知自己的类型。接下来，他可能会以一口价 b 购买物品并结束拍卖，他也可能给出一个低于 b 的报价。如果没有竞价人接受一口价，那么采用二级价格拍卖确定最终结果。

根据第 4 章中的单调选择定理，当所有竞价人都采用最优行动时，每个竞价人赢得物品的概率都是其估价和类型的非减函数。因为接受一口价的获胜概率严格高于给出一个低于一口价的报价的获胜概率，因而类型超过临界类型（threshold type）$\bar{t}(b)$ 的竞价人会发现接受一口价对于他是最优的。于是，类型低于临界类型 $\bar{t}(b)$ 的竞价人赢得拍卖，说明其他所有竞争者的类型更低。因为估价函数 v 连续，当 $\bar{t}(b)\in(0,1)$ 时，接受一口价或者给出一个较低报价对于具有这个类型的竞价人来说是无差别的。因此，下面我们来推导计算 $\bar{t}(b)$ 的公式。

假设模型中存在一个对称均衡。由前面的讨论可知，对任一整数 n，用$\hat{t}(n-1)=\max(t^1，\cdots，t^{n-1})$ 表示前 $n-1$ 个竞价人中的最大类型。如果竞价人 n 的类型为$\bar{t}$ 且接受一口价，那么当$\hat{t}(n-1)<\bar{t}$ 时，他赢得拍卖，获得的利润为 $v(\bar{t})-b$。根据给定的假设，即竞价人的位置在 $\{1，\cdots，N\}$ 中是等可能的，如果竞价人想要接受一口价，那么他的期望利润为 $(v(\bar{t})-b)\frac{1}{N}\sum_{n=1}^{N}\Pr\{\hat{t}(n-1)<\bar{t}\}$。相反，如果竞价人不准备接受一口价，那么当所有其他类型都小于 $\bar{t}$ 时，他也将赢得拍卖。由于对类型为 $\bar{t}=\bar{t}(b)$ 的竞价人来说，采用一口价和根据自己的类型报价是无差别的，因此 $\bar{t}$ 一定满足

$$
\begin{aligned}
&E[(v(\bar{t})-v(\hat{t}(N-1)))1_{\{\hat{t}(N-1)<\bar{t}\}}]\\
&=(v(\bar{t})-b)\frac{1}{N}\sum_{n=1}^{N}\Pr\{\hat{t}(n-1)<\bar{t}\}
\end{aligned}
\tag{6.12}
$$

再回到原问题，任一 $\bar{t}\in(0，1)$ 都对应于一个一口价。求解式（6.12）中的 b 可得类型 $\bar{t}$ 对应的一口价为

$$
b(\bar{t})=\frac{v(\bar{t})\sum_{n=1}^{N}\Pr\{\hat{t}(n-1)<\bar{t}\}-NE[(v(\bar{t})-v(\hat{t}(N-1)))1_{\{\hat{t}(N-1)<\bar{t}\}}]}{\sum_{n=1}^{N}\Pr\{\hat{t}(n-1)<\bar{t}\}}
\tag{6.13}
$$

我们用 $b\geqslant E[v(\hat{t}(N-1))]$，或者等价地，$\bar{t}=1$，来表示卖方不设置一口价的情形。由下面的定理知，在这样的模型中设置 $\bar{t}<1$ 是几乎处处最优的。

定理 6.10 假设参与成本 c 适中，卖方设置一个保留价 r 和一个一口价 b。那么，在期望收益最大的任一拍卖里，我们有（i）$\rho=0$（因此 $r\leqslant v(0)$），并且（ii）$b<E[v(\hat{t}(N-1))]$（因此 $\bar{t}<1$）。

证明 当参与成本适中时，最优的参数应该是使竞价人的参与概率为正并且随机地做出参与决策。这样，竞价人的期望利润为零，而卖方的期望收益等于期望总剩余。

在定理 6.5 的证明中我们已经知道，最优点位于 $\rho=0$ 处。由式（6.13）可知，我们可以通过设置一口价来选择 $\bar{t}$，因此原问题就变成了选择 $\bar{t}$ 使得总剩余达到最大。

考虑满足条件 $v(1)>v(\bar{t})>v(1)-c$ 的 $\bar{t}$，并将之与 $\bar{t}=1$ 进行比较。最终的分配不同于这两种选择的充要条件是除了最后一个竞价人之外还有一个竞价人的类型大于 $\bar{t}$。对于这种情形，选择较低的一口价会

使得参与成本至少降低 c，分配的价值至多降低 $v(1)-v(\bar{t})<c$，因此，最终实现的总剩余至少也是那么高。所以，$\bar{t}<1$ 是最优选择，而 $\bar{t}=1$ 不是最优选择。■

6.3　非对称模型：促进竞争的设计

在大型资产拍卖和采购中，准备报价的成本往往非常高。当可能赢得拍卖的竞价人基本确定时，那么对于其他竞价人来说，他们要收回前期投入成本的希望将十分渺茫，这时他们可能不愿意参与拍卖。在德国、意大利、以色列和瑞士举行的频谱拍卖中，都曾有过参与人数量很少的情况发生。分析参与人数量很少的情况有助于解释商业采购中的第二供应商政策：为了通过协商获得较低的成交价格，商家必须避免过于依赖某个供应商的情况。因此它们鼓励让多个供应商在它们的采购中竞价。

在本节中，我们讨论卖方如何设计拍卖以鼓励竞价人的参与、增强他们之间的竞争并且促进形成较高的价格。在采购拍卖中同样需要考虑这些问题。这里提出的理念和工业组织文献中关于价格歧视的观点类似，即一组常常能增加收益，有时也会提高效率的操作策略。

我们给出若干能增加参与人数量的策略。第一个策略是，使用投标信用（bidding credits）和预留（set-asides）策略，Ayres 和 Cramton（1996）曾研究过这一策略。在美国，联邦通信委员会通过采用以下这两种方法，提高小公司和私营企业在频谱拍卖中的利益：（1）为受青睐、有能力的企业预留一些许可证；（2）当这些公司的报价超过其他公司且赢得拍卖时，它们只需支付其获胜报价的一部分，在各种不同的拍卖中，这样的百分比从 65%到 85%不等。另一个鼓励参与拍卖的策略是，当竞价人数量很少的时候，让失败的竞价人也能获得一定的利润。实施这个策略的一个拍卖设计被称为溢价拍卖（premium auction），它规定没有赢得拍卖的最高报价者会得到一份补贴，补贴的数额与他的报价和仅低于他的报价的最高报价之间的差额成正比。[①] 当竞价人数量很少时，这个策略不仅可以鼓励竞价人的参与，而且能够鼓励估价相对低的竞价人积极报价。另外一个例子是 Klemperer（1998）提出的英国-

① 见 Goeree 和 Offerman（2002）。

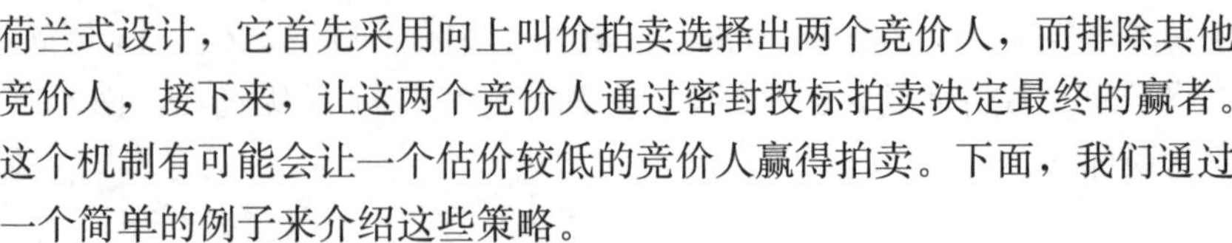

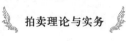

荷兰式设计，它首先采用向上叫价拍卖选择出两个竞价人，而排除其他竞价人，接下来，让这两个竞价人通过密封投标拍卖决定最终的赢者。这个机制有可能会让一个估价较低的竞价人赢得拍卖。下面，我们通过一个简单的例子来介绍这些策略。

6.3.1 预留策略的例子

假设有两个许可证准备出售，而每个竞价人最多只能赢得一个许可证。两个大的竞价人具有最高估价，他们的估价服从区间（$\underline{v}$，$\bar{v}$）上的均匀分布。此外，还有两个估价较低的竞价人，他们的估价服从区间（0，$\underline{v}$）上的均匀分布。所有的估价都是相互独立的，并且每个竞价人的参与成本都为 $c>0$。拍卖规则规定，报价最高的两个竞价人各赢得一个许可证，并且两个许可证的成交价格均为第三高报价。（这些规则很简单，但其产生的结果与联邦通信委员会规则产生的结果相似。）在这一拍卖中，如果那两个大的竞价人参与，那么他们一定能够获胜。

在竞价人决定是否参与的时候，他们假设所有参与人都会在随后的拍卖中采用占优策略。如果 c 不是很大，那么参与博弈存在唯一的 Nash 均衡，在此均衡中只有两个大的竞价人参与。这样，每个许可证的拍卖价格都是保留价，这里我们假定保留价为零。因此，这个简单的模型描述了由于参与人数量很少、缺乏竞争而导致损失惨重的一次拍卖。

那么，预留策略真的能起作用吗？在以上模型中，假设卖方预留其中的一个许可证，只有小的竞价人可以对此竞价。考虑以下的基本情形，一个大的竞价人和一个小的竞价人已经承诺参与拍卖。如果没有其他竞价人参与，那么从预留的许可证中获得的期望总剩余等于小的竞价人的期望估价$\frac{1}{2}\underline{v}$。如果第二个小的竞价人也参与，那么从预留的许可证中获得的期望总剩余变为 $\frac{2}{3}\underline{v}=\int_0^{\underline{v}} x\cdot 2x\cdot \underline{v}^{-2}\mathrm{d}x$。因此，由于第二个小的竞价人的参与，期望总剩余增加了$\frac{2}{3}\underline{v}-\frac{1}{2}\underline{v}=\frac{1}{6}\underline{v}$。

对于大的竞价人也可以进行类似的计算。由于第二个大的竞价人的参与，它所带来的期望总剩余的增加值为$\frac{1}{6}(\bar{v}-\underline{v})$。之前我们已经提到过，这些边际贡献也就是参与人从拍卖中获得的期望利润。

首先，我们假设 $6c<\min(\underline{v},\bar{v}-\underline{v})$。这个假设表示，即使一个大

的竞价人和一个小的竞价人承诺参与拍卖，对于第二个大的和小的竞价人来说，参与成本也还是足够小使得他们参与拍卖是有利润的。如果所有竞价人都参与，其结果与为每个许可证分别举办一次拍卖时一样。在拍卖中，小的竞价人的期望价格等于相应的期望总剩余减去这两个竞价人的期望总利润：$\frac{2}{3}\underline{v}-2\cdot\frac{1}{6}\underline{v}=\frac{1}{3}\underline{v}$。类似地，拍卖中大的竞价人的期望价格为$\underline{v}+\frac{1}{3}(\overline{v}-\underline{v})$。因此，这两个拍卖合起来的总期望价格为$\underline{v}+\frac{1}{3}\overline{v}$。这比采用统一拍卖所获得的收益要高得多。

以上例子中的预留策略是差别定价的一种形式。差别定价的垄断者经常发现，在供应低价值市场的同时，限制高价值市场上的供应量是有利可图的。上例中预留的许可证相应于提供给低价值市场中的商品。预留许可证策略和差别定价都要求卖方有能力限制再销售行为。否则，大的竞价人可能会忍住不参与拍卖中的竞价，反而期望在拍卖之后以较低价格从小的竞价人那里获得廉价的许可证。

在具有参与成本的拍卖中采用预留策略在一个很重要的方面不同于传统的差别定价。在我们的例子中，参与成本放大了由于竞价人太少而使得收益很低的风险。由于这个原因，与垄断者通过划分市场并为每个市场制定不同价格一样，卖方有时也可以通过预留策略获得更多的收益。

6.3.2　投标信用的例子

拍卖者鼓励小的竞价人参与的另一个策略是投标信用。例如，假设在前面的模型中卖方不采用预留策略，小的竞价人在赢得拍卖时只需支付其报价的一个比例，比如说，这个比率被设置为$\underline{v}/\overline{v}$，那么估价为$\underline{v}$的小竞价人就可以击败大的竞价人。另外，如果 c 很小，那么这个策略还能增加小的竞价人的参与，从而帮助拍卖者获得更高的价格。

然而，促进竞价人参与并不是使用投标信用的唯一原因。信用有时会提高价格，即使参与成本为零。下面的例子可以说明这一点。

假设有两个竞价人，他们的估价相互独立并分别服从（0，1）和（0，α）上的均匀分布，其中 $\alpha<1$。于是，这两个竞价人的总期望估价为$\frac{1}{2}(1+\alpha)$，而最高估价的期望值为

$$\int_0^\alpha x\cdot\frac{x}{\alpha}\mathrm{d}x+\int_\alpha^1 x\mathrm{d}x+\int_0^\alpha y^2\mathrm{d}y=\frac{1}{2}-\frac{1}{6}\alpha^2+\frac{1}{3}\alpha^3 \qquad (6.14)$$

式（6.14）左边的三项分别对应于以下三种情形：(1) 第一个竞价人的估价最高但是小于 α，(2) 第一个竞价人的估价大于 α，(3) 第二个竞价人的估价最高。因为最高估价和次高估价的期望总和为 $\frac{1}{2}(1+\alpha)$，所以次高估价的期望值为 $\alpha\left(\frac{1}{2}+\frac{1}{6}\alpha-\frac{1}{3}\alpha^2\right)$，这等于卖方在不采用投标信用时所获得的期望收益。当 α 趋近于零时，这个值趋于零。

如果卖方使用投标信用，让第二个竞价人仅需要支付他报价的一个比例 α，那么在此拍卖中获胜的报价和以下拍卖中的相同：有两个竞价人，他们的估价都服从（0，1）上的均匀分布。在这一拍卖中次高估价的期望值，也即获胜价的期望值为 $\frac{1}{3}$。因而，有一半的可能是获胜的竞价人没有投标信用，于是卖方的收益为 $\frac{1}{3}$；而另一半的可能是受惠的竞价人获胜，这时卖方的收益为 $\frac{1}{3}\alpha$。因此，卖方的期望收益为 $\frac{1}{6}(1+\alpha)$。由此可知，当 α 足够小时，卖方采用投标信用时会获得比不采用投标信用时更高的期望收益。

6.3.3 数量结构和人人有份的例子

鼓励竞价人参与的另一种方法是确保即使估价不是最高的竞价人也能从参与拍卖中获利，从而人人有份。① 在采购中，有时将采购品分成多份再进行采购拍卖就是为了这个目的：不止一个竞价人赢得拍卖可以促使多个竞价人参与。联邦通信委员会的许多频谱拍卖都提供很多数量的许可证，以鼓励多个小型或者中型竞价人参与。增加参与人数量可以提高许可证的交易价格，甚至那些本身不可能吸引其他竞价人投标的许可证的交易价格。

为鼓励竞价人参与而将物品分成多份的行为也是一个冒险的策略。当竞价人数量固定时，将物品分成多份常会使竞价人之间能进行协调，从而削弱他们之间的竞争并导致价格下降。② 下面的例子可以说明这一点。

---

① Gilbert 和 Klemperor（2002）曾研究过相关的关于安慰奖在鼓励参与人进入垄断市场中的作用的问题。

② Anton 和 Yao（1992）在采购拍卖中采用了相似的观点。

假设有两个竞价人对两件完全相同的物品进行竞价。每个竞价人为得到其中的一件物品所愿意支付的价格都是 10，为同时获得两件物品所愿意支付的价格都是 15。卖方采用同时向上叫价拍卖，我们用密封投标拍卖作为其模型，被拒绝的最高报价为最终成交价格。如果卖方将两件物品视为一组且不可能进行再销售，那么在均衡中两个竞价人的报价都为 15，从而成交价格也是 15。相反，如果卖方对物品分别进行拍卖，并且每个竞价人都将自己的真实估价作为报价，那么每件物品的成交价格都为 5，产生的总收益为 10。如果两个竞价人都是策略的，其结果肯定更糟。在描述的以上情形中，每个竞价人都将发现根据自身利益，当价格低于 10 时需求量为一件，否则一件也不要。但这一策略组成一个子博弈完美均衡，其均衡价格为 0。[①]

因此，当竞价人人数固定时，将物品分成多份进行拍卖可能会在很大程度上降低卖方的收益。但在其他情况下，同样的策略可以通过吸引更多竞价人参与使卖方受益。例如，考虑一个频谱拍卖，其中有三个频谱准备销售。假设有一个大的竞价人，他对每个频谱的估价都为 $\bar{v}$；另外还有三个小的竞价人，每个竞价人都希望获得一个频谱，他们为得到第一个频谱的可能估价为$\frac{1}{4}\bar{v}$、$\frac{1}{2}\bar{v}$或$\frac{3}{4}\bar{v}$，而在获得第一个频谱之后，他们对其他频谱的估价都降至零。为简单起见，我们假设恰好分别有一个小的竞价人对应于一个可能的估价，但是竞价人仅能通过一个小的、正的参与成本 $0<c<\frac{1}{12}\bar{v}$ 而获知他的估价值。

对此，如果拍卖者将这三个频谱作为一组或一个许可证出售，那么小的竞价人将不会报价。这是因为，如果小的竞价人参与，那么他只会投入参与成本却不可能赢得任何许可证。

然而，如果卖方将这三个频谱分开并分别进行拍卖，那么会出现与上述不同的结果。假设卖方采用同时向上叫价拍卖，我们再次采用“被拒绝的最高报价为成交价格”的拍卖。在这一拍卖中，将自己的真实估价作为报价是三个小的竞价人的占优策略。根据给定的估价，大的竞价人的最优反应就是赢得两个频谱，同时对第三个频谱的报价低于$\frac{1}{2}\bar{v}$。在此情形下，每个频谱的成交价格为$\frac{1}{2}\bar{v}$。根据我们的假设 $c<\frac{1}{12}\bar{v}$，每

① 有关这类多物品模型的更多分析见第 7 章。

个小的竞价人参与拍卖都是有利可图的。因此，将三个频谱许可证分开进行拍卖，而不是将其作为一个许可证进行拍卖，可以将卖方的总收益从 0 提高到$\frac{3}{2}\bar{v}$。

6.3.4 溢价拍卖

吸引竞价人的参与并鼓励他们积极报价的另一种策略是向输掉拍卖的最高报价者提供一份补贴，补贴的数额随他的报价递增。比如，一种溢价拍卖是向上叫价拍卖，但其中输掉拍卖的最高报价者将获得一份补贴，补贴的数额等于他的报价与仅低于他的报价的最高报价之间差额的一个比例，例如 50%。在这样的一个拍卖中，每个竞价人的策略都是一个数字，它表示竞价人停止报价的报价水平。为了避免技术上的复杂性，我们假定在平局时若有一个竞价人的报价最高，则他获胜，否则在相同报价的竞价人之间进行随机分配。大致来讲，这个假设认为，万一发生平局的情形，具有较低估价的竞价人应该比具有较高估价的竞价人早一刻停止报价。①

我们分两步来研究溢价拍卖，首先分析竞价人人数固定时竞价人的报价，然后再分析竞价人在报价前的参与决策。对第一步，我们建立一个具有完全信息的简单模型，其中有一件不可分的物品准备拍卖，有两到三个竞价人。我们假设采用向上叫价拍卖，并且物品不可进行再销售。

假设有两个竞价人：一个是估价为 1 的高估价者，另一个是估价为 $v<1$ 的低估价者。于是，存在与 v 无关的唯一纯策略均衡。在均衡中，两个竞价人的报价均为$\frac{2}{3}$，高估价者以此价格赢得物品，他获得的利润为$\frac{1}{3}$，这等于他的估价减去他支付的价格；而低估价者可以获得这个价格的一半作为补贴，其值也等于$\frac{1}{3}$。因此，卖方的净收益为$\frac{1}{3}$。在此均衡中，低估价者并不关心自己的估价，仅是为了获得补贴而参与报价。

下面，我们增加一个具有低估价的竞价人。这时，仍然存在唯一的纯策略均衡，在均衡中，这三个竞价人的报价均为 1，具有高估价的竞价人最终以这个价格赢得物品。卖方的补贴值为零，因为次高报价和第

---

① 这个过程的证明可见 Simon 和 Zame（1990）。

三高报价相同。因此，卖方的收益为1，而所有竞价人获得的利润均为0。

最后，我们假设竞价人有一个小的、其值为正的参与成本 c。我们寻找低估价竞价人的参与决策的对称均衡，也就是说，在均衡中，具有低估价的两个竞价人以相同的概率 p 参与，具有高估价的竞价人必定参与。[①] 我们不考虑具有高估价的竞价人的参与成本，因为均衡时他必定参与。

易知，当参与成本为正时，不存在使得 $p=1$ 的均衡；同时，当参与成本足够小的时候，也不存在使得 $p=0$ 的均衡。当 $0<p<1$ 时，具有低估价的竞价人对以下两种情形是无差别的：(1) 参与拍卖，从而获得利润 $-c+(1-p)\frac{1}{3}$；(2) 不参与拍卖，从而获得的利润为零。因此，在均衡中，竞价人的参与概率一定是 $p=\max(0, 1-3c)$，并且两个低估价的竞价人获得的期望利润一定为零。

在此均衡中，如果两个低估价的竞价人都不参与，那么高估价者获得的期望利润（不考虑他的参与成本）$(1-p)^2\cdot 1+2p(1-p)\cdot\frac{1}{3}$ 是正的。当 $c<\frac{1}{3}$ 时，这个利润等于 $c(2+3c)$。我们知道，卖方的期望收益是期望总剩余 $1-2pc$ 减去竞价人的期望总利润。因为 $c<\frac{1}{3}$，所以卖方的期望收益为 $(1-c)(1-3c)$。

根据这个模型可知，如果参与成本很小并且有足够多的潜在参与人，那么，溢价拍卖可以鼓励竞价人参与并积极报价，从而使得卖方几乎获得物品的全部价值。

以上的分析仅是初步的，并且其中忽略了一些重要的现实因素。首先，如果卖方真的有能力选择拍卖机制，那么当他具有完全信息时，他可能会确定一个固定价格，并向估价最高的竞价人提供一个一口价。上面的简单模型并没有涉及买方和卖方的谈判能力之间的平衡状态。[②] 其次，如果拍卖之后有可能举行无成本的谈判，那么具有高估价的竞价人

---

① 在这个模型中，只有低估价的竞价人参与也是一个均衡。

② 谈判能力可能是拍卖中最重要的因素。在以下两种情形下，拍卖通常是最有效率的销售方式：(1) 如果卖方不能承诺保留物品，但是能保证若满足拍卖条件就会出售它；(2) 如果卖方无法限制再销售。见 Milgrom (1986)。

就不可能接受获得如此小利润的拍卖。他可能会先在拍卖中报一个低价，然后再和在拍卖中获胜的具有低估价的竞价人谈判以获取更高的利润。最后，关于估价的不确定性会阻碍具有低估价的竞价人报出超过自己估价很多的价格，从而削弱了采用溢价拍卖以提高成交价格的优势。在解决所有这些复杂因素之前，溢价拍卖仍是不确定的。

6.3.5 荷兰式拍卖与英式拍卖以及英式-荷兰式设计

研究人员经常会比较荷兰式拍卖和英式拍卖，或者一级价格拍卖和二级价格拍卖。英式拍卖和二级价格拍卖以效率著称，而效率有时会使卖方损失大量收益。

假设有两个竞价人为一件物品竞价。已知具有高估价的竞价人对物品的估价为 $\bar{v}$，另一个竞价人的估价则服从（0，$\bar{v}$）上的分布。在英式拍卖中，如果两个竞价人都参与，那么具有低估价的竞价人肯定会输。因此，如果有参与成本，那么在均衡中具有低估价的竞价人就不会参与。因此，在任一纯策略均衡下的成交价格都为 0，由于缺少竞价人参与，拍卖以失败告终。有时，甚至可能只有低估价的竞价人参与，所以，英式拍卖并不一定总是有效率。

下面，我们考虑荷兰式拍卖，并假设大的竞价人一定会参与。在任一均衡中，大的竞价人的期望利润 $\pi>0$，因此他的报价不会超过 $\bar{v}-\pi$。所以，只要第二个竞价人的估价超过 $\bar{v}-\pi$，在均衡中，他就会获得正的期望利润。所以，在荷兰式拍卖的均衡中有可能产生无效率的结果，即不具有最高估价的竞价人赢得物品。因而，如果参与成本足够小，具有低估价的竞价人参与拍卖是会有利润的。

如果卖方隐瞒竞价人数量，并且设定零保留价，那么即使参与成本较高，在均衡中，具有低估价的竞价人也会以正的概率参与。我们用反证法来证明这一点。如果具有低估价的竞价人不参与，那么具有高估价的竞价人的报价将总是 0。这样一来，只要低估价的平均值大于 c，竞价人参与拍卖就是有利可图的，这就产生了矛盾。因而，荷兰式拍卖或者密封投标拍卖都能够激励参与，特别是当竞价人数量不公开时。

为了将英式拍卖和荷兰式拍卖的优点结合在一起，Klemperer (1998) 提出了一种混合式拍卖，称之为英式-荷兰式设计。假设同时拍卖几件完全相同的物品。在 Klemperer 的设计中，先是进行英式拍卖，即物品价格逐渐提高，直到剩余的竞价人数量等于物品数量加 1。在此之后，进入荷兰式拍卖阶段，即在报价必须高于当前价格的前提下，在第一阶段英式拍卖中留下来的竞价人对物品进行密封投标拍卖。

下面，我们给出英式-荷兰式设计的模型。在英式-荷兰式拍卖中，竞价人分两轮对 n 件物品进行报价。第一轮报价之后，卖方公布前 $n+1$ 个报价最高的竞价人（我们称他们为幸存者）以及第 $n+2$ 高的报价，并将这个报价作为第二轮拍卖中所接受的最低报价 r（即保留价），其中有 $n+1$ 个幸存者参与第二轮拍卖。在第二轮拍卖中，报价最高的幸存者获胜并且以自己的报价为支付价格。

显然，如果每个竞价人都仅能够获得一件物品，那么在此拍卖的第一轮报价中，竞价人将自己的真实估价作为报价是他们的占优策略。这一特点限制了拍卖的无效率性，这是因为 n 件物品将在估价最高的前 $n+1$ 个竞价人中进行分配。尽管如此，具有低估价的竞价人并不是完全失去了获胜的希望。比如，当 $n=1$ 时，具有低估价的竞价人可能会抱有赢得第二轮拍卖的希望而参与。

英式-荷兰式设计的主要优点是它有可能吸引更多的竞价人参与拍卖。上面的例子就证实了这种拍卖设计可以鼓励竞价人参与。同时，这些例子也说明拍卖设计对于环境中的细节非常敏感。同样的选择在一些情况下可以帮助卖方吸引竞价人参与，但在另一些情况下则可能减弱竞价人之间的竞争而使得卖方的利益受损。

6.4　竞价结束之后

买方和卖方在制定拍卖计划时还需要预测竞价人投标之后可能发生的事情。几个重要的考虑事项使得完成交易的过程复杂化。在资产拍卖中，一件经常遇到的事情就是评估阻碍完成交易的不利因素。大型资产拍卖通常要求获得各利益相关方的正式批准，这包括股东、银行家、监管机构、员工和工会等。因此，卖方在选择中标人时会在一定程度上考虑其完成交易的能力。

在采购拍卖中，买方关注的不仅是中标条款，还有供应商的其他特征，比如扩充产能、升级产品以及应变的能力等。供应商的这些特征也可能在拍卖结束后创造价值。

同样，竞价人也会考虑拍卖之后会发生的事情。在欧洲，无线电话运营商可能会特别留意避免资产被新的参与人得到，因为新的参与人在零售无线服务市场上的出现将会加剧零售商之间的竞争。此时，收益最大化的卖方有时候可能利用买方的偏好，要求买方支付报酬不仅是为了使用资产，也是为了不让其他竞争对手获得此资产（Jehiel、Moldovanu 和 Stacchetti（1996））。而政府为保护消费者的利益，常常鼓励零售商之间的竞争，政府会保留一些频谱来限制运营商阻止新参与人进入市场的能力。

6.4.1 破产和违约①

卖方需要考虑的一个重要问题是中标者是否有能力履行合约。虽然表面上看不履约风险在服务合约中可能最为严重，但是在资产拍卖中，当卖方提供信用贷款并允许竞价人延期支付时，它也是非常重要的。此时，为了保证竞价人能够履行合约，事先确认竞价人的资格对于拍卖获得成功是至关重要的。

如果事先没有对竞价人的支付能力进行审查就提供慷慨的信用贷款，那么可能会导致严重的后果，美国频谱拍卖就是一个很好的例子。为了鼓励小公司购买频谱许可证，联邦通信委员会提供了一些特殊条款。联邦通信委员会降低了频谱许可证的价格并以很低的利率提供十年期贷款，它还限制了某些频谱许可证的销售使得只有小公司才能够竞价。

联邦通信委员会用资产所有权和销售额来定义小公司。因此，按照其定义，小公司不可能具有购买数十亿美元的频谱许可证的信誉，特别是在 20 世纪 90 年代技术快速发展、频谱许可证总以高价成交的时候。因此，即使有几个竞价人违约也不足为奇，而其中最引人注目的一次不履约是 Nextwave 公司。这家公司在宣告破产时还持有价值 100 亿美元的一些频谱许可证的所有权。由此，根据频谱政策还是根据破产法来处理这些许可证引起了一场轩然大波。对此法律争论持续了好多年，使得这些频谱一直闲置在那里，从而浪费了其大部分的经济价值。

违约的可能性对投标本身肯定会产生负面影响。为了说明这种可能性，我们假设在拍卖时竞价人认为物品的期望价值为 v，同时，竞价人被允许延迟支付交易价格，在支付前就可以确认关于价值的某些不确定性因素（例如，技术、需求或者竞争者计划的不确定性）。假设竞价人是有限责任的并且拥有的资产价值为 B。如果竞价人以价格 p 赢得拍

① 本小节中提到的模型是 Zheng（2001）中所给出模型的一种简单情况。Board（2002）对这种模型作了进一步研究。

卖，那么拍卖结束后竞价人将会知道物品的实际价值是 $v+\tilde{\varepsilon}$，其中 $\tilde{\varepsilon}$ 的事先均值为 0。这时，如果竞价人不履约，那么他会被没收资产，从而损失为 B；但如果他按照合约购买物品，那么他获得的利润为 $v+\tilde{\varepsilon}-p$。

定理 6.11　假设 $\tilde{\varepsilon}$ 的支撑集是整个实数集 R，则在二级价格拍卖中，竞价人具有占优策略 $\hat{p}(B, v)$，它对 v 非减且对 B 非增。对于其他竞价人报价的任一分布，竞价人的最大期望利润随 B 非增。

证明　获胜的竞价人（赢者）在知道 $\tilde{\varepsilon}$ 之后的支付为 $\max(-B, v+\tilde{\varepsilon}-p)$，但他在知道 $\tilde{\varepsilon}$ 之前的期望支付为 $\pi(p,B,v) = E[\max(-B, v+\tilde{\varepsilon}-p)]$。因此，如果竞价人的报价为 b、其他竞价人中的最高报价 p 服从的分布为 F，那么该竞价人的期望利润为

$$\bar{\pi}(b,v,B) = \int_0^b \pi(p,v,B)\mathrm{d}F(p) \tag{6.15}$$

易知，π 随 p 递减，因此 $\bar{\pi}$ 是 b 的凹函数。由式（6.15）可知，如果 $\pi(0, B, v) \leqslant 0$，则 $b=0$ 使得 $\bar{\pi}$ 达到最大。此时，我们令 $\hat{p}(B, v)=0$。如果 $\pi(0, B, v)>0$，那么最优的 b 是 $\pi(b, B, v)=0$ 的解。因为 $\pi(p, B, v)$ 是 p 的连续函数且随 p 递减，并且当 p 足够大时，其值为负，故 $\pi(b, B, v)=0$ 存在唯一解。在这种情况下，我们令 $\hat{p}(B, v)$ 即为这个唯一解。

由上面所作的构造可知，$\hat{p}(B, v)$ 与 F 无关，因此它是总是最优策略，且由构造本身可知，如果 F 有全支撑，则不存在其他更优的策略。因此，$\hat{p}(B, v)$ 是一个占优策略。

因为 $\pi(p, B, v)$ 对 v 递增且对 p 和 B 递减，故 $\hat{p}(B, v)$ 对 v 非减且对 B 非增。由于 $\pi(p, B, v)$ 随 B 递减，所以，$\bar{\pi}(b, B, v)$ 随 B 非增。（单调性是严格的，除非 $F(b)=0$。） ■

由定理 6.11 可知，预算较少的竞价人很有可能参与拍卖，并且在参与拍卖之后，很有可能获胜。从这个意义上说，拍卖规则增加了违约的可能性，因为它倾向于选择违约可能性很高的人作为竞价人。

那么，拍卖者应该如何解决这个问题呢？对此，我们很难立即给出一个明确的答案。如果参与拍卖的竞价人中大多数竞价人的预算都很少而只有少数几个的预算较多，那么只选择预算较多的几个竞价人参与投标肯定会严重降低拍卖中的竞争。若想更好地解决这个问题，则需要考虑更大的问题，即当卖方拥有除价格之外的更多信息时应该如何设计拍卖。

6.4.2 计分规则和仅包含价格的投标

在本小节中我们讨论如何评价多维投标的问题，此时，竞价人的竞标内容不止有价格，还包含其他东西。对此，卖方要为每个投标打分并进行排序，得分最高的投标获胜。打分过程的成本很高，不仅包括对每一个投标和竞价人进行评估，而且为了使买卖双方都能获利，竞价人和卖方之间还可能需要进行谈判。

目前，研究人员对计分规则还没有进行广泛研究。Che（1993）和 Rezende（2002）证明了，当竞价人是外生的时，卖方有时可以通过偏离评分规则来增加拍卖的竞争，从而达到提高收益的目的。这个策略和投标信用策略所起的作用几乎是相同的：二者都能增强实力较弱竞价人的竞争力，而迫使实力较强的竞价人不得不提供一个更具吸引力的投标。他们还发现，当卖方向竞价人公布他计划使用的计分信息时，他的获益达到最大。尽管这方面的研究还不是很全面，但我们仍然建议读者阅读这些文献，以了解更多与此有关的有趣问题。

本小节主要讨论计分方法和竞价人的参与。为了与前面的讨论保持一致，我们继续研究卖方主持的拍卖。在拍卖中，竞价人 i 递交的投标不仅包括报价 b^i，还包括一些其他的非价格属性。卖方对投标中的非价格属性赋值，这时竞价人 i 的报价就好像是 $b^i+\varepsilon^i$，然后以此确定最终的赢者。我们假定 ε^i 是非退化、独立同分布随机变量，其均值为 0，并且它和该竞价人的类型相互独立。

假设有 N 个潜在的竞价人，他们的类型相互独立并服从（0，1）上的均匀分布。竞价人 i 的估价为 $v(t^i)$，假定函数 v 是递增且可微的。

假设卖方举行英式向上叫价拍卖，并采用计分方法来确定赢者，而不是仅依据竞价人的报价。如果竞价人 i 以投标计分值 $\tilde{b}$ 获胜，那么他的实际支付为 $\tilde{b}-\varepsilon^i$，因此他获得的利润为 $v(t^i)+\varepsilon^i-\tilde{b}$。由此，我们定义竞价人 i 的全值（full value）为 $v(t^i)+\varepsilon^i$，它等于竞价人 i 获胜时该竞价人和卖方得到的总价值。

用 F 表示 $v(t^i)+\varepsilon^i$ 的分布函数，并假设 F 是光滑的、严格递增的，记 $w=F^{-1}$ 为 F 的逆函数。由此可知，如果采用计分方法，则 n 个竞价人中的期望最大值是 $E[\max(v(t^1)+\varepsilon^1,\cdots,v(t^n)+\varepsilon^n)]=n\int_0^1 s^{n-1}\cdot w(s)\mathrm{d}s$；如果不采用计分方法，那么它为 $E[\max(v(t^1),\cdots,v(t^n))]=n\int_0^1 s^{n-1}v(s)\mathrm{d}s$。

定理 6.12 对于所有的 $n>1$ 均有 $\int_0^1 w(s)s^{n-1}\mathrm{d}s > \int_0^1 v(s)s^{n-1}\mathrm{d}s$。因此，采用计分方法时 n 个竞价人中的期望最大值比不采用积分时的高。

证明 易知，采用计分方法和不采用计分方法时的期望最大值满足下列不等式：

$$n\int_0^1 s^{n-1}w(s)\mathrm{d}s = E[\max(v(t^1)+\varepsilon^1,\cdots,v(t^n)+\varepsilon^n)]$$

$$> E[\max(v(t^1),\cdots,v(t^n))] = n\int_0^1 s^{n-1}v(s)\mathrm{d}s$$

因为 max 算子是凸的，并且第一行中自变量的均值即是第二行中的相应变量，故上式中的不等号成立。 ■

定理 6.13 假设有 n 个竞价人，则不采用计分方法时增加一个参与人所产生的期望边际贡献为 $\int_0^1 (1-s)s^n v'(s)\mathrm{d}s$，而采用计分方法时相应的值为 $\int_0^1 (1-s)s^n w'(s)\mathrm{d}s$。

证明 如果不采用计分方法，则含 n 个竞价人的拍卖所产生的期望价值等于这 n 个竞价人中的期望最大值 $\int_0^1 v(s)\mathrm{d}s^n$。通过分部积分，即可得到 $v(1)-\int_0^1 s^n v'(s)\mathrm{d}s$。当含 $n+1$ 个竞价人时，用相应的方法可以得到其期望最大值为 $v(1)-\int_0^1 s^{n+1}v'(s)\mathrm{d}s$。因此，期望边际贡献等于这两者之差，即 $\int_0^1 (1-s)s^n v'(s)\mathrm{d}s$。定理中第二个表达式的推导过程类似。 ■

采用计分方法会在竞价人的估价中产生一个均值相同的扩展。因此，从直观上来看，平均来说采用计分方法所产生的最大总值会较高。定理 6.12 证明了这一直觉。此外，如果采用计分方法会导致分布函数右侧出现一个宽尾，也即 $\int_0^1 (1-s)s^{n-1}v'(s)\mathrm{d}s < \int_0^1 (1-s)s^{n-1}w'(s)\mathrm{d}s$，那么它会提高参与人的收益率，从而鼓励更多的竞价人参与。

采用计分方法可以在不减少卖方收益的同时增加竞价人的收益，这一思想已经成为采购拍卖中要求使用多维投标的主要原因之一。竞价人（卖方）也都不喜欢参与仅根据报价来确定赢者的拍卖，因为这样他们的优势和特性将会被忽视。采用计分方法可以鼓励对供应商和商品属性进行全面的比较来增加竞价人的期望利润并且鼓励更多竞价人参与，最终使得双方都获利。

以上定理并不是无条件成立的。但是在什么条件下采用计分方法会使得竞价人和卖方都受益仍是一个未解决的问题。

6.5 结论

与前面几章进行比较，可以发现本章在几个方面的重要性。首先，拍卖设计中许多重要的现实问题都是关于设计与参与决策相互之间影响的问题。

在我们研究的第一类模型里，我们发现，当潜在竞价人对称且足够多以及参与成本适中时，效率和收益之间的冲突消失了。在传统的竞价人数量固定的最优（收益最大化）拍卖中，我们得到的结论是设置一个高保留价以阻止一些有效率的交易。与此不同的是，这样的策略在参与成本适中的对称模型中不再是最优的。我们还发现卖方可以通过控制参与过程来提高收益，他们有时为了降低参与过程中的随机性、保护商业机密或者鼓励估价最高的潜在竞价人的参与而阻止一些竞价人的参与。根据预报价来选择竞价人的两阶段设计在某些方面具有很强的吸引力，但是分析表明卖方不可能成功地挑选出最合格的竞价人。

降低竞价人参与成本的一种方法是，依次和代理商进行谈判，而不是举办拍卖。我们证明了，如果卖方采用固定价格，那么对卖方而言最优拍卖的价值和相关的最优搜索问题的价值相同。因此，依次和买方进行谈判也具有和同时在很多物品中进行搜索的序贯搜索具有相同的优势。

降低参与成本的另一种方法是在向上叫价拍卖中设置一口价。在拍卖者设置一口价后，如果有竞价人愿意接受一口价，那么拍卖立即结束。拍卖提前结束可以省去后参与人的估价成本，而省去的这些成本会增加卖方的收益。在我们的基准模型中，卖方总是可以通过设置适当的一口价获益。

尽管竞价人的不对称性对参与决策有很大的影响，但是对竞价人不对称时的参与模型进行的研究要比对称模型的研究少得多。在竞价人不对称时，仍有很多策略可以用来鼓励他们的参与。我们已经证明了，预留策略或者使用投标信用可以鼓励竞价人的参与，从而增加卖方的收益。卖方将资产合并在一起进行拍卖也会对竞价人之间相互竞争的激烈程度以及参与决策产生影响。进而，拍卖规则的一些变化也可以影响竞价人的参与，例如，溢价拍卖和英式-荷兰式拍卖有时也会促进竞价人的参与。

然而，当潜在竞价人的数量有限时，溢价拍卖可能导致很低的收益。

挑选那些在拍卖之后能够履行合约、按照承诺支付价格或运送物品的竞价人是非常重要的。我们发现，与其他公司相比，提供有限担保的小公司的报价会更高。这样，如果最后发现拍卖的资产的价值很低，那么它们就会不履行合约。我们还发现，根据投标的所有属性进行计分的方法往往会增加拍卖分配的总价值。

由本章所讨论的模型得出了很多不同的结论，这些结论也说明了在某些情形下，吸引竞价人参与并且使卖方受益的方法在竞价人的数量外生时可能会导致很差的结果。因而，在现实中，有效的拍卖设计需要详细地了解将要举行拍卖的特定环境。

参考文献

Anton，James J. and Dennis A. Yao（1992）. "Coordination in Split Award Auctions." *Quarterly Journal of Economics* CVII：681 - 707.

Ayres，Ian and Peter Cramton（1996）. "Deficit Reduction through Diversity：How Affirmative Action at the FCC Increased Auction Competition." *Stanford Law Review* 48（4）：761 - 815.

Bajari，Patrick and Steven Tadelis（2001）. "Incentives versus Transactions Costs：A Theory of Procurement Contracts." *Rand Journal of Economics* 32（3）：387 - 407.

Board，Simon（2002）. "Bidding into the Red." Stanford GSB Working Paper.

Che，Yeon-Koo（1993）. "Design Competition through Multidimensional Auctions." *Rand Journal of Economics* 24（4）：668 - 680.

Gilbert，Richard and Paul Klemperer（2002）. "An Equilibrium Theory of Rationing." *Rand Journal of Economics* 33（1）：1 - 21.

Goeree，Jacob and Theo Offerman（2002）. "The Amsterdam Auction." http：//ideas. repec. org/p/wpa/wuwpmi/0205002. html.

Jehiel，Philippe，Benny Moldovanu，and Ennio Stacchetti（1996）. "How（Not）to Sell Nuclear Weapons." *American Economic Review* 86：814 - 829.

Klemperer，Paul（1998）. "Auctions with Almost Common Values：The Wallet Game and Its Applications." *European Economic Review* 42：757 - 769.

Klemperer, Paul (2002). "How (Not) to Run Auctions: The European 3G Telecom Auctions." *European Economic Review* 46 (4-5): 829-845.

Levin, Dan and James L. Smith (1994). "Equilibrium in Auctions with Entry." *American Economic Review* 84 (3): 585-599.

McAfee, R. Preston and John McMillan (1987). "Auctions with Entry." *Economics Letters* 23: 343-348.

Milgrom, Paul (1986). Auction Theory. *Advances in Economic Theory: Fifth World Congress of the Econometric Society*. T. Bewley. London, Cambridge University Press: 1-32.

Rezende, Leonardo (2002). "Biased Procurement." Stanford University Working Paper.

Riley, John G. and Richard Zeckhauser (1983). "Optimal Selling Strategies: When to Haggle, When to Hold Firm." *Quarterly Journal of Economics* 98: 267-289.

Simon, Leo K. and William R. Zame (1990). "Discontinuous Games and Endogenous Sharing Rules." *Econometrica* 58: 861-872.

Ye, Lixin (2002). "A Theory of Two-Stage Auctions." Ohio State University Working Paper.

Zheng, Charles (2001). "High Bids and Broke Winners." *Journal of Economic Theory* 100 (1): 129-171.

第二部分　多物品拍卖

在第 3 章到第 6 章所研究的拍卖模型中，出售的物品只有一件并且每个竞价人最多只购买一件物品。当拍卖的物品是不同种类的，或者竞价人需要多件物品时，新的问题就产生了。

第一，即使每个竞价人只想购买一件物品，但如果这些物品是不同的，拍卖机制也需要解决其中的匹配问题（matching problem）：谁得到哪件物品？研究竞价人集合固定的匹配问题，可以了解拍卖如何将物品有效地分配给竞价人，以及这样的分配产生的收益是多少。原则上，我们可以将这些结果与拍卖的参与决策综合起来加以考虑，以决定谁参与拍卖以及竞价人可以做哪些拍卖前的投资活动。到目前为止，拍卖文献还几乎没有对这些问题进行分析。

第二，当竞价人需要多件物品时，市场力（market power）就变得重要了。拍卖中的竞价人如同其他类型市场中的参与人一样，通常可以减少购买数量来降低他们的支付价格。对于单个较大的竞价人来说，即使所有其他竞价人都只想购买一件物品，以这种方式降低需求仍然是有利的。当几个较大的竞价人均想购买多件物品时，他们仍有可能对策略进行协调，例如通过达成协议一致降低需求。竞价人形成卡特尔和环[①]的可能性在很大程度上取决于竞价人的身份以及他们之间的关系，但也与拍卖设计有关。当卡特尔的风险很大时，使合谋的机会最小化便成了拍卖设计的基本目的之一。[②]

① 环是指选出一个成员来代表所有人出价的竞价人组织。在公开的拍卖之后，再举行一个私下的拍卖来分配物品，并将所得利润分配给环的成员。见 Graham 以及 Marshall（1987）。

② 对拍卖影响市场结构时的情形，已有好几位作者强调两种竞争的作用：拍卖中的竞争和赢者之间的竞争。见 Dana 和 Spier（1994）、Milgrom（1997）以及 Klemperer（2002）。

第三，作为寻求竞争价格的机制的拍卖，当每个竞价人都只需要一件物品时是很合适的，但是当竞价人需要多件物品时就有问题了。如果物品之间是不可替代品，那么市场出清价通常不存在①，这迫使我们不得不广义地将拍卖理解为进行资源分配的一种机制，而不是狭义地将其理解为仅仅是一种价格发现机制。

基于对拍卖的这种广义理解，已经有人提出对 Vickrey 拍卖的广泛应用。但是我们在第 2 章中已经观察到，Vickrey 拍卖的性能可能依赖于物品是不是可替代的。当物品可替代时，Vickrey 拍卖结果是一个好的分配，在这里，假投标无利可图，失标者之间的联合也是无利可图的，并且随着竞价人数量的增加，他们的利润随之减少（同时卖方收益随之增加）。但是当物品是不可替代的时，所有这些结论就都不成立了。物品不可替代时如何设计良好的拍卖，是最近几年才被真正关注的一个主题。② 第 8 章中将给出与此有关的一些理论。

第四，很多拍卖应用涉及一些复杂的约束。例如，假设一家企业有能力生产一系列产品。为实现最大利润，在决定接受哪个报价时，它需要考虑可能的复杂运行约束。类似地，一个工业买家可能会从多个方面来评价供应商，包括价格、质量、能力和运输计划。精确考虑这些细节将使实际的拍卖设计不堪重负。

第五，上面所描述的这些复杂问题给拍卖理论工作者设计最优的拍卖带来了严峻挑战。计划这样的拍卖非常复杂，实践也表明很多竞价人即使有足够的资源用于计划，也会被拍卖的复杂性所吓阻，从而只采取简单的当然也往往是次优的报价策略。实际上，拍卖设计者也极其重视拍卖设计的简洁性。他们优先考虑报价过程简单的竞价机制，在这种机制下竞价人使用简单的策略会是有效的，使用简单策略时的结果也令竞价人满意。简洁性有助于吸引参与人参加拍卖，而且在实践中几乎没有什么比这更重要的了。

本书第二部分分析如上讨论的多物品拍卖问题，所得到的理论结果与第一部分中相比要少一些。在第 7 章讨论的多物品拍卖中，投标要么只是单件物品的价格，要么只是价格由拍卖者规定时的供给量或需求

---

① 如果竞价人的估价是所有物品可替代时所有估价的一个子集，则存在一个竞争均衡价格向量。然而，如果该集合包括任何其他的估价，则存在该集合的偏好组合使得无竞争均衡价格向量存在。见 Milgrom（2000）以及 Gul 和 Stacchetti（1999）。

② 最近的设计包括 Parkes 和 Ungar（2000）以及 Ausubel 和 Milgrom（2002）。

量。第 7 章中的拍卖鼓励套利交易，因此类似的物品可以以相似的价格再出售。若干广泛应用的拍卖即属此类。第 7 章研究了用于频谱出售的同时向上报价拍卖、用于电力销售的时钟拍卖以及用于证券销售的多种密封投标拍卖。

在第 8 章讨论的拍卖中，参与人可以对多件物品的组合（packages）进行报价或条款报价（contingent bids）。例如，伦敦巴士服务就是通过组合投标来决定的，此时巴士公司提出多条单独线路的价格，同时也给出赢得特定线路组合时的组合折扣。[①] 拍卖者接受总价最低的报价组合。类似的拍卖已经被用于工业采购中。[②] 另外，也有提议将条款投标用于频谱拍卖中的。例如，在频谱拍卖中，竞价人可以为纽约州的布法罗（Buffalo）和锡拉丘兹（Syracuse）两市的许可证报价，但有附带条件：如果没有同时赢得纽约市的许可证，将撤回报价。拍卖者将接受总价最高的报价组合。

组合报价和条款报价是密切相关的。在上面给出的频谱拍卖例子中，如果允许组合报价，那么其结果与条款报价是相同的。与前述投标于纽约市并置布法罗和锡拉丘兹为条款投标不同，竞价人可以参与四种投标而达到相同的目的：纽约市的许可证、纽约与布法罗的许可证组合、纽约与锡拉丘兹的许可证组合以及三个城市的许可证组合。

具有组合报价或条款报价的拍卖常称为组合拍卖（combinatorial auctions），因为拍卖的运作可能需要解决一个组合最优化问题。对该问题求解是非常困难的，这也可能是此类拍卖最近才受到关注的原因之一。当然也有其他原因，如组合拍卖所要求的竞价人关系的复杂性。我们将在第 8 章中再来研究这些问题。

参考文献

Ausubel，Lawrence and Paul Milgrom（2002）. “Ascending Auctions with Package Bidding.” *Frontiers of Theoretical Economics* 1 (1)：Article 1.

Cantillon，Estelle and Martin Pesendorfer（2002）. “Combination Bidding in Multi-unit Auctions.” http：//www. people. hbs. edu/ecantillon/combinationJuly2002. pdf.

① 更详尽的描述可参见 Cantillon 和 Pesendorfer（2002）。

② Hohner，Rich，Ng，Reid，Davenport，Kalagnanam，Lee，and An（2001）.

Dana, James and Kathryn Spier (1994). "Designing a Private Industry." *Journal of Public Economics* 53: 127 - 147.

Graham, Daniel and Robert Marshall (1987). "Collusive Bidder Behavior at Single-Object, Second-Price and English Auctions." *Journal of Political Economy* 95: 1217 - 1239.

Gul, Faruk and Ennio Stacchetti (1999). "Walrasian Equilibrium with Gross Substitutes." *Journal of Economic Theory* 87 (1): 9 - 124.

Hohner, Gail, John Rich, Ed Ng, Grant Reid, Andrew J. Davenport, Jayant R. Kalagnanam, Ho Soo Lee and Chae An (2001). "Combinatorial and Quantity Discount Procurement Auctions with Mutual Benefits at Mars, Incorporated." IBM-Mars Report.

Klemperer, Paul (2002). "What Really Matters in Auction Design." *Journal of Economics Perspectives* 16 (1): 169 - 190.

Milgrom, Paul (1997). Procuring Universal Service: Putting Auction Theory to Work. *Le Prix Nobel: The Nobel Prizes, 1996*. Stockholm: Nobel Foundation. 382 - 392.

Milgrom, Paul (2000). "Putting Auctions Theory to Work: The Simultaneous Ascending Auction." *Journal of Political Economy* 108 (2): 245 - 272.

Parkes, David and Lyle Ungar (2000). "Iterative Combinatorial Auctions: Theory and Practice." *Proceedings of the 17th National Conference on Artificial Intelligence AAAI*. 74 - 81.

第7章 统一价格拍卖

拍卖理论研究的兴起在很大程度上归功于许多大型拍卖采用了经济学家设计的拍卖规则。从 1994 年频谱拍卖开始，几乎所有的拍卖都是统一价格拍卖（uniform price auctions），其拍卖规则要么规定同样的物品以同样的价格出售，要么鼓励某种形式的套利，从而产生近似统一的价格。

很多传统拍卖设计都未能体现一价定律（law of one price），即同样的物品以同样的价格出售。例如，第一场频谱拍卖，那是索斯比拍卖行在 1981 年举办的关于在同一个 RCA 通信卫星上、功能相同的 7 个收发机使用许可权的拍卖。索斯比拍卖行对这些使用许可权先后举办了七场拍卖，最终产生了七个不同的成交价格。第一个收发机使用许可权以 1 440 万美元成交；随后，从第二个许可权开始至第六个的成交价格逐渐下降，第六个许可权的成交价格最低，为 1 070 万美元；而第七个的成交价格略有回升，为 1 120 万美元。当拍卖者出售相同的物品时，竞价人总是会猜测后续成交物品的价格，因此价格波动在所难免。

拍卖 RCA 收发机使用许可权的一个显著特点是，成交价格依次下降。Ashenfelter（1989）发现在葡萄酒和艺术品的拍卖中也存在着类似的现象，现在称这种现象为价格下降异常（declining price anomaly）。[①] 许多学者都试图对此异常现象做出解释。一种可能的解释是，这种现象起因于一种类似于赢者诅咒的选择偏好。在 RCA 拍卖中，参与第一个

① 后来的研究仍然证明这种现象是普遍存在的，可见 Ashenfelter 和 Graddy（2002）的文章及其中所列的参考文献。

雷达收发机竞标的竞价人肯定会猜测后续各次拍卖的成交价格将会是多少。即使每个竞价人都对未来成交价格做出了无偏估计，第一个收发机使用许可权的获胜者也往往对未来价格估计较高。当看到在后续销售中成交价格下降时，他会为此深感吃惊。① 其他解释涵盖了从个体行为的心理模型到本书所研究的均衡模型，即完全理性的参与人根据他对竞争者所采取策略的完美预测来行动。

许多竞价人都不喜欢同一物品在拍卖中会出现如上所述的价格变化。在像 RCA 拍卖的频谱拍卖中，公司职员代表公司投标。出价最高的竞价人会难以向其主管或股东解释，为什么同样的使用许可权或许可证，别人支付的价格会低得多。即使是独立竞价人，也可能会更加关心"支付太多"的问题，而不是将精力集中在获得讨价还价的机会上。统一价格拍卖的一个优点就是，它可以让竞价人和他们的老板规避这种价格风险。

统一价格拍卖越来越受欢迎，其原因在于它避免了竞价人厌恶的这种价格风险，并降低了重复竞购相同商品的交易成本。统一价格拍卖包括统一价格密封投标拍卖和多种向上叫价拍卖，它们要么通过规则来执行统一价格，要么通过鼓励套利来促进统一价格。

在本章中，我们先讨论统一价格密封投标拍卖，之后再分析同时向上叫价拍卖。

7.1 统一价格密封投标拍卖

最简单的统一价格拍卖是密封投标拍卖。在本节中，我们证明当每

---

① 传统拍卖理论中的赢者诅咒是指一种选择偏好，它的产生是因为估价高的竞价人获胜的可能性要比估价低者获胜的可能性大。如果我们将第一个雷达收发机使用许可权的价值看作机会成本的净值，那么这里所给的解释也是赢者诅咒的一种形式。在前几章所作的均衡分析中，理性的竞价人通过下调他们的报价来应对选择偏好的影响。

在实际中，了解通常的赢者诅咒可能是比较慢的，因为所需要的数据，包括实际已经产生的价值数据，是很难获得的。有些时候，甚至是在拍卖结束几年之后也无法获得这些数据。价格异常下降现象如此严重的原因部分在于，有关下降的价格的数据是立即公开、很容易获得的，而竞价人无法根据这些数据进行立时调整。

有大量的证据表明，尽管在实验室实验中竞价人能很快得到所产生的数据，但是，即使是有经验的竞价人也无法像均衡理论所建议的那样调整报价以应对赢者诅咒现象（Kagel 和 Levin (2002)）。而在艺术品拍卖和酒类拍卖中的竞价人在适应价格下降上也面临着同样的困难。这些事例与这里给出的关于价格异常下降的解释是一致的。

个竞价人都有多个单位的需求时，这些拍卖必然会激励竞价人降低需求以免抬高成交价格，同时，在这些拍卖中也存在着以非常低的价格成交的 Nash 均衡。

在统一价格拍卖中，竞价人的投标如同一次订购，即以不高于 p 的任一价格购买 q 件物品。竞价人可能会递交几个像这样的“价格-数量”投标，然后由拍卖者根据这些投标建立一条需求曲线，它确定每一个价格 p 上的需求总量。最后，拍卖者确定成交价格使得需求量恰好等于实际供给量。

一般来说，使得需求量等于实际供给量的价格可能不止一个，而是存在着一个价格区间。例如，对于 N 件商品的出售问题，假设每件商品的投标价格都不同，那么，将第 N 个最高报价（最低的中标价格）和第 $N+1$ 个最高报价（最高的未中标价格）之间的任一价格作为成交价格时，实际供给量都等于需求量。具体而言，我们在所讨论的拍卖中都假定第 $N+1$ 个最高报价（最高的未中标价格）为成交价格。我们得到的大部分结论都可以定性地推广到市场出清价格在这样的区间中的情形中。

在分析统一价格密封投标拍卖时，我们假设竞价人所获得的物品对他具有递减的边际价值。也就是说，第一件物品对竞价人的价值是最大的，后来得到的物品所产生的价值等于或小于上一件物品所产生的价值。(当这个假设不成立时，这类拍卖在一般情况下如何进行、会导致什么样的结果尚不清楚。)

我们首先观察到，如果第一件物品之后的所有物品对某个竞价人的价值均为 0，那么该竞价人在拍卖中有一个占优策略。如果第一件物品的价值是 v，那么他的占优策略就是仅投标一次，并以价格 v 订购 1 件物品。这个结论的证明与 Vickrey 拍卖的分析相同：在这种情况下，该竞价人的投标不会影响他的支付价格，故他实际上是一个价格接受者，并通过指定一个与他的实际需求相对应的需求函数来使其收益最大化。如果每个竞价人都只需要一件物品（只向一件物品投标），那么把被拒绝的最高价格作为成交价格的拍卖（the highest rejected-bid auction）就是 Vickrey 拍卖。这时，均衡价格等于物品的机会成本，即物品对被拒绝的最高报价者的价值。

7.1.1　需求缩减

当竞价人需要购买的物品不止一件，且物品具有递减的边际价值时，竞价人通常有降低其需求的动机，也就是说，对某些物品的出价会低于他的估价。下面的例子可以很好地说明这种动机何等强烈。①

假设有两个竞价人和两件待售物品。竞价人 1 仅需要一件物品，物品对他的价值 $v(t^1)=t^1$ 服从（0，1）上的均匀分布。如前所述，竞价人 1 的占优策略是以物品对他的价值为报价订购一件物品。竞价人 2 需要两件物品。第一件物品对他的价值为 v_1，第二件物品对他的价值为 v_2，满足 $1>v_1\geqslant v_2>0$。因为出售的是两件物品，竞价人 2 确信，如果他递交一个正的投标，那么他肯定至少能赢得其中的一件。假设他对第二件物品的报价为 $x\geqslant 0$，则当 $t^1<x$ 时他获得两件物品，当 $t^1>x$ 时他只获得一件物品。因而，他的期望收益为

$$
\begin{aligned}
&E[(v_1+v_2-2t^1)1_{\{t^1<x\}}+(v_1-x)1_{\{t^1>x\}}]\\
&=\int_0^x(v_1+v_2-2s)\mathrm{d}s+(v_1-x)(1-x)\\
&=v_1-x(1-v_2) \qquad (7.1)
\end{aligned}
$$

当 $x=0$ 时，上面的表达式达到最大值，即最优报价等于零。② 所以，第二个竞价人总是会发现，不管他的实际估价是多少，他的最优投标价格应该与他只需要一件物品时的最优投标价格一样。

尽管这个例子比较极端，但对经济学专业的学生来说，理解产生这种现象的原因并不陌生，因为它同教科书上解释买方垄断者缩减需求量的方法几乎是一致的。在一个古典的买方垄断的例子中，当买方的需求量为 q 时，他知道其总成本为 $TE(q)=qP(q)$。他的边际成本（marginal expenditure）是总成本的导数，即 $TE'(q)=P(q)+qP'(q)$，它表示购买最后一个单位的物品所产生的额外成本。如我们所知道的，如果 P' 为正，那么 $TE'(q)>P(q)$。购买更多数量的物品不但要支付这些物品的价格，而且对最初的 q 件物品要支付一个更高的价格，一般称最初的 q 件物品为超边际物品（inframarginal units）。当购买者增加其需求的时候，超边际物品的价格增加值就解释了边际成本公式中的第二项。

---

① 这个例子和关于需求缩减的一般性结论均来自 Ausubel 和 Cramton（2002）。Engelbrecht-Wiggans 和 Kahn（1998）分析了价格为零的条件。Weber（1997）则讨论了 FCC 频谱拍卖中的需求缩减问题。

② 在采购拍卖中，如果竞价人给出的价格恰好是他们打算给拍卖者的价格，那么有类似的结果出现。当竞价人自信能够控制边际单位时，就有可能产生极端的价格。加利福尼亚电力市场在 2000 年和 2001 年的遭遇证实了，当有一个供应商可以通过抑制供给量引起电力短缺时，统一价格拍卖在实际应用中存在致命的弱点。

边际成本大于价格时，对购买者来讲，其最优策略就是降低需求，直到价格不再随购买数量变化为止。用 $V(q)$ 表示获得 q 件物品的价值，则购买者的目标就是使 $V(q)-TE(q)$ 达到最大。假设这个函数可微，则它的导数为 $V'(q)-TE'(q)=V'(q)-P(q)-qP'(q)$。在 $P'>0$ 的条件下，在价格等于边际价值的需求量 $q>0$ 处，上述导数等于 $-qP'(q)<0$。

图 7.1 以图的形式说明了上面的观点。收益最大化数量 q^* 对应边际价值曲线与边际成本曲线的交点。如我们前面所讲，边际成本曲线位于供给曲线之上，所以 q^* 小于 q，其中 q 对应物品价格等于增加的一件物品所带来的边际价值那一点。因而，实现收益最大化的方式是需求缩减（demand reduction）。

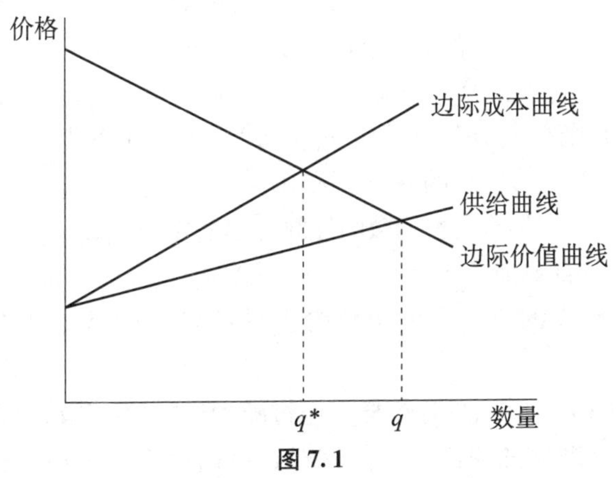

图 7.1

需求缩减并不是密封投标方式中特有的一个问题，相似的问题也出现在许多以相同价格出售相同物品的市场机制中。在拍卖模型里，期望数量（expected quantity）所扮演的角色与古典买方垄断理论中数量所扮演的角色相同。为简单起见，我们不再将投标看作“价格-数量”对，而是将投标描述为对每个需求单元的独立价格报价。这种变化并不失一般性，因为以价格 p 订购 q 件物品的投标在功能上等同于分为 q 个投标，每个投标都是以价格 p 订购一件物品。

之所以出现需求缩减，是因为在“拒绝最高投标”的拍卖中，如果后来递交的投标中有一个不能获胜，那么第二件物品以及随后物品的投标不仅会影响竞价人的预期购买量，也会影响他购买每件物品的期望价格。假设对第二件物品的报价由 p 提高到 p'，而相应价格上的需求数量由一件增加到两件。如果其他竞价人投标的分布函数在此区域内的导数为正（类似于在古典买方垄断中，供给函数的斜率为正），那么边际期望成本函数在供给函数之上，如图 7.1 中所示。

下面，我们用数学方法来证明这个结论。假设在拍卖中提供 N 件物品，某一竞价人的潜在需求量为两件。又设第一件物品对他的价值为 v_1，第二件物品的价值为 $v_2 \leqslant v_1$。对所有其他竞价人的报价从大到小进行排序，用 X^{N-1} 和 X^N 分别表示这些报价中第 $N-1$ 个和第 N 个次序统计量。于是，当竞价人对第一件物品的报价为 v_1、对第二件物品的报价为 $b \leqslant v_1$ 时，他的期望收益为

$$\pi(b) = E[(v_1 + v_2 - 2X^{N-1})1_{\{b > X^{N-1}\}} + (v_1 - \max(b, X^N))^+ 1_{\{X^{N-1} > b\}}] \tag{7.2}$$

上式中期望号内的两项分别是对第二件物品的报价为 b 时赢得物品或失去物品的两种可能性。若赢得物品，那么竞价人得到两件物品，每件价格均为 X^{N-1}；若失去第二件物品，则当 $b > X^N$ 时竞价人以价格 b 得到一件物品，否则在 $v_1 > X^N$ 时他以价格 X^N 得到一件物品。

如果（X^{N-1}，X^N）的联合分布函数在整个集合 $\{X^N < X^{N-1}\}$ 上的概率密度为正，那么收益函数的导数可以简化为 $\pi'(v_2) = -\Pr\{X^{N-1} > v_2 > X^N\} < 0$。直观地，当 $X^{N-1} > v_2 > X^N$ 时，在 v_2 的邻域内提高报价会导致成交价格的上升，而由报价上升所带来的其他所有影响都在其次。

与古典的买方垄断理论一样，通过减少边际投标以降低超边际物品的价格是需求缩减的原因。既然这样，我们计算一下第二件物品的报价，此时第一件物品是超边际物品。因此，对第二件物品的最优投标应低于 v_2。

因为竞价人都将第一件物品的价值作为他的报价并缩减对随后物品的需求，所以，他们对不同的物品使用了不同的报价。因而，均衡结果是无效率的。

下面的定理总结了上述这些性质。在此定理中，每个竞价人都只需要两件物品，并确定相应的价值。

定理 7.1 假设拍卖里有 N 个竞价人和 k 件物品，其中 $2 \leqslant k < N$，又设每个竞价人最多购买两件物品，第一件物品的价值至少同第二件物品的价值一样高，即 $v_1^j \geqslant v_2^j$。在“拒绝最高报价”的拍卖中，竞价人 j 采用以 v_1^j 作为第一件物品报价的策略弱优于采用以低于 v_1^j 的任一价格作为第一件物品报价的策略。此外，如果两件物品对竞价人价值的联合

分布函数在 $\{v \in [0,\bar{v}]^{2N} \mid (\forall j) v_1^j \geqslant v_2^j\}$ 上的联合密度为正，那么

(1) 不存在这样的均衡，其中竞价人均以他们的价值作为两件物品的报价；

(2) 在非占优策略中，不存在结果总是令总价值达到最大的均衡。

证明　除了最后关于效率的结论之外，所有的结论都可以由定理之前的讨论直接得到。为了证明最后的结论，考虑非占优策略中的任一均衡。因为并不是所有的竞价人都将两件物品对他们的价值作为投标价，所以会存在某一价值组合，使得其中两件物品对竞价人 1 的价值 $v_1^1 > v_2^1$，且他对第二件物品的投标 $b < v_2^1$。物品对其他竞价人的价值以正的概率满足下述三个不等式：

$$b < \min\{v_1^1, \cdots, v_1^k\}$$

$$v_2^1 > \max\{v_1^j \mid j = k, \cdots, N\}$$

$$v_2^1 > \max\{v_2^j \mid j = 2, \cdots, N\}$$

因为我们假设竞价人使用非占优策略，上述的第一个不等式说明报价 b 的竞价人不可能赢得物品，所以竞价人 1 最多只能得到一件物品。接下来的两个不等式说明，物品对竞价人 1 的价值 v_2^1 属于 k 个最高价值中的一个，所以为了使总价值达到最大，竞价人 1 必然会得到两件物品。当所有不等式都成立时，拍卖结果不能使总价值达到最大。根据假设，不等式组成立的概率为正。 ■

需求缩减可以直观地理解为：

(A) 降低任一价格上或高于此价格上的物品总需求数量；或者

(B) 降低对第一件物品之后的每件物品的投标价格。

从观点 (A) 来看，前面的分析同传统的买方垄断理论非常类似：降低需求数量的动机依赖于购买的物品数量和在此价格上期望供给的价格弹性。观点 (B) 说明，降低投标价格所带来的期望收益随超边际物品数量递增，也随此价格成为市场出清价格的概率递增。

对于买方为要购买的物品投标而卖方提供出售的物品的双边市场来说，这个理论也证明下述观点：密集市场消除了持货观望的动机。观点 (A) 说明，当有很多买方和卖方，且相对于整个市场来说，他们的供给量和需求量都很小时，准确地报告出自己的需求量和供给量并避免任何可能影响价格的行动几乎是占优策略。① 观点 (B) 说明，如果所有参与人的供给量和需求量仅占市场总量的一小部分，那么所有参与人都

---

① 详例请见 Postlewaite 和 Roberts (1976)。

会认为他们的边际投标价格不可能决定最终的成交价格，所以错报供给量或需求量的动机也就非常小。[①] 这个理论预言了，至少在双边市场中，大量的参与人会消除需求缩减现象及与其相关的无效率问题。

7.1.2 低价均衡

与双边市场中不同的是，在单边市场中，命题“大型/密集市场消除了持货观望的动机”不再成立。简单的例子即可说明，即使所有竞价人相对于整个市场来说都很小时，统一价格拍卖也存在 Nash 均衡，但其中的成交价格远低于竞争价格。

很多例子可以证明这种可能。最简单的情况是物品是离散的。假设有 N 个竞价人，每个竞价人都需要 $k>1$ 件物品，并且愿意为每件物品支付 1 美元。恰好有 N 件物品要出售，采用拒绝最高报价规则。那么，存在一个对称均衡，即每个竞价人对第一件物品的报价均为 1 美元，对其余物品的报价均为 0。（当出售的物品超过 N 件时，仍有类似的均衡存在，这时每个竞价人都至少获得一件物品。）

当物品无限可分时，也可以得到类似结论。这样的例子可以作为电力拍卖或短期国库券拍卖的模型，其中每一个不可再分单元都是不重要的。假设有一个单位的可分物品准备出售，竞价人得到 $q\leqslant1$ 个单位物品的价值是 $V(q)=q-q^2$。于是，竞价人的逆需求函数（即需求函数的反函数）为 $P(q)=1-2q$。当有 N 个竞价人时，如果每个竞价人均真实地报告自己的需求量，那么市场出清价格为 $P=1-2/N$，每个竞价人均得到 $1/N$ 个单位的物品。当竞价人数量足够多时，市场出清价格收敛于 1。

在相应的拍卖博弈里，存在许多有严重需求缩减问题的对称均衡。因此，我们假设每个竞价人均根据需求计划 $p(q)=a-bq$ 投标。其含义是，竞价人愿意为获得第 q 个单位的物品支付 $p(q)$，或者等价地，以价格 $p<a$ 购买 $q(p)=(a-p)/b$ 个单位的物品。假设前 $N-1$ 个竞价人都采用这个策略，现在我们来考虑第 N 个竞价人的投标。如果这个竞价人在拍卖中得到 q 个单位的物品，那么其他 $N-1$ 个竞价人中的每个均得到 $(1-q)/(N-1)$ 个单位，所以成交价格为 $a-b(1-q)/(N-1)$。于是最后这个竞价人获得的利润为 $V(q)-q[a-b(1-q)/(N-1)]$。在对称均衡中，当 $q=1/N$ 时，这个竞价人的利润达到最大。因

① 见 Swinkels (2001)。

此，在均衡中，$q=1/N$ 必然也满足竞价人的一阶条件

$$\begin{aligned} 0 &= \frac{\mathrm{d}}{\mathrm{d}q}\Big|_{q=\frac{1}{N}}\left[q-q^2-q(a-b(1-q)/(N-1))\right] \\ &= 1-\frac{2}{N}-a+\frac{b}{N-1}-\frac{2b}{N(N-1)} \\ &= 1-a-\frac{2}{N}+b\frac{N-2}{N(N-1)} \end{aligned} \tag{7.3}$$

求解式（7.3）可得

$$a=1-\frac{2}{N}+b\frac{N-2}{N(N-1)} \tag{7.4}$$

约束条件（7.4）产生了在一个连续区域上的均衡策略集。在每个均衡中，价格为 $p=a-b/N$，所以 $a=p+b/N$。代入式（7.4），有

$$b=\left(1-p-\frac{2}{N}\right)N(N-1) \tag{7.5}$$

由式（7.5）和式（7.4），我们可以在一个很大的价格范围内构造对称均衡。例如，为了确定价格 $p=0$ 时的均衡，我们将 $p=0$ 代入式（7.5）得到 $b=(N-1)(N-2)$，从而 $a=b/N=(N-1)(N-2)/N$。这就描述了一个对称的零价格均衡，它与前面描述的当物品是离散的时零价格均衡的情形十分相似。这个物品可分的连续型例子说明，低价均衡并不是仅仅出现在特定的物品数量和参与人数量处。不论竞价人数量 N 如何，低价均衡都是存在的。

低价均衡的意义是不确定的。在零价格均衡中，竞价人对其他竞价人的均衡策略有很多的最优反应。或许，这个事实是说明模型还不够详尽地反映竞价人的真实动机。进一步的研究表明，在相似假设下的离散模型中，非占优策略要求竞价人的报价绝不要超出他的真实价值，并且对第一件物品按其价值报价。上面的均衡缺乏这两个性质。不过，将零价格均衡策略 $p(q)=a-bq$ 改为 $p(q)=\min(V(q),a-bq)$ 后就可以产生另一个零价格均衡策略，这个策略具有离散博弈中非占优策略的性质。

一些研究探讨了在不确定环境中低价均衡的鲁棒性。Wilson（1979）提出了关于不确定性共同价值的一个模型。在这个模型中，竞价人对其他竞价人的策略有唯一的最优反应，但是仍然存在多重均衡，其中有些均衡下价格仅是拍卖物品价值的一小部分。Back 和 Zender（1993）证明了对于卖方设置的任一低保留价，这个模型均存在低价均衡使得其下的均衡价格近似等于这个保留价。

在本章的后面，我们会介绍一种非常有效的确定唯一均衡的方法。我们建立了统一价格向上叫价拍卖模型，并使用逆向归纳法来确保竞价人能在所有可能的价格上达到最优策略。我们发现，在这些模型中，低价不仅是可能的，而且采用逆向归纳法推导出的唯一均衡常会产生一个低的价格。

统一价格密封投标拍卖在实际应用中是很重要的，这不仅体现在出售相对接近的物品（比如短期国库券）上，也体现在购买此类物品（比如电力）上。显然，极端的价格均衡问题有很重要的实践意义，因此这里讨论的问题是一个值得继续研究的重要课题。

7.2 同时向上叫价拍卖

除了统一价格密封投标拍卖之外，还有其他一些重要的统一价格拍卖，例如联邦通信委员会（FCC）1994 年提出的同时向上叫价拍卖，及其适当变异后的时钟拍卖（clock auction)。这两种拍卖的主要差别在于，在 FCC 设计中由竞价者叫价，而在时钟拍卖中则由拍卖者叫价(他们将物品的当前价格显示在数字时钟或者类似的显示屏上)。与前面描述的索斯比拍卖行拍卖 RCA 使用许可权时所使用的序贯向上叫价拍卖不同，同时向上叫价拍卖允许竞价人进行类似物品间的套利活动，即他们可以比较不同物品的价格，并向价格相对较低的物品投标。

我们得到的主要结论有以下几个方面。首先，如果物品间具有替代性并且竞价人是非策略的，那么拍卖结果近似达到竞争均衡，其近似程度仅受投标增量大小的约束。尽管物品是离散的，但竞争均衡仍然存在。其次，与统一价格密封投标拍卖一样，这些拍卖的均衡价格也都是非常低的。最后，利用弹性供给模型，我们发现最低的均衡价格是 Cournot 价格。这说明，我们可以将前面的低价均衡解释为无弹性供给情况下的 Cournot 博弈均衡。

表 7.1 的数据来自第一场 FCC 频谱拍卖，它说明了采用同时向上叫价拍卖所产生的成交价格具有的一致性。拍卖的每个许可证都包含两种频谱。我们可以看到，在同一组许可证里，成交价格几乎是相同的。

表 7.1　FCC＃1 拍卖中的成交价

许可证编号	许可证带宽（千赫兹）	中标价（美元）
N-1	50-50	80 000 000
N-2	50-50	80 000 000
N-3	50-50	80 000 000
N-4	50-50	80 000 000
N-5	50-50	80 000 000
N-6	50-12.5	47 001 001
N-7	50-12.5	47 505 673
N-8	50-12.5	47 500 000
N-10	50-0	37 000 000
N-11	50-0	38 000 000
总计		617 006 674

此外，从这些价格中可以看出，拍卖对两种频谱的定价在不同的许可证组中是一致的。出于工程方面的原因，拍卖的每个许可证都包含了两个不同的部分即两种频谱。FCC 保留了一部分频谱用于传送强大的信号，即由固定地点的高功率发射器发送给移动手机、手提设备。同时，FCC 也保留了另一部分频谱用于传送相对较弱的、从低功率的移动设备发回给基站的信号。在表 7.1 中，描述每个许可证的两个数字分别标明了许可证中包含的两种频谱的带宽。如果竞价人为第一种频谱的带宽的估价为 74 万美元/千赫，同时为第二种频谱的带宽的估价为 86 万美元/千赫，那么表中第一种许可证的市场价格为 8 000 万美元，第二种许可证的市场价格为 4 775 万美元，第三种许可证的市场价格为 3 700 万美元，这些价格都非常接近它们的实际价格。许可证 N-11 的成交价格为 3 800 万美元，它是一个竞价人在拍卖开始后不久给出的一个跳跃价格，这个跳跃价格超过了市场出清价格。

现在，我们来讨论 FCC ＃1 拍卖的规则，它促进了有效套利和价格的一致性。

拍卖采用多轮投标的方式。每一个投标的竞价人都承诺根据自己所报的价格购买频谱许可证。在每轮结束后，拍卖者为每个许可证确定出当前最高报价（standing high bid），这个报价是许可证在上一轮的当前最高报价与新的最高报价中的较大者。在有公司向许可证报价之前，当前最高报价者是卖方；当有公司报价后，此公司成为当前最高报价者。

(如果在某一轮中有 2 个或 2 个以上竞价人出价相同，就形成了平局。此时，一般是将先报价者作为当前最高报价者，或者在他们中随机选择。)

第 n 轮投标结束后，拍卖者确定第 $n+1$ 轮的最低报价（minimum bid），其值等于当前最高报价与投标增量之和。在整个拍卖期间，增量是可以变化的。例如，在早期的几轮拍卖中它大致是当前最高报价的 15%，在最后几轮中它则可能是当前最高报价的 5%。在早期的 FCC 拍卖中，竞价人的报价只要超过最小报价即可。但由于有竞价人通过在报价中插入不太有意义的数字来提供信息[①]，所以后来对规则作了一些改变，让竞价人根据所给的菜单来选择报价，菜单里列出的报价即是在当前最高报价的基础上加上 1 到 9 个增量。

拍卖的结束规则（closing rule）是非常重要的：在某一轮中，如果所有的许可证都没有接收到新的报价，那么拍卖结束。在此之前，竞价人可以向任一许可证投标。结束规则对于替代品间的套利有着很重要的影响，这是因为有时只有当一个许可证的价格足够高时，竞价人才可能对此许可证的一个替代许可证感兴趣。

FCC 行动规则（activity rule）避免了竞价人一直等待、直到拍卖即将结束时才投标的现象发生。最简单的行动规则是，在每轮拍卖里合格的投标数量不能增加：若竞价人在第 t 轮拍卖中向 n 个单位的物品报价，则他在随后的第 $t'>t$ 轮拍卖中就不能向超过 n 个单位的物品报价。[②]

FCC 拍卖中常见的另一个特征是，在每轮拍卖结束时，向竞价人和公众公开参与该轮拍卖的所有竞价人的身份以及他们的报价。

FCC 规则与过去的一些设计也有许多重要的相似之处。其中之一是著名的 Walrasian 拍卖，这种方法常用于多物品系统的价格调整。在这个设计中，拍卖者首先喊出一个报价；经过一段时间之后，他再根据

---

① 表 7.1 中给出了几位尾数的用途；例如，中标价 47 505 673 美元。在 DEF 拍卖中，US West 向 McLeod Wireless 是当前最高报价者的许可证给出的几次报价的最后三个数字都是 378。这些报价好像是在向 McLeod Wireless 对区域编号为 378 的许可证的报价进行报复，该许可证覆盖明尼苏达州的罗切斯特市。因此，人们认为 US West 可能是在利用尾数试图威胁 McLeod Wireless。见 Cramton 和 Schwartz（2001）。

② FCC 使用过几种行动规则。在一些规则里，竞价人在拍卖初期可以拖延报价时间。例如，可能有包含几轮拍卖的初始阶段，在该阶段结束时，竞价人的报价增加了 25%。有的规则里则允许存在弃权者，即允许竞价人在某轮拍卖里不报价，以留一些时间去制订计划。

物品在当前价格上的净需求为正（即需求超过供给）还是为负（供给超过需求）来向上或向下调整价格。根据某种规则不停地调整价格，直到供需达到平衡。在 Walrasian 拍卖过程中，实际交易不会在中间价格上进行，而是在最终的市场出清价格上达成。Walrasian 设计与 FCC 设计有多个方面的区别。在 Walrasian 设计中，由拍卖者叫价，随着物品价格的变化竞价人可以随意收回自己的投标，物品价格既可以升高也可以下降，从而无法保证拍卖能够在事先确定的有限时间内结束。

另一个影响 FCC 规则的类似设计是无声拍卖（silent auction），它经常被用于慈善拍卖中。在这些拍卖中，拍卖者将待售物品（或它们的说明）放在一排桌子上，在每一件物品旁放有一张纸，竞价人可以在纸上面写下自己的报价、名字或序号。竞价人可以为自己所想要的任何一件物品提高报价。拍卖在事先确定的一个固定时间结束，通常在用餐前。

无声拍卖是一种同时向上叫价拍卖，它在很大程度上与 FCC 拍卖相似。物品同时出售，并且物品价格只可以升高，不可以下降。然而，无声拍卖采用的固定结束时间规则是有别于 FCC 设计的。

仔细观察无声拍卖的人常常会发现以下场景。当给定的结束时间快要来临时，有的竞价人来到桌子前。他拿着铅笔，当预示着拍卖结束的钟声响起时，他才慢慢地写下自己的名字以及报价。往往这个竞价人为此物品的投标也是唯一的投标。竞价人事先就计划好将物品价格压得很低，只有当大家都没有时间对他的报价做出响应时，他才给出自己的报价。

直到最后一刻才报价且报价比较低的这一现象——在网上拍卖中，这种策略被称为“迟投标策略”（sniping）——不会给慈善拍卖造成太大的危害，因为大多数竞价人都是为了为慈善事业作贡献而来的。他们知道自己出的价格越高，自己为慈善事业所作的贡献就越大，所以他们十分乐意为得到自己想要的物品而付出很高的价格。

在 FCC 拍卖中，竞价人的动机肯定不同于慈善拍卖中的捐赠者，所以 FCC 拍卖规则需要避免在无声拍卖中可能出现的这种策略。有两种很有特点的规则可以消除迟投标策略。其一是让竞价人对迟投标有响应机会的结束规则，其二是禁止竞价人在拍卖即将结束时突然提高需求的行动规则。同时，这些规则还有助于确保竞价人在整个投标过程中获得有序的信息流，这样他们就可以更有效地制订投标计划。

7.2.1 同时向上叫价拍卖和 Walrasian 拍卖

下面，我们分两个部分讨论同时向上叫价拍卖。第一部分里，我们假设竞价人都采用某一简单策略，并讨论在此假设下的结果。这部分的分析与 Walrasian 拍卖的传统分析一样，主要考虑成交价格和数量是否收敛于竞争均衡。我们既讨论竞价人报价的 FCC 同时向上叫价拍卖中的收敛性，也讨论由拍卖者叫价、竞价人给予响应的时钟拍卖的收敛性。

基于第一部分中的分析，我们在第二部分中的分析主要集中在竞价人的投标策略方面，在此基础上，我们在 7.2.3 节中再来分析 Nash 均衡。

首先，我们考虑在什么条件下存在竞争的市场出清价格。竞争均衡的传统理论中假设参与人的偏好是凸的、物品是可分的，但是我们这里要研究的模型并不满足这些条件。那么是否存在其他的一般性条件，使得在这些条件下可以保证竞争均衡价格一定存在呢？如果竞争均衡价格存在，那么它们是否有可能像同时向上叫价拍卖那样，进程是单调的，即当前最高报价从这一轮到下一轮不会随之下降，从而进程是收敛的并收敛到竞争均衡？若想回答这些问题，我们必须先进行细致严密的分析。

记 N 表示竞价人集合，$L=\{1, \cdots, L\}$ 表示待售物品的集合，S 表示它的一个子集。我们用一个向量 x 来表示 L 的任一子集 S，x 的每一个分量的取值都为 0 或者 1，即 $x_l\in 1\Leftrightarrow l\in S$。如果竞价人 j 获得分配 x 并为 x 支付 m，那么他获得的利润为 $v^j(x)-m$。相应地，竞价人 j 的需求函数为 $D^j(p)=\arg\max_x\{v^j(x)-p\cdot x\}$。假设存在自由配置 (free disposal)，也就是说，由 $x\leqslant x'$ 可推得 $v^j(x)\leqslant v^j(x')$。

总之，当需求随价格变化时，必然会存在这样的一些价格使得在此价格上不同的物品集对于竞价人来说是无差别的。为使我们这里的替代品定义与通常的相似，我们这里给出的定义中假设依赖于价格向量 p 的需求函数 $D^j(p)$ 是单值函数，这就是说，对任一 p，优化问题 $\max_x\{v^j(x)-p\cdot x\}$ 有唯一解。

定义[①] 如果在使 D^j 是单值的定义域上，对于任一物品 l，提高其

---

① 自 Kelso 和 Crawford (1982) 开始，一些作者给出了一个等价的定义并将其中的条件称为“毛替代”(gross substitutes)。在标准的经济学术语中，“毛替代”和“毛互补”(gross complements) 都是基于 Marshallian (“无补偿的”(uncompensated)) 需求来定义的，这不同于基于 Hicksian (“有补偿的”(compensated)) 需求定义的替代和互补。在拟线性效用的模型中，例如在本书中研究的，Hicksian 需求和 Marshallian 需求之间没有区别。

他物品的价格都不能降低竞价人 j 对物品 l 的需求，即

$$[\hat{p}_{-l} \geqslant p_{-l}, \hat{p}_l = p_l] \Rightarrow D_l^j(\hat{p}) \geqslant D_l^j(p)$$

则称这些物品对竞价人 j 来说是替代品（substitutes），或者是可替代的。

我们假定拍卖中可能出现所有价格都满足需求是单值的条件。因为对几乎所有的价格向量来说，需求都是单值的，所以这不是一个很严格的约束条件。

当新的报价产生时，当前最高报价和当前最高报价者就会随之发生变化。我们对实际的 FCC 进程稍作简化，用 p 表示某一轮结束后的当前最高报价向量。对某一 $\varepsilon>0$，我们假设下一轮的最低报价向量为 $(1+\varepsilon)p$，即最低报价等于当前最高报价加上某个固定的百分比。[①] 我们假设在拍卖开始时，当前最高报价 $\hat{p}$ 为某一正的向量；我们将卖方看作每件物品的第一个当前最高报价者（standing high bidder）。这样，初始最低报价向量为 $\hat{p}(1+\varepsilon)$。

在同时向上叫价拍卖的进程中，当前最高报价和下一轮的最低报价之间的差意味着不同的竞价人有着不同的机会。原则上，当某件物品的当前最高报价为 b 时，如果没有接到其他报价，这个竞价人将以价格 b 获得物品；但是对于其他竞价人，无论他的报价是多少，他为获得同样的物品所支付的价格将不得低于 $b(1+\varepsilon)$。

我们将使用这些最低价格（因竞价人而异）进行分析，为此我们需要引入一些相应的记号。

记号和定义

1. S^j 表示竞价人 j 为当前最高报价者的那些物品的集合。

2. $p^j=(p_{S^j},(1+\varepsilon)p_{L-S^j})$ 是竞价人 j 的报价向量，它分为两部分：第一部分表示 j 为当前最高报价者的那些物品的价格，第二部分表示 j 为获得自己不是当前最高报价者的那些物品所要给出的报价。

3. 称竞价人 j 直接报价，如果在拍卖进程的任一时刻，下列条件都成立：(1) $S^j \subset D^j(p^j)$，(2) 在每轮拍卖中，j 都向物品集合 $\hat{S}^j = D^j(p^j)-S^j$ 里的每一件物品报价，(3) 对任一物品 $k\in\hat{S}^j$，j 的新报价都等于最低投标价格 p_k^j。

直观上看，p^j 是竞价人 j 在上述拍卖规则下为获得不同物品所要支付的最低价格向量。这些价格随竞价人的不同而不同，因为任一物品的

① 设置投标增量的实际规则要更复杂一些，并且每一轮都有可能不同。这里的规则简化了我们的记号。

当前最高报价者都有可能以比其他竞价人低的价格获得该物品。

一般来说，在同时向上叫价拍卖的规则中，不太可能出现竞价人直接报价的情形，这是因为条件（1）可能不成立。在 Walrasian 拍卖设计中，条件（1）的成立是不成问题的，因为竞价人可以收回自己的报价；但是在同时向上叫价拍卖中，要求当前最高报价者必须对自己的报价负责，不能反悔而收回自己的报价。下面的定理很好地说明了条件（1）是如何起约束作用的。

定理 7.2 对所有初始价格 $\hat{p}$、所有增量 ε 和所有可行的价格路径，直接报价是竞价人 j 的一个可行策略当且仅当物品对竞价人 j 是可替代品时。

证明 在第一轮拍卖中，对竞价人 j 的报价向量 x 没有任何约束，因此直接报价在第一轮里是可行的。假设经过 n 轮之后直接报价仍是可行的，并且在第 n 轮结束后 j 的报价向量为 p^j。直接报价要求竞价人 j 对由向量 $D^j(p^j)$ 确定的物品的报价为 p^j。在第 $n+1$ 轮拍卖中，j 的报价向量是$\tilde{p}^j \geqslant p^j$，并且对于满足$\tilde{p}_l^j = p_l^j$ 的物品 l，j 是此物品的当前最高报价者。

如果这些物品具有替代性，那么 $D_l^j(\tilde{p}^j) \geqslant D_l^j(p^j)$，因此直接报价要求竞价人 j 对他是当前最高报价者的物品给出所要求的报价。这样，此策略满足拍卖中的投标约束，因此它是一个可行策略。

相反，如果对竞价人 j 来说这些物品是不可替代的，那么存在两种物品 k 和 l 以及两个价格向量 p 和$\tilde{p}$，使得$\tilde{p}_{-k} = p_{-k}$，$\tilde{p}_k / p_k = 1 + \varepsilon > 1$ 且 $0 = D_l^j(\tilde{p}^j) < D_l^j(p^j) = 1$。对最低报价的初始向量 $\hat{p} = p$ 和投标增量 ε，假设 j 在第一轮中直接报价。则 $D_l^j(p^j) = 1$；j 需要物品 l，并可能成为该物品的当前最高报价者；同时，另一竞价人可能向物品 k 投标并成为它的当前最高报价者。那样的话，j 在第二轮拍卖里对物品 l 的需求会降为 $D_l^j(\tilde{p}) = 0$，从而，直接报价定义中的条件（1）不成立。 ■

一方面，当物品不是替代品时，竞价人不可能直接报价，这对于拍卖设计来说是非常有问题的。这意味着，即使是不会对价格产生很大影响的小的竞价人也无法对价格做出反应，因为已经过去的报价可能限制以后在不同（更高）价格上的报价。这种困难会急剧增加投标成本。

另一方面，如果对所有竞价人来说物品都是可替代的，那么直接报价不但是可行的，而且所产生的结果与竞争均衡的结果相似。以下的定理给出了同时向上叫价拍卖产生的价格以及物品的分配方案，它等同于具有相同估价的拍卖中竞争均衡下的分配方案。特别地，拍卖结果在所有可能的分配中在一个投标增量的范围内使总价值达到最大。

定理 7.3　假设对于所有竞价人来说，这些物品都是可替代的，并且所有竞价人都直接报价。那么，在进行有限轮之后，没有新的报价产生，从而拍卖结束。若记 $(\bar{p}, \bar{x})$ 表示最终的当前最高报价和物品的分配，那么，$(\bar{p}, \bar{x})$ 是以下问题的一个竞争均衡，其中竞价人 j 的估价函数为 $\hat{v}^j(x)=v^j(x)-\varepsilon\bar{p}\cdot(x-\bar{x}^j)^+$。进而，最终的分配方案在一个投标增量的范围内使总价值达到最大：

$$\max_x \sum_j v^j(x^j) \leqslant \sum_j v^j(\bar{x}^j)+\varepsilon\sum_j \bar{p}_j$$

证明　我们来看第 n 轮拍卖结束后的竞价人 j。因为这些物品都是可替代的，并且 j 直接报价，如果 j 在第 n 轮结束时的报价向量是 p^j，并且是物品 z^j 的当前最高报价者，那么当这些物品的价格固定而其他物品的价格升高时，j 需要物品 z^j。这意味着，如果拍卖在 n 轮后结束，那么 j 获得的利润将是非负的。因为上述结论对所有竞价人都成立，所以物品的最大总价值是任一轮拍卖结束后所有物品的总价格的一个上限。因为投标增量有正的下限，所以拍卖必定在进行有限轮后结束。

竞价人 j 对任一物品 k 的最终报价满足 $p_k^j=\bar{p}_k(1+\varepsilon(1-\bar{x}_k^j))$。因此，当我们按照定理中所述的修改竞价人 j 的估价时，j 在最终的价格向量 $\bar{p}$ 上的需求就是问题 $\max_x(\hat{v}^j(x)-\bar{p}\cdot x)=\max_x(v^j(x)-\varepsilon\bar{p}\cdot(x-\bar{x}^j)^+-\bar{p}\cdot x)=\max_x(v^j(x)-p^j\cdot x)$ 的解。比较第一个和最后一个表达式，我们有 $D^j(p^j)=\hat{D}^j(\bar{p})$。

由结束规则可知，竞价人 j 在最后一轮中没有投标。又因为 j 直接报价，故 $\bar{x}^j\in D^j(p^j)$。由此及上一段的讨论可知，对所有的 j 都有 $\bar{x}^j\in\hat{D}^j(\bar{p})$，所以，$(\bar{p}, \bar{x})$ 是竞价人估价函数修改后的竞争均衡。

下面，我们来证明拍卖结果在一个投标增量的范围内使总价值达到最大。注意到

$$\begin{aligned}
\max_x \sum_{j=1}^N v^j(x^j) &= \max_x \sum_{j=1}^N \left[\hat{v}^j(x^j)+\varepsilon\bar{p}\cdot(x^j-\bar{x}^j)^+\right] \\
&\leqslant \max_x \sum_{j=1}^N \left[\hat{v}^j(x^j)+\varepsilon\bar{p}\cdot x^j\right] \\
&\leqslant \max_x \sum_{j=1}^N \hat{v}^j(x^j)+\varepsilon\sum_l \bar{p}_l \\
&= \sum_{j=1}^N \hat{v}^j(\bar{x}^j)+\varepsilon\sum_l \bar{p}_l
\end{aligned}$$

$$= \sum_{j=1}^{N} v^j(\bar{x}^j) + \varepsilon \sum_l \bar{p}_l$$

第一个等式是由于对估价函数所作的修改；第一个不等式是因为所有价格都是非负的；第二个不等式是因为对于任一可行的分配方案，物品至多被分配给一个竞价人；第四步则是由于（i）$(\bar{p}, \bar{x})$ 是修改后估价下的竞争均衡，（ii）竞争均衡是有效率的，（iii）当竞价人的收益是拟线性的时，有效的分配方案使总价值达到最大；最后的等式由 $\hat{v}^j(\cdot)$ 的定义可得，其中在分配方案$\bar{x}^j$处，$\hat{v}^j(\cdot)$ 和 $v^j(\cdot)$ 相等。■

事实上，在 FCC 拍卖中，与评定结果最相关的投标增量即是竞价人在最后时刻根据规则给出新的报价时所用的增量，这时通常已接近拍卖的尾声了。因此，我们期望，当拍卖即将结束时，如果所使用的投标增量非常小，那么拍卖结果将会非常接近于竞争均衡。在美国的 FCC 拍卖中，最初采用的 Milgrom-Wilson 规则就是这样的，在拍卖的最后几个阶段降低最小投标增量。[①]

下一个定理说明，如果每个竞价人都把这些物品看成是可替代的，那么即使物品是不可分的，在这个模型中也一定存在着竞争均衡。另外，这个定理还说明，如果投标增量很小，拍卖产生的分配方案是竞争均衡下的分配方案。Milgrom（2000）证明了这些结论。[②]

定理 7.4 假设对每个竞价人来说，物品都是可替代的，并且所有物品都有严格正的边际价值。如果系统中竞价人的估价函数均被修改为定理 7.3 中所述的，那么该系统存在一个竞争均衡，并且对初始价格 $\hat{p}$ 和足够小的投标增量 $\varepsilon>0$，最终分配 $\bar{x}(\varepsilon, \hat{p})$ 是某一竞争均衡下的分配。

证明 我们将 $\hat{p}$ 设置得足够小，使得每件物品在第一轮拍卖里都能吸引到竞价人的投标。于是，通过拍卖，每件物品都能被分配给某一个

① 随后，FCC 为降低交易成本改变了这个规则：在拍卖的最后阶段设置较小的投标增量会导致成本较高、数量过多的多轮拍卖，并且在每轮拍卖里，竞价人的投标行动都相对较少。

② Kelso 和 Crawford（1982）建立了一个关于劳动力市场的模型，这个模型与这里所讨论的模型极为相似，其中，公司向工人提供一个工资报价序列，这类似于同时向上叫价拍卖中的报价序列。Kelso-Crawford 拍卖采用的结束规则与同时向上叫价拍卖中的相同，对收回报价所作的限制也十分相似。这两个模型的主要区别有两点。第一点，Kelso-Crawford 模型更具一般性，它允许工人综合考虑公司的特征以及所提供的工资来对公司的报价进行评估。第二点，它只要求公司对工人工资的报价高于之前提供给该工人的最高报价，而不要求高于其他公司提供给该工人的最高报价。

竞价人。固定 $\hat{p}$，我们先不考虑 $\bar{x}$。

设 $\{\varepsilon_n\}\to 0$ 是一个正数序列，定义 $(\bar{x}(\varepsilon_n),\bar{p}(\varepsilon_n))$ 为相应的拍卖结果序列，$\hat{v}_n=(\hat{v}_n^j)_{j\in N}$ 为相应的修改后的估价函数序列。由于物品的分配方案数量有限，所以肯定存在某个分配 $\bar{\bar{x}}$ 使得它在这个序列上出现了无限多次。

因为每个均衡价格都是非负的且有上界，且所有物品之完备集的最大值即为一个上界，故所有的价格向量都落在一个紧致集中。因此，存在一个子序列 $n(k)$，在该序列上 $\bar{x}(\varepsilon_{n(k)})=\bar{\bar{x}}$ 且 $\bar{p}(\varepsilon_{n(k)})$ 收敛于某个价格 $\bar{\bar{p}}$。由定理 7.3 可知，对每一个 k，$\bar{\bar{x}}=\bar{x}(\varepsilon_{n(k)})\in D(\bar{p}(\varepsilon_{n(k)})\mid\hat{v}_{n(k)})$。又因为 $\varepsilon_{n(k)}\to 0$，故 $\hat{v}_{n(k)}\to v$。由于需求函数 D 在价格和估价平面上是一个封闭图形，所以 $\bar{\bar{x}}\in D\ (\bar{\bar{p}}\mid v)$，即 $(\bar{\bar{x}},\ \bar{\bar{p}})$ 是一个竞争均衡。■

定理 7.2、定理 7.3 和定理 7.4 均假设物品是可替代的。我们知道，频谱许可证是采用向上叫价拍卖出售的一类重要资产。事实上，频谱许可证是可替代的还是互补的通常取决于许可证是如何定义的。如果像许多美国频谱拍卖中那样许可证很大，持有多个许可证可能不会产生很明显的规模经济效应，并且这些许可证可能具有近似的替代性。然而，当许可证很小时，竞价人将不得不持有多个许可证以达到一定的规模经济效应，这时，这些许可证不可能具有替代性。

物品的可替代性假设不成立时会导致多么严重的后果呢？我们是否能将定理 7.2、定理 7.3 和定理 7.4 推广到更一般的价值集合情形中，其中物品不必是替代品？定理 7.2 证明了当物品不可替代时，在一般情况下，竞价人不可能直接投标。以下定理由 Milgrom（2000）给出，它说明了如果物品间的替代条件不成立，那么我们甚至不能保证竞争均衡的存在。

定理 7.5　假设有一个个人估价函数的可能集合，其包括物品是替代品时的所有估价函数，还包括至少一个其他估价函数。于是，如果至少有三个竞价人，那么存在一个可能的个人估价组合使得不存在竞争均衡。[①]

为了从直观上理解这个定理，表 7.2 中列出了一个包含两个许可

---

① Gul 和 Stacchetti（1999）证明了一个相关的定理。他们假设可能的估价集合包括竞价人只需要一件物品时的情形，同时他们还假设竞价人数量至少等于物品数加 1。对此，他们证明了，如果可能的估价集合包括一个物品不是替代品时的估价，那么存在一个可能的个人估价组合使得竞争均衡不存在。

证、两个竞价人的例子。表中给出了许可证 A 和 B 以及将这两个许可证合并在一起（AB）后分别对两个竞价人的价值。如果 $c>0$，那么对竞价人 1 来说这两个许可证不是替代品。这是因为，当价格升至 $a+0.5c$ 和 $b+0.5c+\varepsilon$ 时，如果 $\varepsilon<0$，那么竞价人 1 会希望同时买下这两个许可证；而如果 $\varepsilon>0$，则这两个许可证他都不需要。因此，随着许可证 B 的价格的提高，竞价人 1 对许可证 A 的需求相应下降。如果存在一个竞价人，对他来说许可证不是替代品，那么我们可以找到估价函数使得对另一个竞价人（例如，竞价人 2）来说这些许可证是替代品，但是不存在竞争均衡。

表 7.2

竞价人	估价		
	A	B	AB
1	a	b	$a+b+c$
2	$a+0.6c$	$b+0.6c$	$a+b$

如果 $c>0$，那么对于竞价人 2 来说这两个物品是替代品。

假设在该例子中存在一个竞争均衡。那么，均衡下的分配肯定是有效率的，因此竞价人 1 获得两个许可证。当竞价人 2 不需要任何许可证时，均衡价格必定满足 $p_A\geqslant a+0.6c$ 和 $p_B\geqslant b+0.6c$。于是，$p_A+p_B\geqslant a+b+1.2c$。由此可知，竞价人 1 也不想买了。所以，不存在竞争均衡价格。

根据定理的描述，第三个竞价人的参与使得我们能够将多物品拍卖转换为只含两个物品的等价拍卖。

定理 7.5 的证明 我们首先略述该定理的证明思路。首先确定一个竞价人（设为竞价人 1），对他来说物品 1 和 2 是不可替代的；再引入其他两个对物品有着相同线性估价的竞价人。固定他们的估价，使得除物品 1 和 2 之外的其他物品的均衡价格为 p_{-12}。对于这些固定的价格，在竞价人 1 获得物品 1，或者物品 2，或者两个物品都获得，或者一个物品也没获得的条件下，定义竞价人 1 的间接估价函数。随后，我们引入第四个竞价人，假设他只需要物品 1 和 2。这时，与定理之前的例子所描述的一样会出现一个竞争均衡不存在的情形。最后，我们发现，如果去掉具有相同估价的竞价人中的一个，结论不会改变。

假设竞价人 j 的估价函数为 v^j，对他而言物品是不可替代的。则存在一个价格向量（p_{-k}，$\tilde{p}_k$），常数 $\varepsilon \in R_+$ 以及两个物品，不妨设为物品1和物品2，使得 $D_1^j(p_{-1},\tilde{p}_1)=D_2^j(p_{-1},\tilde{p}_1)=1$ 且 $D_1^j(p_{-1},\tilde{p}_1+\varepsilon)=D_2^j(p_{-1},\tilde{p}_1+\varepsilon)=0$。取 $j=1$。

假设竞价人2和3对于分配 x 有着相同的线性估价：$\bar{v}(x)=(0,0,p_{-12})\cdot(x_1,x_2,x_{-12})$。记 $\hat{v}(x_1,x_2)=\max_{x_{-12}} v^1(x_1,x_2,x_{-12})-p_{-12}\cdot x_{-12}$，$a=\hat{v}(1,0)-\hat{v}(0,0)$，$b=\hat{v}(0,1)-\hat{v}(0,0)$ 以及 $c=\hat{v}(0,0)+\hat{v}(1,1)-\hat{v}(1,0)-\hat{v}(0,1)$。则竞价人1的需求模式意味着 $c>0$。

竞价人4只需要物品1和2。如表7.2中所述，他为获得许可证1愿意支付 $a+0.6c$，为获得许可证2愿意支付 $b+0.6c$，为同时获得两个许可证愿意支付 $a+b$。

在任一竞争均衡中，除物品1和2之外，其他物品的价格至少为 p_{-12}。如果存在某一竞争均衡使得这些物品的价格更高，那么将价格降至 p_{-12} 可以保证每件物品的需求量都为1。所以，还存在一个均衡，即除物品1和2之外，其他物品的价格为 p_{-12}。因此，我们可能会将注意力都放在这些均衡上。

证明的第二部分恰好也需要借用之前的例子。竞争均衡下的分配必定使总价值达到最大，因此它肯定将物品1和2分配给竞价人1。因为第四个竞价人没有获得许可证，所以物品1和2的价格至少分别为 $a+0.6c$ 和 $b+0.6c$，但是这样的价格与竞价人1购买物品1和2所愿意支付的价格是不一致的。

最后，假设竞价人3不参与，并且定理中的结论不存在，即存在竞争均衡（$\hat{p}$，$\hat{x}$）。对任意的物品 $m\neq 1$，2，如果竞价人1获得该物品 m，那么竞价人2就不能获得，因此 $\hat{p}_m \geqslant p_m$。相反地，如果竞价人1没有获得该物品，那么竞价人2获得，因此 $\hat{p}_m \leqslant p_m$，且存在另一个均衡，其中 $\hat{p}_m = p_m$。所以，（（$\hat{p}_1$，$\hat{p}_2$，$\hat{p}_{-12} \vee p_{-12}$），$\hat{x}$）是有三个竞价人参与的竞争均衡。这时，如果假设竞价人3参与，那么我们可以令他在这些价格上的需求为零。于是，上述价格以及分配方案也构成了一个有四个竞价人参与的竞争均衡，而这与我们的结论，即这样的均衡不存在，是相反的。■

竞争均衡的不存在性与同时向上叫价拍卖中参与人所面临的披露问题（exposure problem）有关。如果竞价人一开始就根据自己的需求计划直接报价，那么在随后几轮里，可能会出现他的报价高于自己事先制订的需求计划的情况。这是因为互补物品变得十分昂贵，使得他不得不以自己的报价购买在此价格上他本不打算购买的这些物品。

在表 7.2 所示的例子中，如果竞价人 2 采用非占优策略，那么直到两个物品的价格达到他的保留价时，他才会退出拍卖。在此价格上，竞价人 1 也无利可图。因此，如果竞价人 1 猜测到竞价人 2 会以这种方式报价，那么他将不会为这两个物品积极投标。从而，拍卖结果将是无效率的。

上述分析引发出的一个困惑是，一些包含互补性许可证的频谱拍卖表面看起来似乎进行得很好。在 1994 年美国区域窄带拍卖中，一些竞价人成功地获得了单频谱带上的多个区域许可证，并最终能够提供全国范围内的传呼服务。在墨西哥，为了管理不同区域之间的点对点微波通信，1997 年举办的许可证拍卖也具有十分相似的模式。这些拍卖的特殊之处似乎在于，对于计划开展全国传呼网络或全国微波通信网络的竞价人来说，这些许可证具有互补性，而对于其他竞价人来说，这些许可证却不具有替代性。

这个定理提出了一个问题：所有的许可证对于一个竞价人来说具有互补性而对于另一个竞价人来说则具有替代性。1998 年 2 月举行的荷兰 DCS-1800 拍卖说明了实际中这一问题的重要性。在那场拍卖里，一共有 18 个许可证出售，其中有两个许可证制定得比较大，新进入该行业的公司可以用它们来建立自己的无线电话业务；其余的 16 个许可证都比较小，使得对于新进入者来说是没有价值的，但是可以用于扩展现有无线系统运营商的系统。同时，如果新进入者能获得 4～6 个小许可证，那么他也可以将它们组合起来以能有规模效应地开展业务。因此，这些小许可证对于新进入者来说很可能具有互补性，但是对于已有无线系统运营商来说则具有替代性。上述定理明确指出这种模式是有问题的。

由定理 7.2 可知，新进入者肯定会发现向小许可证投标是十分困难的。根据拍卖规则，在每一轮里都直接报价是不可行的。有人可能会希望利用竞争价格来预测报价，但是由定理 7.5 可知，竞争的市场出清价格可能不存在。正如我们的数值算例所示，即使知道自己是最高估价者的竞价人也会很明智地避免积极投标，因为这么做可能没有办法赢得利润。

荷兰拍卖的结果似乎证实了这一点。那两个大许可证中每单位带宽的最终价格要比其余十六个小许可证中每单位的价格高两倍多。愿意以高价购买大许可证的竞价人好像不愿冒险去获得多个小许可证。[①]

我们将在下一章中讨论物品间具有互补性时的投标问题。

7.2.2　时钟拍卖

FCC 采用同时向上叫价拍卖出售频谱许可证具有相当好的效果，所出售的每件物品都是唯一的。在实际应用中，它的一个主要缺点是拍卖的持续时间。事实上，如果将整个拍卖过程分为两个部分，那么前半部分过后，几乎所有物品的分配都不再发生变化；后半部分仅是修改少数几个小许可证的分配。

为了探究拍卖为什么进行得如此缓慢以及如何才能加速它的进程，我们先来看一个简单的例子。假设 $n+1$ 个竞价人竞相购买 n 件相同的物品，并且每个竞价人都只能获得一件。假设物品的起始价格为零，每个竞价人都直接报价，竞价人对任一物品的报价都不低于当前最高报价加 1，且每件物品对每个竞价人的价值都是 $v>1$。从第 1 轮拍卖到随后的 $n-1$ 轮，对一直没有人报价的物品，所有新的报价都是价格 1。在初始阶段之后的每一轮拍卖里，$n+1$ 个竞价人中的 n 个成为某一物品的当前最高报价者，并且直到余下的那个竞价人将某个物品的价格增加 1，他们都不用再向其他物品投标。因此，总的拍卖收益通过每轮拍卖增加 1。从而，拍卖将进行 $n\lfloor v-1\rfloor+1$ 轮或 $n\lfloor v\rfloor$轮。[②]

导致标准的同时向上叫价拍卖的持续时间如此长的一个原因是，这种拍卖方式没有利用拍卖品同质这一特点。当出售像证券或电力这类商品时，这一不足之处是非常重要的。我们有两个同时叫价拍卖设计的替代方案可以解决这一不足之处。最简单的方案是密封投标拍卖，例如前面提到过的“被拒绝的最高报价作为成交价格”的拍卖。如果竞价人直接报价，那么，当只出售一种物品时，这种拍卖会产生一个竞争价格。然而如果出售的物品中有些是不完全替代的，那么即使直接报价，这种拍卖方式也是不适宜的。

第二个替代方案是时钟拍卖，其中拍卖者用一个数字时钟来显示每种物品的价格。从直观上来说，时钟拍卖很简单：在每一轮里，当某种物品的需求量超过其供给量时，拍卖者将该物品的价格提高一个增量。时钟拍卖包含了与同时向上叫价拍卖一样的原理，它既可以为不同类的

---

① 某些价格差异还可能是由不同类型的许可证中所包含的频谱的其他差异引起的。

② 符号$\lfloor v\rfloor$表示小于等于 v 的最大整数。

物品确定各不相同的价格，也可以为同类物品确定统一的价格。

尽管时钟拍卖的原理很简单，但是在实际操作中却会遇到很多难题。由于拍卖者通过投标增量以离散的形式抬高物品价格，价格可能会超调，因而出现以下这种情况：在拍卖者提高价格之前，价格没有超过竞价人的预期目标。但是，拍卖者根据增量提高价格后，价格超过了这个竞价人的预期目标。这样，拍卖设计有必要进行一些细微的调整。例如，在前面叙述过的简单例子中，在某一轮拍卖里，当价格提高后，物品需求量一下子从 11 件降到了 9 件，那么如果出售 10 件物品，我们应该如何制定拍卖规则呢？

如下面将要讨论的，这个问题的一个理论解决途径是，拍卖者应想方设法从竞价人那里获得更多的信息，而不仅仅是估计当前价格上的需求量。当不断变化的价格改变需求过剩的迹象时，拍卖者可以利用这些额外信息来决定将物品分配给谁。迄今为止，时钟拍卖现场不仅会向竞价人询问在当前价格上的需求量，而且会要求竞价人提供其他的额外信息。

2002 年的新泽西州电力采购，是电力公司为自己的顾客购买电力，其中也体现了时钟拍卖在具体操作上的一些困难。假设竞价的有四种电力产品，我们分别用 A、B、C、D 来表示。假设在某一轮拍卖里，产品 A 和 B 的需求过剩（在当前价格下需求量超过了供给量），产品 C 和 D 的需求不足（在当前价格上需求量低于供给量）。假设拍卖者提高产品 A 和 B 的价格，并且当价格提高后，产品 A 和 B 变得需求不足，而产品 C 和 D 变得需求过剩。那么，拍卖规则应如何应对这种情况呢？新泽西州的拍卖规则要求原本向 A 或 B 投标而现在转为向 C 或 D 投标的这些竞价人为他们的改变而向 C 和 D 报一个新的价格。有时，一些复杂的规则不允许这种转换以避免产生需求不足的产品。有的规则还规定，如果禁止竞价人从 A 转到 B，那么当他最终赢得了 A 时，他的支付价不得高于他自愿给出的最高价格。

法国电力公司（Electricite de France，EDF）在 2002—2003 年期间采用了一个与此有关但却截然不同的时钟拍卖设计来进行电力销售。① EDF 每三个月进行一次电力销售。销售的产品是为期 3 个月到 36 个月不等的电力供给合约。从本质上讲，出售这些不同期限的供给合约

① EDF 产品常被称为“虚拟发电厂”，这是因为买方只在合约上享有该发电厂电力的获取权，而实际上是由 EDF 继续运营该发电厂。

所带来的复杂性与新泽西州拍卖里出现的由于多物品而产生的复杂性是相同的。但事实上，制订适当的销售方案是可以避免问题的复杂性的。

在每场拍卖前，EDF 确定它希望提供的电力总量，这主要根据合约期限的前三个月里它所能提供的电量来确定。借用欧洲其他市场上的电力价格，EDF 确定差价Δ_n，并要求期限为 n 个月的合约中每兆瓦时的价格必须比期限为三个月的基准合约中每兆瓦时的价格高Δ_n。这些 Δ 定义了一个计分规则（scoring rule），在此规则下 EDF 进行的拍卖就如同在拍卖单一同质产品，即合约里前三个月的电量。

为加快投标进程，EDF 拍卖使用电子投标代理来模拟在时钟拍卖中所发生的，连续不断地提高价格。实际中采用多轮拍卖，规则明确了每轮拍卖里计划提高的价格幅度 δ。在每一轮拍卖中，只有电子代理投标，并详细指出每一个价格上需要的数量；同时，每一种合约的价格连续递增。当下面两种情况之一发生时，该轮拍卖结束：(1) 每一合约的价格均提高了 δ；(2) 总需求量低于总供给量。当第二种情况发生时，拍卖完全结束。EDF 选择的 δ 足够大，使得拍卖能够在五轮之内结束。

从本质上来说，电子式拍卖中的每一轮都是瞬间完成的。但是在相邻的两轮之间，会给竞价人留一段足够长的时间，以便他们指导自己的代理在下一轮拍卖中该如何投标。拍卖者为让竞价人输入这些指令提供了一张表格。每个竞价人告诉他的代理在本轮拍卖里其初始的需求量向量，（除第一轮之外）其值必须等于上一轮结束时的需求量。此外，竞价人还可能给出一个有限数，用以表示在本轮拍卖中的需求变化次数。给代理的改变竞价人需求的一条典型指令，详细说明了在本轮拍卖中的一个百分数 40%，当所有价格都提高 0.4δ 时，电子代理将产品 1 的需求量减少 100 单位，而将产品 2 的需求量增加 50 单位。一般来说，受物品总需求量不能随价格升高而增加的限制，一条指令包含一个需求变化百分比和一个需求变化清单。

拍卖结束时，EDF 按照前三个月的某一供给量以及随后每个月的较低供给量履约。因为 EDF 未履约的电量近似为一个常数，所以从技术上来说这个计划是可行的。最后，这些未履约的电量将留待在三个月后进行的下一场拍卖中出售。

看起来 EDF 在进行电力拍卖时好像只需考虑一个约束条件，即前三个月的可用电量，从而，这是一个彻底简化了的设计。随着时间的推移而进行的一系列拍卖，实际上考虑了多个约束条件。但这一设计不适合新泽西州的情况，在这种情况下不同的产品约束都要求应用于同一时期，而且都需要同时解决。新泽西州的情况需要一种能够解决多产品匹配问题的拍卖，而不仅仅是解决使总需求量等于总供给量的问题。

Demange、Gale 和 Sotomayor（1986）设计了一个理论上合理的拍卖，它可以在类似于新泽西州拍卖的情景下进行时钟拍卖，但是他们的分析建立在每个买方都只需要一件物品的假设之上。Gul 和 Stacchetti（2000）将之推广到一般的情况中，其中对每个竞价人来说物品均具有可替代性。

因为在拍卖的关键时刻，不同产品组合下的价格可能对竞价人来说恰好是无差别的，所以离散物品给时钟拍卖带来了实际应用和理论问题。为了提高需求过剩物品的价格，当一些分配对竞价人来说是无差别的时，我们需要给出需求过剩的定义。

理论上，识别需求过剩物品的正确方法是让每个竞价人都给出在当前价格上是无差别的产品组合的集合。为了解释 Gul-Stacchetti 进程，我们首先考虑一个不存在无差别的产品组合的简单例子。在这种情况下，每个竞价人都需要一个特殊的产品组合，这样，我们就可以确定需求量严格大于供给量的产品集合了。这个产品集合被称为最大需求过剩集（maximally overdemanded set），即使需求与供给之间差异最大化的集合。不难看出，它也是如此集合中的最小者。在一般情况下，当无差别可能发生时，拍卖者需要确定这个最小的最大需求过剩集。如果这个集合包含正的过剩需求，那么拍卖者必须提高这个集合中产品的价格。

为了确定最小的最大需求过剩集，我们引入一些记号。对每个产品集合 B 和价格向量 p，用 $\# D(B, p)$ 表示集合 B 中产品的需求量。如果至少一个竞价人有不止一个收益最大化的分配方案，那么用 $\# D(B, p)$ 表示竞价人的任一最优选择组合下集合 B 中产品的最小需求总量。用 $\# S(A)$ 表示集合 A 中所有产品的供给总量。如果 $\# D(B,p) - \# S(B) = \max_A(\# D(A,p) - \# S(A))$，则称集合 B 是价格向量 p 处的最大需求过剩集。最小的最大需求过剩集是其中不存在最大需求过剩子集的最大需求过剩集。

为了说明如何计算最大需求过剩集，假设有两种产品和一个竞价人，并且组合（4，3）和（3，4）对该竞价人是无差别的。此时，$\# D(\{1\},p) = 3$，$\# D(\{2\},p) = 3$ 和 $\# D(\{1,2\},p) = 7$。如果每种产品都有三件准备出售，那么每种产品都不会出现需求过剩的情况，因为每件产品的最小需求量不会超过供给量。但是，在这个例子中，集合 $\{1, 2\}$ 是需求过剩的，因为该集合的最小需求量是 7，这超过了可用的供给量。

时钟拍卖通过同时提高这两种产品的价格进行，直到需求集发生变化。例如，可能会出现以下情景：随着价格递增到达某一点，除组合（4，3）和（3，4）之外，组合（3，3）也成为买方的最优选择。这时，时钟拍卖结束，每件产品的需求量都等于供给量。

Gul 和 Stacchetti（2000）讨论了一个时钟拍卖模型，其中假设竞价人的估价取整数值，并且在每轮拍卖中价格都只提高一个单位。他们用拟阵理论（matroid theory）证明了，如果物品都是可替代的且所有竞价人都真实地报告自己的需求量，那么在最后价格处存在一个能恰好出清市场的分配方案。换句话说，如果物品都是可替代的，则上述进程产生的价格将收敛于一个竞争均衡价格向量。

从某个角度看，这个结论是直观的：时钟拍卖所产生的价格似乎与直接报价时 FCC 同时向上叫价拍卖产生的相似，同时，我们在前面已经看到当物品都是替代品时，FCC 拍卖设计是如何产生竞争结果的。但是，到目前为止的研究仅能起一些启发性的作用，还没有能够将这两种方法综合起来。

7.2.3　统一价格拍卖中的策略分析

在本小节中，我们讨论统一价格拍卖中策略行为的分析。前面的分析主要集中在密封投标拍卖上并证明了均衡价格低于物品的边际价值。特别是对连续型模型，我们证明了这一均衡与竞价人数量无关。对离散型模型，当有很多物品和很多竞价人时，我们也得到了类似的结论。

在所讨论的每个模型中，我们都要求信息是完全的，在所得到的均衡中每个竞价人都有一个无限的最优反应集。此外，其中有一个模型的 Nash 均衡构成了一个连续统，这一结论令我们无法相信根据模型进行的预测。人们可能会想，环境的更加详尽的建模，考虑不确定性或动态性或二者兼而有之，是否可以得到合理的均衡。之前，我们曾讨论过在模型中考虑不确定因素以及由此产生的混合结果。在本小节中，我们建立一个时钟拍卖的动态模型，并证明它策略等价于某一密封投标拍卖。然后，我们用弱占优以及逆向归纳法（backward induction）来试图排除在前面的分析中发现的一些极端均衡。

7.2.3.1　时钟拍卖的基本模型

我们要建立的时钟拍卖模型中含有 N 个竞价人，准备出售的物品只有一种且是完全可分的，其数量为 NS 个单位。如果竞价人 j 以价格

p 获得 q 个单位，那么他获得的利润为 $V^j(q)-pq$。假设 V^j 是连续且严格凹的函数。记 $\hat{q}^j(p)=\arg\max_{x\in R_+}(V^j(x)-px)$ 表示相应的需求函数。

时钟所显示的价格从保留价 r 开始，并且从这一轮到下一轮，时钟均增加一个小的增量。每个竞价人都公布自己在当前价格上的需求量，且行动规则禁止竞价人从这一轮到下一轮增加他的需求量。当所有竞价人的总需求量低于或者等于供给量，即 NS 个单位时，拍卖结束。为了确保这个博弈是良好定义的，我们假设如果拍卖达到了一个预先指定的很高的价格，那么它就结束。当拍卖结束时，交易价格等于在时钟上显示的当前价格，同时，每个竞价人都以此价格得到自己需要的数量。

竞价人可能通过报复彼此偏离均衡的行为而形成合谋均衡，为了将这种可能性降至最低，我们假设竞价人在整个拍卖期间所获得的唯一信息就是当前价格。由此可知，当前价格涵盖了拍卖期间任一时刻上所有的公共信息，因此（缩减的）纯策略仅仅根据当前价格来确定报价。① 如果可能的价格集是所有非负数构成的集合，那么策略是一个非增函数 $q:R_+\to[0,NS]$，即从可能价格到需求数量的一个映射。

这个模型突出了时钟拍卖和密封投标统一价格拍卖之间的密切联系。对于我们在上面所建立的时钟拍卖模型，它们有相同的策略空间和利润映射。它们的区别仅在于（1）可以使用逆向归纳法对时钟拍卖进行动态分析；（2）在时钟拍卖中的价格空间是离散型的，而在密封投标拍卖中的价格空间则是连续型的。现在，我们考虑消除后一区别，从而价格在这两种拍卖中都是连续的。为证明的方便，我们在下面仅考虑连续型。

首先，我们确定并删除一些弱占优策略。

定理 7.6 假设竞价人数量 $N\geqslant 2$，记 $q(p)$ 表示时钟拍卖博弈的一个策略，并记 $\bar{q}(p)=\min(q(p),\ \hat{q}(p))$。如果 $q\neq\bar{q}$，那么 $\bar{q}$ 弱占优于 q。

---

① 缩减策略（reduced strategies）是纯策略的一个等价类，它们的结果总是相同的。我们在前几章中分析荷兰式拍卖以及向上叫价拍卖时都使用了缩减策略。

对于这里所讨论的情形，因为竞价人除了知道当前价格之外，还知道自己过去的投标历史，所以纯策略是从当前价格以及竞价人过去的需求数量历史到当前需求数量的一个映射。然而，给定任一纯策略 Q 和任一价格 p，我们知道，如果价格到达 p，则可以确定竞价人唯一的需求数量。因而，纯策略 Q 确定了一个从价格到数量的映射 q。任何两个产生相同映射 q 的策略都必然会产生相同的结果，因此这样的策略是等价的。从价格到投标数量的映射是非增函数 $q(p)$，它在策略集中定义了一个等价类，所以我们称此非增函数为缩减策略，并用它来进行分析。本书中，我们通常称 q 为“策略”，而省略形容词“缩减”。

证明 假设 $q \neq \bar{q}$。因为 $N \geqslant 2$，所以，对于其他竞价人存在一些策略，使得 q 和 $\bar{q}$ 所产生的拍卖结果中的价格是不同的。因此，我们只需证明，当这两个策略对应的结果不同时，$\bar{q}$ 产生的利润总是严格多于 q 产生的。

对其他竞价人的任一策略组合，假设 q 和 $\bar{q}$ 对应的结果（p，q（p））和（$\bar{p}$，$\bar{q}$（$\bar{p}$））不相同。由于在任一价格上都有 $\bar{q} \leqslant q$，故 $\bar{p} < p$。由 $\hat{q}$ 的定义可知，对竞价人来说，结果（p，$\hat{q}(p)$）比（p，$q(p)$）更有利可图一些。但 $\bar{p}$ 不是需求函数为 q 时的市场出清价格，所以有（$\bar{p}$，$\bar{q}(\bar{p})$）=（$\bar{p}$，$\hat{q}(\bar{p})$）。同时，结果（$\bar{p}$，$\hat{q}(\bar{p})$）优于结果（p，$\hat{q}(p)$），因为二者都是由价格确定的需求但后者的价格更高一些。从而，对竞价人而言，（$\bar{p}$，$\bar{q}(\bar{p})$）优于（p，$q(p)$）。 ■

下面，我们用一个简单的对称模型来说明逆向归纳法的使用。在这个模型中，竞价人有着相同的严格递增、凹、连续可微的估价函数 $V(q)$，记 $\hat{q}$ 为相应的需求函数。

定理 7.7 对任意的保留价 r 和任意的竞价人数量 N，策略 $q(p)=\min(S, \hat{q}(p))$ 是时钟拍卖博弈的对称 Nash 均衡。

证明 如果每个竞价人都采用定理中给定的策略，那么没有一个竞价人的需求量会超过 S，因此拍卖以保留价 r 立即结束，此时每个竞价人都以价格 r 获得 $\min(S, \hat{q}(r))$ 个单位。不难发现，在所有使竞价人得到的物品数量低于 S 的偏离行动中，不可能产生比均衡策略更高的利润，因为没有一个行动会导致比 r 更低的价格。

因此，如果存在任何有利可图的偏离，那么它必定能使偏离者以价格 $\tilde{p} > r$ 获得 $\tilde{q} > S$ 个单位。由定理 7.6 可知，不失一般性，我们可假设 $\tilde{q} \leqslant \hat{q}(\tilde{p})$。上面的两个不等式意味着，在价格 $\tilde{p}$ 上，不采用偏离行动的 $N-1$ 个竞价人每个获得 $\min(S, \hat{q}(\tilde{p}))=S$ 个单位。因此，购买的总数量是 $\tilde{q}+(N-1)S>NS$，这说明以此价格无法出清市场。 ■

我们知道，如果 $\hat{q}(r)>S$，那么采用均衡策略时竞价人的利润是 $V(S)-rS$，它随 r 递减。如果 $\hat{q}(r) \leqslant S$，则相应的利润是 $V(\hat{q}(r))-r\hat{q}(r)$，它也随 r 递减。因为这个利润随 r 处处递减，所以，从竞价人的利益角度来考虑时，他总是愿意立即采取行动、结束拍卖。我们也可以将这个论点正式地写出来，这就给出了定理 7.7 的另一个证明。

定理中的均衡与采用逆向归纳法得到的一致。在任一投标历史后，竞价人所面对的博弈都是以当前价格作为起始价的新的博弈。定理表明，在这个新的博弈中，定理给出的策略是这个新博弈的一个对称 Nash 均衡。逆向归纳法与子博弈完全均衡的性质相似，但它们不完全相同。[①]

以上定理中所确定的均衡策略与人均供给量 S 有关，而与竞价人数量 N 无关。从而，由该定理可知，成比例增加的竞价人数量和总供给量不一定会增加拍卖中的有效竞争。我们还发现关于均衡选择的一些问题：弱占优和单独采用逆向归纳法都不能消除价格很低时的均衡。

7.2.3.2 轮流出价的时钟拍卖

Ausubel 和 Schwartz（1999）发现，采用逆向归纳法实际上可能会选择一个低价均衡作为唯一均衡。为了消除其他模型中的多重均衡，Ausubel 和 Schwartz 增加了两个新的假设。首先，假设竞价人序贯投标，从而竞价人的行动不是同时的，这与其他模型中的不同。其次，假设每个竞价人在选择自己需要的数量之前都知道前面的所有投标。这两个假设将拍卖转变成了一个完全信息的扩展式博弈。由博弈论里的标准结论可知，一般来说，完全信息的有限博弈有唯一均衡，它可由逆向归纳法得到。[②] 尽管我们不能将这个结论直接用于拍卖，但是下面我们将看到，轮流出价时的一个时钟拍卖也有唯一的均衡。[③]

在我们的模型中，两个竞价人具有递增、严格凹且连续可微的估价函数 $V^1(q)$ 和 $V^2(q)$，满足条件 $V^1(0)=V^2(0)=0$；有一个可分物品待出售；拍卖有保留价 r。

我们定义拍卖的状态为（p，q），其中 p 表示时钟上显示的当前价格，q 表示除当前竞价人外所有其他竞价人的当前总需求量。拍卖的初始状态是 $p=r$ 和 $q>1$。

在任一 $n\geqslant 1$ 轮拍卖中，只有一个竞价人行动（称这个竞价人为“行动者”）。

如果 n 是奇数，竞价人 1 观察到状态变量（p，q），并选择需求量 q_1。如果 $q_1+q\leqslant 1$，那么拍卖以价格 p 结束，竞价人 1 得到数量 q_1，竞价人 2 得到数量 q。在这种情况下，我们说竞价人 1 接受了这个状态。

---

① 在诸如此类的完全信息博弈中，子博弈仅在没有一个竞价人有私有信息的结点处开始。在这里的模型中，竞价人仅知道自己过去的数量选择，因此下面提到的“新博弈”不是标准定义下的子博弈。

② 这意味着，如果在扩展式博弈中有 N 个参与人和 K 个终点结，并将收益看作 R^{NK} 中的一个元素，那么使博弈具有多重均衡的收益集是一个 Lesbesgue 零测度集。这说明，唯一性的丧失需要很少碰到的一致性条件，或者要求终点结有特殊的结构。拍卖博弈满足后一个条件：在拍卖进行期间，几种不同的路径都可以产生相同的价格和分配，从而产生相同的收益。

③ 本书中的模型与最初的 Ausubel-Schwartz 模型稍有不同。他们建立了一个同时向上叫价拍卖的模型，其中不同单位的价格不同，而本书建立的是统一价格的时钟拍卖模型。

如果竞价人 1 不接受这个状态，那么拍卖继续进行。这时，下一轮的状态变量变为（$p+1$，q_1）。此时，竞价人 1 是当前的最高竞价人，他的需求量是q_1，相应的价格是 $p+1$。

如果 n 是偶数，发生的过程与上面类似，但这时行动的是竞价人 2。竞价人 2 观察到状态变量（p，q），并选择数量q_2。如果 $q+q_2\leqslant 1$（则竞价人 2 接受），那么拍卖以价格 p 结束，竞价人 1 和竞价人 2 得到的数量分别为 q 和 q_2。否则，进入下一轮，其状态变量为（$p+1$，q_2）。

稍后我们将看到，这个博弈具有唯一均衡，它可以用逆向归纳法得到。我们先假定均衡是唯一的，在此前提下我们来描述均衡策略的特征。给定状态（p，q），竞价人 j 可以接受该状态，此时他获得的利润为

$$\alpha^j(p,q)=\max_{x\in[0,1-q]}(V^j(x)-px) \tag{7.6}$$

他也可以拒绝该状态，并给出一个竞价人 i 可以接受的量：

$$\begin{aligned}&\beta^j(p)=\max_{x\in[0,1]}(V^j(x)-(p+1)x)\\&\text{s. t. }\ \alpha^j(p+1,x)\geqslant\beta^i(p+1)\end{aligned} \tag{7.7}$$

α^1 和α^2 的计算是简单的。为计算 β^1和 β^2，我们注意到如果价格 p 足够高，那么$0\leqslant\beta^j(p)\leqslant\max_{x\in[0,1]}(V^j(x)-(p+1)x)=0$。于是，我们可以构造两个以高价开始、相互迭代的函数。

定理 7.8　上述的轮流出价时钟拍卖博弈有唯一均衡。在均衡时，给定状态（p，q），如果$\alpha^j(p,q)\geqslant\beta^j(p)$，则行动者 j 接受。否则，行动者 j 拒绝，并选择一个可以让另一个竞价人接受的状态。由式（7.7）确定行动者 j 的投标，同时，j 获得的利润为 $\max(\alpha^j(p,q),\beta^j(p))$。

证明　我们用归纳法来证明唯一性。由假设可知，存在最优需求量为零的一个价格；进而，对所有足够高的价格，行动者总是接受，然后拍卖结束。这时，j 获得的利润是 $\max(\alpha^j(p,q),\beta^j(p))$。下面，我们用数学归纳法来证明。

记 $\bar{p}$ 表示唯一均衡下的价格。当价格为 $\bar{p}-1$ 时，行动者 j 有三种选择。他的第一种选择是接受，并获得利润$\alpha^j(\bar{p}-1,q)$。他的第二种选择是给出一个可以让另一个竞价人接受的出价。由归纳假设知，另一个竞价人将在下轮拍卖中接受这个出价，因此 j 获得的利润为$\beta^j(\bar{p}-1)$，并由式（7.7）可知，另一个竞价人获得的利润为$\alpha^i(\bar{p},q)=\beta^i(\bar{p})$。$j$ 的第三种选择是给出一个不会被另一个竞价人接受的出价，此时，由归纳假设知，另一个竞价人获得的利润仍为 $\beta^i(\bar{p})$。因为在连

续博弈中价格递增，所以在连续博弈中，这种情况下产生的总利润低于 j 给出一个可以接受的出价时的总利润。所以，j 选择一个不被接受的出价时，他获得的利润会少于他的其他选择。

因此，j 在价格 $\bar{p}-1$ 上获得的最大利润是 $\max(\alpha^j(\bar{p}-1,q),\beta^j(\bar{p}-1))$。因此，均衡满足定理中所给出的性质。■

推论 7.9 在用逆向归纳法得到的轮流出价时钟拍卖的唯一均衡中，价格是 $p=r$ 或 $p=r+1$。

证明 由定理 7.8 可知，在第一轮拍卖中，竞价人 1 或者接受，或者给出一个让竞价人 2 能够接受的出价。在第一种情况中，最终价格是 $p=r$；而在第二种情况中，价格是 $p=r+1$。■

由此可以看到，轮流出价时钟拍卖确实限制了均衡集合，但没有限制竞争均衡。如同在轮流出价的讨价还价模型中那样，能够预见到自己最终会赢得 x 个单位的竞价人会有意提前结束拍卖，并以低价获得这些单位的物品。因此，赢者的报价刚好是赢得所有的物品。

7.2.3.3 弹性供给下的策略分析①

迄今为止，我们一直在讨论供给量固定时的拍卖模型，并试图通过详细研究拍卖设计来剔除低价均衡。在一些实际问题中，固定的供给量是一个重要特征。例如，在 1999—2000 年的加利福尼亚州电力市场上，电力消费者调节价格，而通过拍卖市场确定供给量以满足固定的需求量。但如果市场双方都投标，那么会产生更多的收益吗？

在本小节中我们修改时钟拍卖的基本模型，以描述供给量随价格变化的情形，其中假定逆供给函数 $P(q)$ 是递增的。否则，拍卖规则将与基本时钟拍卖的那些规则大同小异了。在以保留价 r 开始的博弈中，竞价人 i 的（缩减）策略是连续的非增函数$q^i(p\mid r)$。一旦供给量有剩余，拍卖立即结束，这就是说，拍卖在同时满足 $p\geqslant P(\sum_{j\in N}q^j(p\mid r))$ 和 $p\geqslant r$ 的最低价处结束。当市场以价格 p 出清时，竞价人 j 的收益是 $V(q^j(p))-p\,q^j(p)$。我们知道，$\hat{q}(p)$ 是估价为 V 的竞价人的竞争需求。

为了更好地说明，我们考虑一个对称的线性二次模型，其中根据竞

① 本小节的分析引自 Klemperer 和 Meyer（1989）以及 McAdams（2002）。Klemperer 和 Meyer 描述了供给量不确定且具有弹性时的模型并分析了其均衡。他们发现，不存在与零价格均衡相似的均衡。McAdams 则发现，通过采用类似于增加供给弹性的方式的拍卖规则，可以消除超低价格的均衡。

价人数量 N 确定供给量。记 $P(q)=a+b(q/N)$ 表示逆供给函数，并假设竞价人的估价函数为 $V(q)=\alpha q-\frac{1}{2}\beta q^2$。记$q_N^*$表示对称的 Cournot 需求量，记 $NS(p)$ 表示总供给量，因此 $S(p)=(p-a)/b=P^{-1}(p)/N$ 是对应于 P 的平均每个竞价人的供给量。

定理 7.10　定义 $q(p,r)=\min(\hat{q}(p), \max(q_N^*, S(r)))$。那么，策略 $q(p, r)$ 是保留价为 r 的对称线性二次[①]时钟拍卖的对称 Nash 均衡。而且，不存在价格低于 Cournot 价格 p_N^* 的对称均衡。

证明　我们可以将定理 7.6 推广到这个模型中，因此我们考虑满足条件 $q(p, r)\leqslant\hat{q}(p)$ 的偏离，并且价格永远不会超过竞争价格 p^*。(当$r>p^*$时，结果是无意义的且很简单。) 在余下的可能价格集合 $[r, p^*]$ 上，因为不采取偏离行动的竞价人采用均衡策略，所以，他们获得的数量满足 $q(p, r)=\max(q_N^*, S(r))\leqslant\hat{q}(r)$。

为了证明偏离行动是无利可图的，我们考虑两种情况。首先，假设 $S(r)\leqslant q_N^*$。那么获得 q 个单位的偏离均衡的竞价人所获得的利润是 $V(q)-qP((q+(N-1)q_N^*)/N)$，这也是他的 Cournot 利润。因此，没有一种偏离行动产生的利润高于 Cournot 利润，而这即是本模型中的均衡利润。所以，不存在可以产生利润的偏离行动。

下面，我们假设 $S(r)\geqslant q_N^*$。那么获得 $q\geqslant S(r)$ 个单位的偏离均衡的竞价人所获得的利润是 $V(q)-qP((q+(N-1)S(r))/N)$。因为 Cournot 最优反应曲线向下倾斜，如果 q 在这个竞价人的目标函数中不受限制，那么竞价人的最优偏离行动是选择一个数量$q'<q_N^*$。由函数的凹性可知，当$q'\geqslant S(r)\geqslant q_N^*$时，利润函数随$q'$递减。所以，不存在有利的偏离行动使得获得的数量比定理中所给的策略更多。所以，最优反应是某一量$\tilde{q}\leqslant S(r)\leqslant\hat{q}(r)$，在这个量上拍卖以价格 r 立即结束。因而，最优反应也就是使 $V(q)-rq$ 达到最大。因为 $\hat{q}(r)=\arg\max_q(V(q)-rq)\geqslant S(r)$，并且目标函数是凹的，所以约束条件下的最优数量是$S(r)$。从而，定理中所给的策略也是它自己的最优反应，故是一个对称均衡策略。

我们用反证法来证明定理的第二个部分。假设存在某一均衡，其价格低于 Cournot 价格。则存在一个保留价 $r<p_N^*$ 和一个均衡，使得市场

① 在定理的证明中，我们利用线性保证竞价人的优化问题是凹的，并且 Cournot 最优反应函数向下倾斜。定理的结论对具有这些性质的任意的供给量及估价假设仍然成立。

立即出清，并且每个竞价人都获得他应得到的份额，即总数量 $NS(r)$ 中的 $S(r)$。因为 $r<p_N^*$，并且供给量随价格递增，故 $S(r)<q_N^*$。因为数量 $S(r)$ 不是Cournot需求量，而且Cournot最优反应函数向下倾斜，所以在Cournot博弈里，对数量 $S(r)$ 的最优反应是某一数量 $q'>q_N^*$，由此产生一个价格 $p'>r$。

下面我们来证明，在所有价格下的需求量都为 q' 的偏离者这么做会增加他的利润。实际上，如果其他竞价人的需求为 $S(r)$，那么偏离者获得的利润为 $V(q')-p'q'>V(S(r))-rS(r)$，这如Cournot模型中的一样。唯一的替代方案是，其他竞价人减少他们的需求量，此时，这个竞价人以价格 $p''<p'$ 得到相同的数量 q'，因此偏离者获得的利润为 $V(q')-p''q'>V(q')-p'q'$。 ■

比较定理7.7和定理7.10可以发现以下几点。首先，这两个定理中的均衡策略极为相似。拍卖开始后，每个竞价人都根据保留价给出一个初始需求量 q_0，这个需求量低于竞争需求量 $\hat{q}(r)$，然后竞价人一直保持这个需求量不变，直到价格升高到使得 $\hat{q}(p)<q_0$ 为止。在定理7.7中，初始需求量等于 $q_0=S$，而在定理7.10中，它等于 $q_0=\max(q_N^*, S(r))$。在这两种情况下，都会发生需求缩减。其次，如果保留价低于Cournot价格，那么均衡中的初始需求量就是Cournot需求量。最后，不存在价格低于Cournot价格的均衡。

在供给函数向上倾斜时的拍卖模型中，最低均衡价格是Cournot价格。由线性二次函数的定义可知，Cournot价格和需求量分别是

$$p_N^*=\frac{\left(\frac{\beta}{b}+\frac{1}{N}\right)a+\alpha}{\left(\frac{\beta}{b}+\frac{1}{N}\right)+1},\ q_N^*=\frac{\alpha-a}{\beta+b\left(1+\frac{1}{N}\right)} \tag{7.8}$$

为了比较，我们给出竞争价格和数量分别如下：

$$p^*=\frac{\frac{\beta}{b}a+\alpha}{\frac{\beta}{b}+1},\ q^*=\frac{\alpha-a}{\beta+b} \tag{7.9}$$

无论是在竞争环境下，还是在Cournot模型中，均衡价格均是供给曲线的截距 a 和需求曲线的截距 α 的加权平均值。较长截距 a 的权重在竞争均衡中是 β/b，而在有 N 个竞价人的Cournot模型中则是 $\beta/b+1/N$。可以看出，在Cournot模型中，随着竞价人数量的增加，均衡价格收敛到竞争价格。

以上分析阐明了在前面几节所讨论的模型中导致低价均衡的原因：零价格均衡是 Cournot 均衡。这一结论特别强调了保证供给弹性对于改善竞争环境下的拍卖结果的重要性。由此可知，弹性供给和多竞价人相结合对于获得接近竞争市场价格的拍卖价格是特别有效的。

7.3　结论

本章着重讨论统一价格拍卖。我们研究了三种这样的拍卖。第一种是密封投标拍卖，其中产生的价格能够使供给量和需求量达到均衡。美国以及其他地方常用这种拍卖销售短期国库券，此外，它还可以用来销售电力。第二种是同时向上叫价拍卖，像 FCC 采用的即是这种拍卖。第三种是时钟拍卖，被用作电力销售，以及在英国（UK）的废气排放许可拍卖。

理论上来说，这三种设计之间的联系是十分紧密的。当出售单一可分物品时，简化了的某种时钟拍卖的正规形式与密封投标拍卖的正规形式是一样的。我们证明了，时钟拍卖等价于同时向上叫价拍卖的一种加速形式。

如果物品都是不可分的且是唯一的，但对于竞价人来说它们都是可替代的，那么存在一个竞争均衡。也就是说，存在一个价格，在这个价格上每种物品的需求量都等于供给量。相反，如果存在竞价人的估价使得物品是不可替代的，那么存在一个个人估价组合，使得不存在竞争均衡。

我们可以将拍卖多物品的两种向上叫价拍卖作为拍卖进程来分析。在此，我们没有考虑竞价人的动机，而是假设所有竞价人都是根据他们的真实需求直接报价。我们发现，为了保证竞价人直接报价，需要物品间具有替代性，甚至可以说，只有当物品间具有替代性时，竞价人才可能直接报价。另外，如果物品是可替代的，尽管在同时向上叫价拍卖过程中的价格存在单调性限制，但直接报价产生的拍卖结果与竞争结果接近，最大的近似误差与投标增量成正比。

拍卖设计往往是根据实际应用来选择的。如果拍卖品是单一同质物品，密封投标拍卖形式对管理者来说是既快又简单的一种方式。而同时向上叫价拍卖和时钟拍卖更适合于销售多种物品，因为它们都是通过竞价来确定物品的相关价格的。若有几种相似的物品准备出售，并且每一种都有多件物品，那么时钟拍卖设计要比标准的同时向上叫价拍卖设计快，同时在竞价人的直接报价下，时钟拍卖所产生的结果接近竞争结果。但是，要达到有效，时钟拍卖常要求更多的信息，而不仅仅是每个竞价人在每个价格向量上的需求向量。截止到本书完成之时，竞价人能够获得所需信息的用户界面还没有开发出来。

本章中讨论的所有拍卖设计都有一个关键的问题，即存在极端均衡价格的可能性。我们发现，竞价人（买方）最普遍的动机是降低需求以保持物品的低价格。在这三种拍卖设计的各种不同的简单模型中，均存在 Nash 均衡，其中的价格等于或者近似为卖方的保留价，即使保留价要比竞争价格低得多。在最简单的模型中，这些低价均衡取决于竞价人的不完全选择。但是试图通过各种方式来改进模型以消除低价均衡已经取得了一定的成功。有时（但并非总是）在模型中考虑一些不确定性可以消除极端均衡。删除一些弱占优策略、考虑拍卖的动态结构都不能消除极端低价均衡。轮流出价的时钟拍卖模型具有令人惊奇的结果，与逆向归纳法一致的唯一均衡产生了非常低的价格。

当准备出售的物品供给量固定时，会产生最坏的结果，即价格远远低于相应的竞争价格。我们发现，在供给弹性为正的模型中，最坏的拍卖结果与买方之间的 Cournot 竞争的结果相似。供给量固定时的 Cournot 结果导致非常低的价格。分析强调了保证供给弹性以及拍卖参与人数量足够多对提高收益的综合效果。

参考文献

Ashenfelter，Orley（1989）. “How Auctions Work for Wine and Art.” *Journal of Economic Perspectives* 3：23－36.

Ashenfelter，Orley and Kathryn Graddy（2002）. “Art Auctions：A Survey of Empirical Studies.” Center for Economic Policy Studies Working Paper 81.

Ausubel，Lawrence and Peter Cramton（2002）. “Demand Reduction and Inefficiency in Multi-unit Auctions.” www. cramton. umd. edu/papers 1995-1999/98wpdemand-reduction. pdf.

Ausubel，Lawrence M. and Jesse A. Schwartz（1999）. “The Ascending Auction Paradox." http: //www.market-design.com/files/ausubel-schwartz-ascending-auction-paradox.pdf.

Back, Kerry and Jaime F. Zender (1993). "Auctions of Divisible Goods: On the Rationale for the Treasury Experiment." *Review of Financial Studies* 6 (4): 733 - 764.

Cramton, Peter and Jesse Schwartz (2001). "Collusive Bidding: Lessons from the FCC Spectrum Auctions." *Journal of Regulatory Economics* 17: 229 - 252.

Demange, Gabrielle, David Gale, and Marilda Sotomayor (1986). "Multi-item Auctions." *Journal of Political Economy* 94: 863 - 872.

Engelbrecht-Wiggans, Richard and Charles Kahn (1998). "Multi-unit Auctions with Uniform Prices." *Economic Theory* 12: 227 - 258.

Gul, Faruk and Ennio Stacchetti (1999). "Walrasian Equilibrium with Gross Substitutes." *Journal of Economic Theory* 87 (1): 9 - 124.

Gul, Faruk and Ennio Stacchetti (2000). "The English Auction with Differentiated Commodities." *Journal of Economic Theory* 92 (1): 66 - 95.

Kagel, John H. and Dan Levin (2002). *Common Value Auctions and the Winner's Course*. Princeton: Princeton University Press.

Kelso, Alexander and Vincent Crawford (1982). "Job Matching, Coalition Formation, and Gross Substitutes." *Econometrica* 50: 1483.

Klemperer, Paul and Margaret Meyer (1989). "Supply Function Equilibria in Oligopoly under Uncertainty." *Econometrica* 57 (6): 1243 - 1277.

McAdams, David (2002). "Modifying the Uniform Price Auction to Eliminate 'Collusive Seeming Equilibria'." http: //www.mit.edu/~mcadams/papers/mupa.pdf.

Milgrom, Paul (2000). "Putting Auctions Theory to Work: The Simultaneous Ascending Auction." *Journal of Political Economy* 108 (2): 245 - 272.

Postlewaite, Andrew and John Roberts (1976). "The Incentives for Price-Taking Behavior in Large Exchange Economies." *Econometrica* 44 (1): 115 - 129.

Swinkels, Jeroen (2001). "Efficiency of Large Private Value Auctions." *Econometrica* 69 (1): 37 - 68.

Weber, Robert (1997). "Making More from Less: Strategic Demand Reduction in the FCC Spectrum Auctions," *Journal of Economic and Management Strategy* 6: 529 - 548.

Wilson, Robert (1979). "Auctions of Shares." *Quarterly Journal of Economics* XCIII (4): 675 - 689.

第8章　组合拍卖和组合投标

在第7章中，我们发现促进统一价格的多物品拍卖产生了一些新的问题，而这些问题在单物品拍卖中是不存在的。一个问题是，如果对竞价人来说物品是不可替代的，那么不存在市场出清价格。当物品不可替代时，将拍卖作为确定市场出清价格的机制这一概念从根本上说是错误的。另一个问题是，即使物品是可替代的，如果拍卖要为每一种物品都确定统一的价格，通常来说竞价人会有一种倾向，即他们投标的物品数量会低于他们的实际需求量（被称为需求缩减）。这种行为会导致无效率的结果和低收益。所以，即使在逻辑上讲能够确定市场出清价格的情况下，当竞价人是新手时，这种机制可以确定出市场出清价格，但是当面对有经验的竞价人时，其运行结果可能表现不佳。

在本章中我们讨论其他一些问题。当拍卖者拍卖一种具有确定特性的不可分物品时，他清楚地知道应该如何组合这些待售物品。但如果该物品的特性是变化的，或者它对于竞价人来说是可分的，我们遇到的决策问题就复杂了。

即使在普通的销售中，这一决策也是复杂的，例如一个农场主死后其农场的出售。虽然可以把所有不动产作为一个整体出售，但是也可以将整个农场分开并组合成多个部分，然后卖给有着不同需要的竞价人。比如说，农场拍卖者可以把房子和仓库组合在一起进行拍卖，以吸引那些寻找周末度假用房的城市居民；可以将主要的田地组合在一起，以吸引邻近的农场主；农场的一些设备可以在比较大的拍卖市场上分别拍卖；森林或湖泊旁边环境优美的栖息地还可以出售给自然保护机构。

相似的组合决策也发生在频谱拍卖中。在美国第一次频谱拍卖开始之前，当管理者选择好用于 PCS 电话服务的频谱之后，关于如何划分频谱许可证就引发了一场争议。许可证是应该像欧洲国家的许可证那样覆盖整个国家，还是应该仅覆盖一些地区，抑或政府应该同时出售这两种许可证？许可证的频带宽度应该是 10MHz（兆赫兹）、20MHz 还是 30MHz？不同的频谱使用者有着不同的提议，他们主动说服 FCC 提供适合于他们自己的技术、拥有的资产或者商业计划，而不是适合于他们竞争者的计划。

在美国频谱拍卖结束之后不久，澳大利亚也举办了频谱拍卖。管理者考虑是否可以先给定一些价值非常低但又不可或缺的许可证，然后由市场本身来做出组合决策，这类许可证无论就其覆盖的地理范围还是包含的带宽都很小，我们常将之称为邮票许可证（postage-stamp-size licenses，犹如我们寄信所要支付的邮资一样，价格很低，但不得不支付)。这样，频谱的使用者就可以将他们喜欢的许可证组合在一起。人们建议采用同时向上叫价拍卖来出售已经细微划分的频谱。

第 7 章已经给出了我反对采用澳大利亚这种方式的理由。鉴于开办无线业务的固定成本，少量的邮票许可证本身是没有用的，因为每个邮票许可证的价值都几乎为零。然而，持有大量的这种许可证也许可以为企业带来丰厚的利润。这种价值模式说明，许可证之间具有互补性，当然也存在互补性带来的所有问题：可能不存在竞争均衡价格，并且在同时向上叫价拍卖中，信息披露问题（exposure problem）大大增加了竞价人投标的复杂度。

在第 6 章和第 7 章中，我们已经知道，当竞价人在他们想购买的不同组合上的报价也不同时，组合决策需要做一个权衡。如果对于竞价人来说某些物品具有互补性，那么分别出售这些物品时会出现信息披露问题，这使得竞价人的投标变得不那么积极。然而，将多件物品捆绑成一个大的组合来销售，会让小买家很难参与。不管怎样，如果所选择的组合在拍卖中只能吸引很少的竞价人，并且参与成本很高，那么，拍卖中得到的投标数量可能会很少，进而拍卖产生的价格也可能会非常低。

解决组合问题并非总是很复杂。在荷兰花卉拍卖中，赢者能够以获胜价格根据自身需求购买花卉数量，这样就解决了组合问题。这种设计允许购买不同数量的竞价人之间进行竞争，并鼓励大量竞价人参与拍卖。

组合问题在采购拍卖中存在，在资产销售中也一样存在。采购者可以举办小的拍卖，用不同的拍卖来购买不同的物品，也可以将所有物品组合在一起而在一次拍卖中全部采购，最终从愿意为这次价值很高的购买提供折扣的竞价人手中获得它们。任何一种选择都可能会将一些竞价人排除在外，从而减弱竞争的激烈程度，并且很可能抬高买方的购买价格。

本章主要讨论可由竞价人选择组合的一些拍卖设计。过去，组合拍卖（package auction，combinatorial auction）设计的应用受到了限制，部分原因在于当销售的物品数量增加时，拍卖很快就变得非常复杂了。由于许多报价都是针对部分重叠的组合的，因而，仅仅是确定赢者——被称为赢者确定问题（winner determination problem）——就是一个难以计算的问题，这一问题已经成为计算机科学中的热点问题。这一非常困难的问题使得在大型的组合拍卖中，竞价人很难预计自己的投标结果，同时也很难判别卖方是否诚实地进行拍卖。

小的组合拍卖进行起来比较容易，也常常用于破产销售中。Cassady（1967）列举了 20 世纪中期以来的一些破产拍卖，其中一些竞价人竞标破产企业的个别资产，而另外一些竞价人竞标全部资产。对全部资产的投标往往在个别资产售出之前，采用密封投标的形式；而个别资产的出售则采用向上叫价拍卖的形式。拍卖者将个别资产的获胜报价的总和与对全部资产的最高报价进行比较，然后选择使总价格达到最大的获胜报价。这样的拍卖在现今的破产销售中仍十分常见。

最近开始实施的几种拍卖设计，让竞价人能更灵活地确定自己想投标的组合。伦敦交通管理局用密封投标拍卖从私营者手中购买公交服务，在拍卖中允许竞价人向所有的路线组合投标，结果获胜的投标中有 46%都是向路线组合投标的。[①] 这次拍卖相对较小，整个竞标过程是人工进行的。从 1997 年到 1999 年，智利政府分阶段举办组合拍卖，以确定为不同地区的学生供应餐饮的公司。拍卖设计中提出的变更不仅需要考虑投标金额和供应商质量，而且包含了一些限制以保证每个地区有多个供应商，且没有任何公司获得过多的主导业务份额。最近的调查表明，这个计划的实施使成本下降了 22%。[②] 类似地，在 2002 年，IBM 和 Mars 公司联手举办了一次组合采购拍卖以确定 Mars 的糖果厂的供应商。[③] IBM-Mars 的工作小组设计了两种拍卖。其中之一对竞价人来

① Cantillon and Pesendorfer（2003）.

② Epstein，Henríquez，Catalán，Weintraub，and Martínes（2002），and Weintraub（2003）.

③ Hohner，Rich，Ng，Reed，Devenport，Kalagnanam，Lee，and An（2002）.

说相对简单，它允许竞价人在他们投标的同时提供数量折扣。另外一种允许供应商提供组合。此外，这种设计还允许买方附加一些条件，例如避免任何一个供应商在整个采购中所占的比例过大。

联邦通信委员会（FCC）#31 拍卖的对象为 700MHz 波段的频谱许可证，在专为它设计的向上叫价拍卖中，允许竞价人对所提供的 12 个许可证的 4 095 种可能的组合投标。这可能是为实际应用所设计的最为壮观的组合拍卖了。FCC 对这个设计的早期方案进行了实验测试。这个组合设计需要对竞价人进行长期培训，其运行时间比传统的 FCC 设计要长很多。然而实验者报告，这种组合设计能够产生更有效率的结果，至少当许可证之间具有互补性时是这样的。[①]

另一个组合设计是我专为波特兰通用电气公司（Portland General Electric，PGE）销售衍生证券而做的。那是一家位于俄勒冈州的公用事业公司，它与几个州都有发电设备的合约和利益关系。这家公司试图出售自己的衍生证券组合（即全部衍生证券），以使自己摆脱合约的束缚，而成为一家电力运营商。但这件事情操作起来比较复杂，因为这些合约里包含了与加利福尼亚州许多城市签订的长期供给合约。如果出售该衍生证券组合，这些城市有权参与个别资产的竞标。这些城市有着很强的政治影响力，如果不让它们参与个别资产的竞标，它们可能会阻止衍生证券组合的销售。PGE 一直坚持认为，所有的投标都必须涵盖全部衍生证券，因为对于个别资产和合约的销售可能导致其他的一些资产无法售出，最终使得自己继续陷入合约的束缚当中。

针对这种情况，我建议把拍卖分成两阶段进行。在第一阶段，商业竞价人对该证券组合进行初始投标，而各城市则对它们自己感兴趣的特殊合约投标。然后，主持这次拍卖的投资银行邀请对该证券组合进行初始投标中的最高报价者和有资格对个别合约投标的城市参与第二阶段的拍卖。所有获准参与第二阶段的竞价人都需要签订一个保密协议，才能阅读相关数据，从数据中他们可以找到关于拍卖所提供的资产和合约的详细信息。在竞价人对这些数据进行一段时间的研究并评估之后，第二阶段的拍卖就开始了。获得投标资格的城市对它们的个别合约再次投标，而被邀请来的商业竞价人也要再一次对该证券组合进行投标。这个设计的新颖之处在于，商业竞价人还可以指定减量（decrements）以用

① Cybernomic（2000）总结了这些结论。我抱着怀疑报告了这个结果，因为 Cybernomic 没有满足 FCC 的要求，作者和其他一些人看到了这些实验的原始数据。

于相关的个别合约中。如果某一商业竞价人成为拍卖的赢家，但某些个别合约被其他竞价人获得，这时这个减量就被用于减少商业竞价人的支付价格。例如，如果该证券组合的获胜报价中指定合约 A 的减量是 100 万美元，而仅为合约 A 投标的最高报价是 200 万美元，那么合约 A 将被分配给报价 200 万美元的竞价人，而获得该证券组合的竞价人将比他的报价少付 100 万美元。

第二阶段的投标结束之后，卖方就选择分配以使其总收益达到最大。其方案是把该证券组合分配给一个商业竞价人，但可能把其中某些个别合约划分出来并分配给那些城市。这个组合拍卖设计实现起来比较简单，而且促进了想获得 PGE 证券组合的商业竞价人之间的竞争以及商业竞价人和竞标个别合约的城市之间的竞争。这个设计能够在那些城市所要求的公平的基础上实现对个别合约进行竞争，并保证拍卖结果总能符合 PGE 的要求，即把全部证券都销售出去。

最早应用组合拍卖设计的是 Rassenti、Bulfin 和 Smith（1982），他们用组合拍卖出售飞机场用于飞机起飞和降落的跑道。这些作者也通过实验在一个经济学实验室中检验了他们的建议，其结果表明，采用组合设计的确比单独销售要好。

IBM-Mar 设计面临一个很重要的实际问题，就是在拍卖设计中如何考虑一些策略上的约束。在采购拍卖中，采购方也许想保证首选供应商或者少数人控股公司得到一定比例的合约，或者供应方在地理位置上分散一些以避免供应中断的事情发生，或者供应商有足够的能力扩大生产，等等。这些复杂的制约使得确定接受哪些投标的决策远比找到最高或最低报价复杂得多。

一些新的拍卖设计中最新颖的地方在于它们解决这些复杂约束问题的方式。例如，Brewer 和 Plott（1996）设计了一个拍卖用于分配瑞典北部一条南北向铁轨的使用权。他们的问题中要考虑的主要约束条件是必须调度好火车的运行时间以免碰撞。在他们的拍卖设计中，竞价人的投标需要指出在什么样的特定条件下他为获得这条路线的使用权而愿意支付的价格，这里所谓的特定条件是指，比如说，要求火车早上十点从南站出发以每小时 50 公里的速度向北行驶。尽管这种投标形式非常简单，但选择使总价格达到最大的投标则需要用到复杂的优化方法。

Brewer 和 Plott 设计了一个简单的向上叫价拍卖机制，在每轮拍卖中拍卖者都选择一个使卖方收益达到最大的可行的投标组合。他们在实验室中对这个设计进行了测试，并发现这个设计实现的效率超过预期效率的 97%还多。

自从 Bassenti、Bulfin 和 Smith（1982）对组合拍卖进行首次实验后，陆续出现了其他几个有影响的实验。Banks、Ledyard 和 Porter（1989）讨论了两种重复组合拍卖，其中竞价人在每一轮中都投标，并在一轮轮的拍卖中逐步提高他们的报价。在这两种拍卖中，赢者都是组合报价最高的竞价人。在一种拍卖里，价格遵循 Vickrey 定价规则；而在另一种拍卖里，赢者则以自己的报价作为支付价格。实验对象在向上叫价拍卖中投标，或者参与代表管理过程和市场的其他方式。向上叫价组合拍卖要优于其他方式，平均来说，实现了可达到效率的 80%。

在 FCC 首次频谱拍卖的准备阶段，Charles Plott 进行了一系列小实验，其结果表明同时向上叫价拍卖优于简单的序贯拍卖。随后，Ledyard、Porter 和 Rangel（1997）的实验证实了理论上的预言，即当存在互补性影响时 FCC 设计的效果减弱了，这就提高了 FCC 拍卖中使用组合拍卖设计的可能性。

本章讨论的三种组合拍卖都允许竞价人对每个组合给出不同的报价，而不限制这些报价之间的关系。正如我们将要看到的，这种灵活性可以简化分析。然而，相比有着更多结构限制的组合拍卖[①]，这种拍卖中获得的投标更多，计算起来更加复杂，并且它们可能会给竞价人带来更多认知上的困难。[②]

8.1 Vickrey 拍卖和单调性问题[③]

在第 2 章中，我们分析了 Vickrey 拍卖的优点，并举例说明了在简单组合投标环境下它的一些不足之处。在本节中，我们详细研究 Vickrey 拍卖的单调性问题。我们证明，如果物品对于所有竞价人来说都是

---

① 为了使计算简单、流程透明，Rothkopf、Pekec 和 Harstad（1998）研究了一些可以简化的设计。Lehmann、O'Callaghan 和 Shoham（2002）研究了当卖方部分最优时，如何设计能够良好运行的拍卖。

② Parkes、Ungar 和 Foster（1999）以及 Parkes 和 Ungar（2000）分析了另一种组合拍卖设计中竞价人所承受的困难。Nisan（2000）研究了竞价人的界面，考察了哪种投标语言（bidding language）可以让竞价人表达出所有可能的估价，而且能精确地表达某些特定的具有共同价值的商品。

③ 本节的定理全部引自 Ausubel 和 Milgrom（2002）。

可替代的，那么就不会出现这些单调性问题，但是在物品不可替代的情况下则很难避免这些单调性问题。如果存在一个竞价人，对他来说所有的物品并非都是可替代的，那么存在其他竞价人的附加估价，使得存在与第 2 章相似的那些有问题的例子，例如低收益、假冒的竞价人、失标者合谋等。

在正式描述 Vickrey 拍卖单调性问题的特性之前，我们首先需要准确地给出“低收益”的含义。我们的例子已经说明，Vickrey 拍卖有可能为有价值的许可证带来零收益，但我想说的是，在非极端的条件下，也可能发生“收益太低”的情况。

这里，我们用核（core）的理论来评估 Vickrey 收益（收益是指卖方获得的收益，买方获得的利润）。任一博弈的结果都是一个收益向量，或分配（imputation）。称一个结果是一个核结果（core outcome），并称相应的收益向量是一个核分配（core imputation），如果（1）结果是可行的，（2）不存在一个其成员能实现的联盟使得这个联盟产生的替代结果是可行的，并且此可行结果能够严格增加所有联盟成员的收益。如果存在某一联盟能产生以上所述的替代结果，那么就称这个联盟阻碍（block）了前述的那个结果和分配。

单物品二级价格拍卖的结果总是一个核结果。而且，众所周知，竞争均衡结果也总是核结果，所以，不是核结果的结果可以被认为是非竞争结果。由定义可知，核结果消除了联盟成员背叛联盟的所有动机。这个性质在实际应用中是非常重要的，因为在现实中执行交易是一个非常普遍的问题。最后，由于在这个模型中卖方总是阻碍联盟，所以，核必然包含一个潜在的收益标准，这正是我们接下来要讨论的。

为了描述 Vickrey 拍卖的核结果，我们首先来定义与拍卖相关的联盟形式博弈。这类博弈用（N，w）表示，其中 N 表示博弈中参与人的集合，w 表示联盟值函数（coalitional value function）。在我们的模型中，对参与人的任一联盟 $S\subset N$，其联盟值函数被定义为[①]

$$w(S)=\begin{cases}\max_{x\in X}\left\{\sum l\in Sv^{l}(x^{l})\right\} & 若\ 0\in S\\ 0 & 若\ 0\notin S\end{cases}\tag{8.1}$$

如果卖方不是联盟 S 的成员，那么联盟的值为 0，因为在模型中买

① 这里，我们仅讨论效用可转移博弈。所以对一个联盟来说，可行的收益组合完全由 $w(S)$，即联盟 S 的成员可用于分配的总价值来决定。

方之间没有物品可以进行交易。否则，联盟的值等于通过与卖方进行交易所能获得的最大价值。

用 $\pi^l = v^l(x^l) - p^l$ 表示代理 l 从任一交易和一系列转让中获得的利润。于是，定义核收益的集如下：

$$\text{Core}(N,w) = \left\{\pi \middle| \sum_{l\in N}\pi^l = w(N), (\forall S \subset N) w(S) \leqslant \sum_{l\in S}\pi^l\right\} \tag{8.2}$$

如果某个收益向量 π 不在核中，那么存在某一联盟 S，使得其总收益 $w(S)$ 高于 π 中各成员的总收益。因而，总存在分配总收益的方式，使得 S 里的所有成员都能得到更好的结果。

为了了解核作为收益标准是如何发挥作用的，让我们回过头来看看前面的一个关于低价的例子。在那个例子中，有两件物品准备出售。两件物品的组合对竞价人 1 和竞价人 2 的价值分别为 10 亿美元和 9 亿美元，单件物品对竞价人 3 和竞价人 4 的价值均为 10 亿美元。竞价人 1 和竞价人 2 都不需要单个许可证（他们需要两个），而竞价人 3 和竞价人 4 只要一个许可证（第二个许可证对于他们的价值为零）。在这个例子中，当且仅当竞价人 3 和竞价人 4 获得物品时分配在核中，但他们的支付价格都没有超过 10 亿美元，卖方的总收益至少为 10 亿美元。Vickrey 拍卖把物品分配给竞价人 3 和竞价人 4，但是价格为零；因而，Vickrey 分配落在了核的外面。这个例子说明了，核包含了一个最低收益标准，而 Vickrey 拍卖产生的结果有时低于这个标准。

Vickrey 拍卖与核之间究竟有什么微妙的关系呢？是否存在一些条件，在此条件下我们可以准确地知道 Vickrey 结果存在于核中？是否也存在其他条件，在此条件下我们可以确切地知道 Vickrey 结果不在核中，因为卖方的收益太低了？我们是否能够刻画出使得 Vickrey 结果最有可能不在核中的经济学条件？

有一些例子可以帮助我们解决以上问题。单物品 Vickrey 拍卖把物品分配给了估价最高的竞价人，他的支付价格等于次高估价。没有一个失标者的估价高于 Vickrey 价格，所以没有人会愿意给卖方支付更多。因此，单物品拍卖的结果在核中。

如果每个竞价人对物品组合的估价都是可加的，那么上述结论依然成立，这里所谓的可加是指竞价人对物品组合的估价等于对组合中所包含的各物品的估价之和。在这种情况下，进行多物品 Vickrey 拍卖就像进行多个二级价格拍卖一样，它是有效率的。在这样的 Vickrey 拍卖中，当竞价人对物品的估价最高时，他得到该件物品，他支付的总价格等于他购买的所有物品的次高估价之和。

下面，我们用一些定理来证明以上所观察到的结论。

8.1.1　竞价人的 Vickrey 收益是他们的核收益的上界

上面的例子说明了，Vickrey 拍卖的收益可能低于任一核结果中卖方的收益。在我们正在研究的这个模型中，可以得到更好的结论：每个竞价人的 Vickrey 收益都等于他在核中任一点处的最高收益。正式地，我们用 π_V^i 表示在 Vickrey 拍卖中参与人 i 的收益。

定理 8.1　竞价人 i 的 Vickrey 收益为

$$\pi_V^i = w(N) - w(N-i) = \max\{\pi^i \mid \pi \in \mathrm{Core}(N,w)\},$$

同时，$\pi_V^0 = w(N) - \sum_{l\in N-0}\pi_V^l$。

证明　我们在第 2 章里已经知道，重要机制的支付公式（不考虑函数 $\hat{p}$ 和 $\hat{x}$）为 $\hat{p}^i = V(X,N-i) - \sum_{j\in N-i} v^j(\hat{x})$，其中 $\hat{x}$ 表示使得总收益达到最大的决策。由此可知，竞价人的 Vickrey 利润为 $v^i(\hat{x}) - \hat{p}^i = \sum_{j\in N} v^j(\hat{x}) - V(X,N-i) = V(X,N) - V(X,N-i)$。由定义可知 $w(N) = V(X,N)$，并且 $w(N-i) = V(X,N-i)$，所以第一个等式成立。

再由定义知，对任一 $\pi \in \mathrm{Core}(N,w)$，$\sum_{j\in N-i}\pi^j \geqslant w(N-i)$ 且 $\sum_{j\in N}\pi^j = w(N)$。所以，$\pi^i = \sum_{j\in N}\pi^j - \sum_{j\in N-i}\pi^j \leqslant w(N) - w(N-i) = \pi_V^i$。不难发现，由 $\pi^i = \pi_V^i$，$\pi^0 = w(N-i)$ 及其他竞价人的 $\pi^j = 0$ 所给定的收益组合 π 是一个核收益组合，故 $\max\{\pi^i \mid \pi \in \mathrm{Core}(N,w)\} \geqslant \pi_V^i$。由此可证 $\pi_V^i = \max\{\pi^i \mid \pi \in \mathrm{Core}(N,w)\}$。

由于 Vickrey 结果是有效率的，所有参与人的总收益肯定等于 $w(N)$，从而，卖方的收益一定是 $\pi_V^0 = w(N) - \sum_{l\in N-0}\pi_V^l$。■

8.1.2　Vickrey 拍卖和参与困惑

下面，我们研究 Vickrey 拍卖中最基本的单调性问题，即加剧竞价人之间的竞争并不能减少竞价人的收益，也不会增加卖方的收益。这就是说，新的竞价人的参与会损害卖方的利益，但至少会使一部分竞价人受益。为了证明这一点，我们用 $\pi_V(S)$ 表示只有联盟 S 的成员参与拍卖时的 Vickrey 收益。此外，我们还要引入下面的两个定义。

定义

1. 称 Vickrey 拍卖具有收益单调性（payoff monotonicity），如果（1）对所有的 S 和 i，$j\in S-0$，有 $\pi_V^i(S-j)\geqslant\pi_V^i(S)$，(2) $\pi_V^0(S-j)\leqslant\pi_V^0(S)$。

2. 称联盟值函数是竞价人-子模（bidder-submodular）函数[①]，如果对任意两个包含卖方的联盟 S 和 T，均有

$$w(S)+w(T)\geqslant w(S\cup T)+w(S\cap T) \tag{8.3}$$

由第一个定义可知，收益单调性意味着增加竞价人能降低其他竞价人的收益，同时还可以增加卖方的收益。这两个条件中的第二个条件包含在第一个条件之中[②]，所以我们在下面的证明中不再考虑它。

定理 8.2 联盟型博弈（N，w）的 Vickrey 拍卖满足收益单调性当且仅当 w 是竞价人-子模的时。

证明 收益单调性的不等式可以重新写成如下形式

$$w(S-j)-w(S-i-j)\geqslant w(S)-w(S-i) \tag{8.4}$$

如果联盟值函数是竞价人-子模函数，那么将式（8.3）中的两个联盟分别取为联盟 $S-i$ 和 $S-j$，就可直接得到式（8.4）。所以，竞价人子模包含了收益单调性。为了证明逆命题，设 $S'\subset S''$表示包含卖方的两个联盟。重复应用式（8.4）可知，对任意的 $j\notin S''$，有

$$w(S'\cup\{j\})-w(S')\geqslant w(S''\cup\{j\})-w(S'') \tag{8.5}$$

于是，对任意的 S 和 T，令 $T-S=\{i_1,\cdots,i_m\}$，我们有

$$\begin{aligned}w(S\cup T)-w(S)&=\sum_{j=1}^{m}(w(S\cup\{i_1,\cdots,i_j\})-w(S\cup\{i_1,\cdots,i_{j-1}\}))\\&\leqslant\sum_{j=1}^{m}(w(S\cap T\cup\{i_1,\cdots,i_j\})\\&\quad-w(S\cap T\cup\{i_1,\cdots,i_{j-1}\}))\\&=w(T)-w(S\cap T)\end{aligned}$$

上式中的两个等式是通过对嵌入序列求和得到的，不等式是通过对求和式中的每一项分别用式（8.5）而得到的。由此，我们可知，收益单调

---

① 一般来说，子模是定义在格上的函数的性质。在这里的应用中，相应的格是联盟集合，其中的偏序是指集合的包含关系。

② 形式上，给定收益单调性的定义中的不等式（1），有 $\pi_V^0(S-j)=w(S-j)-\sum_{l\in S-0-j}\pi_V^l(S-j)=w(S-j)+[w(S)-w(S-j)-\pi_v^j(S)]-\sum_{l\in S-0-j}\pi_V^l(S-j)\leqslant w(S)-\sum_{l\in S-0}\pi_V^l(S)=\pi_V^0(S)$。所以，不等式（2）是多余的。

性也包含竞价人子模的结论。 ■

8.1.3 Vickrey 结果何时在核中?

下面，我们考虑实际上只有一部分潜在竞价人真正参与拍卖的可能性。我们可能会问：在联盟值函数 w 满足什么条件时，Vickrey 结果是一个核结果?

定理 8.3 联盟值函数 w 是竞价人-子模的，当且仅当对每个满足条件 $0\in S\subset N$ 的联盟 S 有 $\pi_V(S)\in \mathrm{Core}(S,w)$ 时。

证明 假设联盟值函数 w 是竞价人-子模的，用 $S'\subset S$ 表示包含卖方的两个联盟。对竞价人进行编号使得 $S'=\{0,1,\cdots,k\}$ 和 $S=\{0,1,\cdots,n\}$，其中 $1\leqslant k\leqslant n$。由竞价人子模性可知，对 $1\leqslant l\leqslant n$ 有 $w(S)-w(S-l)\geqslant w(\{0,\cdots,l\})-w(\{0,\cdots,l-1\})$，所以

$$\begin{aligned}\sum\nolimits_{l\in S'}\pi_V^l(S)&=w(S)-\sum_{l=k+1}^{n}\pi_V^l(S)\\&=w(S)-\sum_{l=k+1}^{n}[w(S)-w(S-l)]\\&\geqslant w(S)-\sum_{l=k+1}^{n}[w(\{0,\cdots,l\})-w(\{0,\cdots,l-1\})]\\&=w(S)-[w(S)-w(S')]\\&=w(S')\end{aligned}$$

因此，S'不是一个阻碍联盟。因为 S'是包含卖方的任意联盟，所以没有阻碍联盟。因为 Vickrey 结果是有效率的，所以 $\sum\nolimits_{l\in S}\pi_V^l(S)=w(S)$。从而，$\pi_V(S)\in \mathrm{Core}(S,w)$。

相反，假设 w 不是竞价人-子模的。于是由定理 8.2 可知存在一个联盟 S 和竞价人 i，$j\in S$，使得 $w(S-j)-w(S-i-j)<w(S)-w(S-i)$。从而，$\sum\nolimits_{l\in S-i-j}\pi_V^l(S)=w(S)-\pi_V^i-\pi_V^j=w(S)-(w(S)-w(S-i))-(w(S)-w(S-j))<w(S-i-j)$。因为作为核，我们要求 $\sum\nolimits_{l\in S-i-j}\pi_V^l(S)\geqslant w(S-i-j)$，所以 $\pi_V(S)\notin \mathrm{Core}(N,w)$。 ■

8.1.4 替代品和核结果

前面几节主要是基于对联盟值函数 w 的分析，并强调关于 w 的条件，即 w 是竞价人-子模的。在大多数经济学问题中，原始条件是对物品的估价，而联盟值函数则是由式（8.1）给出的。在本节中，我们证

明所期望的有关联盟值的条件与“竞价人把物品看成是可替代的”这一条件之间有非常密切的关系。

为了更准确地描述主要结论，我们用 **V** 表示拍卖中竞价人对准备出售的 M 件物品的可能的估价集合。用 $\mathbf{V}_{\text{add}}$ 表示由物品的所有可加值函数组成的集合，其中所有单件物品的估价非负。

定理 8.4 假设 $\mathbf{V}_{\text{add}}\subset\mathbf{V}$，那么，（ⅰ）与 **V** 中物品估价的每一个组合对应的联盟值函数 w 是竞价人-子模的，当且仅当（ⅱ）对 **V** 中的每个估价，所有的物品都是可替代的时。

注 如果仅有两件物品，则替代条件等价于物品估价是子模的条件。如果物品多于两件，那么替代条件的限制性就更强了。这说明，物品估价是子模的①，但是物品估价的子模性并不意味着物品是可替代的。②

为了证明联盟值函数是竞价人-子模的，我们需要“物品是可替代的”这个强一些的条件，而不是“估价是子模的”这个弱一些的条件。在证明中，我们将说明当物品是可替代的（有时我们称它为替代条件）这个条件不成立时，如何利用它来构造“w 不是竞价人-子模的”例子。

证明的过程大致如下。首先，我们得到替代条件的对偶特性，这一特性即使在物品不可分时也是适用的。根据这个特性可知，物品是可替代的，当且仅当相应的间接效用函数是子模的时。利用这一特性，我们证明了，如果物品对于联盟里的每个成员来说都是可替代的，那么它们在联盟值函数中也是可替代的，进而，联盟 S 放弃任一物品或物品组合 z 的机会成本随联盟成员人数递增。如果一个新成员加入这个联盟，且

---

① 如果 v 不是子模的，那么存在 $x\in\{0,1\}^M$，常数 $\alpha>0$ 以及 m 和 m' 使得 $v(1,1,x_{-m,m'})-v(0,1,x_{-m,m'})>\alpha>v(1,0,x_{-m,m'})-v(0,0,x_{-m,m'})$，其中 v 的第一个和第二个变量分别对应于 x_m 和 $x_{m'}$。确定价格的规则如下：令 $p_m=\alpha$；对于 $n\neq m$，m'，$x_n=0\Rightarrow p_n=\infty$ 且 $x_n=1\Rightarrow p_n=0$。这些价格决定了除 m 和 m' 之外的物品需求量是 $x_{-m,m'}$。可以证明，如果 $p_{m'}=\infty$，则物品 m 的需求量为 0（因为此时边际价值低于价格：$v(1,0,x_{-m,m'})-v(0,0,x_{-m,m'})<\alpha$）；如果 $p_{m'}=0$，物品 m 的需求量为 1（因为此时边际价值高于价格：$v(1,1,x_{-m,m'})-v(0,1,x_{-m,m'})>\alpha$）。这与可替代性的定义相矛盾。

② 例如，假设有三件物品，对 $x\in\{1,3\}^3$，有 $v(x_1,x_2,x_3)=x_1+x_2+x_3-x_1x_2-x_2x_3$。不难看出对所有的 $i\neq j$，都有 $\partial^2 v/\partial x_i\partial x_j\leqslant 0$，所以这个估价函数是子模的。然后，竞价人的需求量可以通过求解 $\max_{x_i\in\{0,1\}}(v(x_1,x_2,x_3)-\sum_{m=1}^{3}p_m x_m)$ 确定。如果物品价格满足 $p\in(0,1)^3$，那么当 $(1-p_2)<(1-p_1)+(1-p_3)$ 时，竞价人的需求为（1，0，1）；当 $(1-p_2)>(1-p_1)+(1-p_3)$ 时，竞价人的需求为（0，1，0）。特别地，价格 p_1 的提高会减少物品 3 的需求量，这与可替代性的定义矛盾。

联盟分配给他组合 z，这个新成员的增加值（incremental value）（即组合 z 对于新成员的价值减去联盟关于这个组合的机会成本）会随联盟规模递减。增加值关于组合 z 的最大化具有以下性质：成员的增加值随联盟规模递减，所以联盟值函数是竞价人-子模的。

证明　不失一般性，我们假设所有物品对每个竞价人都是不同的，所以对任一竞价人 l 和物品 m，有 $x_m^l \in \{0,1\}$。给定竞价人 l 的估价 v^l，他的间接效用函数以及相应的需求量分别被定义为

$$u^l(p) = \max_z (v^l(z) - p \cdot z)$$

$$x^l(p) \in \arg\max_z (v^l(z) - p \cdot z)$$

作为有限多个线性函数的最大化，易知 u^l 是连续的凸函数。由包络定理（见第 3 章）可进一步得到在需求量唯一的每个点上，其偏导数都为 $\partial u^l(p)/\partial p_m = -x_m^l(p)$，其中 $x_m^l(p)$ 是 $x_l(p)$ 的第 m 个分量，它表示竞价人 l 在价格向量 p 上对第 m 件物品的需求量。由定义知，替代条件成立当且仅当对所有的 $j \neq m$，$x_m^l(p)$ 随 p_j 非减时，或者等价地，当且仅当对所有的 $j \neq m$，$\partial u^l(p)/\partial p_m$ 随 p_j 非增时。因此，对 l 来说，物品是可替代的当且仅当 $u^l(p)$ 是子模的时。

用 S 表示包括卖方的一个联盟。联盟 S 对组合 z 的估价为 $v^S(z) \equiv \max_{x \in X(Z)} \sum_{l \in S} v^l(x^l)$，其中 $X(z) \equiv \{x \geqslant 0 \mid \sum_{j \in N} x^j \leqslant z, (\forall j,m)\ x_m^j \in \{0,1\}\}$。相应的联盟间接效用函数是

$$u^S(p) = \max_z \{v^S(z) - p \cdot z\} = \sum_{l \in S} u^l(p) \tag{8.6}$$

由于函数 $u^S(p)$ 是连续、凸的子模函数之和，所以它也是连续、凸的子模函数。而且，对于任意的 z 和 p，有

$$u^S(p) \geqslant v^S(z) - p \cdot z \tag{8.7}$$

用 B 表示一个很大的数，它超过任一物品对任一联盟的增加值。由不等式（8.7）可知，对所有的 z，有 $v^S(z) \leqslant \min_{p \in [0,B]^M} \{u^S(p) + p \cdot z\}$。定义 $p = p(z)$ 如下：若 $z_m = 1$ 则 $p_m = 0$；否则 $p_m = B$。那么，$u^S(p(z)) = v^S(z) - p(z) \cdot z$。从而，$v^S(z) = u^S(p(z)) + p(z) \cdot z \geqslant \min_{p \in [0,B]^M} \{u^S(p) + p \cdot z\}$。联合前面的两个不等式，我们得到如下的对偶方程（duality equation）：

$$v^S(z) = \min_{p \in [0,B]^M} \{u^S(p) + p \cdot z\} \tag{8.8}$$

（这个方程在物品可分时是常见的，这里证明了当物品不可分时，它仍然成立。）

式（8.8）中的目标函数是 p 的连续、凸的子模函数。进而，由于每个 $u^l(p)$ 都是反序的（antitone，弱递减），所以函数 $u^S(p)$ 对 (p,S) 有反序差。式（8.8）中的价格被限制在一个紧致区间内，所以约束集是 R^M 的一个子格。因此，由 Topkis 单调性定理①可知，最小点集合存在最大元，记之为 $p(S|z)$，它是 S 的保序（isotone）（弱递增）函数。

如果 $z_m=0$，则由式（8.8）可知，$p_m(S|z)=B$。

因为 $u^S(p(S|z))=v^S(z)-p(S|z)\cdot z$，且 $u^S(p)=\max_z\{v^S(z)-p\cdot z\}$，故 $z\in\mathrm{argmax}_{z'}\{v^S(z')-p(S|z)\cdot z'\}$。假设 $z_m=1$。对 $\varepsilon>0$，令 $p'_\varepsilon=p(S|z)+\varepsilon 1_m, 1_m$ 表示第 m 个元素为 1、其他元素均为 0 的向量。一方面，因为 $p(S|z)$ 是最小点集合里的最大元，所以在价格为向量 p'_ε 时对物品 m 的需求量为零。另一方面，因为 $p'_{\varepsilon j}=B$，所以 $z_j=0$ 意味着在价格为向量 p'_ε 时对物品 j 的需求量为零。由替代条件可知，将物品价格从 $p(S|z)$ 提高到 p'_ε 时，对除 m 之外的其他物品的需求量不会减少。因此，对所有正数 ε，我们都有 $z-1_m\in\mathrm{argmax}_{z'}\{v^S(z')-p'_\varepsilon\cdot z'\}$。由 Berge 最大值定理②，$\varepsilon=0$ 时同样的结论仍成立，即 $z-1_m\in\mathrm{argmax}_{z'}(v^S(z')-p(S|z)\cdot z')$。因而，$v^S(z-1_m)-p(S|z)\cdot(z-1_m)=v^S(z)-p(S|z)\cdot z$，故 $p_m(S|z)=v^S(z)-v^S(z-1_m)$。

总结上面两段的主要结论，我们有

$$p_m(S|z)=\begin{cases}B & \text{如果 } z_m=0\\ v^S(z)-v^S(z-1_m) & \text{如果 } z_m=1\end{cases} \tag{8.9}$$

对任意两个物品组合 $z'\leqslant z$，令 $A=\{m|z'_m=1\}=\{1,\cdots,n\}$。于是，联盟 S 放弃组合 z' 的机会成本为

$$\begin{aligned}v^S(z)-v^S(z-z')&=\sum\nolimits_{m=1}^{n}(v^S(z-\sum\nolimits_{j=1}^{m-1}1_j)-v^S(z-\sum\nolimits_{j=1}^{m}1_j))\\&=\sum\nolimits_{m=1}^{n}p_m(S|z-\sum\nolimits_{j=1}^{m-1}1_j)\end{aligned}$$

因为此和式中的每一项都是 S 的单调函数，所以函数 $v^S(z)-v^S(z-z')$ 也是 S 的单调函数。

由于 $w(S)=v^S(z)$，我们有 $w(S\cup\{l\})-w(S)=\max_{z'}\{v^l(z')+v^S(z-z')-v^S(z)\}$。因为表达式中的最大化目标函数随 S 非增，所以最大值也随 S 非增。从而，我们知道 w 是竞价人-子模的。

下面，假设有估价 $v^l\in\mathbf{V}$ 使得替代条件不成立。那么，存在两件物

---

① 见 Topkis（1987），或者 Topkis（1998）。

② 见 Royden（1968）。

品 m 和 n，价格向量 $(\bar{p}_m, p_{-m})$ 以及正数 $\varepsilon > 0$，使得（i）在价格向量 $(\bar{p}_m, p_{-m})$ 上，买方（对所有物品）的需求量唯一，并且 $x_n^1(\bar{p}_m, p_{-m}) = 1$；（ii）在价格向量 $(\bar{p}_m + \varepsilon, p_{-m})$ 上，买方（对所有物品）的需求量唯一，并且 $x_n^1(\bar{p}_m + \varepsilon, p_{-m}) = 0$。因为效用是拟线性的，所以我们可推知 $1 = x_m^1(\bar{p}_m, p_{-m}) \neq x_m^1(\bar{p}_m + \varepsilon, p_{-m}) = 0$。再由连续性可知，存在 $p_m \in (\bar{p}_m, \bar{p}_{-m} + \varepsilon)$ 使得在价格向量 $p = (p_m, p_{-m})$ 处买方的需求集合中存在一个包括物品 n 和 m 的组合，同时也存在另一个不包括这两件物品的组合。

因而，替代条件不成立意味着存在两件物品 m、n 和一个价格向量 p，其中 p_n，$p_m > 0$，并且 p 满足以下两个性质：(1) 对所有的 $\hat{p}_m \in [0, p_m)$，$v^1(x) - (\hat{p}_m, p_{-m}) \cdot x$ 有唯一的最大值点 x'，且 $x'_n = x'_m = 1$；(2) 对所有的 $\hat{p}_m \in (p_m, B]$，$v^1(x) - (\hat{p}_m, p_{-m}) \cdot x$ 有唯一的最大值点 x''，且 $x''_n = x''_m = 0$。

下面，我们用以上这些价格来构造与竞价人子模相矛盾的竞价人估价。设 $\hat{p}_m > p_m$，假设竞价人 2、3 和 4 对物品的估价分别为：$v^2(x) = \sum_{k \neq n,m} p_k x_k$，$v^3(x) = p_m x_m + p_n x_n$，$v^4(x) = \hat{p}_m x_m$。因为在价格向量 p 上 x' 对于买方 1 是最优的，又因为 $x'_n = x'_m = 1$，所以存在联盟 {0，1，2，3}的一个最优分配，该最优分配不向买方 3 分配物品。因而，这个最优分配对联盟｛0，1，2｝也是可行的，故 $w(0123) = w(012)$。因为在价格向量（p_{-m}，$\hat{p}_m$）上 x'' 对于买方 1 是唯一的最优分配，所以在联盟{0，1，2，3，4}的最优分配中，物品 n 被分配给了竞价人 3，从而它不同于联盟｛0，1，2，4｝的最优分配，所以 $w(01234) > w(0124)$。因而，$w(01234) + w(012) > w(0123) + w(0124)$。这就说明 w 不是竞价人-子模的。■

8.1.5　替代品和 Vickrey 结果

本节最后的结论综合了前面的定理，并作推广。我们证明，当替代条件成立时，Vickrey 拍卖不受前面例子中提到的各种单调性问题的影响。然而，当替代件不成立时，我们通常可以构造出存在单调性问题的偏好组合。

定理 8.5　假设物品唯一，竞价人估价集 **V** 满足条件 $\mathbf{V}_{\text{add}} \subset \mathbf{V}$。那么，下面的结论是等价的：

(1) 对 **V** 中的每一个估价，所有物品都是可替代的；

(2) 对 **V** 中的每个估价组合，Vickrey 结果在核中；

(3) 对 **V** 中的每个估价组合，Vickrey 结果是收益单调的；

(4) 对 **V** 中的每个估价组合，Vickrey 拍卖中的失标者之间不存在有利可图的联合偏离；

(5) 对 **V** 中的每个估价组合，没有竞价人可以通过托获利。①

证明 定理 8.2～定理 8.4 证明了结论 (1) ～ (3) 之间的等价性。

为证明 (1) ⇒ (4)，设 $v^S(z)$ 由式 (8.8) 所定义，它是联盟 S 从物品组合 z 中得到的价值。正如我们在定理 8.4 的证明中所看到的，v^S 的对偶利润函数 u^S 是子模函数，所以 v^S 是替代估价。特别地，v^S 是子模的。用 $\bar{x}$ 表示所有物品组成的组合，$X(\bar{x})$ 表示相应的可行分配集合。假设失标者联盟 S 偏离，报告其估价为 $(\tilde{v}^l)_{l\in S}$，它满足对 $l\in N-S$ 有 $\tilde{v}^l=v^l$。假设偏离后的 Vickrey 物品分配为 $(\tilde{x}^l)_{l\in N}$。于是，竞价人 l 为了获得他的组合需要支付的 Vickrey 价格为

$$
\begin{aligned}
p^l = & \max_{x\in X(\bar{x})}\Big(\sum_{j\in S-l}\tilde{v}^j(x^j)+\sum_{j\in N-S}v^j(x^j)\Big)\\
& -\Big(\sum_{j\in S-l}\tilde{v}^j(\tilde{x}^j)+\sum_{j\in N-S}v^j(\tilde{x}^j)\Big)
\end{aligned}
\tag{8.10}
$$

从而，

$$
\begin{aligned}
p^l \geqslant & \max_{\substack{x\in X(\bar{x})\\ x^j=\tilde{x}^j,\, j\in S}}\Big(\sum_{j\in S-l}\tilde{v}^j(x^j)+\sum_{j\in N-S}v^j(x^j)\Big)\\
& -\Big(\sum_{j\in S-l}\tilde{v}^j(\tilde{x}^j)+\sum_{j\in N-S}v^j(\tilde{x}^j)\Big)\\
= & \max_{x\in X(\bar{x}-\sum_{j\in S-l}\tilde{x}^j)}\Big(\sum_{j\in N-S}v^j(x^j)\Big)-\sum_{j\in N-S}v^j(\tilde{x}^j)\\
= & v^{N-S}\Big(\bar{x}-\sum_{j\in S-l}\tilde{x}^j\Big)-v^{N-S}\Big(\bar{x}-\sum_{j\in S}\tilde{x}^j\Big)\\
\geqslant & v^{N-S}(\bar{x})-v^{N-S}(\bar{x}-x^l)\\
= & v^{N-S}(\bar{x})-v^{N-l}(\bar{x}-x^l)
\end{aligned}
\tag{8.11}
$$

上式中的第一个不等式由优化问题的附加约束得到；第三行中的等式来自 v^{N-S}的定义，以及 $(\tilde{x}^l)_{l\in N}$是 Vickrey 分配（特别地，给定分配给联盟 $N-S$ 的总资源，$(\tilde{x}^l)_{l\in N-S}$使得这个联盟的总收益达到最大)；第四

① Yakoo、Sakurai 和 Matsubara (2000) 证明了，如果联盟值函数是竞价人-子模的，那么不存在托投标策略可以让竞价人以低于 Vickrey 价格的价格赢得在均衡时他所得到的分配。本书这里的定理用了一个稍强一些的假设（即物品是可替代的），并得到了一个强的结论：参与人没有任何有利可图的联合偏离。

行中的不等式是由于 v^{N-S}是子模的；最后一个等式成立是因为联盟 S（它包含竞价人 l）是在 Vickrey 拍卖中采用真实估价 v 作为报价时的失标者联盟。

比较第一项和最后一项，我们发现式（8.11）确定了失标者 l 与联盟 $S-l$ 中的失标者联合偏离时，失标者 l 赢得组合 x^l 需要支付的 Vickrey 价格高于没有联合偏离时他自身偏离去赢得组合 x^l 所需要支付的价格。因为没有单个竞价人可以从偏离其占优策略中获得利润，所以没有一个失标者联盟的联合偏离会是有利可图的。

为了证明（1）⇒（5），我们用 $S=\{1, \cdots, n\}$ 表示采用托投标的竞价人（亦称为"假冒者"）联盟。给定托的报价 $\{\tilde{v}^j\}_{j=1}^n$，用 $\tilde{x}$ 表示相应的 Vickrey 拍卖中的分配。那么，托要支付的总价格为

$$\begin{aligned}\sum_{l=1}^{n} p^l &\geqslant \sum_{l=1}^{n}\Big[v^{N-S}(\bar{x}-\sum_{j\in S-l}\tilde{x}^j)-v^{N-S}(\bar{x}-\sum_{j\in S}\tilde{x}^j)\Big]\\ &\geqslant \sum_{l=1}^{n}\Big[v^{N-S}(\bar{x}-\sum_{j=1}^{l-1}\tilde{x}^j)-v^{N-S}(\bar{x}-\sum_{j=1}^{l}\tilde{x}^j)\Big]\\ &= v^{N-S}(\bar{x})-v^{N-S}(\bar{x}-\sum_{j=1}^{n}\tilde{x}^j)\end{aligned}$$

上式中的第一个不等式由式（8.11）可以得到，第二个不等式可以由 v^{N-S}的子模性得到，求和后可得到最后一个等式，它等于在没有托时竞价人获得相同的分配所需要支付的 Vickrey 价格。因此，托投标是无利可图的。

为了证明相反的结论，假设集合 **V** 中包含物品不可替代时的估价。比如说，对物品 1 和 2 来说替代条件不成立。则存在价格向量 p 使得在这个价格向量上，需求是单值的，并且物品 1 的价格从 p_1 升高到 $p_1+\varepsilon$ 会减少对物品 2 的需求量。

如定理 8.4 的证明中那样，我们利用如下竞价人 1 的间接估价函数：$\tilde{v}^1(x_1, x_2)=\max v^1(x)-\sum_{m\neq 1,2} p_m x_m$。与上面一样，如果对于初始估价 v^1，物品 1 和 2 的替代条件不成立，那么替代条件对于间接估价 v 仍然不成立。因此，如果我们可以指定其他物品的价格由 p 确定，那么我们就只需要考虑物品 1 和 2 的分配。为此，我们引入具有线性估价函数 $v(x)=\sum_{k\neq 1,2} p_k x_k$ 的两个竞价人。

利用间接估价 v，记 v_i 为物品 $i\in\{1,2\}$ 的价值，$\bar{v}$ 为这两件物品的联合价值。如果这两件物品是不可替代的，那么 $\alpha=\bar{v}-(v_1+v_2)>$

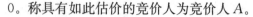

0。称具有如此估价的竞价人为竞价人 A。

为了分析失标者的联合偏离，我们再引入两个竞价人B_1 和B_2。竞价人B_i 对物品 i 的估价为 $v_i+\varepsilon_i>v_i$，其中 $\varepsilon_1+\varepsilon_2<\alpha$。这两个竞价人在均衡时都没有赢得物品，从而得到零收益。然而，在每个竞价人 i 报价为$v_i+\alpha$ 的联合偏离中，竞价人 i 以价格 v_i 成为赢家，赢得的利润为 ε_i。所以，如果物品是不可替代的，那么失标者有有利可图的联合偏离。

为了分析托投标，我们考虑一个单独的竞价人 B，他对物品 i 的估价为 $v_i+\varepsilon_i>v_i$，其中 $\varepsilon_1+\varepsilon_2<\alpha$。竞价人 B 对两件物品的组合的估价为 $v_1+v_2+\varepsilon_1+\varepsilon_2$。若他真实报价，那么这个竞价人只能赢得零收益。但是，如果他假冒成两个竞价人B_1 和B_2，并采用前面一段中的策略，那么两个假冒的竞价人都成为赢家，他们的总支付价格是 v_1+v_2，获得的利润是 $\varepsilon_1+\varepsilon_2>0$。所以，如果物品是不可替代的，那么对于竞价人 B 来说，采用托投标是有利可图的偏离。■

竞价人竞拍成套物品的拍卖要比单件物品的简单拍卖复杂得多。但是，当竞价人赢得某些资产而没有获得与该资产匹配的互补资产时，也就是说，当替代条件不成立时，组合拍卖就显得十分有吸引力了。然而，在这些条件下，前面的分析表明，作为一种实际运行机制，Vickrey 拍卖具有严重的并且可能是致命的缺点。

8.2 Bernheim-Whinston 一级价格组合拍卖

最简单的组合拍卖设计是一级价格设计，其中竞价人提交组合投标，由卖方选择可行的投标组合使得总价格达到最大。然后，每个竞价人都将他的报价作为获得物品的支付价格，如果是在采购拍卖中，竞价人则将他的报价作为他承诺的报酬。IBM-Mars 拍卖和伦敦公交服务拍卖即是应用一级价格设计的采购拍卖。

在实施一个组合拍卖时，重要的是设计一个简单的投标流程使得能够解决竞价人所面临的问题（也可能包括拍卖者面临的问题）。例如，在前面提到的采购拍卖的两个例子中，竞价人为每件物品单独投标，并且为特定组合或者数量设定折扣。竞价人界面的结构能限制投标的复杂度和确定赢者的复杂度。

在下面的几个小节中，我们将分析一级价格组合拍卖。首先，我们建立拍卖模型，并说明多重均衡的问题；其次，我们给出利润-目标策略的定义，并解释利用这些策略来研究均衡的原因；最后，证明上述均衡下的均衡支付与相关的联盟型博弈的核的竞价人-最优边界是一致的。

8.2.1　模型

关于这个拍卖的相关理论都是在完全信息的前提下研究的，所以我们的模型里不考虑竞价人类型。假设存在一个可行的分配集合 X，或者更一般地，存在卖方决策 $x=(x^1,\cdots,x^N)$ 的集合。在分配或决策中与竞价人 i 有关的部分是分量 x^i，与 i 相关的可能决策集合是 $X^i=\{x^i \mid x\in X\}$。

一级价格拍卖的过程如下。首先，每个竞价人 i 给出一个非负的密封投标集 $\{\beta^i(x^i)\}_{x^i\in X^i}$。然后，卖方选择 x 使目标 $\sum_{i=1}^{N}\beta^i(x^i)+v^0(x)$ 达到最大，这里的目标函数等于所有报价之和再加上此分配对于卖方的价值。如果获胜，竞价人将自己的报价作为支付价格。因此，如果卖方选择 x，那么竞价人 i 获得的利润为 $v^i(x^i)-\beta^i(x^i)$。用 $\Pi^i(\beta)$ 表示竞价人 i 在投标组合 β 下所获得的利润。

这个模型具有足够的通用性和普适性，可以涵盖各种各样的应用。例如，在 FCC 频谱拍卖中，X 表示每个许可证至多只能分配给一个买方的分配集合。在列车调度问题中，X 表示列车不会相撞的调度集。在公共物品问题里，我们可以规定对所有的 $x\in X$ 有 $x^1=\cdots\cdots=x^N$，这样每个人都得到相同的分配。我们最感兴趣的是将该模型应用于自愿参与的拍卖，所以，我们在下面均假定对于每个竞价人 i，均存在一个 i 不愿参与的结果，我们用 φ 表示这个结果。于是我们规定对所有的 i 均有 $v^i(\varnothing)=0$。另外，我们在本章中恒假设卖方拥有自由处置权，这由下面的定义给出。

定义　称卖方有自由处置权（free disposal），如果对所有的 $x\in X$ 均有 $(x^{-i},\varnothing)\in X$ 并且 $v^0(x)\leqslant v^0(x^{-i},\varnothing)$。

Berheim 和 Whinston（1986）建立了完全信息一级价格组合拍卖的理论。虽然完全信息的假设不是十分合理，但这个理论还是给出了拍卖的一些重要的策略性结论。

在开始进行分析之前，我们先来看一下我们的模型中很重要的一个概念，即平局（ties）。平局是一些投标组合，指卖方的目标 $\sum_{i=1}^{N}\beta^i(x^i)+$

$\vartheta^{\rho}(x)$有多重最优解。如果拍卖要求报价是离散的，比如以美元为单位，那么，根据任一评判准则，甚至是以随机的形式来消除这种平局状态，是不会有任何困难的。但是，为了精确地得到均衡我们还是应该在模型中假设报价是非负实数。将报价视为实数会导致最优反应的存在性问题，因为这意味着没有一个报价恰好高于其他竞价人中的最高报价。这个问题与我们熟悉的卖方竞相向买方出售单件物品的 Bertrand 模型里的问题是相同的。假设卖方的成本分别为 7 和 10。如果报价是离散的报价，假设是整数，那么存在一个纯策略均衡，其中低成本的卖方的报价为 10，另一卖方的报价为 11。在均衡时，赢者的报价略低于失标者的报价。但当报价连续时，该模型不存在类似的均衡。简单地说，此时存在这样一个均衡，两个卖方的报价均为 10，而低成本卖方赢得竞争，因为他的报价可以比竞争者低无穷小。

基于相似的理由，在本章中我们也采用相似的假设，但是在如下的竞价人是买方而且是最高报价者胜出的拍卖模型中。在下面的分析中，当我们说报价 b 是最优反应并且是赢得拍卖的报价时，我们是说，对所有的 $\varepsilon>0$，$b+\varepsilon$ 是 ε -最优反应且是赢得拍卖的报价，而竞价人的支付则是按照他以报价 b 获胜那样来确定的。由此可知，给定其竞争者的报价，每个竞价人总有一个最优反应。为了避免偏离经济学太远，在下面的讨论和证明中，我们对最优反应不再作进一步的讨论。①

现在，我们来分析一级价格组合拍卖模型。不难发现，一般来说，这样的拍卖都有许多 Nash 均衡。为了说明这一点，考虑一个两件相同物品的拍卖。假设竞价人 1 和 2 都只想要一件物品，他们的估价均为 10；而竞价人 3 和 4 都需要两件物品，一件物品对于他们没有任何价值，他们对两件物品的估价均为 16。在一个 Nash 均衡集中，竞价人 3 和 4 对两件物品的报价都为 16；而竞价人 1 和 2 的报价都低于 10，但两者之和为 16。为解决平局，我们不妨假定拥有较高总估价的竞价人赢得拍卖。那么，在这些均衡中，竞价人 1 和 2 以总价格 16 获胜，他们赢得的总利润为 4。但是，一些 Nash 均衡包含对两个竞价人获得的非负总利润的任意划分。这些均衡中的每一个结果都是有效率的。

除了上面所讨论的均衡之外，这个例子中还有其他的无效率均衡。在这些无效率的均衡中，竞价人 3 和 4 的报价均为 16，而竞价人 1 和 2 的报价均小于 6。其结果是，竞价人 3 或 4 获胜。Bernheim 和 Whin-

---

① 关于这个问题的详细分析可见 Reny (1999)。

ston 认为，在直觉上这些均衡不太合理，因为竞价人 1 和 2 没有认真地投标。

8.2.2　利润-目标策略

为了找出最合理的均衡，我们着重讨论下面定义的利润-目标策略(profit-target strategies)。

定义[①]　称策略 β^i 是 π^i -利润-目标策略，如果对所有的 x 均有 $\beta^i(x^i)=\max(0,v^i(x^i)-\pi^i)$。

利润-目标策略有两个吸引人的地方。首先，这个策略十分简单。给定竞价人的估价，策略仅与一个变量有关，即 π^i，它是竞价人从任一获胜报价中获得的利润。这就是说，竞价人可以用他对组合的估价减去 π^i 来决定自己对该组合的报价。其次，无论其他竞价人的策略是什么，每个竞价人的最优反应集总是包含着利润-目标策略。

定理 8.6　在一级价格组合拍卖中，对任意的竞价人 i 和其他竞价人的报价 β^{-i}，令 $\bar{\pi}^i=\max_{\beta^i}\Pi^i(\beta^i,\beta^{-i})$。那么，$\bar{\pi}^i$ -利润-目标策略是拍卖中竞价人 i 的最优反应。

证明　用 β^i 表示最优反应，用 $\hat{x}$ 表示卖方的相应决策。那么，$\bar{\pi}^i=v^i(\hat{x}^i)-\beta^i(\hat{x}^i)$。用 $\bar{\beta}^i$ 表示 $\bar{\pi}^i$ -利润-目标策略，于是，$\beta^i(\hat{x}^i)=\bar{\beta}^i(\hat{x}^i)$。

由卖方选择规则可知，对任一 $x\neq\hat{x}$，都有 $\sum\limits_{i=1}^{N}\beta^i(x^i)+v^0(x)\leqslant\sum\limits_{i=1}^{N}\beta^i(\hat{x}^i)+v^0(\hat{x})$。因而，如果 $\bar{\beta}^i(x^i)=0$，则我们有 $\bar{\beta}^i(x^i)\leqslant\beta^i(x^i)$，从而 $\sum_{j\neq i}\beta^j(x^j)+\bar{\beta}^i(x^i)+v^0(x)\leqslant\sum_{j\neq i}\beta^j(\hat{x}^j)+\bar{\beta}^i(\hat{x}^i)+v^0(\hat{x})$。所以，当竞价人 i 的报价为 $\bar{\beta}^i$ 时，卖方不选择 x。当竞价人 i 的报价为 $\bar{\beta}^i$ 时，卖方的选择 $\bar{x}$ 满足 $\bar{\beta}^i(\bar{x}^i)>0$，从而 $\bar{\beta}^i(\bar{x}^i)\equiv\max(0,v^i(\bar{x}^i)-\bar{\pi}^i)=v^i(\bar{x}^i)-\bar{\pi}^i$。因此，$\Pi^i(\beta^{-i},\bar{\beta}^i)=v^i(\bar{x}^i)-\bar{\beta}^i(\bar{x}^i)=\bar{\pi}^i=\Pi^i(\beta^{-i},\beta^i)$。■

在以上的定理中我们假设其他竞价人均采用纯策略。如果其他竞价人采用混合策略，或者竞价人不能确定他们采用什么纯策略，那么，一般情况下，最优反应集就不再包含利润-目标策略了。

定理 8.6 表明，在一级价格组合拍卖的均衡状态下，竞价人之间实

---

① Berheim 和 Whinston (1986) 称它们为“真实报价”策略，而 Ausubel 和 Milgrom (2002) 则称相应的代理拍卖策略为“半真实”策略。这里采用术语“利润-目标策略”的含义是更为概念性的：竞价人以利润作为目标报价，即如果获胜，就达到了自己的利润目标。

施合谋行为具有一定的难度。与统一价格拍卖中不同的是，在一级价格组合拍卖中，没有竞价人愿意降低需求。假设在某一策略组合上，竞价人 i 以某一正的价格赢得分配 x^i。如果竞价人采用利润-目标策略，我们将他的分配增加 $\bar{x}^i - x^i$，那么他的报价会提高 $\beta^i(\bar{x}^i) - \beta^i(x^i) = v^i(\bar{x}^i) - v^i(x^i)$。因而，竞价人会为这额外的分配量支付给卖方他的全部边际价值。因此，利润-目标策略下不会有需求缩减的现象。利润-目标策略总是在最优反应集之中这一结论表明，没有一个纯策略组合可以阻止竞价人积极地为一个额外的分配量投标。所以，在拍卖本身之中，没有策略能够强制实施合谋投标。

8.2.3 均衡和核

由定理 8.6 的结论，我们推知采用利润-目标策略产生的均衡结果与竞争均衡是相似的；下面我们来证明这是正确的。为了刻画一级价格组合拍卖中均衡的特征，我们将拍卖的均衡收益和相关的联盟型博弈的核中的点相比较。

我们在式（8.1）和式（8.2）中定义了联盟值函数和核。我们把式（8.2）重写为

$$\text{Core}(N,w) = \left\{\pi \in R^N \mid (\forall S)\sum_{j\in S}\pi^j \geqslant w(S)\right\} \cap \left\{\pi \in R^N \mid \sum_{j\in N}\pi^j \leqslant w(N)\right\} \quad (8.12)$$

称收益向量 $\pi \in R^N$ 在核中，如果它是非阻碍的和可行的。式（8.12）中交集中的第一个集合描述了收益向量 π 是非阻碍的条件：没有一个联盟可以获得高于在收益向量 π 下获得的收益。第二个集合描述了可行性条件，即总的期望收益不会超过能够得到的：$\sum_{j\in N}\pi^j \leqslant w(N)$。因为逆向不等式包含在第一个集合的不等式中，所以式（8.2）中的可行性条件等价于 $\sum_{j\in N}\pi^j = w(N)$。

我们可以把本书中的核分配理解为参与人的服务和资源的竞争价格。为此，我们考虑这样一个情景：有若干经纪人想聘用几个演员，选择联盟 S 能给经纪人创造的商业价值为 $w(S)$。假设市场是完全竞争的，经纪人为每个演员投标，用 π^i 表示演员 i 的服务的价格。为了使市场出清，经纪人的最大利润一定为零。这就是说，价格必须使得对每个联盟 S 都有 $w(S) - \sum_{j\in S}\pi^j \leqslant 0$。因为产生有效率的结果需要结成联盟

N，所以零利润条件还意味着 $\sum_{j\in N}\pi^j = w(N)$。从而，"$\pi$ 是参与人的服务和资源的竞争均衡价格向量"的条件与条件 $\pi \in \mathrm{Core}(N,w)$ 是一致的。

我们感兴趣的是核的一个特定部分。

定义　称收益向量 $\pi\in R^N$ 是竞价人-最优的（bidder-optimal），如果 $\pi \in \mathrm{Core}(N,w)$，且不存在 $\pi' \in \mathrm{Core}(N,w)$ 使得 $\pi'_{-0} > \pi_{-0}$。同时，称这样的点组成的集合为核的竞价人-最优边界（bidder-optimal frontier）。

注意到对向量不等式，有 $\alpha > \beta \Leftrightarrow [\alpha \geqslant \beta,\ \alpha \neq \beta]$。由此可知，一个收益向量在竞价人 Pareto 边界（bidder Pareto frontier）中，如果在 $\pi \in \mathrm{Core}(N,w)$ 中没有其他收益向量是 Pareto 偏好的。强调核的 Pareto 边界不禁使人联想到匹配理论中相似的论述，但在这里我们不再进一步讨论它们之间的联系。①

根据以上的定义，我们下面给出一个重要的定理，它刻画了一级价格组合拍卖中均衡的特征。

定理 8.7　假设 π 是竞价人-最优的。于是，相应的 π^i-利润-目标策略组成了一级价格组合拍卖的 Nash 均衡。相反，如果 $\pi\in R^N$ 是一个均衡收益向量，且相应的 π^i-利润-目标策略是一级价格组合拍卖的 Nash 均衡，那么 π 是竞价人-最优的。

证明　为了证明第一个命题，假设 π 是竞价人-最优的。我们需要证明相应的利润-目标策略是一个均衡。

我们将证明，没有一个竞价人 i 偏离利润-目标策略是有利的。然后，由定理 8.6 可知，没有一个竞价人的任一偏离是有利的。

假设 i 采用其他某个利润-目标策略获得的支付为 $\pi^i+\delta$，其中 $\delta>0$。那么，这个策略必定是 $\pi^i+\delta$-利润-目标策略。

因为 π 是竞价人-最优的，所以 $\pi \in \mathrm{Core}(N,w)$ 且 $(\pi^0-\delta,\pi^i+\delta,\pi^{-i-0}) \notin \mathrm{Core}(N,w)$。故存在联盟 S 使得 $\sum_{j\in S}\pi^j \geqslant w(S) > \sum_{j\in S}\pi^j - \delta 1_{\{0\in S\}} + \delta 1_{\{i\in S\}}$。由此可知 $0\in S$ 且 $i\notin S$。如果卖方拒绝竞价人 i 的报价，那么他的最大目标值是

$$
\begin{aligned}
&\max_{\{x\in X \mid x^i=\varnothing\}}\left\{\sum_{j\in N-0}\beta^j(x^j)+v^0(x)\right\}\\
\geqslant &\max_{\{x\in X \mid x^{-S}=\varnothing\}}\left\{\sum_{j\in S-0}\beta^j(x^j)+v^0(x)\right\}\\
\geqslant &\max_{\{x\in X \mid x^{-S}=\varnothing\}}\left\{\sum_{j\in S-0}(v^j(x^j)-\pi^j)+v^0(x)\right\}
\end{aligned}
$$

① 见 Ausubel 和 Milgrom（2002）。

$$
\begin{aligned}
&= w(S) - \sum_{j\in S-0} \pi^j \\
&> \pi^0 - \delta \\
&= \max_x \left\{ v^0(x) + \sum_{j\in N-0} \beta^j(x^j) \right\} - \delta \\
&\geqslant \max_{\{x\in X \mid x^i \neq \varnothing\}} \left\{ v^0(x) + \sum_{j\in N-0} \beta^j(x^j) \right\} - \delta \qquad (8.13)
\end{aligned}
$$

上式中的第一个不等式成立是因为第二个优化问题的约束更严；第二个不等式成立是因为 $\beta^j(x^j)=\max(0, v^j(x^j)-\pi^j)$；第三行中的等式则由 $w(S)$ 的定义可以得到；第四行中的不等式严格成立可根据联盟 S 的选择得到；第五行中的等式由 π^0 的定义得到；最后一个不等式成立是因为最后一个优化问题中的约束比前面的更严。

比较式（8.13）中的第一项和最后一项可知，偏离之后，卖方拒绝竞价人 i 的报价严格优于接受竞价人 i 的报价。因此，偏离导致竞价人 i 成为失标者。所以，对任一竞价人来说，都不存在有利可图的偏离。

为了证明逆命题，假设 π^i -利润-目标策略组成一个均衡，其收益向量为 π。首先，我们证明 $\pi\in \text{Core}(N, w)$。因为 π 是对这些策略的收益向量，所以它是可行的。因此，如果 $\pi\notin \text{Core}(N, w)$，那么存在联盟 S 使得 $\sum_{j\in S}\pi^j < w(S)$。于是，

$$
\begin{aligned}
\pi^0 &= \max_{x\in X} \left\{ v^0(x) + \sum_{j\in N-0} \beta^j(x) \right\} \\
&\geqslant \max_{\{x\in X \mid x^{-S}=\varnothing\}} \left\{ v^0(x) + \sum_{j\in S-0} \beta^j(x) \right\} \\
&\geqslant \max_{\{x\in X \mid x^{-S}=\varnothing\}} \left\{ v^0(x) + \sum_{j\in S-0} (v^j(x) - \pi^j) \right\} \\
&= w(S) - \sum_{j\in S-0} \pi^j > \pi^0
\end{aligned}
$$

这是一个矛盾。所以，$\pi\in \text{Core}(N, w)$。

下面，假设 π 是均衡收益向量，且 $\pi\in \text{Core}(N, w)$，但 π 不是竞价人-最优的。那么，存在竞价人 i 和正数 $\delta>0$ 使得 $\hat{\pi}\equiv(\pi^0-2\delta, \pi^i+2\delta, \pi^{-i-0})\in \text{Core}(N, w)$。

假设竞价人 i 偏离到 $\pi^i+\delta$ -利润-目标策略，我们记之为 $\tilde{\beta}^i$。如果 π 是均衡收益向量，那么存在一个相应的可行分配 $\bar{x}$。从而，

$$
\begin{aligned}
&\max_{x\in X} \left\{ \sum_{j\in N-i-0} \beta^j(x^j) + \tilde{\beta}^i(x^i) + v^0(x) \right\} \\
&\geqslant \sum_{j\in N-i-0} \beta^j(\bar{x}^j) + \tilde{\beta}^i(\bar{x}^i) + v^0(\bar{x})
\end{aligned}
$$

$$
\begin{aligned}
&= \sum_{j\in N-0}(v^j(\bar{x}^j)-\pi^j)-\delta+v^0(\bar{x})\\
&=\pi^0-\delta>\pi^0-2\delta\\
&\geqslant \max_{\{S\mid i\notin S\}}\Big\{w(S)-\sum_{j\in S-0}\pi^j\Big\}\\
&\geqslant \max_{\{S\mid i\notin S\}}\Big\{\max_{x\in X}\Big\{\sum_{j\in S}v^j(x^j)\Big\}-\sum_{j\in S-0}\pi^j\Big\}\\
&=\max_{x\in X}\max_{\{S\mid i\notin S\}}\Big\{\sum_{j\in S-0}(v^j(x^j)-\pi^j)\Big\}+v^0(x)\\
&=\max_{x\in X}\Big\{\sum_{j\in N-i-0}\max(0,v^j(x^j)-\pi^j)+v^0(x)\Big\}\\
&=\max_{x\in X}\Big\{\sum_{j\in N-i-0}\beta^j(x^j)+v^0(x)\Big\}
\end{aligned}
$$

第一行由最大值的定义直接得到，第二行则由报价函数的定义得到，第三行由 $\bar{x}$ 的定义得到，第四行是因为 $(\pi^0-2\delta,\pi^i+2\delta,\pi^{-i-0})\in \text{Core}(N,w)$，第五行由 $w(S)$ 的定义得到，第六行则是将优化次序调换（用自由处置权）得到的，第七行是通过在 S 上取最大值得到的，最后一个等式则由报价函数的定义得到。

由于最后一项小于第一项，所以竞价人 i 偏离之后，卖方通过拒绝他的所有报价来严格减少他的利润。因而，由拍卖规则可知，卖方接受某个竞价人的报价，而 i 的偏离可以产生利润，这与原先的利润-目标策略是一个均衡的假设矛盾。 ■

根据我们前面的解释，核中的结果支付给卖方的资源一个竞争价格。然而，核还包含了一个极端的支付组合，其中每个竞价人 i 获得的支付均为 $\pi^i=0$，而卖方得到的支付是 $\pi^0=w(N)$。直观上看，这个极端支付反映了这样的一个事实：所有的相关联盟都包括卖方（除了只包含单个成员的联盟，这些联盟保证每个竞价人获得的支付都至少为零），所以核包含一种可能，即卖方是一个完美的价格歧视者。但是在拍卖中，通常是由竞价人给出其报价的。定理 8.7 反映出报价能力可以转移：竞价人串通起来投标使得结果刚好在核中。根据我们对竞争价格的解释，这个定理也说明了，为竞价人拥有的资源支付的价格会尽可能地高，这一点与为卖方的资源支付竞争价格是一致的。[①]

---

① 在分析一级价格组合拍卖时，Berheim 和 Whinston（1986）还给出了联盟-证明（coalition-proof）Nash 均衡的概念，并证明了定理 8.7 中给出的均衡与这个拍卖中的联盟-证明 Nash 均衡刚好一致。他们的分析与定理 8.6 之后的那段讨论一致，这进一步说明了进行合谋存在困难，甚至当只有一小部分竞价人相互之间可以私下交流时也是如此。

8.3 Ausubel-Milgrom 向上叫价代理拍卖[①]

在本节中，我们讨论 Ausubel-Milgrom 向上叫价代理拍卖，它兼有 Vickrey 设计和一级价格组合设计的诸多优点，并且避免了后者的一些主要缺点。我们将要证明，这一设计兼有所有物品均是可替代时 Vickrey 设计的基本特征，也像 Bernheim-Whinston 一级价格拍卖那样，竞价人-最优点位于核中的完全信息均衡结果之中。

为了研究它与 Vickrey 拍卖的联系，我们假设对所有竞价人来说物品都是可替代的。于是，对任意的估价组合，真实报价都是向上叫价组合拍卖的 Nash 均衡，其分配方案和支付结果与 Vickrey 拍卖中的完全一致。从而，均衡收益向量是相关联盟型博弈的核中唯一的竞价人-最优点。因此，当物品是可替代的时，向上叫价组合拍卖和 Vickrey 拍卖的运行结果相似——在此条件下，Vickrey 拍卖的运行结果最佳。

当物品不可替代时，向上叫价组合拍卖与 Vickrey 拍卖的运行结果迥异。在完全信息下，向上叫价组合拍卖有利润-目标 Nash 均衡，其策略和均衡结果与定理 8.7 所描述的一级价格组合拍卖中的一样。另外，向上叫价组合拍卖也具有与一级价格组合拍卖中一样的对合谋的预防（如定理 8.6 所述）——Vickrey 设计也具有这一性质。[②]

我们用显式博弈来建立代理拍卖的模型，其中每个竞价人都向代理报告自己的估价，代理则代表竞价人在多轮拍卖中投标。我们将讨论代理拍卖的两种形式。首先，假设竞价人的预算是无限的。由于在一些频谱拍卖中预算约束是一个非常严重的问题，所以在随后的小节中我们讨论有预算约束的代理拍卖。

8.3.1 无预算限制的代理拍卖

在本小节中，我们讨论无预算限制且投标增量很小（可忽略不计）时的向上叫价代理拍卖，并得到了以下三个主要结论。第一，根据报告给代理的偏好，算法选择核分配。第二，在完全信息下，目标策略下的

① 这一节的内容来自 Ausubel 和 Milgrom（2002）。

② 回想一下，只要有一点点外部的作用，Vickrey 拍卖中就容易产生合谋均衡。类似的情形也存在于物品是可替代的向上叫价代理拍卖中。

Nash 均衡导致竞价人-最优的核分配，并且每个竞价人-最优的核分配也都对应于某一利润-目标均衡。第三，当物品是可替代的时，竞价人向代理如实报告自己的估价是 Nash 均衡。

除非特殊说明，我们利用 8.2 节中的模型，其中的偏好是拟线性的，且估价函数是 $(v^i)_{i\in N}$。

代理在多轮拍卖中投标。在每一轮拍卖中，卖方都选择一个可行的决策 x，它是问题 $\max_{x\in X}\{\sum_{j\in N-0}\beta^j(x^j)+v^o(x)\}$ 的解，其中 $\beta^j(x^j)$ 是竞价人 j 在前几轮拍卖中对组合 x^j 的最高报价。在最优解处使得 $x^j\neq\emptyset$ 的竞价人被称为暂时赢者（provisionally winning bidders），这些竞价人构成的集合被称为暂时赢者联盟（provisionally winning coalition）。

在每一轮拍卖中，对每个可能的组合，每个竞价人 i 都有一个最低报价 $m^i(x^i)$。在开始时，对每个竞价人和每个组合均有 $m^i(x^i)=0$。随着拍卖的进行，如果竞价人曾经向某个组合投标过，那么其最低报价就是他在这一组合上的暂时最高报价加上一个投标增量。

代理的运行如下。在每一轮中，如果竞价人 i 是暂时赢者，那么 i 的代理不再投标。否则，对每个可能的组合，代理根据所报告的估价函数 $\tilde{v}^i$ 计算出使潜在利润 $\hat{\pi}^i=\tilde{v}^i(\hat{x}^i)-m^i(\hat{x}^i)$ 达到最大的组合 $\hat{x}^i$。如果最大的 $\hat{\pi}^i<0$，则代理不投标。反之，如果 $\hat{\pi}^i\geqslant 0$，则竞价人 i 的代理向组合 $\hat{x}^i$ 投标，其报价为 $m^i(\hat{x}^i)$。（或许，把一个正要出局的代理的最终报价作为空分配的零报价是有益的。）当没有新的报价时，拍卖结束。这时，暂时赢者和暂时分配成为这次拍卖的最终赢者和分配方案。

我们研究显示博弈，其中竞价人向代理报告自己对物品的估价。但是为了研究，我们首先需要分析向上叫价拍卖过程。给定竞价人向代理报告的估价，我们可以根据与竞价人 i 在时刻 t 的报价对应的潜在利润 $\hat{\pi}^i(t)$ 重新构造出他在前几轮拍卖中的所有报价。特别地（不考虑平局的情况），在时刻 t 代理向任一组合投标所获得的潜在利润至少为 $\hat{\pi}^i(t)$。用 $\hat{\pi}^0(t)$ 表示卖方目标的最大值；用 $\hat{\pi}(t)$ 表示收益向量，有时也简写为 $\hat{\pi}$。

8.3.1.1　代理结果是核结果

这里，我们考虑小投标增量的极限情况，并且把拍卖的轮数看作是连续时间的。那么，在时刻 t，竞价人 i 对组合 x^i 的最低报价是 $\max(0, \tilde{v}^i(x^i)-\hat{\pi}^i(t))$。用 $\tilde{w}$ 表示由式（8.1）计算的联盟值函数。于是，卖方在时刻 t 的最大收益为

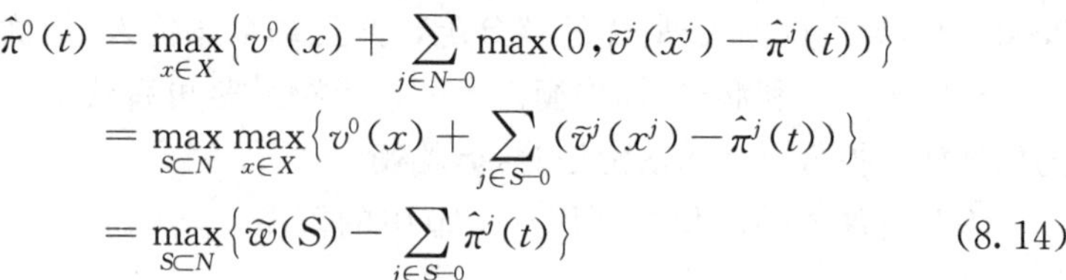

$$
\begin{aligned}
\hat{\pi}^{0}(t) &= \max_{x\in X}\Big\{v^{0}(x)+\sum_{j\in N-0}\max(0,\tilde{v}^{j}(x^{j})-\hat{\pi}^{j}(t))\Big\}\\
&= \max_{S\subset N}\max_{x\in X}\Big\{v^{0}(x)+\sum_{j\in S-0}(\tilde{v}^{j}(x^{j})-\hat{\pi}^{j}(t))\Big\}\\
&= \max_{S\subset N}\Big\{\tilde{w}(S)-\sum_{j\in S-0}\hat{\pi}^{j}(t)\Big\} \qquad (8.14)
\end{aligned}
$$

由 $\hat{\pi}^0(t)$ 和代理投标的定义可以得到上式中的第一个等式；由于 S 上的最大值恰好是正的被加数，故第二个等式成立；由 $\tilde{w}$ 的定义得到第三个等式。

值得指出的是，由式（8.14）可知，我们可以把拍卖看作一个联盟的讨价还价过程。这就好像在任一时刻 t，竞价人 i 要求获利 $\hat{\pi}^i(t)$，联盟管理者则计划以价格 $\hat{\pi}^i(t)$ 招揽竞价人 i 以组成联盟 S，然后将联盟剩余 $\tilde{w}(S)-\sum_{j\in S-0}\hat{\pi}^j(t)$ 作为报价来购买卖方的资源。在任一时刻，竞价人的获胜联盟都是给出最慷慨价格的联盟，而期望获得正收益的失标者只能降低他们的需求，并重新投标。式（8.14）及对其的解释将在下面的分析中重复使用。

式（8.14）表明，在任一时刻 t，没有联盟 S 阻碍收益向量 $\hat{\pi}(t)$：$\tilde{w}(S)\leqslant\sum_{j\in S}\hat{\pi}^j(t)$。当拍卖结束时，收益向量是可行的，于是我们得到下面的结论。

定理 8.8 当拍卖在时刻 $\bar{t}$ 结束时，最终决策 $\tilde{x}$ 使得竞价人报告给代理的总价值达到最大，即 $\sum_{j\in N}\tilde{v}^j(\tilde{x}^j)=\tilde{w}(N)$，并且收益结果满足 $\hat{\pi}(\bar{t})\in \mathrm{Core}(N,\tilde{w})$。

证明 因为 $\hat{\pi}(\bar{t})$ 是非阻碍的，所以只需证明 $\hat{\pi}(\bar{t})$ 是可行的。用 W 表示时刻 $\bar{t}$ 的获胜联盟，用 $\beta^j(\tilde{x}^j)$ 表示最终的投标价格。则由拍卖规则可知

$$
\hat{\pi}^i(\bar{t})=\begin{cases}\tilde{v}^i(\tilde{x}^i)-\beta^i(\tilde{x}^i) & i\in W\\ v^0(\tilde{x})+\sum_{j\in W}\beta^j(\tilde{x}^j) & i=0\\ 0 & i\notin W\cup\{0\}\end{cases} \qquad (8.15)
$$

记 $\tilde{v}^0=v^0$，我们有

$$
\sum_{j\in N}\hat{\pi}^j(\bar{t})=\sum_{j\in N}\tilde{v}^j(\tilde{x}^j)\leqslant\max_{x\in X}\sum_{j\in N}\tilde{v}^j(x^j)=\tilde{w}(N)
$$

这就证明了可行性。因此，$\tilde{w}(N)=\sum_{j\in N}\hat{\pi}^j(\bar{t})$，且 $\hat{\pi}(\bar{t})\in\mathrm{Core}(N,\tilde{w})$。

■

8.3.1.2　利润-目标策略和均衡

定理 8.9　在向上叫价代理拍卖中，对任一竞价人 i 和其他竞价人的任一报价 $\bar{v}^{-i}$，令 $\pi^i = \max_{\bar{v}^i} \Pi^i(\bar{v}^i, \bar{v}^{-i})$。那么，$\pi^i$ -利润-目标策略是竞价人 i 的最优反应。

证明　当 $\pi^i=0$ 时，结论是平凡的，所以我们下面假设 $\pi^i>0$。用 u^i 表示竞价人 i 的满足条件 $\Pi^i(u^i, \bar{v}^{-i})=\pi^i$ 的报告给代理的估价，并用 $\tilde{x}$ 表示相应的最终结果。那么，i 的支付价格是 $v^i(\tilde{x}^i)-\pi^i$。记 $\delta=u^i(\tilde{x}^i)-(v^i(\tilde{x}^i)-\pi^i)$。由拍卖规则可知，对每一个组合，由 $\tilde{u}^i(x^i)=u^i(x^i)-\delta$ 定义的、报告给代理的估价 $\tilde{u}^i$ 产生的投标路径及拍卖结果与报告 u^i 的相同。由定理 8.8 可知，相对于报告（$\bar{v}^{-i}$，$\tilde{u}^i$），结果是总价值达到最大，所以不存在支付 x，它拒绝了竞价人 i 的报价，并且还满足不等式 $v^0(x)+\sum_{j\in N-i-0}\bar{v}^j(x^j)>v^0(\tilde{x})+\sum_{j\in N-i-0}\bar{v}^j(\tilde{x}^j)+\tilde{u}^i(\tilde{x}^i)$。因此，再次由定理 8.8 可知，$i$ 的对应 $\tilde{x}^i$ 的值为 $\tilde{u}^i(\tilde{x}^i)$ 的任一报告，所得结果或者是 $\tilde{x}$，或者是其他某个不拒绝 i 的结果。

记 $\bar{v}^i$ 表示 π^i -利润-目标策略。根据定义，它为 $\tilde{x}^i$ 报告的估价是 $\bar{v}^i(\tilde{x}^i)=v^i(\tilde{x}^i)-\pi^i=u^i(\tilde{x}^i)-\delta=\tilde{u}^i(\tilde{x}^i)$，所以报告 $\bar{v}^i$ 产生 i 是赢者的结果。由利润-目标策略的定义可知，在拍卖进程中利用报告 $\bar{v}^i$ 的任一报价对应的最低利润都是 π^i，所以 $\Pi^i(\bar{v}^i, \bar{v}^{-i})\geqslant\pi^i$。 ■

定理 8.9 与定理 8.6 非常类似，并且有着相似的解释。在含代理的向上叫价组合拍卖中，没有竞价人有缩减需求的动机，所以不存在一个竞价人联盟可以采用的策略组合，使得可以维护联盟成员之间关于分配物品的协议以阻止成员的偏离。

下一个定理重复了定理 8.7 的第一个结论，但不是第二个结论。

定理 8.10　假设 π 是竞价人-最优的，则相应的 π^i -利润-目标策略是向上叫价组合拍卖的 Nash 均衡。

证明　假设 π 是竞价人-最优的，并且对每个 i，用 $\bar{v}^i$ 表示 π^i -利润-目标策略。假设策略组合 $\bar{v}$ 不是 Nash 均衡。特别地，假设存在一个参与人 i，他偏离到 $\hat{\pi}^i$ -利润-目标策略是有利的。如果 $\hat{\pi}^i<\pi^i$，并且 i 偏离后成为赢者，那么，或者拍卖结果不受影响，或者 i 获得的利润低于 π^i，所以我们下面只考虑 $\hat{\pi}^i>\pi^i$。

用 T 表示偏离后的赢者联盟，用 $\hat{\pi}$ 表示收益结果。那么，$i\in T$ 且 $\hat{\pi}^i>\pi^i$。同时，利润-目标策略意味着，对所有的 $j\in T$ 有 $\hat{\pi}^j\geqslant\pi^j$（这是因为竞价人 j 的报价产生的利润不会低于 π^j）。

因为 $\pi\in\text{Core}(N,\ \widetilde{w})$，所以对每一个联盟 S 均有 $\widetilde{w}(S)\leqslant\sum_{j\in S}\pi^j$。如果存在 $\varepsilon>0$ 使得对每一个联盟 S 均有 $\widetilde{w}(S)+\varepsilon\leqslant\sum_{j\in S}\pi^j$，那么 $(\pi^0-\varepsilon,\pi^i+\varepsilon,\pi^{-i-0})\in\text{Core}(N,\widetilde{w})$，这与竞价人-最优矛盾。所以，存在联盟 S 使得 $\widetilde{w}(S)=\sum_{j\in S}\pi^j$ 且 $0\in S$ 且 $i\notin S$。

记 $\beta(S)$ 和 $\beta(T)$ 分别表示在代理拍卖过程中对应于联盟 S 和 T 中竞价人报价的卖方最高总收益。于是，

$$\begin{aligned}
\beta(S) &\geqslant \widetilde{w}(S)-\sum_{j\in S-0}\max(\pi^j,\hat{\pi}^j)\\
&>\widetilde{w}(S)-\sum_{j\in S-0}\pi^j-\sum_{j\in T-0}\max(0,\hat{\pi}^j-\pi^j)\\
&=\pi_0-\sum_{j\in T-0}\max(0,\hat{\pi}^j-\pi^j)\\
&\geqslant\widetilde{w}(T)-\sum_{j\in T-0}\pi^j-\sum_{j\in T-0}\max(0,\hat{\pi}^j-\pi^j)\\
&=\widetilde{w}(T)-\sum_{j\in T-0}\hat{\pi}^j\\
&=\beta(T)
\end{aligned}\tag{8.16}$$

式（8.16）中的第一步由代理规则得到：对于 S 中的任一失标者，只有当其潜在利润达到指定水平时才停止投标。第二步中的严格不等式成立是因为 $i\in T-S$ 且 $\hat{\pi}^i>\pi^i$。第三步由 S 的选择得到；第四步是因为 $\pi\in\text{Core}(N,\ \widetilde{w})$；第五步和第六步皆由 T、$\hat{\pi}$ 以及 $\beta(T)$ 的定义得到。

于是，我们推出联盟 S 向卖方提供的总收益严格高于联盟 T 所提供的，但 T 是赢者联盟，所以这是不可能的。这与“竞价人 i 有有利的偏离”的假设矛盾。■

为了确定定理的适用范围和限制条件，考虑出售单件不可分物品的组合拍卖。假设竞价人 1 的估价是 8，竞价人 2 的估价是 4。那么，在一级价格拍卖的均衡中，两个竞价人的报价均为 4，从而竞价人 1 获胜。这些是利润-目标策略，其中竞价人 1 的报价使他自己获得 4 个单位的利润，而竞价人 2 的报价使他获得 0 个单位的利润，这时两个竞价人的均衡收益向量是（4，0）。这个均衡与定理 8.7 中的一致。

在向上叫价拍卖中，存在一个 Nash 均衡，其中竞价人采用相同的策略。竞价人 1 告诉代理报价最高可升到 4，竞价人 2 也是如此，其结果是竞价人 1 获胜。这个均衡就是在定理 8.10 中所描述的，但是它突出了定理中给出的均衡问题。在向上叫价代理拍卖中，竞价人 1 向代理报告他的估价为 8 是他的占优策略。这时，根据定理确定的均衡与竞价

人 1 的占优策略不一致。

这个例子说明，向上叫价拍卖的运行结果优于定理 8.10 中所建议的。当在向上叫价组合拍卖中竞价人有占优策略时，他们面临的优化问题更为简单，浪费资源去研究其他竞价人的估价与策略的动机也会更小。

8.3.1.3　物品可替代时的代理拍卖

下一个定理说明了，在代理拍卖中，当出售一件物品时竞价人投标的简单性在多件物品的情况下同样成立，但要求这些物品是可替代的。

定理 8.11　假设（1）对所有的 $i\in N-0$，$v^i\in \mathbf{V}_{\mathbf{subs}}$（所有竞价人都认为物品是可替代的），（2）对所有的 $x\in X$，$v^0(x)=0$（未出售的物品对于卖方没有价值）。那么，每个竞价人都报告 $\bar{v}^i=v^i$ 的策略组合是一个 Nash 均衡，相应的收益向量满足 $\hat{\pi}^i=\pi_V^i=w(N)-w(N-i)=\max\{\pi^i \mid \pi\in \mathrm{Core}(N,w)\}$。特别地，均衡收益向量是 Core($N$，$w$) 中唯一的竞价人-最优点。

证明　根据定理 8.8，对竞价人 i 向代理报告的任一估价，支付结果都满足核约束：$\sum_{j\in N-i}\hat{\pi}^j\geqslant w(N-i)$。进而，对竞价人 i 向代理报告的任一估价，都会产生一些可行的结果，所以总收益必然满足 $\sum_{j\in N}\hat{\pi}^j\leqslant w(N)$。因此，无论 i 报告的估价如何，他的收益恒有上界 $w(N)-w(N-i)$。

为了证明“当其他竞价人都是如实报告自己的估价时，真实报价对 i 而言是最优反应”，我们只需证明如下结论：如果物品对所有竞价人都是可替代的，那么 i 真实报告时得到的支付至少是 $w(N)-w(N-i)$。为此，我们证明在拍卖中，如果存在某一轮 t' 使得 $\hat{\pi}^i(t')\leqslant w(N)-w(N-i)$，那么在 $t\geqslant t'$ 的每一轮中 i 都是暂时赢者联盟中的一员。

由定理 8.4 可知，因为物品是可替代的，联盟值函数 w 是竞价人-子模的。因此，对任一满足 $i\in S$ 的联盟 S，我们有 $w(S)-w(S-i)\geqslant w(N)-w(N-i)$。我们下面利用这个不等式。

假设不包括竞价人 i 的联盟 $S-i-0$ 使得卖方在某一轮 $t\geqslant t'$ 中的收益达到最大，其中 0，$i\in S$。由式（8.14）（以及所有竞价人都如实报告自己的估价），相应的卖方收益为 $w(S-i)-\sum_{j\in S-i-0}\hat{\pi}^j(t)$。但如果卖方选择包含 i 的联盟 $S-0$，那么他的收益为

$$w(S)-\sum_{j\in S-0}\hat{\pi}^j(t)$$

$$\geqslant w(S)-\sum_{j\in S-i-0}\hat{\pi}^j(t)-[w(N)-w(N-i)]$$
$$\geqslant w(S)-\sum_{j\in S-i-0}\hat{\pi}^j(t)-[w(S)-w(S-i)]$$
$$=w(S-i)-\sum_{j\in S-i-0}\hat{\pi}^j(t)$$

所以，i 肯定是某一暂时赢者联盟中的成员。

因此，由拍卖结构可知，i 的利润目录永远不会低于 $w(N)-w(N-i)=\pi_V^i$，所以 i 最终获胜，且其获利为 $\hat{\pi}^i\geqslant\pi_V^i$。这就证明了，如实报告自己的估价是 i 的最优反应。由定理 8.8 可知，真实报告使得 $\hat{\pi}\in\text{Core}(N,\ w)$。再由定理 8.1 可知，$\pi_V^i=w(N)-w(N-i)=\max\{\pi^i\mid\pi\in\text{Core}(N,w)\}$，所以 $\hat{\pi}^i\leqslant\pi_V^i$。因此，$\hat{\pi}^i=\pi_V^i$。■

8.3.2 无转移效用的代理拍卖

在本小节中，我们进一步讨论向上叫价代理拍卖，其中预算是有限的、估价函数比先前一直假设的拟线性形式更为一般。我们证明了，对拍卖算法作适当推广后，根据竞价人报告的偏好依然能够得到一个核分配，但是在这种更一般的情况下，我们无法确定其均衡。

假设每个竞价人 i 都有一个由可行投标组成的有限集 Ω^i。（在一般的向上叫价代理拍卖中，投标常是一个组合-价格对，这里的分析包含这种特殊情况。）假设每个竞价人的可行集都包含一个空结果（null outcome），即 $\varnothing\in\Omega^i$，它意味着卖方不选择参与人 i。假设 i 在 Ω^i 上有一个严格序，它可用效用函数 u^i 来表示。

投标的可行组合表示为集合 $\Omega^0\subset\times_{j\in N-0}\Omega^j$ 中的一个元。假设 $(\varnothing,\ \cdots,\ \varnothing)\in\Omega^0$，即空的或者没有交易的结果是可行的。又设卖方在集合Ω^0 上有一个严格偏好次序，它可用效用函数 u^0 来确定。称一个非空组合 ξ 对于联盟 S 是可行的，如果（1）$0\in S$，（2）$\xi\in\Omega^0$（组合是可行的），（3）对所有的 $j\notin S$，有 $\xi^j=\varnothing$。对于不包含卖方的联盟，其唯一的可行分配为空。

我们推广上一小节中的拍卖规则。每个竞价人都向其代理报告自己的全部偏好且只报告一次。报告可表示为一个效用函数 $\tilde{u}^i$：$\Omega^i\rightarrow R$，根据它可以对集合Ω^i 中的元素进行严格排序。拍卖进行多轮。我们将每轮结束时拍卖的状态定义为竞价人的报价和卖方最偏好的可行分配。

拍卖的初始状态被定义为集合 $\Psi^i(0)=\{\varnothing\}$ 和分配 $\omega^0(0)=(\varnothing,\ \cdots,\ \varnothing)$。

拍卖过程是不断重复着的：假设在第 t 轮中的拍卖状态是 $(\{\Psi^i(t)\}_{i\in N-0}, \omega^0(t))$，其中 $\omega^0(t)=(\omega_i^0(t))_{i\in N-0}$ 是卖方当前最偏好的可行分配，$\Psi^i(t)$ 是第 t 轮及之前各轮拍卖中竞价人 i 投标的集合。这个状态满足

$$\omega^0(t)=\arg\max_{\xi\in\Omega^0}\{u^0(\xi)\mid \xi^i\in\Psi^i(t), i\in N-0\}$$
$$\omega^i(t+1)=\arg\max_{\xi^i\in(\Omega^i-\Psi^i(t))\cup\{\emptyset\}}\tilde{u}^i(\xi^i) \tag{8.17}$$
$$\Psi^i(t+1)=\begin{cases}\Psi^i(t)\cup\{\omega^i(t+1)\} & \text{若 } \tilde{u}^i(\omega^i(t+1))>\tilde{u}^i(\omega_i^0(t))\\ \Psi^i(t) & \text{否则}\end{cases}$$

式（8.17）中的第二个方程确定了一个潜在投标 $\omega^i(t+1)$，它是代理可能在第 $t+1$ 轮中给出的。由式（8.17）中的最后一个方程可知，代理的实际投标为 $\omega^i(t+1)$，当且仅当竞价人 i 严格偏好这个报价，而不是暂时结果的部分 $\omega_i^0(t)$ 时。等价地，代理给出这个投标，当且仅当 (i) 竞价人 i 在第 t 轮中不是暂时赢者（$\omega_i^0(t)=\emptyset$），(ii) 与无交易结果相比，竞价人偏好投标 $\omega^i(t+1)$ 时。[①] 因此，如前一小节中一样，t 时的投标集包括空投标以及比计划在第 $t+1$ 轮中的新投标 $\omega^i(t+1)$ 获得更多利润的所有可能投标：

$$\Psi^i(t)=\{\emptyset\}\cup\{\tilde{\omega}^i\in\Omega^i\,|\,\tilde{u}^i(\tilde{\omega}^i)>\tilde{u}^i(\omega^i(t+1))\} \tag{8.18}$$

当在某一轮 $\bar{t}$ 中没有新的投标出现时，拍卖在第 $\bar{t}$ 轮结束，这时对所有的竞价人 i 有 $\tilde{u}^i(\omega^i(\bar{t}+1))\leqslant\tilde{u}^i(\omega_i^0(\bar{t}))$。此时，暂时分配 $\omega^0(\bar{t})$ 成为最终分配。

对应于这一拍卖的联盟型博弈一般可能包括无转移效用，所以我们用无转移效用核（non-transferable utility core，NTU 核）来分析其结果。我们在前面曾称一个分配 ω 是阻碍的（blocked），如果存在一个联盟 S 和一个对于 S 可行的分配 $\bar{\omega}$ 使得 S 中的所有成员都严格偏好 $\bar{\omega}$ 而非 ω。如果分配 ω 是可行的（对所有的 $i\in N$，有 $\omega^i\in\Omega^i$），并且是非阻碍的，那么分配 ω 在 NTU 核中。本小节的主要结论即是证明，本小节的拍卖过程中存在一个核分配。

定理 8.12　当向上叫价拍卖在时刻 $\bar{t}$ 结束时，根据竞价人报告给代理的偏好 $(u^0, (\tilde{u}^i)_{i\in N-0})$，结果 $\omega^0(\bar{t})=(\omega_i^0(\bar{t}))_{i\in N-0}$ 是一个 NTU-核分配。

---

① 在另一些向上叫价代理拍卖中，竞价人在拍卖过程中可以在某些特定的时间向代理修改自己的指令（Ausubel 和 Milgrom（2001））。在此推广中，关于代理的这两种描述是不等价的。

证明 不难发现，最终分配 $\omega^0(\bar{t})$ 是可行的，并且相对于空分配来说是 Pareto-偏好的。如果 $\omega^0(\bar{t})$ 不是核分配，那么存在联盟 S 以及对于 S 可行的一个非空组合 ξ，使得分配 $\omega^0(\bar{t})$ 被阻碍。可行性要求 $0\in S$，$\xi\in\Omega^0$ 且对所有的 $j\notin S$ 有 $\xi^j=\varnothing$。而阻碍性要求 (i) $u^0(\xi)>u^0(\omega^0(\bar{t}))$，且 (ii) 对所有的 $i\in S-0$ 有 $\tilde{u}^i(\xi^i)>\tilde{u}^i(\omega_i^0(\bar{t}))$。由式 (8.18) 可知，对所有的 $i\in N-0$，有 $\xi^i\in\{\tilde{\omega}^i\in\Omega^i \mid \tilde{u}^i(\tilde{\omega}^i)>\tilde{u}^i(\omega^i(\bar{t}+1))\}\subset\Psi^i(\bar{t})$。所以，由式 (8.17) 中的第一个方程可知 $u^0(\omega^0(\bar{t}))>u^0(\xi)$，这与 (i) 矛盾。 ■

为了说明拍卖的流程，与前一节中的讨论一样，我们假设竞价人的投标包括所投标的组合以及对这个组合的报价，但是竞价人的预算是有限的。为了在这种情况下采用向上叫价代理拍卖，竞价人需要向代理报告他对组合的估价函数以及预算。竞价人 i 的预算将决定 Ω^i。代理则如式 (8.17) 所述的那样行动，当报价超过预算时，他放弃投标；否则，拍卖采用与可转移效用的向上叫价代理拍卖中一样的标准来选择投标。定理 8.12 说明，此类拍卖产生的分配关于所报告的偏好和预算是核分配。这意味着，没有一个联盟存在一个使每个联盟成员都偏好这个拍卖结果的可行分配，这里的“可行性”要求分配必须满足竞价人的预算约束。

这个例子给出了代理拍卖设计的另一个优点。与 Vickrey 拍卖不同的是，向上叫价代理拍卖可以较容易地推广到有限预算的情况中。

8.4 结论

在本章中，我们讨论了组合拍卖的最新文献中的三种主要设计。这三种机制有着不同的优点。

Vickrey 设计是具有占优策略的拍卖机制，它产生有效率的结果。正如我们在第 3 章中看到的，它是唯一具有失标者不必支付任何费用的机制。占优策略这个性质也非常重要，因为它使得投标变得十分简单，并且不鼓励对竞争对手的估价和投标策略进行无意义的研究。

Vickrey 拍卖面临着许多实际问题，如第 2 章中所提到的那些。其中的组合投标的复杂性等问题也是所有组合拍卖设计共有的问题。然而，在有限预算的情况下，Vickrey 拍卖的优势不再存在，并且消除了投资和合并的动机，而这在其他组合拍卖中不存在。当物品不可替代时，Vickrey 拍卖中存在一类重要的单调性问题。随着竞价人数量的增加（例如，有新的参与人加入拍卖），可能出现当前竞价人的利润递增而卖方收益下降的情况。此时，Vickrey 拍卖的结果不再出现在核中。失标者之间的合谋有时会是有益的，他们可以通过合谋来提高他们的报价，而同时降低他们的支付价格。单个竞价人有时会假冒成多个竞价人来增加利润。我们证明了，当物品可替代时，这些问题一般来说就不再存在了[①]；但在物品不可替代时，则无法解决这些问题。

从以上的讨论中我们可以得到这样的结论：在物品可替代且没有预算约束的前提下，Vickrey 拍卖运行良好，但是如果物品对于某些竞价人来说是不可替代的，并且有预算约束，那么 Vickrey 拍卖会存在重大的理论问题和实际问题。（第 2 章中还讨论了另外一个与投资和合并相关的缺点。）

一级价格组合拍卖的优点与 Vickrey 拍卖有很大不同。首先，拍卖本身相对简单明了：竞价人不需要进行复杂的计算来确定拍卖者是否正确计算了他们的价格。当竞价人具有关于所有估价的完全信息时，根据理论所确定的利润-目标均衡结果在核中。因此，这种均衡保证了卖方的物品有一个竞争价格。进而，这样的均衡结果是竞价人-最优的，因而它落在核的竞价人 Pareto 边界上。直观上看，这一事实意味着，只有竞争——而不是卖方的垄断力量——才能限制竞价人的收益。这些性质与物品是否可替代无关。相反，在 Vickrey 拍卖中，只有在物品是可替代的时，才能保证这些性质。此时，一级价格拍卖在利润-目标均衡上的结果与 Vickrey 结果完全一致。

与 Vickrey 拍卖相比，一级价格拍卖的一个缺点是其良好的运行要求竞价人知道很多信息。在选择最优报价时，竞价人需要准确地确定其利润目标，并且需要在多重均衡中的某一个上进行协调。这暗示着，完全信息均衡结果不太可能出现，虽然在某些特定的条件下他们有可能产生一个集中的偏好。

向上叫价代理拍卖综合了以上两种设计的一些优点。当物品可替代时，向上叫价代理拍卖有一个 Nash 均衡，其中每个竞价人都真实地报告自己的估价而不必考虑其他竞价人的估价。由此产生的结果是唯一的竞价人-最优点，所以它与 Vickrey 结果一致。因此，当 Vickrey 设计能

---

① 还可以用联盟值函数来刻画这些问题；我们证明了，大多数问题只在联盟值函数不是竞价人-子模的时候出现。

良好运行时，向上叫价组合拍卖也能良好运行。但是，当物品不可替代时，两者的运行则有着显著的差异。

在完全信息的条件下，向上叫价代理拍卖有着与一级价格组合拍卖相似的利润-目标均衡。均衡收益是与之相关的联盟型博弈的核中的竞价人-最优点。“结果在核中”说明，卖方得到的物品价格至少为竞争价格。因为收益结果是竞价人-最优的，所以卖方没有垄断力量，但他接受的价格由竞争产生。

最后，向上叫价代理拍卖也适用于具有预算约束和 Vickrey 设计运行结果不佳的其他扩展模型。

除了以上讨论的三种拍卖之外，文献中还讨论了其他几种基于不同原理的拍卖方式。其中的一些拍卖接受某一特定竞价人的多个投标。此类拍卖混合了第 7 章和第 8 章中所讨论的拍卖。在第 7 章讨论的拍卖中，竞价人必须对物品单独投标；而在第 8 章讨论的拍卖中，每个竞价人都只能报价一次，因此对这些报价不进行组合。这些混合设计使得一些投标问题得以简化，并且可能综合了纯形式的优缺点。但是，如果没有详细的分析，我们很难准确地对它们进行评估。还有其他一些很具吸引力的组合拍卖，如多阶段拍卖和多轮设计，其中竞价人在给出他们的最终报价之前，彼此之间会对关于竞价人对哪些组合感兴趣的信息进行有效的交流。在组合拍卖中，关于投标问题的认知面临着很大的挑战，因此对这类拍卖的进一步研究可能对其成功应用至关重要。

参考文献

Ausubel，Lawrence and Paul Milgrom（2001）.“System and Method for a Dynamic Auction with Package Bidding.” Patent Cooperation Treaty patent application.

Ausubel，Lawrence and Paul Milgrom（2002）.“Ascending Auctions with Package Bidding.” *Frontiers of Theoretical Economics* 1（1）：Article 1.

Banks，Jeffrey S.，John O. Ledyard，and David P. Porter（1989）.“Allocation Uncertain and Unresponsive Resources：An Experimental Approach.” *Rand Journal of Economics* 20：1－25.

Bernheim，Douglas B. and Michael Whinston（1986）.“Menu Auctions，Resource Allocation and Economic Influence.” *Quarterly Journal of Economics* 101：1－31.

Brewer, Paul and Charles Plott (1996). "A Binary Conflict Ascending Price (Bicap) Mechanism for the Decentralized Allocation of the Right to Use Railroad Tracks." *International Journal of Industrial Organization* 14: 857 - 886.

Cantillon, Estelle and Martin Pesendorfer (2003). "Combination Bidding in Multiunit Auctions." Harvard Business School Working Paper.

Cassady, Ralph (1967). *Auctions and Auctioneering*. Berkeley: University of California Press.

Cybernomics (2000). "An Experimental Comparison of the Simultaneous Multi-Round Auction and the CRA Combinational Auction." http://wireless.fcc.gov/auctions/conferences/combin2000/releases/98540191.pdf

Epstein, Refael, Lysette Henríquez, Jaime Catalán, Gabriel Y. Weintraub, and Cristián Martínez (2002). "A Combinational Auction Improves School Meals in Chile." *Interfaces* 32 (6): 1 - 14.

Hohner, Gail, John Rich, Ed Ng, Grant Reed, Andrew Davenport, Jayant Kalagnanam, Ho Soo Lee, and Chae An (2002). "Combinatorial and Quantity Discount Procurement Auctions with Mutual Benefits at Mars, Incorporated." IBM Watson Labs Research Center Working Paper.

Ledyard, John O., David P. Porter, and Antonio Rangel (1997). "Experiments Testing Multi-object Allocation Mechanisms." *Journal of Economics and Management Strategy* 6: 639 - 675.

Lehmann, Daniel, Liadan O'Challaghan, and Yoav Shoham (2002). "Truth Revelation in Approximately Efficient Combinatorial Auctions." *Journal of the ACM* 49 (5): 577 - 602.

Nisan, Noam (2000). "Bidding and Allocation in Combinatorial Auctions." http://www.cs.huji.ac.il/~noam/mkts.html.

Parkes, David and Lyle Ungar (2000). "Iterative Combinatorial Auctions: Theory and Practice." *Proceedings of the 17th National Conference on Artificial Intelligence* AAAI: 74 - 81.

Parkes, David, Lyle Ungar, and David Foster (1999). "Accounting for Cognitive Costs in On-line Auction Design." *Agent Mediated Electronic Commerce*. P. Noriega and C. Sierra. Heidelberg: Springer-Verlag.

Rassenti, S. J., R. L. Bulfin, and Vernon Smith (1982). "A Combinatorial Auction Mechanism for Airport Time Slot Allocation." *Bell Journal of Economics* XIII: 402 - 417.

Reny, Philip (1999). "On the Existence of Pure and Mixed Strategy Nash Equilibria in Discontinuous Games." *Econometrica* 67 (5): 1029 - 1056.

Rothkopf, Michael, Aleksandar Pekec, and Ronald Harstad (1998). "Computationally Manageable Combinatorial Auctions." *Management Science* 44: 1131 - 1147.

Royden, H. L. (1968). *Real Analysis*. New York: Macmillan.

Simon, Leo K. and William R. Zame (1990). "Discontinuous Games and Endogenous Sharing Rules." *Econometrica* 58: 861 - 872.

Topkis, Donald (1978). "Minimizing a Submodular Function on a Lattice." *Operations Research* 26: 305 - 321.

Topkis, Donald (1998). *Supermodularity and Complementarity*. Princeton University Press.

Weintraub, Gabriel Y. (2003). "There Is No Such Thing as a Free Lunch: Analysis of the Combinatorial Auction for School Meals in Chile." Stanford University, Working paper.

Yokoo, Makoto, Yuko Sakurai, and Shigeo Matsubara (2000). "The Effect of False-Name Declarations in Mechanism Design: Towards Collective Decision Making on the Internet." *Proceedings of the Twentieth International Conference on Distributed Computing Systems*. IEEE Computer Society. 146 - 153.

参考文献

Akerlof, George (1970). "The Market for 'Lemmons': Quality Uncertainty and the Market Mechanism." *Quarterly Journal of Economics* 84: 488 - 500.

Alesina, Alberto and Allan Drazen (1991). "Why Are Stabilizations Delayed?" *American Economic Review* 81 (5): 1170 - 1188.

Anton, james J. and Dennis A. Yao (1992). "Coordination in Split Award Auctions." *Quarterly Journal of Economics* CVII: 681 - 707.

Ashenfelter, Orley (1989). "How Auctions Work for Wine and Art." *Journal of Economic Perspectives* 3: 23 - 36.

Ashenfelter, Orley and Kathryn Graddy (2002). "Art Auctions: A Survey of Empirical Studies." Center for Economic Policy Studies Working Paper 81.

Athey, Susan (2001). "Single Crossing Properties and the Existence of Pure Strategy Equilibria in Games of Incomplete Information." *Econometrica* 69 (4): 861 - 890.

Athey, Susan (2002). "Monotone Comparative Statics under Uncertainty." *Quarterly Journal of Economics* 117 (1): 187 - 223.

Athey, Susan and Kyle Bagwell (2001). "Optimal Collusion with Private Information." *Rand Journal of Economic Studies* (forthcoming).

Ausubel, Lawrence and Peter Cramton (2002). "Demand Reduction and Inefficiency in Multi-Unit Auctions." www. cramton. umd. edu/papers1995 - 1999/9wp-demand-reducion. pdf.

Ausubel, Lawrence M. and Jesse A. Schwartz (1999). "The Ascending Auction Paradox." http://www.market-design.com/files/ausubel-schwartz-ascending-auction-paradox.pdf.

Ausubel, Lawrence and Paul Milgrom (2001). "System and Method for a Dynamic Auction with Package Bidding." Patent Cooperation Treaty application Application.

Ausubel, Lawrence and Paul Milgrom (2002). "Ascending Auctions with Package Bidding." *Frontiers of Theoretical Economics* 1 (1): Article 1.

Avery, Christopher (1998). "Strategic Jump Bidding in English Auctions." *Review of Economic Studies* 65 (2, No. 223): 185 - 210.

Ayres, Ian and Peter Cramton (1996). "Deficit Reduction through Diversity: How Affirmative Action at the FCC Increased Auction Competition." *Stanford Law Review* 48 (4): 761 - 815.

Back, Kerry and Jaime F. Zender (1993). "Auctions of Divisible Goods: On the Rational for the Treasury Experiment." *Review of Financial Studies* 6 (4): 733 - 764.

Bajari, Patrick and Steven Tadelis (2001). "Incentives versus Transactions Costs: A Theory of Procurement Contracts." *Rand Journal of Economics* 32 (3): 387 - 407.

Banks, Jeffrey S., John O. Ledyard, and David P. Porter (1989). "Allocating Uncertain and Unresponsive Resources: An Experimental Approach." *Rand Journal of Economics* 20: 1 - 25.

Bergemann, Dirk and Juuso Valimaki (2002). "Information Acquisition and Efficient Mechanism Design." *Econometrica* 70 (3): 1007 - 1033.

Bernheim, Douglas B. and Michael Whinston (1986). "Menu Auctions, Resource Allocation and Economic Influence." *Quarterly Journal of Economics* 101: 1 - 31.

Bertrand, Joseph (1883). "Theorie Mathematique de la Richesse Sociale." *Journal des Sawarts* 69: 499 - 508.

Bikchandani, Sushil, Philip Haile, and John G. Riley (2002). "Symmetric Separating Equilibria in English Auctions." *Games and Economic Behavior* 38: 19 - 27.

Board, Simon (2002). "Bidding into the Red." Stanford GSB

Working Paper.

Brewer, Paul and Charles Plott (1996). "A Binary Conflict Ascending Price (Bicap) Mechanism for the Decentralized Allocation of the Right to Use Railroad Tacks." *International Journal of Industrial Organization* 14: 857-886.

Bulow, Jeremy, Ming Huang, and Paul Klemperer (1999). "Toeholds and Takeovers." *Journal of Political Economy* 107 (3): 427-454.

Bulow, Jeremy and John Roberts (1989). "The Simple Economics of Optimal Auctions." *Journal of Political Economy* 97 (5): 1060-1090.

Cantillon, Estelle and Martin Pesendorfer (2002). "Combination Bidding in Multi-Unit Auctions." http://www.people.hbs.edu/ecantilon/combinationJuly2002.pdf.

Cantillon, Estelle and Martin Pesendorfer (2003). "Combination Bidding in Multi-Unit Auctions." Harvard Business School Working Paper.

Cassady, Ralph (1967). *Auctions and Auctioneering*. Berkeley: University of California Press.

Che, Yeon-Koo (1993). "Design Competition through Multidimensional Auctions." *Rand Journal of Economics* 24 (4): 668-680.

Che, Yeon-Koo and Ian Gale (1998). "Standard Auctions with Financially Constrained Bidders." *Review of Economic Studies* 65 (1, No. 222): 1-21.

Clarke, E. H. (1971). "Multipart Pricing of Public Goods." *Public Choice* XI: 17-33.

Coase, Ronald (1959). "The Federal Communications Commission." *Journal of Law and Economics* 2: 1-40.

Cramton, Peter, John McMillan, Paul Milgrom, Brad Miller, Bridger Mitchell, Daniel Vincent, and Robert Wilson (1997). "Auction Design Enhancements for Non-Combinatorial Auctions." Report 1a: Market Design, Inc and Charles River Associates, www.market-design.com/files/97cra-auction-design-enhancements-for-non-combinatorial-auction.pdf.

Cramton, Peter and Jesse Schwartz (2001). "Collusive Bidding: Lessons from the FCC Spectrum Auctions." *Journal of Regulatory Economics* 17: 229 - 252.

Cremer, Jacques and Richard P. McLean (1985). "Optimal Selling Strategies under Uncertainty for a Discriminating Monopolist When Demands Are Independent." *Econometrica* 53 (2): 345 - 361.

Cybernomics (2000). "An Experimental Comparison of the Simultaneous Multi-Round Auction and the CRA Combinatorial Auction." http: //wireless. fcc. gove/auctions/conferences/combin2000/releases/98540191. pdf.

Dana, James and Kathryn Spier (1994). "Designing a Private Industry." *Journal of Public Economics* 53: 127 - 147.

Dasgupta, Partha and Eric Maskin (2000). "Efficient Auctions." *Quarterly Journal of Economics* 95: 341 - 388.

Demange, Gabrille, David Gale and Marilda Sotomayor (1986). "Multi-item Auctions." *Journal of Political Economy* 94: 863 - 872.

Edlin, Aaron and Chris Shannon (1998a). "Strict Monotonicity in Comparative Statics." *Journal of Economic Theory* 81: 201 - 219.

Edlin, Aaron and Chris Shannon (1998b). "Strict Single Crossing and the Strict Spence-Mirrlees Condition: A Comment on Monotone Comparative Statics." *Econometrica* 60 (6): 1417 - 1425.

Engelbrecht-Wiggans, Richard and Charles Kahn (1998). "Multiunit Auctions with Uniform Prices." *Economic Theory* 12: 227 - 258.

Engelbrecht-Wiggans, Richard, Paul Milgorm, and Robert Weber (1983). "Competitive Bidding with Proprietary Information." *Journal of Mathematical Economics* 11: 161 - 169.

Epstein, Rafael, Lysette Henríquez, Jaime Catalán, Gabriel Y. Weintraub, and Cristián Martínez (2002). "A Combinational Auction Improves School Meals in Chile." *Interfaces* 32 (6): 1 - 14.

Fudenberg, Drewand Jean Tirole (1986). "Theory of Exit in Duopoly." *Econometrica* 54 (4): 943 - 960.

Fudenberg, Drew and Jean Tirole (1991). *Game Theory*. Cambridge, MA: MIT Press.

Goeree, Jacob and Theo Offerman (2002). "The Amsterdam Auction." http: //ideas. repec. org/p/pa/wuwpmi/0205002. html.

Graham, Daniel and Robert Marshall (187). "Collusive Bidder Behavior at Single-Object, Second-Price and English Auctions." *Journal of Political Economy* 95: 1217 - 1239.

Green, Jerry and Jean-Jacques Laffont (1977). "Characterization of Satisfactory Mechanisms for the Revelation of Preferences for Public Goods." *Econometrica* 45: 427 - 438.

Griesmer, James H., Richard E. Levitan, and Martin Shubik (1967). "Toward a Study of Bidding Processes Part IV: Games with Unknown Costs." *Naval Research Logistics Quarterly* 14 (4): 415 - 433.

Grossman, Sanford (1981): "The Informational Role of Warranties and Private Disclosure about Product Quality." *Journal of Law and Economics* 24 (3): 461 - 483.

Groves, Theodore (1973). "Incentives in Teams." *Econometrica* 61: 617 - 631.

Gul, Faruk and Ennio Stacchetti (1999). "Walrasian Equilibrium with Gross Substitutes." *Journal of Economic Theory* 87 (1): 9 - 124.

Gul, Faruk and Ennio Stacchetti (2000). "The English Auction with Differentiated Commodities." *Journal of Economic Theory* 92 (1): 66 - 95.

Hansen, Robert G. (1988). "Auctions with Endogenous Quantity." *Rand Journal of Economics* 19 (1): 44 - 58.

Harsanyi, John (1967 - 1968). "Games with Incomplete Information Played by Bayesian Players (Parts I - III)." *Management Science* 14: 159 - 182, 320 - 334, 486 - 502.

Hazlett, Thomas (1998). "Assigning Property Rights to Radio Spectrum Users: Why Did FCC License Auctions Take 67 Years?" *Journal of Law and Economics* XLI (2, part 2): 529 - 575.

Hendricks, Kenneth, Robert Porter, and Charles Wilson (1994). "Auctions for Oil and Gas Leases with an Informed Bidder and a Random Reservation Price." *Econometrica* 63 (1): 1 - 27.

Hernando-Veciana, Angle (2003). "Successful Uninformed Bidding." *Games and Economic Behavior* (forthcoming).

Hohner, Gail, John Rich, Ed Ng, Grant Reed, Andrew Davenport, Jayant Kalagnanam, Ho Soo Lee, and Chae An (2002). "Combinatorial and Quantity Discount Procurement Auctions with Mutual Benefits at Mars, Incorporated." IBM Watson Labs Research Center Working Paper.

Hohner, Gail, John Rich, Ed Ng, Grant Reed, Andrew Davenport, Jayant Kalagnanam, Ho Soo Lee, and Chae An (2002). "Combinatorial and Quantity Discount Procurement Auctions with Mutual Benefits at Mars, Incorporated." IBM-Mars Report.

Holmstrom, Bengt (1979). "Groves Schemes on Restricted Domains." *Econometrica* 47: 1137 - 1144.

Holmstrom, Bengt and Paul Milgrom (1987). "Aggregation and Linearity in the Provision of Intertemporal Incentives." *Econometrica* 55 (2): 303 - 328.

Hurwicz, Leonid (1973). "The Design of Mechanism for Resource Allocation." *American Economic Review* 63 (2): 1 - 30.

Jehiel, Philippe and Benny Moldovanu (2001). "Efficient Design with Interdependent Valuations." *Econometrica* 69 (5): 1237 - 1259.

Jehiel, Philippe, Benny Moldovanu, and Ennio Stacchetti (1996). "How (Not) to Sell Nuclear Weapons." *American Economic Review* 86: 814 - 829.

Kagel, John H. and Dan Levin (2002). *Common Value Auctions and the Winner's Curse*. Princeton: Princeton University Press.

Kagel, John H. (1995). "Auctions: A Survey of Experimental Research." *The Handbook of Experimental Economics*. J. H. Kagel and A. E. Roth. Princeton: Princeton University Press. Chapter 7, 501 - 585.

Kelso, Alexander and Vincent Crawford (1982). "Job Matching, Coalition Formation, and Gross Substitutes." *Econometrica* 50: 1483.

Klemperer, Paul (1980). "Auctions with Almost Common Values: The Wallet Game and Its Applications." *European Economic Review* 42: 757 - 769.

Klemperer, Paul (2002a). "What Really Matters in Auction Design." *Journal of Economics Perspectives* 16 (1): 169 - 190.

Klemperer, Paul (2002b). "Why Every Economist Should Learn

Some Auction Theory." http://www.paulklemperer.org./.

Klemperer, Paul and Margaret Meyer (1989). "Supply Function Equilibria in Oligopoly under Uncertainty." *Econometrica* 57 (6): 1243-1277.

Kwerel, Evan and Alex Felker (1985). "Using Auctions to Select FCC Licenses." Washington: Federal Communications Commission. 32.

Laffont, Jean-Jacques (1997). "Game Theory and Empirical Economics: The Case of Auction Data." *European Economic Review* 41: 1-35.

Laffont, Jean-Jacques and Eric Maskin (1980). "A Differentiable Approach to Dominant Strategy Mechanisms." *Econometrica* 48: 1507-1520.

Laffont, Jean-Jacques, Herve Ossard, and Quang Vuong (1995). "Econometrics of First-Price Auctions." *Econometrica* 63 (4): 953-980.

Ledyard, John O., David P. Porter, and Antonio Rangel (1997). "Experiments Testing Multi-object Allocation Mechanisms." *Journal of Economics and Management Strategy* 6: 639-675.

Lehmann, Daniel, Liadan O'Callaghan, and Yoav Shoham (2002). "Truth Revelation in Approximately Efficient Combinatorial Auctions." *Journal of the ACM* 49 (5): 577-602.

Levin, Dan and James L. Smith (1994). "Equilibrium in Auctions with Entry." *American Economic Review* 84 (3): 585-599.

Mas Colell, Andreu, Michael Whinston, and Jerry Green (1995). *Microeconomics Theory*. New York: Oxford University Press.

Maskin, Eric (1992). "Auctions and Privatisation." *Privatisation*. H. Siebert. 115-136.

Maskin, Eric and John G. Riley (2000a). "Equilibrium in Sealed High Bid Auctions." *Review of Economics Studies* 67 (3): 439-454.

Maskin, Eric and John G. Riley (2000b). "Asymmetric Auctions." *Review of Economics Studies* 67 (3): 413-438.

Matthews, Stephen (1983). "Selling to Risk Averse Buyers with Unobservable Tastes." *Journal of Economic Theory* 30: 370-400.

McAdams, David (2002). "Modifying the Uniform Price Auction to Eliminate 'Collusive Seeming Equilibria'." http://www.mit.edu/~mcadams/papers/mupa.pdf.

McAfee, R. Preston and John McMillan (1987). "Auctions with Entry." *Economics Letters* 23: 343 - 348.

McAfee, R. Preston and John McMillan (1992). "Bidding Rings." *American Economic Review* 82 (3): 579 - 599.

McAfee, R. Preston and Philip Reny (1982). "Correlated Information and Mechanism Design." *Econometrica* 60 (2): 395 - 421.

McMillan, John (1994). "Selling Spectrum Rights." *Journal of Economics Perspectives* 8: 145 - 162.

Milgrom, Paul (1979). "A Convergence Theorem for Competitive Bidding with Differential Information." *Econometrica* 47: 670 - 688.

Milgrom, Paul (1981a). "Good News and Bad News: Representation Theorems and Applications." *Bell Journal of Economics* 12: 380 - 391.

Milgrom, Paul (1981b). "Rational Expectations, Information Acquisition, and Competitive Bidding." *Econometrica* 49 (4): 921 - 943.

Milgrom, Paul (1986). "Auction Theory." *Advances in Economic Theory: Fifth World Congress of the Econometric Society*. T. Bewley. London: Cambridge University Press. 1 - 32.

Milgrom, Paul (1997). "Procuring Universal Service: Putting Auction Theory to Work" *Le Prix Nobel: The Nobel Prizes, 1996*. Stockholm: Nobel Foundation. 382 - 392.

Milgrom, Paul (2000). "Putting Auctions Theory to Work: The Simultaneous Ascending Auction." *Journal of Political Economy* 108 (2): 245 - 272.

Milgrom, Paul and Ilya Segal (2002). "Envelope Theorems for Arbitrary Choices Sets." *Econometrica* 70 (2): 583 - 601.

Milgrom, Paul and Chris Shannon (1994). "Monotone Comparative Statics." *Econometrica* 62: 157 - 180.

Milgrom, Paul and Nancy Stokey (1982). "Information, Trade and Common Knowledge." *Journal of Economic Theory* 26: 17 - 27.

Milgrom, Paul and Robert Weber (1982a). "A Theory of Auctions and Competitive Bidding." *Econometrica* 50: 463 - 483.

Milgrom, Paul and Robert Weber (1982b). "The Value of Information in a Sealed-Bid Auction." *Journal of Mathematical Economics*

10 (1): 105 - 114.

Milgrom, Paul and Robert Weber (1985). "Distributional Strategies for Games with Incomplete Information." *Mathematics of Operations Research* 10: 619 - 632.

Milgrom, Paul and Robert J. Weber (2000). "A Theory of Auctions and Competitive Bidding, II." *The Economic Theory of Auctions.* P. Klemperer. Cheltenham: Edward Elgar Publishing, Ltd. 2: 179 - 194.

Mirrlees, James (1971). "An Exploration in the Theory of Optimal Taxation." *Review of Economics Studies* 38: 175 - 208.

Mueller, Milton (1993). "New Zealand's Revolution in Spectrum Management." *Information Economics and Policy* 5: 159 - 177.

Myerson, Roger B. (1981). "Optimal Auction Design." *Mathematics of Operations Research* 6 (1): 58 - 73.

Myerson, Roger B. (1991). *Game Theory.* Cambridge, MA: Harvard University Press.

Neeman, Zvika (2001). "The Relevance of Private Information in Mechanism Design." Boston University Working Paper.

Nisan, Noam (2000). "Bidding and Allocation in Combinatorial Auctions." http: //www. cs. huji. ac. il/~noam/mkts. html.

Ockenfels, Axel and Alvin E. Roth (2002). "Last Minute Bidding and the Rules for Ending Second-Price Auctions: Evidence from Ebay and Amazon Auctions on the Internet." *American Economic Review* 92 (4): 1093 - 1103.

Ortega-Reichert, Armando (1968). "Models for Competitive Bidding under Uncertainty." Stanford, CA: Department of Operations Research, Stanford University.

Parkes, David and Lyle Ungar (2000). "Iterative Combinatorial Auctions: Theory and Practice." *Proceedings of the 17th National Conference on Artificial Intelligence* AAAI: 74 - 81.

Parkes, David, Lyle Ungar, and David Foster (1999). "Accounting for Cognitive Costs in On-line Auction Design." *Agent Mediated Electronic Commerce.* P. Nooriega and C. Sierra. Heidelberg: Springer-Verlag.

Perry, Motty and Philip Reny (1999). "On the Failure of the

Linkage Principle." *Econometrica* 67 (4): 895 - 890.

Perry, Motty and Philip Reny (2002). "An Efficient Auctions." *Econometrica* 70 (3): 1199 - 1212.

Pesendorfer, Wolfgang and Jeroen Swinkels (1997). "The Loser's Curse and Information Aggregation in Common Value Auctions." *Econometrica* 65: 1247 - 1281.

Pesendorfer, Wolfgang and Jeroen Swinkels (2000). "Efficiency and Information Aggregation in Auctions." *American Economic Review* 90 (3): 499 - 525.

Postlewaite, Andrew and John Roberts (1976). "The Incentives for Price-Taking Behavior in Large Exchange Economies." *Econometrica* 44 (1): 115 - 129.

Rassenti, S. J., R. L. Bulfin, and Vernon Smity (1982). "A Combinatorial Auction Mechanism for Airport Time Slot Allocation." *Bell Journal of Economics* XIII: 402 - 417.

Reny, Philip (1999). "On the Existence of Pure and Mixed Strategy Nash Equilibria in Discontinuous Games." *Econometrica* 67 (5): 1029 - 1056.

Rezende, Leonardo (2002). "Biased Procurement." Stanford University Working Paper.

Riley, John G. and William, S. Samuelson (1981). "Optimal Auctions." *American Economic Review* 71 (3): 381 - 392.

Riley, John G. and Richard Zeckhauser (1983). "Optimal Selling Strategies: When to Haggle, When to Hold Firm." *Quarterly Journal of Economics* 98: 267 - 289.

Roth, Alvin E. (1991). "A Natural Experiment in the Organization of Entry-Level Labor Markets: Regional Markets for New Physicians and Surgeons in the United Kingdom." *American Economic Review* 81 (3): 415 - 440.

Roth, Alvin E. and Axel Ockenfels (2000). "Last Minute Bidding and the Rules for Ending Second-Price Auctions: Theory and Evidence from a Natural Experiment on the Internet." NBER Working Paper: 7299.

Rothkopf, Michael, Aleksandar Pekec, and Ronald Harstad (1998). "Computationally Manageable Combinatorial Auctions." *Management Sci-*

ence 44：1131 - 1147.

Rothkopf，Michael，Thomas Teisberg，and Edward Kahn（1990）. "Why Are Vickrey Auctions Rare?" *Journal of Political Economy* 98：94 - 109.

Royden，H. L.（1968）. *Real Analysis*. New York：Macmillan.

Salant，David and Colin Loxley（2000）. "Default Service Auctions." Mimeo.

Simon，C. and Larry Blume（1994）. *Mathematics for Economists*. New York：W. W. Norton and Co.

Simon，Leo K. and William R. Zame（1990）. "Discontinuous Games and Endogenous Sharing Rules." *Econometrica* 58：861 - 872.

Spence，A. Michael（1973）. "Job Market Signaling." *Quarterly Journal of Economics* 87（3）：355 - 374.

Swinkels，Jeroen（2001）. "Efficiency of Large Private Value Auctions." *Econometrica* 69（1）：37 - 68.

Topkis，Donald（1978）. "Minimizing a Submodular Function on a Lattice." *Operations Research* 26：305 - 321.

Topkis，Donald（1998）. *Supermodularity and Complementarity*. Princeton University Press.

Varian，Hal R.（1992）. *Microeconomic Analysis*. New York：Norton.

Vickrey，William（1961）. "Counterspeculation，Auctions，and Competitive Sealed Tenders." *Journal of Finance* XVI：8 - 37.

Weber，Robert J.（1983）. "Multiple-Object Auctions." *Auctions，Bidding，and Contracting：Uses and Theory*. R. Engelbrecht-Wiggans，M. Shubik，and R. M. Stark. New York：New York University Press. 165 - 191.

Weber，Robert J.（1997）. "Making More from Less：Strategic Demand Reduction in the FCC Spectrum Auctions." *Journal of Economic and Management Strategy* 6：529 - 548.

Weintraub，Gabriel Y.（2003）. "There Is No Such Thing as a Free Lunch：Analysis of the Combinatorial Auction for School Meals in Chile." Working Paper，Stanford University.

Weverbergh，Marcel（1979）. "Competitive Bidding with Asymmetric Information Reanalyzed." *Management Science* 25: 291-294.

Williams, Steven R. (1999). "A Characterization of Efficient, Bayesian Incentive Compatible Mechanism." *Economic Theory* XIV: 155-180.

Wilson, Robert (1967). "Competitive Bidding with Asymmetric Information." *Management Science* 13: 816-820.

Wilson, Robert (1969). "Competitive Bidding with Disparate Information." *Management Science* 17 (7): 446-448.

Wilson, Robert (1979). "Auctions of Shares." *Quarterly Journal of Economics* XCIII (4): 675-689.

Wilson, Robert (1987). "Bidding." *The New Palgrave: A Dictionary of Economics*. J. Eatwell, M. Milgate, and P. Newman. London: MacMillan Press. 1: 238-242.

Ye, Lixin (2002). "A Theory of Two-Stage Auctions." Ohio State University Working Paper.

Yokoo, Makoto, Yuko Sakurai, and Shigeo Matsubara (2000). "The Effect of False-Name Declarations in Mechanism Design: Towards Collective Decision Making on the Internet." *Proceedings of the Twentieth International Conference on Distributed Computing Systems*. IEEE Computer Society. 146-153.

Zheng, Charles (2001). "High Bids and Broke Winners." *Journal of Economic Theory* 100 (1): 129-171.

术语表

A

Activity rules，行动规则，报价规则

Additive values，可加的估价

Adverse selection，逆向选择

Affiliation，关联

Airport，机场

Algorithms，算法

All-pay auctions，竞价人全支付拍卖

Allocation performance，分配性能，分配绩效

Almost common value，几乎共同价值

Alternating-moves，轮流出价

Always optimal strategies，总是最优策略

Amazon auctions，Amazon 拍卖

Anglo-Dutch design，英式-荷兰式设计

Arbitrage，套利

Ascending bid auction，向上叫价拍卖

Asymmetry，非对称

Ascending package auction，向上叫价组合拍卖

Ascending proxy auctions，向上叫价代理拍卖

Assumptions，假设

Asymmetric models，非对称模型

Auction design，拍卖设计

Auction length，拍卖持续时间

Auction theory，拍卖理论
Auctioneers，拍卖者，拍卖师
Augmented mechanisms，扩充机制
Ausubel-Milgrom ascending proxy auctions，Ausubel-Milgrom 向上叫价代理拍卖
Ausubel-Schwartz model，Ausubel-Schwartz 模型

B

Backward induction，逆向归纳法
Bankruptcy，破产
Bargaining，讨价还价
Basic model，基本模型
Bayes-Nash equilibria，Bayes-Nash 均衡
Bayesian models，Bayesian 模型
Beliefs，信念
Bellman's equation，Bellman 方程
Benchmark model，基准模型
Berge maximum theorem，Berge 最大值定理
Bernheim-Whinston auctions，Bernheim-Whinston 拍卖
Bertrand model，Bertrand 模型
Best bid，最优报价
Best-reply function，最优反应函数
Bid distribution，报价分布
Bidder participation，竞价人参与
Bidder types，竞价人类型
Bidders，竞价人，投标者
Bidder information policy，竞价人的信息策略
Bidder-optimal，竞价人最优的
Bidding，投标，报价，竞标
Bidding credits，投标信用
Bidding equilibrium，投标均衡
Bilateral trade problem，双边贸易问题
Blocking，阻碍
Bribery models，行贿模型

British spectrum auction，英国频谱拍卖
Broadband PCS，宽带 PCS
Budget balancing，预算平衡
Budget constraints，预算约束
Budget limitations，预算限制
Bulow-Klemperer theorem，Bulow-Klemperer 定理
Button auctions，按钮拍卖
Buy-prices，一口价

C

California Institute of Technology，加利福尼亚工学院
California power markets，加利福尼亚电力市场
Cantor function，Cantor 函数
Cartels，卡特尔
Cash transfers，现金转移
Cellular telephones，移动电话
Charity auctions，慈善拍卖
Clark-Groves analysis，Clark-Groves 分析
Clock auctions，时钟拍卖
Closing rules，结束规则
CO2 abatement auctions，二氧化碳减排量拍卖
Coalitional value function，联盟值函数
Coase theorem，Coase 定理
Collusion，合谋
Collusive equilibria，合谋均衡
Combinatorial auctions，组合拍卖
Combinatorial bidding，组合投标
Commitment problem，委托问题
Common prior distribution，共同的先验分布
Common value models，共同估价模型
Comparative statics analysis，比较静态分析
Compensatory transfers，补偿性的转移
Competition，竞争
Competitive equilibrium，竞争均衡

Complements，互补，互补品
Computational abilities，计算能力
Concave value functions，凹的估价函数
Conditional density，条件密度
Confidentiality，机密，保密
Connectedness，连通性
Consolation prizes，人人有份
Constant absolute risk aversion，常数绝对风险厌恶
Constraint simplification theorem，约束简化定理
Correlated types，类型相关
Construction industry，建筑业
Contingent bidding，条款投标，条款报价
Continuously differentiable functions，连续可微函数
Contract theory，合约理论
Convexity，凸性
Core，核
Core allocations，核分配
Core outcomes，核结果
Cost-plus contracts，成本加成合约
Cournot best-reply function，Cournot 最优反应函数
Cournot equilibria，Cournot 均衡
Cournot model，Cournot 模型
Cournot prices，Cournot 价格
Cournot profit，Cournot 利润
Cournot quantities，Cournot 需求量
Cremer-McLean theory，Cremer-McLean 理论

D

Data rooms，资料室，数据库
Decision performance，决策绩效
Declining price anomaly，价格下降异常
Declining revenue problem，收益递减问题
DEF auction，DEF 拍卖
Default penalties，违约处罚

Demand reduction，需求缩减
Demand theory，需求理论
Direct mechanisms，直接机制
Discrete assets，离散资产
Discrete bidding，离散报价
Discrete goods，离散物品
Distributional strategies，分布式策略
Dominant strategies，占优策略
Drainage tract，待开采区域
Drainage tract models，待开采区域模型
Dropouts，退出
Dual functions，对偶函数
Dutch auction，荷兰式拍卖

E

eBay system，eBay 系统
Econometric Society，计量经济学会
Efficiency，效率
Elasticity of supply，供给弹性
Electric power auctions，电力拍卖
Electricite de France（EDF），法国电力公司
Electronic auction systems，电子拍卖系统
Electronic bidding agents，电子投标代理
Eligibility，合格
Empirical data，经验数据
Endogeneous entry，内生参与
English auctions，英式拍卖
Entry，参与
Endogeneous，内生的
Envelope theorem，包络定理
Environment，环境
Equilibrium strategies，均衡策略
European auctions，欧洲的拍卖
Evaluation cost，评估成本

Ex ante mean，事先均值
Ex post best-reply，事后最佳响应
Ex post equilibrium，事后均衡
Ex post reserve，事后保留价
Expected quantity，期望数量
Expected-revenue-maximizing auctions bidding equilibria，期望收益最大化拍卖的投标均衡
Experimental economics，实验经济学
Exposure problem，披露问题
Externalities，外生性

F

Fat finger bids，敲错键盘的报价
Feasilibity，可行性
Federal Communications Commission (FCC)，联邦通信委员会
Financing terms，资金条款
First-order stochastic dominance，一阶随机占优
First-price auctions，一级价格拍卖
First-price package auctions，一级价格组合拍卖
First-price sealed-bid auctions，一级价格密封投标拍卖
Fixed price contracts，固定价格合约
Flower auctions，鲜花拍卖
Free disposal，自由处置
Frictionless markets，无摩擦市场

G

Game theory，博弈论
Green-Laffont-Holmstrom theorem，Green-Laffont-Holmstrom 定理
Gross complements，毛替代
Gross substitutes，毛互补
GSM standard，GSM 标准
Gul-Stacchetti analysis，Gul-Stacchetti 分析
Gul-Stacchetti model，Gul-Stacchetti 模型
Gul-Stacchetti procedure，Gul-Stacchetti 进程

H

Handicapping，阻碍，不利条件
Harsanyi doctrine，Harsanyi 理论
Hazard rate，失效率，风险率
Heterogeneous goods，多件物品
Hicksian demand，Hicksian 需求
Holmstrom's lemma，Holmstrom 引理
Hospital residency programs，医院住院计划
Hotelling's lemma，Hotelling 引理
Hybrid auctions，混合式拍卖

I

IBM-Mars design，IBM-Mars 设计
Implements，执行
Imputation，分配
Incentive theory，激励理论
Increasing differences condition，递增差分条件
Increasing hazard rate，递增失效率
Independence assumptions，独立性假定
Independence values models，独立价值模型
Indication of interest，兴趣指示
Indifference curves，无差异曲线
Industrial organization，工业组织
Inelastic supply，无弹性供给
Infeasible bidding，不可行报价
Infinite choice assets，无限选择资产
Infinitely divisible goods，无限可分物品
Information，信息
Information disclosure，信息披露
Information problems，信息问题
Inframarginal units，超边际物品
Initial public offering（IPO），首次公开发售
Insurance，保险
Integer part，整数部分

J

K

L

Low-price equilibria，低价均衡
Lowest acceptable bid，被接受的最低报价

M

Milgrom-Wilson design，Milgrom-Wilson 设计
Milgrom-Wilson model，Milgrom-Wilson 模型
Major asset sales，大型资产拍卖
Majorization theorem，优化定理
Management rights，管理权
Marginal revenue，边际收益
Market-by-market closing rule，市场结束规则
Market-clearing price，市场出清价格
Market power，市场力
Marketing，营销
Marshallian demand，Marshallian 需求
Martingal property，鞅特性
Matching markets，匹配市场
Matching theory，匹配理论
Matroid theory，拟阵理论
Maximal information，最多信息
Maximally overdemanded set，最大需求过剩集
McAdams analysis，McAdams 分析
McAfee-McMillan weak cartels theorem，McAfee-McMillan 弱卡特尔定理
McAfee proposals，McAfee 建议
Measurement，度量，测度
Mechanism design，机制设计
Mergers，合并，并购
Mexican sealed-bid auction，墨西哥密封投标拍卖
Milgrom-Weber model，Milgrom-Weber 模型
Milgrom-Wilson-McAfee rules，Milgrom-Wilson-McAfee 规则
Milgrom-Wilson model，Milgrom-Wilson 模型
Minimal information，最少信息
Minimum bids，最低报价
Minority-owned firms，少数人控股公司

Mirrlees models，Mirrlees 模型
Mirrlees-Spence theorem，Mirrlees-Spence 定理
Mobile telephones，手机
Modigliani-Miller theorems，Modigliani-Miller 定理
Monetary neutrality theorems，货币中性定理
Money left on the table，留在赌桌上的赌注
Monopoly，垄断
Monopsony，买方垄断
Monotonic selection theorem，单调选择定理
Monotonicity，单调性
Multi-object auctions，多物品拍卖
Multidimensional bidding，多维投标
Multiple bidder strategy，多个竞价人策略
Multiple equilibria，多重均衡
Multiple goals，多目标
Multiple heterogeneous goods，多件不同物品
Multiple-round designs，多轮设计
Myerson-Riley-Samuelson theorem，Myerson-Riley-Samuelson 定理
Myerson-Satterthwaite theorem，Myerson-Satterthwaite 定理
Myerson's lemma，Myerson 引理
Myopic bidding behavior，短视报价行为

N

Narrowband PCS licenses，窄带 PCS 许可证
Nash bargaining solution，Nash 谈判解
Nash equilibria，Nash 均衡
National Resident Matching Program，全国住院匹配方案
National Telecommunications and Information Administration（NTIA)，美国国家电信与信息管理局
Nationwide licenses，全国范围的许可证
Negative payments，负的支付
Negotiations，谈判
Neighbors，邻居
Netherlands DCS-1800 auction，荷兰 DCS-1800 拍卖

Netherlands spectrum auction，荷兰频谱拍卖
New York Times，《纽约时报》
New Zealand rights auctions，新西兰频谱使用权拍卖
No-trade theorem，无交易定理
Non-performance，不履约
Non-transferable utility core（NTU）proxy auction，无转移效用的核代理拍卖
Null report，空报告

O

Oil lease auctions，石油租赁拍卖
On-line auctions，网上拍卖
Open-bid auctions，公开叫价拍卖
Open outcry auctions，公开叫价拍卖
Optimal auction problem，最优拍卖问题
Optimal search problem，最优搜索问题
Order-preserving transformations，保序变换
Outcome-oriented，结果导向
Outcomes，结果
Oversubscribed，需求过剩
Ownership，所有权

P

Package auctions，组合拍卖
Participation，参与
Payoff，收益
Payoff equivalence，收益等价
Penalties，惩罚
Perfect equilibrium，完美均衡
Performance function，性能函数，绩效函数
Personal Communications Services（PCS），私人通信服务
Personal Communications Services（PCS）auction，PCS 拍卖
Pivot mechanisms，重要机制
Pivotal condition，重要条件
Political models，政治模型

Portland General Electric，波特兰通用电气公司
Positive correlation，正相关
Post-auction events，拍卖结束后的事件
Post-auction quantity choices，拍卖结束后的数量选择
Post-equilibrium strategies，事后均衡策略
Postage-stamp-sized licenses，邮票许可证
Posted prices，固定价格
Potential bidders，潜在竞价人
Power sales，电力销售
Preferences，偏好
Preliminary bids，预报价
Preliminary reporting stage，预备报告阶段
Premium auctions，溢价拍卖
Price discovery，价格发现
Price discrimination，价格歧视
Price manipulation，价格操纵
Price-only auctions，仅包含价格的投标
Private auctions，私人拍卖
Private information，私有信息
Private-values model，私有价值模型
Pivot mechanisms，重要机制
Procurement auctions，采购拍卖
Producer surplus，生产者剩余
Product attributes，产品属性
Profit target strategies，利润目标策略
Provisional winning，暂时赢者（当前的最高报价者）
Proxy auctions，代理拍卖
Public auctions，公开拍卖
Public goods，公共物品
Public utilities，公用事业公司
Publicity effect，公共效应

Q

Quantity bids，数量投标

Quantity measures，数量准则
Quasi-linear payoffs，拟线性收益
Quasi-linear preferences，拟线性偏好

R

Radio spectrum auctions，无线电频谱拍卖
Railroad track auctions，铁路线路拍卖
Random mechanisms，随机机制
Ranking lemma，排序引理
Rationality assumption，理性假设
RCA transponder auction，RCA 收发机使用许可权拍卖
Reduced strategies，缩减策略
Regional licenses，区域许可证
Regularity condition，正则性条件
Relative prices，相对价格
Request for information（RFI），请求信息
Request for proposals（RFP），请求建议
Request for quotes（RFQ），请求报价
Resales，再销售，二次销售
Reservation value，保留价
Reserve prices，保留价
Resource allocation，资源配置
Revelation principle，显示原理
Revenue comparisons，收益比较
Revenue differences，收益差别
Revenue equivalence，收益等价
Revenue equivalence theorem，收益等价定理
Revenue-maximizing auctions，收益最大化拍卖
Rings，环
Risk aversion，风险厌恶
Risk-averse bidders，风险厌恶型竞价人
Risk-averse sellers，风险厌恶型卖方
Risk premiums，风险溢价
Road construction contracts，道路建设合约

Single crossing differences，单交叉差分
Single crossing interpersonal differences（SCID），交互单交叉差分
Single crossing property，单交叉性质
Single round sealed bids，单轮密封投标
Single-valued functions，单值函数
Singleton demand，单需求
Small businesses，小公司
Smallest maximally overdemanded set，最小的最大需求过剩集
Smooth single crossings，光滑单交叉
Smooth single crossing differences，光滑单交叉差分
Smoothly connected type space，光滑连通的类型空间
Smoothly path connected，光滑相连的路径
Sniping，迟投标
Solution concept，解的概念
Specialized assets，专用资产
Spectrum auctions，频谱拍卖
Spectrum licences，频谱许可证
Split awards，分配规则
Stable match，稳定匹配
Standard independent private values model，标准的独立私有价值模型
Standard symmetric single-good auction model，标准的、对称的单物品拍卖模型
Standing high bids，当前最高报价
State variable，状态变量
Statistical independence，统计独立性
Straightforward bidding，直接报价，直接投标
Strategic equivalence，策略等价
Strategic form description，策略式描述
Strategic-form game，策略式博弈
Strategy profiles，策略组合
Strict single crossing，严格单交叉
Submodularity，子模
Substitute goods，替代品
Substitutes，替代品

Substitutes condition，替代条件
Sufficiency theorem，充分性定理
Supermodularity，上模
Supplier attributes，供应商的属性
Supply elasticity，供给弹性
Symmetric ascending auction model，对称向上叫价拍卖模型
Symmetric bidders，对称的竞价人
Symmetric equilibria，对称均衡
Symmetric equilibrium strategies，对称均衡策略
Symmetric incentives，策略激励
Symmetric independent private values model，对称独立私有价值模型
Symmetric linear-quadratic clock auctions，对称的线性二次时钟拍卖
Symmetric models，对称模型
Symmetric risk-neutral independent private values model，对称的、风险中性的独立私有价值模型
Symmetric sufficiency conditions，对称的充分条件

T

Takeover battles，并购战
Tatonnement，拍卖
Tax-sale auction，税务出售拍卖
Tie-bids，平局的报价
Timber auction，木材拍卖
Time costs，时间成本
Time horizon，时间长度
Transfer performance，转移绩效
Treasury bill auctions，国库券拍卖
Truthful bidding strategies，真实投标策略
Truthful reporting，真实报价
Two-sided markets，双边市场
Two-stage designs，两阶段设计
Type profiles，类型组合
Type space，类型空间
Types，类型

U

Uncertainty，不确定性
Undersubscribed，需求不足
Uniform price auctions，统一价格拍卖
Unlimited，无限的，无约束的
Unlimited budgets，无预算限制
U. S. Congress，美国国会
Used cars，二手车
Utility，效用

V

Values，价值，估价
Vickrey auctions，Vickrey 拍卖
Vickrey-Clark-Groves（VCG）design，VCG 设计
Vickrey-Clark-Groves（VCG）mechanisms，VCG 机制
Vickrey-Mirrlees design，Vickrey-Mirrlees 设计
Vickrey outcomes，Vickrey 结果
Vickrey payoffs，Vickrey 收益
Vickrey payoffs bounding core payoffs，考虑核收益上界的 Vickrey 收益
Vickrey second-price auction model，Vickrey 二级价格拍卖模型
Vickrey theorem，Vickrey 定理
Virtual power plants，虚拟发电厂
Voluntary participation constraint，自愿参与约束

W

Waivers，弃权者
Wallet game，钱包博弈
Walrasian tatonnement，Walrasian 拍卖
War of attrition auctions，消耗战拍卖
Weak cartels theorem，弱卡特尔定理
Weak single crossing condition，弱单交叉条件
Weak statistical independence condition，弱统计独立条件
Weakly dominant strategies，弱占优策略
Wealth effects，财富效应
Weber's martingale theorem，Weber 鞅定理

Weighting effect，权效应
Welfare maximization，福利最大化
Wilson Doctrine，Wilson 学说
Wilson's drainage tract model，Wilson 待开采区域模型
Winner determination problem，赢者确定问题
Winner's curse，赢者诅咒
Wireless telephone services，无线电话业务
Women-owned business，由女性领导的公司

图书在版编目（CIP）数据

拍卖理论与实务/（美）保罗·米尔格罗姆（Paul Milgrom）著；杜黎，胡奇英译. --北京：中国人民大学出版社，2023.4

（诺贝尔经济学奖获得者丛书）

ISBN 978-7-300-31351-1

Ⅰ.①拍… Ⅱ.①保… ②杜… ③胡… Ⅲ.①拍卖—理论研究 Ⅳ.①F713.359

中国国家版本馆CIP数据核字（2023）第030404号

"十三五"国家重点出版物出版规划项目
诺贝尔经济学奖获得者丛书
拍卖理论与实务
保罗·米尔格罗姆 著
杜 黎 胡奇英 译
Paimai Lilun yu Shiwu

出版发行	中国人民大学出版社		
社　　址	北京中关村大街31号	**邮政编码**	100080
电　　话	010－62511242（总编室）		010－62511770（质管部）
	010－82501766（邮购部）		010－62514148（门市部）
	010－62515195（发行公司）		010－62515275（盗版举报）
网　　址	http://www.crup.com.cn		
经　　销	新华书店		
印　　刷	北京联兴盛业印刷股份有限公司		
开　　本	720 mm×1000 mm　1/16	**版　　次**	2023年4月第1版
印　　张	21.75 插页2	**印　　次**	2023年4月第1次印刷
字　　数	356 000	**定　　价**	89.00元